실이 된다." 하신 태허대사처럼 역대 조사들에 의지해 불제자들이 한마음 한뜻으로 부처님이 본래 품었던 그 뜻으로 돌아가고자 노력해야 합니다.

　전 중국불교협회 회장이신 조박초趙樸初 장로와 현 회장이신 학성學誠스님도 모두 인간불교를 부르짖고 있지 않습니까? 심지어 학성스님께서는 "불교 사업을 일으키고, '인간불교' 사상을 실천하자"는 문구를 이미 중국불교협회 정관 안에 삽입했다고 합니다.

◉전통적 불교가 부담이 큰 것은 사실이지만, 누군가 근본적인 개혁을 통해 부처님이 인간에 베푸셨던 인간적 성격의 불교로 되돌린다면 좋은 일이겠죠. 그렇지만, 해낼 수 있다고 생각하십니까?
불교인 전체가 부처님이 본래 품은 뜻을 깨닫고 합심 협력하여 인간불교를 발양시킨다면 당연히 해낼 수 있을 것이라고 봅니다.

◉불교는 이미 북전불교, 남전불교, 밀전불교, 일본식불교, 부파불교, 원시불교, 거기다가 수많은 이름의 불교가 있는데 왜 굳이 지금 '인간불교'를 또 하나 보태는 겁니까?
과거 불교의 종파와 갈래가 너무 많아 명상(名相: 들리고 보이는 모든 것)이 복잡해졌고, 불교의 본래 면모를 잃어버렸습니다. 본래 부처님은 인간세상에서 출생하고 성도하고 설법하고 포교하였습니다. 심지어 열반까지도 인간세상에서 이루어졌다는 사실을 우리 모두 알고 있습니다. 그러므로 우리는 부처님이 본래 가졌던 뜻인 인간불교로 돌아가고 인간불교를 믿어야 합니다.

●나 역시 수많은 불교인과 학자, 교수들이 불교를 중국 전통의 미신의 종교, 귀신의 신앙과 분리해 인간불교를 제창하는 걸 들은 적이 있습니다.
그렇습니다. 인간불교가 삿된 견해를 없애주고, 편견을 바로 잡아주며, 바른 뜻과 바른 앎으로 돌아가게 해주어 반드시 이 시대의 한 줄기 밝은 빛이 될 것입니다. 인간불교는 장차 인간사회의 희망이자, 대중 행복의 시작이며, 궁극적 해탈을 이루는 근본입니다.

●그러면 인간불교에 대해 제대로 알지 못하는 사람에게는 어떻게 해야 합니까?
많은 사람들이 어리석어, 불교를 이해하지 못하고, 자아에 집착하고, 부처님이 본래 품은 뜻을 이해하지도 못하고, 불교의 역사를 알지도 못하였기 때문에, 2천 여 년 동안 불교는 외도의 탄압과 역대 제왕들의 정치적 박해를 받았으며, 대중의 소극적인 편견과 오해 등을 받아왔습니다. 불교를 도시에서 산속으로 내몰고, 승려는 사원에만 머물게 하면서 대중과 멀어지게 만들었습니다. 그 결과 전통불교가 인간사회의 가정의 신앙을 중시하지 않고, 실질적인 봉사를 중시하지 않으며, 인간사회의 정화를 중시하지 않게 되었고, 그저 이론적인 현담玄談만 할 뿐, 더 나아가 적극적으로 포교하지 않고, 어리석기 짝이 없는 법문을 통해 소극적으로 불교를 해석해 주었으며, 입세간에서

인간불교,
부처님이 본래 품은 뜻

대중을 위해 적극적으로 봉사할 생각은 않고 출세간의 생사해탈에만 매달리게 하였습니다.

●불교에서 말하는 생사해탈 이후에는 결국 어디에 머물게 됩니까?
어디에 머물게 될 거라 생각합니까? 여전히 인간세계에 머물지요. 성현이 되고 심지어 부처가 된 뒤에도 인간세계를 떠나지 않고 자재로운 좋은 사람이 되는 겁니다. 십법계十法界는 모두 마음에 있고, 마음과 허공은 일체의 법계를 포용하는데, 어디에 머물겠단 말인가요?

●서방 극락세계에 갈 수 있다고 하지 않습니까?
서방 극락세계가 미래의 귀의처 중 하나임은 분명합니다. 그러나 불교의 진리에서는 "마음이 곧 정토요, 중생의 자성이 곧 아미타불이다."라고 해서 이 역시 인간을 떠나지 않습니다.

●만일 자신만을 생각하고 갈고 닦지 않으며, 대중의 신앙과 해탈을 중시하지 않고 중생의 공통된 원만성취를 떠난 종교라면 무슨 쓸모가 있을까요?
당초 부처님께서는 사람을 근본으로 오승五乘 불법을 제창하셨다는 걸 알아야 합니다. 자비, 반야, 보리만 있다면 해탈에 다다를 수 있습니다. 출세간의 사상으로 입세간의 사업을 하는 것이 곧 보리심의 불교입니다.

●당신이 말하는 인간불교는 무엇을 본바탕으로 합니까?
인간불교가 곧 불교입니다. 부처님의 말씀처럼, 중생이 원하는, 맑고 깨끗하며, 선량하고 아름다운 것, 모두 인간불교입니다. 인간불교는 계정혜를 바탕으로, 연기중도의 진리를 근본으로, 대중의 몸과 마음을 편하게 안정시키는 데 필요한 방편에 의지합니다.

●그렇다면 인간불교 대신 또 다른 명사를 써서 전파할 수 있지 않을까요?
안됩니다. 불교의 교주이신 석가모니 부처님이 인간세상에 나오셔서 사람들을 대상으로 설법하시었고 인간세상에 시교이희示教利喜를 하셨기 때문입니다. 부처님이 축생들에게 도리를 얘기하신 것이 아니므로, 축생불교라 부를 수 없습니다. 또, 부처님이 귀신한테 설교한 것이 아니므로, 귀신불교라 부를 수도 없습니다. 또한 삿된 견해나 미신을 말하는 사람들에게 설교하신 것이 아니므로 사견邪見과 미신불교라 부를 수도 없습니다. 인간불교는 인간 사회에 입각하여 인간을 교화시키는 것이므로 '인간불교'라 부르는 것입니다.

●신앙으로서의 인간불교는 신성한 느낌이 느껴지지 않을 것 같은데요?
부처님은 누구나 불성을 가지고 있다고 말씀하셨습니다. "나는 부처다."라고 당당히 받아 지닌다면 우리가 부처님과 동등한 위치에 올라서는 것이고, 부처님과 같은 진여자성을 갖는 것입니다. 이게 바로 인간불교의 신성함 아니겠습니까?

　부처님의 삼법인, 사성제, 십이인연, 육도만행 등의 가르침을 받들어 수행하고 보리심을 내어 보살도를 행하는 것이 신성함 아니겠습니까? 사람이 저마다 인간불교를 믿으면 타인과 내가 모두 화목하고 가정이 행복하며 적극적으로 향상하고 해탈하며 자유로워지는데 이게 바로 신성함 아니겠습니까?

　인간불교는 신권에 빌붙지 않으며 사람을 근본으로 합니다. 진정한 불법은 인생의 궁극적 행복을 창조하고 "자신에 의지하고, 가르침에 의지한다."는 것입니다. 이것이 신성함 아니겠습니까?

　인간불교가 사회에 스며들어 사회 대중을 위해 봉사하고 널리 가르침을 전파하여 중생을 이롭게 하며, '위로는 불도를 구하고 아래로는 중생을 제도한다.'는 포부와 이상이 모두 신성함을 갖춘 것 아니겠습니까?

◉당신 말처럼 인간의 부처님이라면 지금 인간세상 어디에 살고 있나요?

'계곡물 소리는 모두 부처님의 설법이요, 산 빛은 청정법신 아닌 것 없네.'라는 시구처럼 부처님의 법신은 우주 가운데 녹아들어 있으니 부처님이 계시지 않은 곳이 없습니다. 더구나 부처님은 신앙 안에 살고 계시니 부처님을 믿고 그의 가르침을 실천한다면, 그는 바로 당신의 마음에 있으며 당신이 행하거나 멈출 때에도, 앉거나 누울 때에도 그 안에 머물고 계신 겁니다.

●인간불교를 믿으면 어떤 이익이 있나요?

인간불교를 믿으면 신심이 정화되고, 사상이 승화되며, 너와 나라는 대립을 초월하고, 타인과 다툼이 없이 화목하며, 대립·집착·허상·번뇌가 없고 마음에 걸림이 없으며 선열·법희를 누릴 수 있으니, 이 모든 것들이 현실 속에서 얻는 인간불교의 이익이 아니겠습니까?

●인간불교는 부처님이 본래 품었던 뜻이라는 것을 설명한 또 다른 사람은 누가 있습니까?

중국학에 뛰어난 학자로 국학대사라 일컬어지는 장태염章太炎 선생은 "불교의 이론은 가장 지혜로운 사람(上智人)이 믿지 않으면 안 되고, 불교의 인과업보는 상하고금을 꿰뚫었으니 넓은 그물과 같은 대중이 믿지 않으면 안 되나니, 이는 가장 소중한 것이다."라고 말한 적이 있습니다. 대중에게 잘 알려진 양계초梁啓超 선생 역시 '불교 신앙은 맹목적인 믿음(迷信)이 아닌 지혜로운 믿음(智信)이요, 홀로 생각하는 바를 행하는 것이 아닌 나를 넘어 타인도 감화를 시키는 것이요, 세상을 비관하고 염증을 느끼는 것이 아닌 입세간을 추구하는 것'이라고 했습니다.

중국의 국부인 손문 선생 또한 불교는 세상을 구할 어진 마음이고 불학은 철학의 어머니이며 불교 연구로 과학에 편중되는 걸 막을 수 있다고 했습니다. 불법은 법률의 부족함을 보충할 수 있습니다. 법률은 이미 일어난 일의 재발을 방지하는 것이지만, 불법은 미연에 방지하는 것입니다.

마오쩌뚱 선생의 모친 역시 독실한 불교신자로 그 역시 불교의 훌륭한 전통을 널리 알리겠다 말했으며, 종교를 일반적인 미신이 아닌 하나의 문화로 보았습니다.

심지어 위대한 과학자 아인슈타인은 "세상의 한 종교는 과학과 서로 어긋나지 않을 뿐만 아니라 과학의 신발견이 있을 때마다 모두 그 종교의 관점에서 검증할 수 있을 것이다. 그것은 곧 불교다. 만일 신앙을 선택해야 한다면 기꺼이 불교신자가 될 것이다."라고 드러낸 바 있습니다.

그러므로 지금까지 시대적 발전을 거듭해 오면서 식견을 가진 사람들의 공통된 결론은 인간불교를 널리 퍼뜨려야 한다는 거였습니다. 인간불교로 인간세상을 복되게 하고 인간세상의 문제를 해결해야 합니다. 인간의 문제가 해결되고 나면 세간에 무슨 문제가 남아있겠습니까?

◉그럼 우리는 어떻게 인간불교의 내용들을 찾아야 할까요?
『인간불교, 부처님이 품은 본래 뜻』이 책을 본 뒤에는 불교에 대해 완전히 이해할 수 있을 것입니다. 이대로 실천하여 끊임없이 자아를 향상시키고 '인간'에서 '성불'로 한 걸음씩 승화시켜 나간다면 인간불교의 신앙이 생명 안에서 원만하게 완성될 것입니다.

◉이 책은 읽기 어렵지 않을까요?
전혀 그렇지 않습니다. 이 책은 총 6장으로 구성되어 있습니다. 제1

장 총설에서는 불교가 2천 여 년 동안 세계 각지로 전파되면서 각국 국민사회에 어떠한 영향을 끼쳤는지를 서술하고 있습니다. 제2장에서는 부처님 일생의 행의行誼, 즉 하루의 생활모습, 제자와 신도, 그리고 사회에 대한 교화 등을 설명합니다. 제3장에서는 부처님이 설법하신 근본교의를 설명합니다.

제4장에서는 중국에 전파된 불교에 대해서 서술합니다. 특히 불교는 중국문화의 중요한 부분으로 자리매김했습니다. 불교적인 단어가 없다면 우리가 대화를 나누는데 어려움이 있었을 것이며, 불교의 전파가 없었다면 오늘날 채식도 없었을 것입니다. 심지어 우리의 의식주행衣食住行, 언어문화, 각종 예술 등 모두 불교문화와 떼려야 뗄 수가 없습니다. 불교는 그저 종교적 이름의 불교가 아니라 기본적으로 하나의 문화가 되었습니다.

제5장에서는 100여 년간의 인간불교 추진 상황을 서술했고, 제6장 총정리에서는 불교의 융성과 쇠퇴 상황을 설명했습니다. 이 책을 다 읽고 나면 이 책에서 말하는 가르침의 요지를 느낄 수 있으며, 이 분야의 석사, 박사라 칭할 수 있을 것입니다. 이것으로 서문을 마치겠습니다.

星雲

2016년 4월
불광산 개산요에서

불광산 접인대불佛光山接引大佛-대만 까오슝

【차 례】

【서 문】 인간불교는 부처님이 품은 본래 뜻 ·············· 5

인간불교에 대한 나의 체험과 깨달음 ·············· 19

【제1장】 총설 ·· 30

【제2장】 부처님의 인간생활 ······································ 68
      1. 출가와 구법
      2. 교단 설립
      3. 하루 생활모습
      4. 제자들 교화
      5. 중생을 이롭게 하는 봉사를 한다

【제3장】 인간불교의 근본교의 ·································· 128
      1. 고·공·무상의 참뜻을 탐구하다
      2. 대승불법의 원만한 수행
      3. 인간불교의 신성한 진리
      4. 허공에 가득 찬 인간 불타

【제4장】 불교가 중국에 전해진 이후의 발전 ……… 192
        1. 인간불교의 생활예절
        2. 인간불교의 사회 자선사업
        3. 인간불교의 예술적 성취
        4. 인간불교와 문인의 왕래
        5. 인간불교와 정치의 관계
        6. 인간불교의 언어문자
        7. 중국불교 쇠퇴의 원인

【제5장】 현대 인간불교의 발전 ……………………… 332
        1. 문화출판
        2. 교육 및 건학
        3. 포교 활동
        4. 자선사업
        5. 국제포교

【제6장】 총결 ……………………………………………… 424

【부 록】 불타 일생의 중요 사건 기록 ……………… 469

인간불교에 대한 나의 체험과 깨달음

불광산불타기념관佛光山佛陀紀念館-대만 까오슝

인간불교가 지금까지 발전되어 오면서 인간불교를 이해하지 못하는 사람들이 내놓은 인간불교에 대한 의혹에 대하여 먼저 이야기해 볼까 합니다.

①인간불교는 통속적이고 세속적이며 또한 인승人乘의 단계여서 성불이라는 최고의 경지에 도달하지 못한다.

②인간불교는 모두 세속적 활동을 중시하고 있어서 그 많은 활동이 불교를 배우는 것과 아무런 관련이 없다.

③인간불교에는 수행이 없다. 개인의 처세가 가장 많은데, 이것은 불교의 초월·증상增上·성불작조(成佛作祖: 부처를 이루고 조사가 되는 것) 등을 배우는 것과 관계 지을 수 없다.

④인간불교는 재가자들의 것이다. 출가자들의 총림생활이나 고된 수련과 깨달음에 비해 신성한 면이 떨어진다.

⑤인간불교가 전승하고자 하는 내용이 무엇인지, 수행을 통해 성취를 한 사람은 누가 있는지를 모두 알지 못하는 까닭에 추진하기가 쉽지 않다.

⑥인간불교의 홍보가 부족하고 단계적으로 일목요연하게 정리한 사람도 없는, 그저 입으로 외치는 구호일 뿐이다. 단편적이고 평면적이며 조직 자체도 없으므로 완전히 이해시키기 어렵다.

⑦인간불교는 보편화되지 않았고 불교의 정통적인 핵심에 들어

가지도 않았으며 여러 사람이 힘을 합쳐 함께 외치지도 않는다. 어느 한 사람의 설법 혹은 제창만으로는 대중이 받아들이기 쉽지 않다.

⑧해탈로 가는 방법이나 깨달음의 경계를 인간불교는 제시하지 못하므로 전통적 불교에서 받아들이기 쉽지 않다.

지금까지는 인간불교에 관한 문제였습니다. 이밖에도 전통과 현재, 재가자와 출가자, 산속과 도시, 원시와 근대, 지속적 수행과 실천 등을 포함한 많은 문제들을 두루 사람들에게 이해시키지 못했습니다. 그래서 인간불교를 보급하는 데 더욱 박차를 가해야 한다고 봅니다.

과거 불교는 출세간의 청정한 수행에만 매달려 입세간의 불교정신을 잃어버렸습니다. 산속에서 세상을 회피하느라 신도대중을 위한 불교의 봉사를 잃어버렸습니다. 실행할 수 없는 깊고 미묘한 이치와 도리만 늘어놓기만 하느라 불교화 사업의 실천을 잃어버렸습니다. 소극적으로 강연에만 매달려 적극적으로 개척해나가는 불교의 참된 의미를 잃어버렸습니다. 이제 저는 인간불교의 진정한 원래의 의미를 회복시키길 바랍니다. 다음은 제가 개인적으로 인간불교의 내용과 의의 측면에서 여러분께 다시 가르침을 청할 것들입니다.

①우리의 인간불교는 자신을 파격 승진시키고 자신을 긍정하며, 나에게는 여래의 지혜와 덕상德相이 있으니 '내가 곧 부처다'라는 걸 인정하게 합니다. 자신을 승진시키는 것이 곧 인간불교의 정신입니다. 자신을 신의 통치권에 제어되는 것이 아니라, 자신이 모든 것을

스스로 책임지고 짊어지는 것입니다. "자신에게 의지하고, 법에 의지하며, 다른 것에 의지하지 말라."는 『아함경』의 구절에 비유할 수 있습니다. 이것이 곧 인간불교에 대한 우리의 신앙입니다.

②타인을 나의 자아 속에 받아들여야 합니다. 너와 내가 대립 관계가 아니고, 너와 나는 둘이 아니며, 모든 중생은 한 몸과 같은 관계이고, 이 세상의 모든 것은 나와 관련되어 있다고 여기는 것이 인간불교의 정신입니다.

부처님이 깨달으신 연기중도가 곧 인간불교의 진리이고, 우리가 그것을 전승해 나가는 것이 인간불교의 신앙입니다.

③신앙은 복잡하고 다원적입니다. 그러나 인간불교는 의미 면에서 이 수많은 복잡성을 하나로 모을 수 있습니다. 우리 자신이 가진 불성의 에너지로 일체를 성취시킬 수 있기 때문입니다. 신앙의 단계가 다르고 종류가 다원화되어 있을지라도 인간불교는 일체 종교의 설법을 원만하게 아우를 수 있습니다. 이것이 인간불교의 포용력이자 전 인류가 신앙으로 삼을만한 점입니다.

④인간불교의 신앙에서는 생명을 죽지 않고 영원한 것이라고 여깁니다. 믿는 사람은 구함을 얻지만 믿지 않는다고 멸망하는 것은 아닙니다. 시계처럼 말입니다. 시계는 직선이 아닌 원형입니다. 직선이라면 태어난 뒤 죽고 나면 없어지지만, 시계는 원형이라 12를 지난 다음엔 늘 그렇듯 1부터 다시 시작하며 영원히 돌고 또 돕니다. 계절에는 봄·여름·가을·겨울이 있고, 물질은 생성·소멸·변화가 있고, 생각에는 생김·머묾·변화·소멸이 있고, 신체는 태어남·

늙음·병듦·죽음이 있는 것과 같습니다. 죽은 뒤에는 다시 태어나기 때문에 미래가 있고 희망이 있는 것입니다.

그러므로 인간불교에서는 윤회에 대해 무한한 미래라 봅니다. 앞으로 인간불교는 '육도윤회'라 말하지 않습니다. 형상形象면에서 성자와 범부로 극명하게 나눌 필요가 없습니다. 사람이 저마다 부처라고 할 바에야 굳이 그렇게 많은 종류로 나눌 필요도 없으므로 우리는 '십법계 회전'이라고 부르려 합니다. 이것이 인간불교의 주장입니다.

⑤사람은 모두 불성을 가지고 있다는 말은 틀리지 않습니다. 씨앗 하나가 인연을 만나 성장하는 것처럼 불성이 발전하면 성불할 수도 있습니다. 그러나 불성을 발전시킬 만한 능력이 없어 '별종(鼈種: 품질 낮은 씨앗)'이 된다고 해도 어쩔 수 없습니다. 경전에서 말하는 천제闡提, 즉 믿음이 갖춰지지 않아 성불할 수 없다는 것과 같습니다. 세간에는 자연 진화와 적자생존이 있습니다. 소위 "초아패종(焦芽敗種: 불에 타 싹을 틔울 수 없는 종자)"에 대해 자연 도태되는 소수가 있을 수 있다는 걸 우리도 부정할 수 없습니다. 별종은 생명의 유전자가 없어지고 생명의 업력이 없어져 씨앗 자신까지도 사라집니다. 이 역시 어쩔 도리가 없습니다. 일반적 이치에서 보자면 생명은 영원한 것이지만 예외가 아주 없다고 할 수는 없습니다. 시간적으로 보면 생명은 무한한 것이고 죽지 않지만, 진화론적으로는 생명은 우성인자는 살아남고 열성인자는 사라진다는 것은 지극히 정상적입니다.

⑥사람은 저마다 불성을 가지고 있습니다. 그러나 신앙을 통한 승

화, 신앙을 통한 초월, 신앙을 통한 증장, 신앙을 통한 확대 등 신앙은 다양하게 구분되어집니다. 신앙이 신성한 것은 맞습니다. 그래도 신앙에는 높고 낮음의 단계가 있습니다. 그러므로 사람이 저마다 신앙을 초월한 상황에서 자신의 신앙적인 역량이 어떠한지를 봐야 합니다. 마이크의 음감성능이 어떠한지에 따라 가격결정이 서로 다른 것처럼 말입니다. 그대의 신앙적인 역량이 부족하면 그 무엇도 초월할 수 없다는 것은 지극히 자연적인 현상입니다.

⑦우리는 인류가 더 높고, 더 훌륭하며, 더 크게 될 수 있으며, 일반적인 현실을 초월할 수 있다고 믿습니다. 우리는 그것을 나한이라 부르기도 하고, 보살이라고 부르는가 하면, 부처라고 부르기도 합니다. 하지만 모두 거짓 이름입니다. 그러나 인간의 본성은 끝없이 넓고, 생명은 무한하고, 신앙은 단계적 차원이 있습니다. 그래서 인간불교는 인생에서 장차 나아갈 방향을 결정할 수 있고, 태어나지도 죽지도 않는 영원한 경계에 도달토록 하는 것이 신앙이라 생각합니다.

⑧인류사회는 복잡합니다. 사람은 저마다 하나의 개체이지만, 또한 인연이 모여 생겨나고, 그 인연을 떠나서는 존재할 수 없습니다. 이 우주 사이에는 너와 내가 서로 의존하고 있습니다. 그러나 성자와 범부의 경계가 서로 다르고, 범부는 여전히 인아人我를 분별합니다.

인간이 사는 세간에는 세계평화가 있을 수 없으며, 세계평화는 그저 이상일 뿐입니다. 부처님과 마귀처럼, 부처님의 세계와 마귀의 세계처럼 영원히 나뉘어져 있습니다. 그래서 해탈은 다른 사람에게서 구할 수 없고 오로지 자신에게서 구해야 합니다. 겉으로 드러나는 세계는 평화로울 수 없지만 자아의 세계는 평화로울 수 있습니다. 지장보살께서 "지옥이 텅 빌 때까지 성불하지 않겠다."고 했던 뜻과 같습니다. 지옥은 빌 수가 없지만, 지장보살의 원력은 크고도 넓습니다. 지장보살의 마음속 지옥은 텅 빌 것이고 지장보살 역시 성불할 수 있을 것입니다.

⑨우리의 생각 속에서 생명은 하나의 개체이지만 수많은 개체 또한 하나로 일치되고 관련되어 있습니다. 그러므로 인간불교의 신앙 안에서는 시공의 대립이 없고, 나고 죽음의 근심 걱정 또한 없습니다. 우리가 얻고자 하는 것은 소극적으로는 공포나 왜곡됨이 없고 함몰됨이 없고 부서짐이 없는 것입니다. 적극적으로는 생명이 더 행복하고, 더 안녕하며, 더 평온하고, 더 자유롭고, 더 해탈할 수 있기를 바랍니다. 종극에는 인간불교의 인생과 생명 모두 환희 속에 머물게 되고, 무한한 시공 안에 머물게 되고, 무한한 관계와 성취 속에 머물게 됩니다. 그러나 이 일체는 모두 인간불교의 신앙 안에서만이 얻을 수 있습니다.

⑩인간불교는 반드시 성불하라고 요구하지는 않습니다. 부처님께서는 이미 사람은 저마다 불성을 가지고 있다고 말씀하셨습니다. 우리에게 지금 필요한 것은 '깨달음'입니다. 자신이 일체의 세상과 조화로울 수 있음을, 자신이 일체의 세간과 융합할 수 있음을 깨닫는 것입니다. '법계원융法界圓融'이라 했듯이 인간불교는 인간세상의 일체는 모두 나의 것이기도 하고, 동시에 나의 것이 없다고 생각합니다. 또한 나와 법계는 융화할 수 있고, 나와 십법계 중생은 모두 한

몸처럼 평등하다고도 여깁니다.

⑪인간불교의 신앙은 단순하며 오로지 하나에만 마음을 쓰고, 태어나지도 죽지도 않는 경계이고, 생기지도 사라지지도 않는 존재입니다. 스스로 생명과 사상에서 원융함을 구하고, 영원을 구하고, 깨달음을 구하고, 번뇌 해탈을 구하여 자신을 정화하는 것입니다. 올림픽의 구호처럼 자신을 모든 중생 가운데 더 높이 뛰고, 더 멀리 점프하며, 더 힘차게 달리고, 더 좋은 일을 하게 만듭니다.

⑫인간불교는 '마음에 걸림이 없고 두려움이 없으며 왜곡됨이 없는 경계'에 도달하려 노력합니다. 인간의 도덕, 모든 선한 일, 자비로운 인격 등 바른 가르침을 통해 스스로를 번뇌가 없고, 생사를 두려워하지 않고, 근심 걱정과 고뇌가 없는 더욱 높은 경계에 도달하게 할 수 있습니다. 이 일체의 것은 신앙을 따라 자연스럽게 발전해 나갑니다. 더 높은 이 경계는 영원히 자신의 것입니다. 신명이 내게 내려줄 필요도 없고 모두 내 자신에 의지해 완성해야만 합니다.

이생, 내세, 더 나아가 격음(隔陰: 죽은 뒤 얻는 또 다른 생애)의 수수께끼, 삶과 죽음의 난제, 인아人我를 벗어나는 데 대한 자신감 부족 등 이런 것이 모두 발생하지 않을 거라는 걸 우리가 이치를 깨닫고 나면 분명히 알 수 있습니다. 우리가 깨달은 뒤라는 것은 본래의 모습인 자아의 진여불성을 인식한 후라는 것을 가리킵니다. 또한 그것이 인간불교의 신성한 면이라고 하겠습니다. 과거 삼대아승지겁, 동방세계, 서방세계 등에 관해 설하였지만, 반야연기를 깨우칠 수 있다면 그것들은 모두 설법하는 데 쓰인 방편임을 이해하게 될 것입니다. 나의 세상, 나의 자유해탈은 부처님의 가피를 받을 수는 있어도 결국은 모두 스스로 해결해야 합니다.

⑬인간불교에서는 나와 타인이 모두 하나 될 수 있습니다. 마음·부처·중생이 차별이 없고, 나와 시간은 끝이 없으며, 나와 공간 역시 다함이 없고, 나와 무량중생 또한 공존합니다.

⑭생명이 윤회에서 해탈되었다면 소위 윤회의 문제는 없습니다. 윤회하고 있다고 해서 반드시 윤회 안은 괴롭고, 윤회 바깥은 즐겁다고 말할 수는 없습니다. 왜냐하면 윤회 역시 세상 공간 안에서 승화시킬 수 있고, 멀리 떨어질 수도 있기 때문입니다. 그렇다면 그 세상은 도대체 어디에 있는 것일까요? 여전히 윤회 안에 있는 것입니다. 그럼 윤회는 어디에 있을까요? 허공중에 있습니다. '법계원융'이라 하였습니다. 도처에 다 있고 도처에 다 머무르며, 하나가 곧 일체이고 일체가 곧 하나입니다. 굳이 말하자면 "큰 지혜이기에 생사에 머물지 않고, 큰 자비이기에 열반에 들지 않는다(智不住生死, 悲不入涅槃)."라는 말로써 설명할 수 있으며, 그것이 인간불교의 세계라 할 수 있습니다.

⑮생명이 깨달아 알아차린 뒤에는 자신을 다스릴 줄 아는 반야지혜가 생깁니다. 사람은 이치를 깨우친 뒤에는 자신이 세간을 여행하는 것과 마찬가지로 그의 능력은 한없이 넓고 끝이 없습니다. 사람이 깨달은 뒤에는 좋고 나쁨, 옳고 그름, 선과 악, 대립 모두 그리 대단할 것도 없음을 알게 되고 오욕과 육진을 마음에 담지 않게 됩니다. 이것이 바로 인간불교의 해탈 아니겠습니까?

⑯자아를 확대하고, 자아를 승화시키고, 자아를 해탈시키고, 자아를 조화롭게 하는 것이 신앙적 가치입니다. 저는 이것이 인간불교의 최종 목표이자, 스스로가 완성해 나가야 하는 것이라고 생각합니다. "스스로 고귀한 사람이 되는 것"이 곧 부처가 되는 것입니다.

　⑰인간불교뿐만 아니라 어떠한 종교적 진리도 타인의 문제를 해결할 수는 없습니다. 세간의 절반은 부처님의 세계이고, 나머지 절반은 마구니의 세계입니다. "생명은 모두 잔인한 학살에 의해서만이 생존할 수 있다."란 말처럼 말입니다. 그래서 예로부터 인류에게 전쟁으로 인한 겁난, 약육강식 등의 순환은 늘 존재해 왔습니다. 호랑이나 사자가 약한 동물들을 먹이로 삼지 않았다면 그들 역시 생존할 수 없는 것과 마찬가지입니다. 그러나 이것은 우리 개인적인 힘으로 해결 가능한 문제는 아닙니다. 각자의 업력은 스스로 해결해 나가야 합니다. 부처님이라도 자신은 해탈할 수 있지만, 해탈하는 방법을 당신에게 가르쳐줄 수도 있지만, 당신을 해탈시켜 줄 수는 없습니다. 그러므로 '하느님의 심판'이란 말은 좀 고려해 볼 필요가 있습니다. 어디에서 심판하겠다는 것일까요? 불교에서 일체의 중생은 외부적 힘에 의해서가 아닌 스스로 심판하며, 업력에 의해 초래된 모든 결과는 스스로 해결해야만 합니다.

　⑱여러 사람 가운데서도 자아를 청정하게 하고, 자아를 다스리고, 자아를 가르칠 수도 있습니다. 대중 집회의 의의는 "행위적으로 서로 존중하고, 사상으로 뜻을 하나로 합하며, 경제적으로 균등하게 배분하고, 사회적으로 조화롭게 공유하며, 언어적으로 다투지 말고 서

로 칭찬하고, 정신적으로 선열과 법회를 누린다."입니다. 부처님이 교단을 조직해 함께 수양할 당시, 이 '육화경六和敬'을 기초로 삼으셨듯이 지금 인간불교의 주장 역시 마찬가지입니다.

⑲ 신앙에 대한 인간불교의 입장은 스스로를 긍정하는 것이며, 타인이 어떻게 분별하든 자신의 신앙은 늘 더할 나위 없이 지극히 높은 것입니다. 신앙의 참된 의미에서 살펴볼까요? 유치원, 초등학교, 중학교, 대학교의 분별이 있다 하더라도 우리는 모두 학생입니다. 내가 유치원 다니는 것은 내가 못나서가 아닙니다. 나 역시 훌륭합니다. 당신이 박사과정을 밟을 차례이면 박사를 공부하면 되는 것이고, 유치원 다니는 나와 다를 것이 전혀 없습니다. 모두 각자 공부하는 것입니다. 신앙 안에서 당신은 당신대로 위대한 면이 있고, 나는 나대로 또한 훌륭한 면이 있을 뿐입니다.

⑳ 생명은 영원하며 죽지 않는다는 것이 곧 진여불성이며, 신성한 측면이며, 이것이 곧 인간불교입니다. 타인을 넘어서고 넓히려는 인간의 욕망을 신앙을 통해 정화하고, 승화시키는 것이 신성한 측면이고, 초월할 역량을 가진 것이 곧 인간불교입니다.

제1장

총설

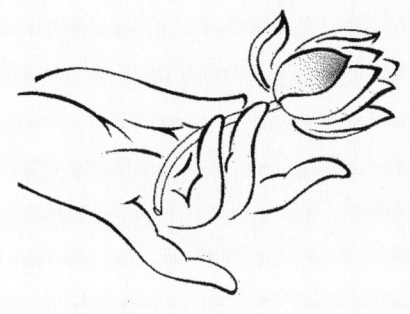

'불교'는 부처님께서 '인간'에 행하신 교화이고, 부처님께서 설하신 일체의 가르침은 인간의 행복과 안락을 증진시키기 위함이었으므로 '불교'가 곧 '인간불교'입니다. 기왕에 인간불교가 바로 '불교'인데, 왜 특별히 '인간'이란 두 글자를 강조할까요?

 2천여 년의 긴 세월동안 포교하는 과정에서 불교는 교의와 계율에 대한 제자들의 이해 차이와 후대 제자들의 부처님에 대한 숭앙으로 신기한 설법들이 많이 나타나게 되었습니다. 예를 들면 부처님이 오른쪽 옆구리에서 태어나고, 태어나자마자 일곱 걸음을 걸었다는 신화적 요소를 덧입혔습니다. 여기에 더해 불교는 세계 각지의 정치와 문화 등 여러 가지 요인들과 융합되면서 결국 점차 대중을 벗어나고 사회에서 멀어지는 결과를 초래했으며, 부처님의 가르침은 인간과 점차 멀어지고 불법의 참된 뜻 역시 더 이상 널리 빛을 발할 수 없었습니다.

 여기 총설에서는 불교가 가정의 윤리와 조화로운 사회 건설, 나아가 융성하고 평안한 국가의 건설, 자비와 지혜로 인간을 교화하는 보살의 마음 등을 중시하였음을 보여주겠습니다.

불교의 교주이신 석가모니 부처님은 2,600여 년 전, 인도의 카필라국 정반왕의 왕자로 태어났으며 성은 고타마, 이름은 싯다르타였습니다.

부처님은 출가하여 성도하기 전 인간세상의 온갖 부귀영화를 누리는 한 나라의 왕자였지만, 그는 오히려 반대로 일반 백성의 삶을 살폈습니다. 일반 백성은 삶을 영위하기 위해 분주히 움직여야 할 뿐만 아니라, 당시 인도사회는 백성의 출생신분, 계급, 직업 등의 차이에 따라 '브라만(종교인 사제), 크샤트리아(왕공귀족), 바이샤(공상계), 수드라(천민)' 등의 네 가지 계급으로 나뉘어져 있었습니다. 이 계급제도로 인해 백성은 태어나면서부터 '존귀함과 비천함'의 차별 대우를 감내해야 했고, 사회에는 온갖 불평등한 현상이 생겨났으니 하급계층의 백성들은 더더욱 고통스러울 뿐이었습니다.

당시 부처님은 비록 출가하지 않고 왕궁에 머무는 싯다르타 태자의 신분이었지만 사회와 백성에 관심을 가졌습니다. 특히 '사문유관四門遊觀'(『불본행경佛本行經』)한 뒤 백성의 질고의 생활을 더욱 잘 이해하게 되었을 뿐만 아니라 생사의 무상함에 대해서도 어쩔 도리가 없음을 느꼈습니다. 뿌리 깊이 박힌 사회의 신분제도를 타파하고 '중생평등'이란 불법의 참뜻 실현을 통해 사회 인사人事의 분쟁과 대립을 해결하고, 중생의 마음속 고뇌와 근심 슬픔이 사그라지게 도와

제1장 총설

수하탄생도 樹下誕生圖
캄보디아 시엠레아프 주 앙코르와트 출토/태국 방콕국립박물관 소장

주고, 더 나아가 생명의 진제眞諦를 인식하고, 생사의 미혹을 풀어내며, 인생의 행복과 해탈을 증가시키기 위해 부처님께서는 출가하여 수도할 것을 발심하셨으며, 다년간의 고된 수련과 명상 후 드디어 '연기'와 '중생평등'의 진리를 깨닫고 성도하였습니다.

중도생활이 인간의 문제를 해결한다

성도한 뒤 부처님은 세간의 대중에게 괴로움과 즐거움, 그리고 있음과 없음의 두 가지를 떠난 '중도'생활을 해야만 '인생人生, 인심人心,

인사人事' 등과 관련된 수많은 인간의 문제를 해결할 수 있다고 말씀하셨습니다. 그러므로 부처님이 49년 동안 설법하시고 300여 회 경전을 강연하심은 모두 당시의 사회 대중에게 '시교이희示教利喜'(『법화경法華經』)를 주기 위해서입니다. 부처님의 자비교화 덕분에 인간에는 이처럼 '불교'가 생겨났습니다.

　이로써 '불교'는 본래 '인간'에 대한 부처님의 교화입니다. 부처님은 인간의 문제를 해결하기 위해 출가하겠다고 발원한 것이고, 부처님이 설한 일체의 가르침 또한 인간의 행복과 안락함을 증가시키기 위함임을 알 수 있습니다. 그래서 '불교'는 사실 '인간'의 불교이고, 인간불교는 곧 '세간에 나시어 보여주고 가르쳐서 이익이 되게 하고 기쁘게' 하려는 부처님의 본래 품은 뜻(本懷)이며, 부처님이 설한 일체의 법이 인간불교이고, 인간불교 역시 불교의 전부입니다.

　그렇다면 '불교'가 곧 '인간불교'이고, '인간불교'가 곧 '불교'라는 것인데, 지금 특별히 '인간불교'를 깊이 발표하고 굳이 '인간'이란 두 글자를 특별히 표방하는 이유는 무엇이겠습니까?

　부처님 시대로부터 지금까지 2,600여 년이라는 시간이 존재합니다. 중요한 것은 2,600여 년 동안 불교가 전래되는 과정에서 '부처님의 가르침' 및 '부처님이 정한 계율'에 대한 제자들의 서로 다른 견해와 학설이 생겨났고, 그로 인해 서로 다른 교파, 사상, 주장 등이 생겨났습니다. 신도들 역시 갖가지 불일치로 인해 불교가 단결 협력하기 어렵게 만들었으며, 결국 불교 발전에 걸림돌이 되고 있다는 것입니다.

제1장 총설

불좌상佛坐像/5세기말/사암석/높이 160㎝/인도 우타르프라데시 바라나시 녹야원 출토/인도 우타르프라데시 사르나트 고고학 박물관 소장

 더구나 불교가 중국에 전파된 뒤 정치적, 사회적 변천 등의 요인으로 불교는 점점 산속으로 도피하여 '홀로 청정한 수행'을 하는 세상을 등진 불교로 만들었습니다. 설상가상 과거 불교의 일부 스님들이 설법을 하면서 늘 출가자의 입장에서 지나치게 '출세간 사상'만을 강조하고 현실 생활에서 필요한 재물, 감정, 가정생활 등을 부정

하곤 했습니다. 재물을 말할 때 '돈은 독사와 같다'라고 하고, 부부를 말할 때는 '전생의 원수가 만났다'라고 하며, 자녀를 놓고서는 '모두 빚쟁이들'이라고 했습니다. 전통불교에서는 인간불교를 중시하지 않았기에 인간적 면모와 생활적 면모를 잃어버렸고, 그로 인해 세상 사람들로부터 비난을 받게 되었습니다.

지금 우리가 '부처님이 본래 품은 뜻인 인간불교'를 내놓는 이유는 바로 여래께서 일생 설하신 가르침을 새롭게 정리하고 부처님의 최초 설법의 본뜻을 다시 한 번 자세히 살펴보길 바라서입니다. '인간불교'의 제창을 통해 부처님의 근본 교법과 세상을 교화하는 정신을 잘 파악하여 각종 이설異說과 상이한 것을 모조리 통합해 불교가 다시 인간세상에 들어가기를 바라서입니다. 이렇게 하는 것만이 부처님 당시의 설법과 교화를 철저히 생활 속에 뿌리내리고, 불법에 대한 이해와 실천을 통해 대중들이 인생에서의 행복과 아름다움을 늘릴 수 있습니다. 이것이야말로 세간에 나시어 설법하신 부처님의 본뜻입니다.

오계십선은 처신의 근본이다

인간불교는 부처님이 일생 설하신 가르침이자, 장차 세계 인류의 한 줄기 밝은 빛이 될 것입니다. 지금 전 세계는 '평화'를 추구하고, '자유·민주·평등'을 부르짖고 있습니다. 일찍이 부처님께서 성도한 뒤 제일 먼저 중요한 선언을 하셨습니다.

"기묘하구나, 기묘해! 대지의 중생이 모두 여래의 지혜와 덕상

을 지녔구나."(『화엄경華嚴經』 권51)

이 말은 모든 사람이 자신의 자성 안에 부처님과 같이 원래 불성을 구족하고 있는데, 우리가 자신의 내재된 불성을 개발해내기만 하면 타인의 누구도 나를 부릴 수 없고, 또 다른 신명이 우리를 제어할 수 없다는 것을 설명하고 있습니다. 그러므로 불교에서 말하는 '삼보三寶에 귀의皈依한다.'는 것은 사실 자신에게 귀의해야 하는 것이자, 부처님이 제자들에게 가르치어 경계토록 한 "자신에게 의지하여 머물고(自依止), 진리에 의지하여 머물고(法依止), 다른 것에 의지하지 말라(莫異依止)"(『잡아함경』 권24)입니다. 그러므로 '귀의'의 주된 의미는 자신의 진여불성을 되찾아야 한다는 것입니다.

'불성평등佛性平等'은 다른 종교와는 다른 불교의 중요한 사상으로, '민주·평등'의 정신을 갖춘 위대한 학설입니다. 이른바 "사해의 강물이 바다로 들어가면 다시는 그 이름으로 불리지 않듯이, 사성이 출가하면 모두 석씨라 불린다."(『증일아함경』)라는 것입니다. 특히 부처님은 남녀·사부대중의 평등을 매우 중시했지만, 지금에 이르러 부처님이 본래 품었던 뜻을 이해하지 못하는 일부 오만한 제자들은 몸값을 스스로 올려 마치 자신의 신분이 타인보다 더 높고 귀한 것처럼 여기니 가장 큰 삿된 견해라 하지 않을 수 없습니다.

'불성평등'이란 말을 통해 일체의 '중생'은 본래 '평등'한 대우를 받아야 한다는 걸 설명해주니 참으로 신성하고도 고귀한 한마디 아니겠습니까? 후에 부처님은 또 '육화경'이란 승단을 창건하였고, 승단의 화락和樂을 유지하기 위해 각종 계율을 제정하였으며, 재가신도들을 가르침으로 이끌고자 오계五戒를 받아 실천하고 십선十善을 봉행하게 하였습니다.

'오계십선'은 가정이 화목하고 즐겁게 하는 기본이 되며, 사람의 신체 자유를 보장하기도 합니다. 과거 일부 사람들은 수계는 항상 계율을 가지고 속박하기 때문에 자유가 없을 거라 잘못 이해하였습니다. 그래서 "굳이 수계를 받고 스스로를 속박할 필요가 있을까?"라고 얘기하는 사람도 있었습니다. 사실 계를 지니는 것이 진정한 자유를 얻는 길입니다. 법률을 어기게 되면 법적 제재를 받고, 감옥에 갇히는 재난을 겪게 되며, 이렇게 되면 자유를 잃을 수 있기 때문입니다.

계율정신은 침해하지 않는 데서 더 나아가 존중한다

인간불교 계율의 주된 정신은 상대를 '침해하지 않고', 더 나아가 '존중'한다는 것입니다.

첫째, 타인의 생명을 침해하지 않고, 더 나아가 생존권을 존중할 자유(不殺生).

둘째, 타인의 재산을 침해하지 않고, 더 나아가 재산의 향유를 존중할 자유(不偸盜).

셋째, 타인의 신체와 순결을 침해하지 않고, 더 나아가 존엄성을 존중할 자유(不邪淫).

넷째, 타인의 명예를 침해하지 않고, 허황된 말로 다른 이의 믿음을 얻지 말며, 타인을 비하하지 않고, 유언비어 날조를 하지 않고, 더 나아가 타인의 믿음을 존중할 자유(不妄語).

다섯째, 마약·독약을 흡입하지 않고, 사고력에 해가 되는 식품 또는 인류에게 해를 끼치는 식품을 먹지 않고, 자신과 타인의 건강을 존중하는 자유(不飮酒, 不吸毒).

계는 일체 수행법문의 근본입니다. 일체의 선을 행하고자 하는 마음의 공덕은 모두 반드시 계를 지님으로써 생겨날 수 있습니다. 그러므로 『화엄경』에서는 "계는 위없는 깨달음의 근본이니, 일체 모든 선근을 자라게 한다."고 하였습니다. 『대반열반경大般涅槃經』에서는 또한 "일체 중생은 비록 불성이 있지만, 계를 지닌 뒤에야 비로소 볼 수 있다."라고 하였습니다. 이를 통해 계의 중요성을 알 수 있습니다. 인간의 오계는 처세의 근본입니다. 계를 지닌 사람은 다른 사람을 침해하지 않게 되니, 자연스럽게 인과와 법률의 제재를 받지 않게 됩니다. 그리하면 자신과 타인 모두 '자유'를 얻을 수 있으니, 이것은 사회를 안정시키는 무형의 중요한 힘입니다. 오계라는 가르침에서 확대시킨 '십선' 역시 몸으로는 '살생, 도둑질, 음행' 등을 하지 않고, 입에는 '거짓말, 꾸밈말, 이간질, 악담' 등을 담지 않으며, 마음으로는 '탐욕, 성냄, 어리석음' 등 삼독을 품지 않는 것입니다.

오계십선은 부처님께서 인간에게 처음 내보이신 가르침으로, 사회 대중들이 지향해야 할 행동의 표준을 정해주셨을 뿐만 아니라, 삶에 명확한 귀의처와 방향을 갖게 해주었습니다. '인간불교'는 바로 여기에서부터 확대되어 나갔습니다. 그러므로 인간불교는 부처님이 본래 품었던 가르침이고, '인간불교'의 뿌리를 탐구해 보면 틀림없이 부처님의 가르침에서 그 근원을 찾을 수 있습니다. 태허太虛대사께서는 "오로지 부처를 우러러 인격을 완성하라. 인간에서 성취하여야 부처를 이루나니, 이 명제가 현실이 된다."라고 말씀하셨습니다. 사람으로서의 도리를 다 완성할 수 있다면 불도 역시 완성할 수 있을 것입니다.

보살정신은 인간불교의 근본이다

그 후 불교가 세월을 거듭하면서 대승불교는 부처님이 본래 품은 뜻에 부합되고 인간의 정신에 부합되는 보살의 정신을 더욱 제창하였습니다. 보살이 저마다 보리심을 발하여 보살도를 성취하였기에 보리심 역시 인간불교의 근본이 되었습니다. 다만 제자들의 근기가 서로 다르고, 불법과 계율 수행에 대한 올바른 이해 내지는 깨달음에서 서로 상이하므로, 부처님의 교법에 대해 서로 다른 견해와 주장이 생겨났습니다. 심지어 각자 자신의 이상, 생각에 집착하여 이른바 '아집我執과 법집法執'이 생겨났기에 불법의 신앙이 통일되지 못하고, 나아가 불교의 발전에 악영향을 끼치게 되었습니다.

예를 들어보겠습니다. 부처님 입멸 후 교의와 계율 수행에서 서로 다른 집착이 생겨나 수많은 부파로 분열되었고, 그래서 '부파불교'라는 말까지 생겨났습니다. 시공이 흘러감에 따라 시간적으로 원시불교와 인도 대승불교라는 설법이 생겨났고, 공간적으로는 지리적 위치로 인해 남전南傳, 북전北傳, 한전漢傳, 장전藏傳의 불교로 나뉘어졌습니다. 더욱이 불교가 더 오래, 더 광범위하게 전파될수록 이제는 한국식 불교, 일본식 불교, 태국식 불교, 서구인들의 불교 등으로 발전되었습니다. 중국 하나에만도 팔대종파로 나뉘어졌고, 선문禪門 하나에만도 또다시 일화오엽一花五葉, 오가칠파五家七派라는 설법說法이 나옵니다.

발전과정 중에 불교에는 "부처님은 한 소리로 설법을 하시지만, 중생은 부류에 따라 각기 깨달음을 얻는다."(『유마힐경維摩詰經』)라는 말이 생겨나긴 했지만, 사실은 "방편에는 여러 가지 문이 있지만, 근원으로 돌아가는 길은 둘이 아니다."라는 것과 같습니다. 다른 사람과 나 사이의 시시비비로 서로 다투고 논쟁하는 것이 아니라, 교의에 대한 인식과 이해, 더 나아가 수행 지계의 방법 및 체험이 각기 달라 저마다의 홍법 방법과 방향이 생겨난 것이므로 이것이 꼭 나쁜 일만은 아니라고 봅니다. 중국의 대승팔종만 보더라도 자신들 종파의 "교상판석敎相判釋" 기준이 있지 않습니까! 하지만 이런 이유로 불교가 분열되기는커녕 오히려 백화가 개화하듯이 불교가 더욱 풍부하고 다원적 현상이 두드러졌으며, 근기가 서로 다른 중생의 요구에 순응하게 되었습니다. 그 이유는 모두가 믿고 따르는 분은 부처님 한 분이고, 모두가 펼치는 포교 역시 부처님께서 '삼법인'에 근거해 인간들에게 설법하신 일대시교一代時敎이기 때문입니다.

그러나 근대에 들어 서양학이 점차 동양에 유입되면서 수많은 학자들이 더 이상 신앙으로서 불교를 연구하지 않고 여전히 편견을 가지고 비평하여 쓸데없이 교의의 불일치와 불교의 분열만을 가중시

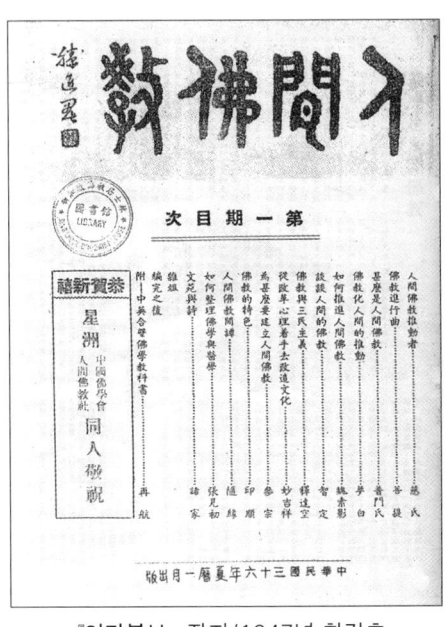

『인간복보』 잡지/1947년 창간호

켰습니다. 이런 점들을 고려해, 100여 년간 지식 있는 인사들은 불교를 널리 전파하는 데 하나의 공통된 인식을 찾아내 다 같이 불교를 발전시키길 바랐고, '인간불교'는 바로 이러한 흐름에 순응해 탄생했습니다.

가장 먼저 중국에는, 과거 태허대사께서 각지를 다니며 '인생불교'를 강설하셨고, 1932년 다시 '어떻게 인간불교를 건설할까?'라는 물음을 꺼내셨습니다. 같은 시기 자항慈航스님도 동남아의 싱가포르·말레이시아에서 『인간불교人間佛教』 잡지를 창간해 인간불교 신앙을 전파하였습니다. 그리고 양인산楊仁山 거사, 구양경무歐陽竟無 거사와 같은 당대 학자와 깨어있는 사부대중이 남경에서 '금릉각경처金陵刻經處'를 설립해 문화를 널리 알리기도 했습니다. 또한 중국불교협회 회장이었던 조박초趙樸初 거사 역시 인간불교를 제창했으며, 특히 새로 소임을 맡은 학성學誠스님은 인간불교 선양을 중국불교협회의 조직 정관 안에 넣었다고 합니다. 다함께 '인간불교'를 통해 당시 부처님의 '시교이희示教利喜' 정신을 받들어 자신의 깨달음으로 타인을 깨닫게 하고, 자신을 제도하듯 타인을 제도하며, '연기중도緣起中道', '법계일여法界一如', '동체공생同體共生', '중생평등衆生平等' 등의 불법 교리와 사상을 통해 모두가 세계평화를 촉진하고 인류의 행복을 도모하여 '인간불교'가 세계 종교의 주류가 되도록 해야 합니다.

앞에서도 언급했듯이 인간불교는 부처님이 본래 품은 뜻이었습니다. 부처님은 인간에서 태어나, 인간에서 수행하고, 인간에서 성도하였으며, 설하신 가르침은 모두 인간을 위한 것이었는데, 인간불교라 부르지 않는다면 '육도중생' 가운데 어느 것을 붙여 불교라 칭해야 옳겠습니까? 아무렴 축생의 불교라 해야 합니까, 지옥의 불교라 해야 합니까? 그것도 아니면 아수라의 불교나 아귀의 불교라 해야 옳겠습니까?

불교는 누가 뭐래도 부처님이 '인간'을 위해 설하신 것이므로, 우리는 '인간의 부처님'에서부터 인간불교를 얘기해야 합니다. 불교의 역사와 전기의 기록을 통해 '부처님은 신이 아닌 인간이다!'라는 것을 우리는 알 수 있습니다. 『반니원경般泥洹經』에서는 "내가 또한 항상 비구들과 함께 있겠다."라고 설교하셨습니다. 부처님의 일생은 역사적으로 믿을 만한 명확한 역사적 근거가 구비되어 있습니다. 부처님은 깨달은 성자이십니다. 부처님은 일반적인 종교와 같은 교주가 아닙니다. 현천상제玄天上帝, 무생노모(無生老母: 일관도一貫道에서 믿는 최고의 신), 천궁을 뒤집어놓은 손오공에 나오는 옥황상제 등 대부분이 상상을 통해 만들어 낸 신명神明입니다.

『장아함長阿含·견고경堅固經』에서 부처님은 "나는 끝내 모든 비구들에게 바라문, 장자, 거사를 위하여 신족神足과 상인上人을 나타내는 법을 가르치지 않을 것이다. 나는 다만 제자들이 한적한 삼림에서 고요히 도를 생각하며, 만일 공덕이 있으면 마땅히 숨겨야 하고, 만일 허물이 있으면 마땅히 드러내라고 가르칠 뿐이다."라고 말씀하셨습니다. 부처님은 어디서 와서 어디로 가는지조차 모르는 천지신명도 아니고, 고의로 '신격화'되어 숭배를 받는 대상도 아닙니다. 부처님은 분명히 천신만고의 수행을 통해 인심, 인성, 인격 등 모든 사람의 문제에 대하여 명확한 깨달음과 실증을 가지고 있습니다. 그러므로 진리를 깨달은 뒤의 부처님은 그의 도덕과 인격, 그의 자비와 지혜 모두를 이미 원만하게 닦아 증득하였습니다. 연기緣起, 중도中道, 십이인연十二因緣, 삼법인三法印, 사성제四聖諦, 더 나아가 인과因果, 업보業報, 오계五戒, 십선十善, 육도六度, 사섭四攝 등 그가 내보인 모든 가르침은 사람들의 신심을 안정시키고 나아가 생활, 생사, 생명 등 인생의 문제를 해결할 수 있는 무상진리입니다.

삼호사급三好四給은 복 기원보다 업 소멸에 중점을 둔다

예컨대 불교에서는 '업보'를 설합니다. 여기서 '업業'이란 곧 '행위'입니다. 우리가 지금 생애에서 행복하거나 불행하거나, 좋은 팔자이거나 아니거나, 모두 자신의 행위로 만들어낸 결과이자 '업력'으로 말미암은 것입니다. 일반적으로 불교신도는 부처님 앞에서 복을 주십사 기원을 많이 합니다. 그러나 저는 '업 소멸'이 '복 기원'보다 더 중요하다고 생각합니다. 우리 모두 몸으로 좋은 일(善)하고, 입으로 좋은 말(眞)하며, 마음에 좋은 생각(美)을 품기만 한다면 마음속에 선의 역량이 생겨 자연스럽게 재난이 소멸되고 복이 늘어나며 죄는 사

룸비니동산/네팔

라지게 됩니다. 그래서 사람은 저마다 '세 가지 좋은 것(三好)'를 봉행함은 물론 '네 가지 주는 것(四給)'을 실천해야 합니다.

'네 가지 주는 것'은 곧 사무량심四無量心입니다. 풀어보면 "다른 이에게 신심을, 다른 이에게 환희를, 다른 이에게 희망을, 다른 이에게 편리함을 주자."는 것입니다. '다른 이에게 신심'을 주면 자연히 말로 상처주지 않을 것이고, '다른 이에게 환희'를 주면 자연히 즐거워하며 칭찬할 것이니, 이것이 곧 '좋은 말을 하자(口業淨化)'입니다. '다른 이에게 희망'을 주면 타인이 좌절할 때 격려와 관심, 축복을 줄 것이니, 이것이 곧 '좋은 마음을 갖자(意業淨化)'입니다. '다른 이에게 편리함'을 주면 일처리가 자연히 관료주의적 태도가 아니라 솔선수

범해서 타인을 도우니, 이것이 '좋은 일을 한다(身業淨化)'입니다. 그러므로 '세 가지 좋은 것', '네 가지 주는 것'은 모두 인간불교의 사상 면에서의 주된 원칙입니다.

사람의 본성은 그저 내가 얻어지는 것이 있나 하는 것에만 관심이 있기 때문에, 보통사람들은 타인에게 보시하길 두려워합니다. 또 선을 행하면 자신이 손해 보는 것 같아 선문善門을 열기 어렵고 선을 행하길 머뭇거립니다. 사실 보시는 파종과 같습니다. 밭에 씨를 뿌리지도 않고 어떻게 싹이 나고 오곡을 수확할 수 있겠습니까? 나무를 심지 않으면서 어찌 꽃이 피고 열매가 맺히길 바랄 수 있겠습니까? 이것이 불교에서 말하는 '인과'의 관념이자 '업보'의 사상입니다. 일찍이 2천여 년 전 부처님께서는 이미 이러한 삶의 불변의 진리를 인간세상에 널리 전파하셨으니 이것이 모두 인간불교입니다.

생명에 대한 이해가 지혜를 깨우치고 사리를 알게 한다

그러므로 인간불교는 인간에게 지혜를 깨우쳐주고, 명확한 이치를 가르쳐주는 올바른 믿음의 종교이지, 맹목적으로 미신을 숭배하라 요구하지 않습니다. 우리가 인간불교를 봉행하기만 하면 불법의 지혜를 소유할 수 있고, 생명의 오고감을 명확하게 이해할 수 있습니다. 이러하면 현세의 '생활'이 편안하고 자유로울 수 있으며, 또한 '삶과 죽음'에 대한 근심 슬픔과 두려움을 면할 수 있고, 마지막에는 원만한 '생명'의 의미와 보람을 얻게 됩니다.

더욱이 인간불교를 봉행하면 우리 자신이 수혜를 받는 것은 물론이고, 자손 후대에까지 은혜가 미칠 수 있습니다. 왜냐하면 불법의 신앙이 생기면 우리는 무진등無盡燈을 후대에 전승하고, 자성불自性佛로 심성을 깨우치고, 삼법인三法印으로 불법을 인증印證하고, 사성제四聖諦로 신심을 통섭統攝하고, 오승법五乘法으로 법계를 꿰뚫고, 육도문六度門으로 불국토에 들어가고, 칠각지七覺支로 지혜를 펼치고, 팔정도八正道로 닦아 증득함을 원만하게 하기 때문입니다.

바꿔 말하면, 인간불교의 신앙은 진실로 '신실信實, 신덕信德, 신능信能'과 부합되는 종교입니다. 저마다의 사람이 생활 속에서 안주할 수 있게 하고, 범부가 가지는 번뇌에서 우리를 해탈시켜 줄 수 있습니다. 우리에게 세간의 만사만물은 모두 '연기'로 인해 생겨나고, 자성은 본래 '공'하며, 그 '공'부터 자신의 진여불성을 깨닫는 것임을 분명히 알게 해줍니다. 그 다음 인간에서 부처까지 인격이 승화되고, 인성이 완성될 수 있으며, 이어서 세간의 분쟁을 벗어나 환희와 자유를 얻게 해줍니다. 그러므로 인간불교는 인간에게 진정으로 필요한 불교이며, 중생이 인간세상에서 행복하고 안락한 생활을 누릴 수 있도록 도와주는 종교입니다. 이것이 부처님께서 중생을 제도하기 위해 설법하신 본래의 뜻입니다.

번뇌 해탈은 신심을 안주하는 데 중요하다

인간불교는 어느 한 사람의 것이 아닙니다. 인간불교가 곧 불교입니다. 인간불교는 촘촘한 그물처럼 수많은 대중이 모두 필요로 하는 불교이고, 인간불교가 바로 중생에게 "부처님의 지견을 열고, 보이고, 깨닫고, 들게 한다."(『법화경』)는 것을 도와줘야 하는 불교이기 때문에, 지금 우리는 인간불교를 확산시키는 데 있어 연기, 중도, 인과, 업보, 더 나아가 무상, 고, 공 등 부처님이 깨달아 설하셨던 진리이자 인간세상에서 꼭 필요한 의리義理에 중점을 두어야 합니다.

특히 인간적 측면, 생활적 측면, 이타적 측면, 희락적 측면, 보편적 측면, 시대적 측면 등 부처님이 세상에서 중생을 교화하셨던 정신과 특성을 파악할 수 있어야 합니다. 저는 늘 인간불교란 "부처님의 말씀처럼, 중생이 원하는, 맑고 깨끗하며, 선량하고 아름다운 것"이라고 말해왔습니다. 우리도 이러한 원칙과 방향을 철저히 파악하여 추진 발전시켜 나가야 합니다. 중요하지 않은 부차적인 생활 의궤儀軌에만 매달려 시시콜콜 따지고, 헛되이 불교신자끼리 비난과 질책, 심지어 상호 비방과 책임추궁까지 하게 해서는 안 됩니다. 이는 불교의 분열을 초래하는 것들입니다.

1963년 우리가 중국불교를 대표해서 세계불교를 방문했던 당시, 일본 다이쇼大正대학 이시바시 단잔(石橋湛山) 총장이 우리 대표단에게 꺼냈던 한마디를 아직도 기억합니다.

"여러분이 중국불교를 대표해 오늘 우리를 방문하셨지만, 사실 속으로는 우리 일본불교를 경시하고 있을 것입니다. 왜냐하면 일본의 승려들은 지금 모두 가정을 이루었고 아내와 자녀까지 있으니, 당신들이 보기에 일본불교에는 규율이 없다 여길 겁니다. 심지어 당신들은 태국의 불교 역시 경시할 것입니다. 태국불교는 학술이나 의리義理도 없이 신앙과 공양에만 의존할 뿐이라고 말입니다. 하지만 상대적으로 태국불교 역시 중국불교를 경시할 것입니다. 그들 눈에 당신들은 이미 원시 부처님 시대의 계율 생활에서 멀리 떠나왔고, 이름은 대승불교지만 실질적으로는 불법에 대해 진정으로 이해하고 있지 않다고 여길 겁니다. 더 나아가 일본불교 또한 중국불교를 경시합니다. 일본불교는 종파가 비록 많지만 인파人派는 없기 때문입니다. 중국불교는 종파뿐만 아니라 인파도 있습니다. 이것이 일본불교가 비난하는 부분입니다."

위의 내용과 같은 상황처럼 서로가 경시하고 인정하려 들지 않는다면 어떻게 서로 신뢰를 쌓고 교류하며 왕래를 하겠습니까? 또 어떻게 불교가 공존하고 공영할 길을 찾을 수 있겠습니까? 그러므로 우리는 인간불교를 연구하고 인간의 성격에서 볼 때, 세간의 사람이 모두 단결하고 협력하며 공통된 인식을 갖게 해야 합니다. 그러나 이것은 달성하기 결코 쉽지 않은 목표입니다.

그러므로 일처리 측면에서 시시콜콜 따지지 않고, 이치 측면에서는 삼법인, 사성제, 육도, 팔정도, 십이인연, 인과업보 등 불교를 단순화시키는 것이 어쩌면 장차 불교를 더 넓게 발전시킬 수도 있습니다. 현묘한 담론들이 지나치게 많이 있다면, 불교에서 일찍감치 없애 버리고 더 이상 보태지만 않으면 됩니다. 현대인들은 단순한 걸 바랍니다. 선문禪門이 중국 역사에서 홀로 우뚝 서서 불교의 한 가지로 뽑을 수 있었던 것은, 부처님이 본래 품었던 뜻인 신앙과 수행으로 단순화시킨 결과입니다.

특히 각지의 불교는 문화와 언어, 풍습과 기후, 지리와 환경이 상이한 이유로 자연스럽게 서로 다른 형태의 다양한 생활 모습으로 발전되어 갔습니다. 원시불교 시대의 승단을 예로 들어보겠습니다. 승려들은 소위 "오른쪽 어깨를 드러내고, 탁발하여 음식을 얻으며, 나무 아래에서 잠을 청한다."는 청정한 수도생활을 했습니다. 그러나 이것은 아열대 기후의 인도에서나 가능한 얘기입니다. 만일 눈이 펑펑 내리는 시베리아나 혹은 중국 흑룡강 하얼빈이라면 출가자가 어깨를 드러내놓고 탁발하며 살 수 있겠습니까? 특히 중국사회에서 음식을 빌어먹는다는 것은 거지나 하는 행동으로 여기는데, 이런 상황에서 비구나 비구니들이 '차례대로 음식을 탁발한다.'는 의식제도를 실천할 수 있겠습니까?

『보왕여래성기품寶王如來性起品』에는 "또한 불자들이여! 물의 성질에 비유하면 맛은 모두 하나이나, 담는 그릇이 다르기 때문에 맛에 차별이 있다. 물은 이 생각이란 것이 없다. '나는 많은 맛을 낸다.' 여래의 묘음 또한 이와 같아서 모두 한 맛이지만, 해탈의 맛을 말할 때 모든 중생은 교화를 받는 그릇이 다른 까닭에 마땅히 차별이 있다."(『대방광불화엄경大方廣佛華嚴經』권34)라고 기록되어 있습니다. 그러므로 형식적인 불교는 우리 모두 다시 한 번 곰곰이 생각해 보아야 합니다. 정신, 의리, 마음, 생활 속에서 신앙의 요지를 찾고, 기준에만 얽매여 있지 말아야 합니다. 시대의 흐름에 발맞추어 현대인들이 받아들일 수 있는 방식으로 불법을 널리 전파해야 합니다. 이러면 인간불교는 반드시 현재를 사는 우리의 마음과 사고에 부합할 수 있을 것입니다.

제1장 총설

육조상六祖像/가마쿠라 시대
(1185~1333)/지본수묵紙本
水墨/83.7㎝×34.7㎝/일본
오사카 센보쿠 마사키 미술
관 소장

중국의 불교를 살펴보면 과거 조사나 대덕은 그들의 신앙과 깨달음 등 수행과정을 통해 일찍부터 우리에게 인간불교라는 정보를 내보였습니다. 육조 혜능대사는 "불법은 세간에 있으니, 세간을 떠나서는 깨닫지 못한다."라고 말했습니다. 또 백장선사는 "하루 일하지 않으면 하루 먹지 않는다."의 농선農禪생활 등을 제창했습니다. 이러한 총림에서의 선문생활은 사실 모두 부처님이 당초 인도에서 교단을 건립하여 시범하신 것을 따른 것입니다.

다만 이 시기의 중국불교는 생활방식에서 인도와 다르고 과거에 살았던 방식대로 지낼 수 없다는 걸 알아서, "마조馬祖가 총림을 창건하고, 백장이 청규를 세웠다."라는 말처럼 고승대덕께서는 중국의 방식에 맞는 총림을 다시 세웠고, 또한 부처님이 제정하신 계율을 그대로 두고 새로이 청규를 제정해 계율을 대신했습니다. 그리고 총림사원의 청규제도에 의거해 중국불교가 발전해왔기에 중국불교의 특색으로 자리 잡았고, 더 나아가 수·당 시기에 '팔종이 함께 일어난다.'는 불교의 성세를 구가하게 되었습니다.

대승팔종은 대중을 벗어나지 않았다

중국의 대승팔종大乘八宗 얘기가 나와서 말인데, 혜해慧解를 중시하는 '천태종, 화엄종, 삼륜종, 유식종'이든 혹은 수행지계를 목적으로 하는 '정토종, 선종, 율종, 밀종'이든 모두 한 가지 공통된 부분이 있습니다. 바로 인간생활을 벗어나지 않았으며 인간 대중을 떠나지 않았다는 것입니다. 그들은 자선활동과 공익활동을 통한 복지사회에 힘썼기에 폭넓은 대중의 신앙을 얻고, 설법을 통해 대중을 교화하는 데 힘써 당시의 수많은 고승대덕이 일부 학자들과 왕래하고 교류하기도 했으며, 심지어 제왕이나 대신들의 요청으로 설법을 해주기도 했습니다. 부처님이 당시에 왕궁을 출입하며 각국의 국왕에게 설법하고, 더 나아가 호법이라는 책임을 왕공대신에게 부여해준 것과 같습니다. 이것이 곧 인간불교의 인간성입니다.

인간불교는 "부처님이 말씀하신 것"이자 "사람이 원하는 것"이기도 합니다. 그러므로 인간불교는 "부처님이 말씀하신 것"에도 부합됨은 물론 "사람이 원하는 것"에도 순응할 수 있어야 합니다. 사람이 세간에서 생존해 나가는 데 국가의 보호가 없어서는 안 되며, 또한 사회 대중의 인연이 모이는 것 역시 부족해서는 안 됩니다. 사람은 태어나는 그 순간부터 의식주행衣食住行 등 생활에 필요한 각종 물질생활을 떠나서는 살 수 없습니다. 이래서 사농공상 등 사회 대중의 상호 협조 내지 도움에 의존합니다. 먹고 입는 일상용품이 있고 나면, 또한 정신적인 가족의 사랑, 연인끼리의 사랑, 친구간의 우정, 감사하는 마음 등 각종 정화시켜 주는 감성생활이 필요하게 되고, 더 나아가 인격과 정신적으로 향상시키는 예술생활이 필요합니다. 더 중요한 것이 있습니다. 사람은 삶과 죽음이라는 커다란 문제가 있으므로 신앙적 생활을 하지 않으면 안 된다는 것입니다. 그래서 저는 "영광은 부처님께 돌리고, 성취는 대중에게 돌리며, 이익은 사회에 돌리고, 공덕은 신도에게 돌린다."는 걸 제시했습니다. 또한 인간불교를 위해 "국가를 존중하고, 생활은 합리적으로 하며, 인간에서 인연을 맺고, 마음은 즐겁게 한다."는 네 가지 요지를 제시한 적이 있습니다. 저는 모두가 다 함께 받아들일 수 있는 불교는 인간불교밖에 없다 생각합니다.

불법으로 지도하니 생활의 의미가 풍부하다

인간으로서의 생활은 불법의 지도가 있어야 합니다. "평소와 다름없는 창가의 달빛이거늘, 매화 하나 피고 보니 사뭇 다른 느낌이더라."는 시가 있습니다. 불법이 있음으로 해서 생활에서의 의미는 달라집니다.

중국의 민간에서 '제1경'이라 불리는 『금강경金剛經』은 처음에 "그때 세존께서는 식사 때가 되자 옷을 입고 발우를 지니고 사위성으로 들어가 탁발하시었다. 그 성 가운데서 차례대로 빌기를 마치고 본래의 거처로 돌아와 음식을 드시고는 옷과 발우를 거두고 발을 씻은 뒤, 자리를 펴고 앉으셨다."라고 시작합니다.

이 경문 부분은 세간에서의 세속적인 생활 속 보통 아침식사처럼 보이지만, 사실상 이 아침에 담긴 내용적 의미는 결코 평범하지 않

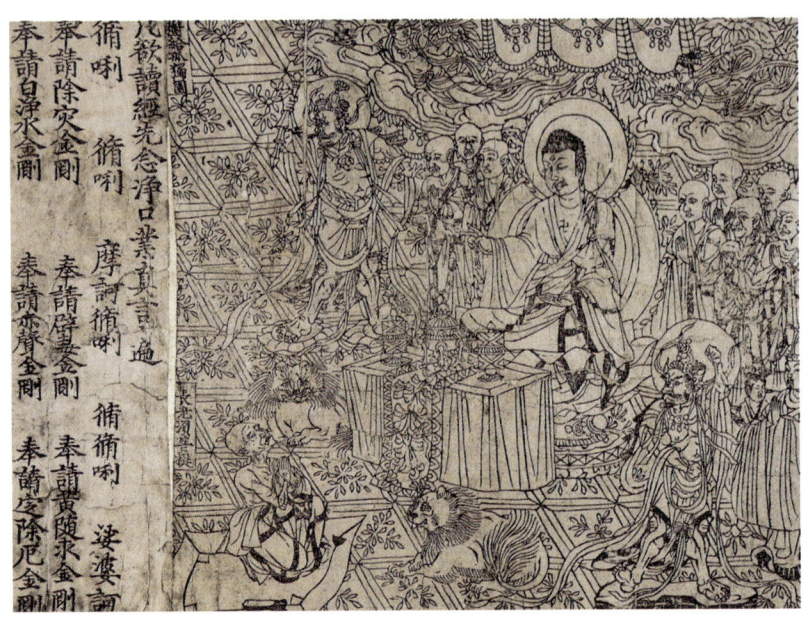

금강경권수도金剛經卷首圖/당 함통咸通9년(868)/지본판화紙本版畫/23.7cm×28.5cm/
감숙성 주천酒泉 돈황 막고굴 제17석굴 출토/영국 런던 국립도서관 소장

습니다. 그 안에는 깨달은 자의 '나의 깨달음으로 타인을 깨닫게 하고, 나를 제도하듯 타인을 제도한다.'는 수행과 지계, 자비와 지혜가 오롯이 담겨있습니다.

예를 들어 '식사 때, 옷을 입고, 발우를 지니고(食時, 著衣, 持鉢)'는 식사할 시간이 되면 반드시 의관을 정제하고 위의를 갖추며, 평온하고 질서 있게 규율에 맞춰 발우를 손에 들고 차등 없이 음식을 탁발한다는 것을 설명합니다. 이것은 지계의 정신입니다. '차례대로 빌다(次第乞已)'란 빈부귀천을 가르지 않고, 성긴 음식이건 아니건 가리지 않는 것이며 인욕·평등·인연·기쁨을 따르는 정신입니다. 또한 탁발할 때 신도는 승단 생활을 영위토록 음식을 공양하고, 승단은 불법으로 신도에게 깨달음을 주어 모두의 마음속 의문을 풀어줍니다. "재물과 법 두 가지 보시는 차별됨이 없이 동등하다."라고 했습니다. 이는 보시의 실천입니다. 식사를 마친 뒤 의복과 발우 등 물건을 정리하고 나서 몸을 정갈하게 하고 발을 씻습니다. 마음을 편안히 하고 단정하게 앉아 참선을 통해 신심을 안정시키는 것은 정진바라밀입니다.

탁발생활은 지혜의 밝은 빛 두루 비춤이라

심지어 음식의 좋고 나쁨, 불교에 대한 사회의 믿음과 불신, 승단에 대한 사회의 갖가지 시선 모두 인욕바라밀이 요구됩니다. 보시布施, 지계持戒, 인욕忍辱, 정진精進, 선정禪定 등을 모두 갖추길 바란다면 반드시 반야를 통해 통섭해야만 합니다. 그러므로 대승불교에서 육바라밀은 인간불교 생활의 준칙입니다.

　이 단락에서 간단하게 설명한 탁발생활은 반야지혜의 밝은 빛을 두루 비추는 것이자, 여래의 방광(放光: 수행자에게서 빛이 뿜어져 나오는 것)하는 생활이라 말할 수 있습니다. 의복을 갖추고 발우를 손에 드니 손 위에서 광채가 나고, 성 안에서 탁발하시니 발아래 광채가 나며, 차등 없이 음식을 받으시니 눈에 광채가 나고, 음식을 다 먹고 의발을 정리하시니 입 속에서 광채가 나며, 발을 씻고 자리를 펴고 앉으시니 온몸에서 광채가 납니다.

　통속적인 보통 생활이지만 부처님의 인간불교, 생활불교의 정신을 표현하기에 부족함이 없습니다. 이 가운데 부처님이 육도바라밀을 실천하는 모습을 보이신 것은 물론이고, 인간불교의 깊은 의의까지도 펼쳐 보이셨습니다. 그러므로 불법은 표면적 모습만을 봐서는 안 됩니다. 우리가 부처님의 수행과 교화 속 자비심과 커다란 바람까지 한층 더 깊이 들여다볼 수 있어야 진정으로 불법을 이해할 수 있습니다.

　애석하게도 과거 불교가 전파되면서 인성이 취약하고 신도들의 신심 부족과 신앙의 힘이 충분하지 못했기 때문에 줄곧 부처님을 재난을 막아주고 보호해주는 방패막이로 여기거나 기댈 기둥 정도로만 생각해왔습니다. 병이 나면 건강하게 해달라고 부처님께 빌었고, 가정에 불협화음이 일면 가정이 화목하게 해달라고 부처님께 기원했으며, 가난하고 힘들 때면 재물을 많이 내려달라고 부처님께 요구하기도 했습니다.

　부처님 위덕의 가피를 받아 자신에게 신심을 주고 자아를 향상시키는 것은 가능합니다. 그러나 부처님에 대한 신앙을 가지고 있다 하여 그저 탐욕스럽게 요구하고 기원하기만 해서는 안 됩니다. 이는 마치 자녀가 부모에게 이것저것을 해달라고 요구만 하는 것과 같습니다. 이것은 탐욕스런 마음을 키우는 것이지 신앙의 참된 의미가 아닙니다. 신앙을 위해 기여하고 봉사하며 공양해야 합니다. 신앙의 의의는 바로 타인을 위해 자신을 기꺼이 내어주는 것이며, 작은 나를 희생하여 대중을 성취시키는 것입니다.

　그러므로 인간불교는 부처님의 정신을 견지하고, 신앙의 의미는 보답을 바라는 것이 아니라 기여임을 제창합니다. 부처님은 일생을 시교이희示教利喜하셨습니다. '매에게 살을 떼어 먹이고', '굶주린 호랑이에게 자신을 먹이로 주는' 등 중생을 이롭게 하고, 인간을 위한 이러한 희생과 봉헌의 정신이야말로 인간의 지극히 어렵고 지극히 존귀한 행위입니다. 그래서 오늘날 우리가 불교를 확실히 '인간화'하기 위해서는 인간불교 사상 건립이 우선되어야 합니다. 경전에서 "부처님이 커다란 자비심을 일으켜 세간을 두루 이롭게 한다."(『별역잡아함경』 권1)라고 말한 것처럼 인간불교의 사상이 있으면 반드시 인간불교의 언행이 생겨날 것이고, 인간의 선하고 아름다움을 노래할 것이며, 인간의 화목을 찬탄할 것이고, 더 나아가 타인에게 이로운 일을 추진하고 타인을 돕는 봉사가 일어날 것입니다.

막고굴 제254굴 살을 베어주고 비둘기를 구한 시비왕尸毗王 이야기/북위/감숙성 돈황

『유마힐경維摩詰經』의 유마거사는 인간불교의 모범적 실천자로 가장 좋은 예입니다. 더 나아가 『법화경』의 「비유품譬喩品」, 『화엄경』의 '모든 현상이 서로 걸림이 없이 융합하고 있다.' 등의 사상 모두 앞으로 인간불교에서 중점적으로 선양해야 할 가치입니다.

널리 중생을 이롭게 함은 보답을 바라지 않는 공헌이다

바꾸어 말하면 인간불교에는 이타성利他性과 보제성普濟性이 있어야 합니다. '인간불교'는 보리심을 으뜸으로 삼아 보살도를 실천하는 것입니다. '위로는 불도를 구하고, 아래로는 중생을 제도'하려면 인간에게 했던 부처님의 설법, 교화를 실천하고 부처님의 희생과 공헌하는 행동을 본받아야 합니다. 이것이 보리심입니다. 이러한 정신과 행동을 합친 것이 바로 보살도이고, 보살도야말로 인간불교입니다. 그

막고굴 제257굴 **구색록본생도**窟九色鹿本生圖(일부) / 북위(386~534) / 감숙성 돈황

러므로 인간불교를 널리 전파하기 위해서는 보리심이 필요합니다. 보리심이 없는 것을 '초아패종焦芽敗種'이라 합니다. 그러므로 『화엄경』에서는 "보리심을 잃어버리고 모든 선법을 닦으면 이것이 마업魔業이다."라고 했습니다.

  보리심은 '입세간'의 정신이 있어야 하지만, '출세간'의 사상도 필요합니다. '세간에 들어갈' 수 있고 또한 '세간에 집착'하지 않아야 됩니다. 송나라 때 악비岳飛는 '한 나라에는 방책이 있어야지만, 반드시 문관은 재물을 좋아하지 않고 무관은 죽음을 두려워하지 않는다.'라고 한 것과 같은 이치입니다. 불교 역시 마찬가지입니다. 출세간과 입세간의 조화가 없다면 불교 발전도 어려움이 있을 것입니다. 그러므로 인간불교는 '보리심이 신앙과 수행의 근본'임을 강조합니다.

  인간불교는 출세간보다는 입세간을, 생사보다는 생활을, 자기 이익보다는 타인의 이익을, 홀로 수행하기보다는 널리 중생제도를 더 중하게 여깁니다. 보리심이 없다면 보살도를 닦을 수 없습니다. 그러므로 오로지 보리심을 내는 사람만이 인간불교의 책무를 감당하고 인간불교의 의미를 고취시킬 수 있습니다.

  지금의 불자들은 누구나 성불하길 원합니다. 경전에서는 성불하려면 삼대아승지겁三大阿僧祇劫을 거쳐야 한다고 했습니다. 신앙만 가지고 완성하려면 일대아승지겁이 필요하다니, 그건 도대체 얼마의 시간일까요? 그러므로 불교에서 지금 가장 중요한 것은 염불이나 예불만이 아니라 행불(行佛: 부처님의 행을 실천)을 해야만 합니다. 행불하는 사람은 수많은 어려운 고비를 넘기고, 수없는 단련과 검증을 거친 다음에야 천천히 부처님과 서로 통할 수 있고 깨달음을 얻을 수 있습니다. 깨달음의 경지에까지 올랐는데 불도를 완성하지 못할까 두려워 할 이유가 없겠지요.

인간불교는 '행불'의 실현을 중요하게 여깁니다. '행불'은 곧 '보살도'의 실천입니다. 불도를 배우는 궁극적인 목적은 비록 성불이지만 '불과佛果'는 '중생'의 몸에서 구해야 하기 때문에 불도를 배울 때는 오로지 '위로는 불도를 널리 발양하고 아래로는 중생을 제도하겠다.'는 보리심을 발하고, '자신을 이롭게(自利)한 뒤 타인을 이롭게(利人)하고, 자신이 깨달은(自覺) 뒤 타인을 깨닫게(覺他)한다.'는 보살도의 수행을 거쳐야만 깨달음을 원만하게 하는 '각행원만覺行圓滿'의 불과를 완성할 수 있습니다. 그래서 '인도人道'에서 '불도佛道'까지 가는 데 중간에 '보살도'의 실천이 없어서는 안 됩니다.

보리심은 또한 모든 불보살이 중생을 제도하는 데 있어 중요한 원동력이 됩니다. 중국불교에서 말하는 '4대 명산'의 네 분 보살을 예로 들어보겠습니다. 괴로움과 어려움에서 구해주시는 관세음보살의 자비慈悲, 커다란 지혜의 상징인 문수보살의 반야般若, 커다란 수행의 상징인 보현보살의 행지行持, 지옥이 텅 빌 때까지 지옥에 들지 않겠다며 자신을 희생해 중생을 모두 제도한다는 지장보살의 원력願力, 이것이야말로 앞으로 우리가 사회에 널리 보급시키고 사람이 저마다 받아들여야 할 정신입니다. 그러므로 오늘 우리가 4대 보살의 '자비, 지혜, 원력, 실천'을 발휘하지 못하고 그저 복을 기원하거나 향불만 피우는 데 힘을 쏟는다면 인간불교의 발전에 적극적인 보탬이 될 수가 없습니다.

저는 4대 보살의 정신을 더욱 발양하고 인간불교를 촉진시키기 위해 「사성제에서 사홍서원까지」라는 제목으로 원시불교의 '사성제'와 대승불교의 '사홍서원'을 서로 결합한 적이 있습니다. 인간의 근심, 슬픔, 괴로움, 번뇌 등의 문제(苦)는 해결해야 하니 '가없는 중생을 다 건지오리다(衆生無邊誓願度)'를 해야 합니다. 세간 중생의 탐진치 등 무명의 업장(集)은 해탈해야 하니 '끝없는 번뇌를 다 끊으오리다(煩惱無盡誓願斷)'를 해야 합니다. 중생은 배우고 닦음(道)을 중요하게 여겨야 하니 '한없는 법문을 다 배우오리다(法門無量誓願學)'를 해야 합니다. 마지막으로 신앙의 목표는 중생이 원만하게 커다란 해탈을 성취(滅)하는 것이니 '위없는 최상의 불도를 다 이루오리다(佛道無上誓願成)'를 발원해야 합니다.

과거 태허대사나 자항스님이 모두 "앞으로의 불교 발전은 교육, 문화, 자선에 의지해야 한다."라고 제창했던 것처럼, 지금의 불교에 필요한 것이 바로 이것입니다. 저는 인간불교의 앞으로의 발전 역시 다음 네 가지로 귀결된다고 봅니다. 첫째는 문화적으로 불법을 널리 발양하고, 둘째는 교육적으로 인재를 육성하며, 셋째는 자선사업으로 복지사회를 이룩하고, 넷째는 어울림 수행을 통해 인심을 정화하는 것입니다.

세간에서도 문화, 교육, 자선의 각 방면에서 인재를 배출하고 사회 안정을 유지하는 역할을 하지만, 불교의 문화, 교육, 자선, 어울림 수행은 사회의 세속적 활동을 넘어섭니다. 불교에서는 무상無相, 무아

용문석굴 제140굴 빈양중동정벽조상賓陽中洞正壁造像/하남 낙양

無我, 무착無着, 무구無求를 역설하기 때문에 무궁무진하고 무량무변한 세계가 나타나게 됩니다. 이것이야말로 불교가 일반사회와 다른 점입니다.

자신의 수행은 생명을 한층 더 향상시킨다

인간불교는 사성제에서 적극적으로 뻗어나가 사홍서원, 육도행문을 펼치기 때문에 자신의 수행뿐만 아니라 인생 해탈의 방편까지도 알려주며, 생명을 한 층 더 높은 경지에 올라서게 해줌은 물론, 인간불교를 '행해병중行解並重, 고금일체古今一體'의 불교가 되도록 합니다.

대승불교의 '사홍서원'과 기본 불법인 '사성제'를 결합시킨 또 하나의 중요한 이유는 불교가 인간의 문제를 해결하고자 적극 나서야지, 그저 앉아서 이론이나 따지고 있어서는 안 된다고 생각했기 때문입니다. 그래서 불법은 '고집멸도'를 가지고 우주 인생의 모습을 해석하는 데 그쳐서는 안 되고, 반드시 원력·수행·실천이 갖춰져야 우주인생의 참모습을 해결할 수 있습니다. '사성제'의 내용처럼 번뇌를 끊고 괴로움을 없애며 열반으로 가는 바른 길을 닦아 고통 없는 열반을 원만히 성취함으로써 인생의 해탈 경지에 도달하는 것입니다. 그러나 어떻게 '사성제'를 이해하고, 더 나아가 '사홍서원'을 실천하느냐는 인간불교의 중요한 정신적 의미이자 실천의 방법이 되었습니다. '사홍서원'의 역량으로 중생을 제도해야 인간불교가 앞으로 중생들에게 받아들여질 수 있으며, 장차 세상의 광명이 될 수 있습니다.

불교 연구는 비교만 해서는 안 된다

그밖에 여기서 특별히 한 가지 더 제시하고 싶은 것이 있습니다. 불교를 연구하는 일부 학자들을 보면 개인의 사상과 이념에만 의지해 이 교파와 저 교파를 비교하고, 인도의 것과 중국의 것을 비교하고, 최초의 것과 현대의 것을 비교합니다. 이 경전과 저 경전을, 이 교수와 저 교수를 비교해 가면서 서로 상대방의 결말이 옳지 않으니 철저하지 못하다느니 떠듭니다. 사실 이 모두가 불교를 경시하는 것이고, 불교를 갈기갈기 분열시키는 것이니, 결과적으로 부처님이 본래 품었던 뜻이 아닌 것은 분명합니다.

　우리는 이것을 이미 불교의 존엄을 모독한 것이라 생각합니다. 누군가 기독교의 『성경』이나 회교의 『코란』을 이렇게 비교하고 연구한 걸 본 적 있습니까? 솔직히 말해서 학자들은 이런 태도로 성언량 聖言量을 토론하지 말아야 합니다. 그들은 연구를 한다지만 불교에게는 커다란 피해를 입히는 것입니다. 불교는 연구나 비교가 아닌 신앙과 깨달음을 역설합니다. 종교는 모든 것을 성스러운 말씀에 의지해 생각할 뿐, 수많은 괴이한 학설을 허락하지 않습니다.

함부로 단정하면 피해를 줄 뿐이다

중앙예술대학의 티엔칭(田青) 교수는 "배우는 자가 불학을 연구한다고 불도를 이루지는 못한다. 수도하는 자가 불법을 봉행해야만 불도를 이룰 수 있다."라고 말한 적이 있습니다. 맞는 말입니다. 불법을 찬미할 수 없고 불법을 수용할 수 없다면 불법을 논하지 말아야 합니다. 불법의 실천은 토론할 수 있고, 불법의 근본 교리는 연구나 탐구할 수 있습니다. 그러나 이러쿵저러쿵 단점만을 짚어내는 식의 비평을 해서는 안 됩니다. 우리가 서로 존중·포용·이해·배려하지 못하고 자신의 입장과 생각에만 사로잡혀 비난하고 평가하며 멋대로 결론을 내린다면, 또 불교의 신앙에서부터 출발하지 않는다면 모든 의견은 불교에 상해를 입힐 뿐이고, 불교의 미래를 위해 광대무변한 신앙을 건설할 수 없으니, 이 얼마나 안타까운 일입니까!

　불법은 문자에 있는 것이 아니라 마음속에, 우주의 공간 안에, 신앙 안에 존재합니다. 그러니 만일 신앙 안에서 무상의 부처님과 정화해주는 불법을 이해하지 못하면 불교를 논할 자격이 없습니다.

요컨대 우리가 인간불교를 제창하며 부처님의 시대로 돌아가자는 것은 불교가 전래되면서 시간, 장소, 생활, 습관, 문화적으로 차이가 있음을 기본적으로 알고, 다 같이 서로 존중하고 포용하며, 서로 협력하되 배척하지 말고 인간불교가 모든 것을 포용하게 하자는 겁니다.

존중과 포용, 인간은 누구에게나 불성이 있다

또한 그래서 우리가 제창하는 인간불교는 사람을 가장 존귀하게 여깁니다. 사람은 저마다 자신만의 신앙이 있습니다. 당연히 여기에는 깊이가 서로 다르고, 크기와 종류도 서로 다릅니다. 모두를 하나로 일치시킬 필요는 없습니다. 우리가 알아야 하는 사실은 바로 이것입니다. 세상에 살고 있는 7, 80억 인구의 마음에도 종교가 있을 텐데 종교에 대한 높고 낮음의 정도가 서로 다를 것입니다. 바꿔 말해 세상에는 7, 80억 개의 종교가 있다고 할 수도 있을 것입니다.

예를 들어 토지공(土地公: 민간신앙 속 수호신)을 숭배하면 그의 마음에는 토지공을 모시는 종교가 있는 것입니다. 성황신을 숭배하는 사람 마음에는 성황신을 모시는 종교가 있는 것입니다. 또 마조나 예수를 숭배하는 사람은 마조나 예수를 모시는 종교인이 됩니다. 사실 진정한 종교는 학생이 학교에서 공부하는 것처럼 한 학년 한 학년 구분이 있습니다. 보살만 해도 쉬한 분이 있고 나한은 사과(四果)의 분별이 있습니다. 그러니까 우리는 서로 다른 단계가 있음을 이해하고, 최고의 목표와 목적을 경시해서는 안 되고 두루 모두 존중해야 합니다.

　부처님은 세상 사람이 모두 불성을 가지고 있다고 선포하셨습니다. 그러나 중생의 근성이 다를 수 있기 때문에, 역대의 조사와 각지의 교파를 거치면서 불교를 인승人乘의 불교, 천승天乘의 불교, 성문聲聞의 불교, 연각緣覺의 불교, 그리고 보살도菩薩道의 불교로 나누었습니다. 우리 생각에 인승과 천승의 불교는 입세간 사상의 불교이고, 성문과 연각은 출세간 사상의 불교이며, 대승보살도는 입세와 출세가 적절하게 조화된 인간불교라고 생각합니다.

생활보전은 원만하게 인생을 완성시킨다

그러므로 우리는 입산수도하는 고행자들을 보면 그들이 곧 인간불교라는 생각으로 존중해야 합니다. 불법을 널리 전파하려는 뜨거운 마음의 인사들을 보면 그들이 곧 인간불교라고 생각해야 합니다. 오계·십선, 육도·사섭 등 불법을 봉행하는 사람들을 보면, 더 나아가 그런 신앙을 가지기만 해도, 사회에 공헌이 있기만 해도 우리는 모두 그가 곧 인간불교의 신도이며 실천자라 생각해야 합니다.

　인간불교는 부처님에게서 한 계통으로 이어져 내려오는 가르침입니다. 그래서 이 총설 뒤에 몇 장으로 분류해 계속해서 부처님의 인간생활, 부처님이 최초 전교한 내용, 불교가 각지로 발전되어 간 상황 및 현대에 이르러 어떻게 하면 부처님의 본래 품었던 뜻으로 불교를 돌아가게 할지에 대해서 소개하겠습니다. 우리는 인간불교를 위해 출생으로부터 입학·성년·결혼·창업, 심지어 늙고 병들고 죽음에 이르는 순간까지 인간의 일생에 항상 불법이 있어 이끌어주시고, 불법 안에서 환희롭고 원만하게 일생을 성취할 수 있는 '생활보전生活寶典'을 만들어내기를 바랍니다.

회고와 전망은 부처님의 본뜻으로 돌아가려 함이다

우리가 인간불교의 과거·현재·미래를 다방면으로 회고하고 전망하려는 까닭은 이 기회를 빌려 교계 대중에게 인간불교에 대한 사상적 내용, 정신적 특징, 발전의 맥락, 그리고 홍법의 방식을 제시하여 모두가 명확하게 인식하고 이해하며, 또한 부처님의 시대로 돌아가기를 희망하기 때문입니다. 당신이 부처님 시대의 불교로 돌아가지 않겠다는 것은, 설마 불교를 악도중생의 불교로 분열시키겠단 것입니까? 아니면 외도의 불교로요? 그도 아니면 신권의 불교로 말입니까? 우리가 부처님이 본래 품은 뜻인 인간불교로 돌아가자고 제창하는 것은 불교계의 대덕들께서 다함께 공통된 신앙을 갖고 다함께 승화시켜 인간세계의 부처님과 다함께 공존하기를 희망하기 때문입니다.

모두 다함께 하나의 인간불교를 신봉하고 함께 인간불교의 가르침을 널리 발양하여 인간불교가 다시 부처님이 본래 품었던 뜻을 찾게 하고, 부처님의 자비와 지혜의 빛이 온 우주를 두루 비추게 하여 진정으로 인간에 광명과 희망을 가져온다면 이것이야말로 '부처님의 본래 품은 뜻인 인간불교로 돌아가자'를 선도하는 주요 의의이자 목적이 될 것입니다.

제2장

부처님의 인간생활

'부처님'이란 말을 들으면 당신은 뭐가 떠오르십니까? 소리 없이 나타나 바람처럼 사라지는 신선인가요? 아니면 인도를 행각하며 불법을 널리 전파하던 교육가이자 사상가가 생각나십니까? 그도 아니면 신기한 도술을 부리며 하늘과 인간세상을 자유자재로 누비는 신인가요? 그것도 아니면 매일 현실적으로 존재하며 자비와 지혜로 자신을 제도한 뒤 타인을 제도한 지혜로운 사람입니까?

부처님은 2,500여 년 전 지금의 네팔 지역에서 출생하셨으며, 성은 고타마(Gautama)이고 이름은 싯다르타(Siddhārtha)입니다. 19세 되던 해 뼈를 깎는 슬픔으로 부모님과 이별하고 진리를 찾으러 떠났으며, 연기의 이치를 깨닫고 불법을 시방세계에 전파하겠다고 발원하였습니다.

부처님은 평생 인간세상을 다니시며 중생의 행복과 안락만을 마음에 두고 한시도 잊지 않으셨습니다. 49년간 설법하면서 빔비사라 왕과 바사닉 왕, 우사 대신, 급고독 장자, 승만 부인 등 각계 인사들의 추앙을 받았고, 대가섭, 사리불, 목건련 존자 등과 같은 지식인들도 우러러 모시고 추종하였습니다.

여기에서는 인간 부처의 본래 모습을 파헤쳐 사회대중이 올바른 믿음을 갖게 하고, 올바른 불교의 본래 모습을 인식하게 할 것입니다.

1. 출가와 구법

부처님으로 말하자면 일생이 참 파란만장했다고 할 수 있습니다. 싯다르타는 왕자의 몸으로 어린 시절 천부적인 총명함으로 오명五明이란 과학과 사베다四吠陀란 철학까지 통달하였습니다. 왕궁에서의 생활은 원하는 것이라면 뭐든 얻을 수 있었고, 심지어 왕위를 이어받으면 무한한 정치권력으로 국가와 사회를 마음껏 다스릴 수도 있었습니다. 그러나 그때 부처님은 도리어 생로병사의 강박감, 출신제도의 불평등, 사회계급간 격차의 강한 벽, 심지어 빈부귀천의 현저한 갈림 현상, 권력을 이용한 압박, 중생들 사이의 약육강식 등 인생과 사회 곳곳에서 일어나는 무상한 현상들을 관조하고 생명의 존재에 대해 이해할 수 없어 곤혹스러움을 느끼게 되었습니다.

특히 부처님은 정치가 인간사회의 생사고뇌를 없애줄 수 없고, 사람 마음속 번뇌와 무명을 해탈하게 할 수 없다는 걸 깨닫고, 출가하여 도를 배우자는 생각을 갖게 됐습니다. 그리고 철저하게 자아를 구하여 정치를 초월한 진리로 중생을 제도하고 사회를 개선하며, 인간의 공포·무애·집착·슬픔·고통 등을 없애고, 마지막으로 인생의 궁극적인 지향점을 찾도록 하겠다는 생각을 가졌습니다.

태자 싯다르타는 먼저 아버지에게 자신의 이러한 출가 의지를 설

제2장 부처님의 인간생활

명했습니다. 하지만 그의 이러한 뜻을 왕족의 한 사람인 아버지 정반왕이 받아들일 리 만무했으니 허락을 받지 못한 것은 당연했습니다. 아버지가 뜻을 굽히지 않았기 때문에 부처님 역시 세간의 법을 따라야만 했습니다. 왕위를 계승해 국가를 다스리는 책임과 의무를 짊어져야만 했습니다. 태자 싯다르타는 아버지에게 다음과 같이 요구했습니다.

"아버님께서 저의 네 가지 소망만 만족시켜 주신다면 출가하지 않을 수도 있습니다. 첫째는 인생에서 태어나고 늙고 병들고 죽는 현상을 없애주십시오. 둘째는 마음에서 근심과 슬픔과 괴로움과 번뇌의 핍박을 없애주십시오. 셋째는 인생에서 슬픔과 기쁨과 이별과 만남과 헤어짐의 고통을 없애주십시오. 넷째는 세상에 존재하는 일체의 것이 줄거나 늘지 않게 해주십시오."(『보요경普曜經』)

정반왕이 듣고서는 도리어 물었습니다.

"그게 무슨 말이냐? 그것들은 누구라도 해결할 수 없는 문제들이다."

그러자 태자는 다시 한 번 간곡히 청했습니다.

"정히 아버님께서 저를 만족시켜주지 못하시겠거든, 스스로 탐구할 수 있게 저를 보내주십시오."

비록 아버지의 허락을 얻진 못했지만 태자 싯다르타는 깊이 고뇌한 뒤, 결국 왕위와 모든 부귀영화를 포기하기로 결정했습니다. 어느 날 밤, 사람들이 깊이 잠든 시각에 마부 천탁가와 함께 말을 타고 성을 빠져나갔습니다.

아버지 정반왕이 사람을 보내 자신을 추적해오면 곤란해질 것을

석가고행상釋迦苦行像
2~3세기/편암/높이 84cm/파키스탄 발루치스탄 주 시키리 출토
파키스탄 펀자브 주 라호르박물관 소장

염려해 자신의 나라를 떠나 더 멀리 가기로 결정했습니다.

여러 날이 흘러 드디어 남쪽의 마갈타국에 도착한 싯다르타는 고행의 숲에서 수행하고 있는 수도자들과 만나 함께 수련을 시작했습니다. 그 많은 고행자들이 모두 당시 인도에서 고된 수행을 하던 외도였습니다. 싯다르타는 그들에게 가르침을 청했을 뿐만 아니라, 더 나아가 외도의 선인 아라람阿羅藍을 스승으로 모시면서 그에게서 해탈의 방법을 배우고자 했습니다. 그러나 원하는 바를 하나도 이루지 못하였고, 싯다르타는 결국 홀로 고된 수행에 들어갔습니다.

『석가언보釋迦言普』의 기록에 따르면 고된 수행의 생활 속에서 싯다르타는 매일 마맥麻麥으로 허기를 채웠으며, 심지어 참선할 때는 까마귀와 까치가 그의 머리에 둥지를 틀더라도 자연에 순응하며 그들이 오고감을 거스르지 않았다고 합니다. 이로써 당시 고된 수행의 모습을 미루어 짐작할 수 있습니다.

이 기간 동안 왕궁의 대신들이 번갈아 찾아와 다시 돌아올 것을 청했지만 싯다르타 태자의 결심은 조금도 흔들림이 없었습니다. 오히려 찾아왔던 다섯 명의 대신을 자신 곁에 머물면서 함께 고행과 수련을 하도록 했습니다.

수년간의 고된 수련 뒤에도 싯다르타는 여전히 진리의 세계에 들지 못했고, 중생을 제도하고 구제하는 첩경조차 깨닫지 못하고 있었습니다. 그제야 싯다르타는 과거 오욕육진의 생활이 자신에게 즐거움을 주지 못했는데, 지금 고된 수행을 하는 것 역시 마음이 자유롭거나 편안하지 않으니, 자신의 신체를 학대하는 것이 수행이 아님을 알아차렸습니다. 그러므로 그는 홀연히 자리에서 일어나 수련을 할 장소를 바꾸기로 했습니다.

싯다르타는 니련선하泥蓮禪河에서 목욕을 하려고 몸을 일으키려다 그만 기력이 쇠하여 바로 쓰러지고 말았습니다. 다행히 양치는 소녀가 우유죽을 공양하여 겨우 기운을 좀 차릴 수 있었습니다. 당시 이것을 본 교진여 등 그를 따랐던 다섯 수행자는 태자의 고행의지가 꺾이고 도심道心이 사그라질 거로 생각해 매정하게 그의 곁을 떠나버렸습니다.

그 후 싯다르타는 홀로 걸어서 지금의 보리가야라는 곳에 도착, 보리수나무 아래에서 결가부좌하며 서원을 세웠습니다.

"내가 만일 진리를 깨닫지 못하면 영원히 이 자리를 떠나지 않겠다."(『불본행집경佛本行集經』 권27)

선사禪思와 명상을 해오면서 싯다르타는 끊임없이 번뇌에 시달렸습니다. 밖으로는 부귀・공명・쾌락・탐욕의 유혹이, 안으로는 탐・진・치와 끊임없이 일어나는 의문이 있었습니다. 그러나 용감하게 일체의 번뇌를 똑바로 바라보고 하나씩 이겨낸 뒤, 마침내 기원전 6백여 년 12월 초팔일 동이 틀 무렵 홀연히 마음에 등불이 켜지듯 커다란 깨달음을 얻으셨습니다.

법계 평등은 마음 다스림을 함양하는 이론이다

『불본행집경』 권30에는 "갑자기 하늘이 무너지고 땅이 갈라지듯이 허망虛妄의 세계가 사라지고, 그의 눈앞에 금빛 찬란한 진리의 세계가 펼쳐졌다."라고 기록되어 있습니다. 이 진리의 세계 안에서 부처님은 세간의 생멸生滅, 공유空有, 사리事理, 성괴成壞, 애한愛恨 등의 대립은 모두 한 생각에 따라 완전히 없앨 수 있다는 법계 평등을 보았습니다. 우주의 일체가 인연에 의해 생겨나고 또 인연에 따라 소멸되니, 인연으로 일어나고 인연으로 소멸되는 것이 바로 우주 인생의 진리라는 '연기성공緣起性空'도 깨달았습니다. 부처님은 또한 인간의 색신은 비록 생로병사가 있지만, 우리의 진여불성은 허공에 가득하고 법계에 충만함을 터득했습니다.

이 순간, 잔물결조차 일지 않는 고요한 호수와 같은 부처님의 마음에 십법계 중생의 상황이 갑자기 눈앞에 쫙 펼쳐지며 더욱 뚜렷해졌습니다. 마음속에서 풀지 못했던 문제들에 대한 답 역시 갑자기 가슴속에서 쑥쑥 자라났습니다. 부처님은 차별로부터 평등을 얻었고, 복잡함으로부터 통일성을 얻었습니다. 또한 자신의 인생이 완전히 바뀌었고, 자신이 깨달은 진리를 세상 사람들에게 설명하여 전할 수 있음도 알게 되었습니다. 부처님은 나지막이 중얼거렸습니다. "기묘하구나, 기묘하구나. 대지의 중생이 모두 여래의 지혜덕상을 갖추었구나. 다만 망상과 집착으로 인해 증득하지 못할 뿐이로다." 이른바 '중생과 부처가 평등하다(生佛平等)'는 선언입니다.(『화엄경 권51』)

그러나 깨달은 뒤에도 부처님은 서둘러 자신이 깨달은 진리를 설파하려 하지 않았습니다. 계속해서 깊은 명상에 잠겨 마음 다스림의 이론 함양, 도를 깨우치는 순서, 우주에 대한 시각, 인생에 대한 관찰, 더 나아가 장차 진리를 설파하고 육화승단을 건립하며, 자성 평등을 제창할 난제까지 하나하나 구상해 나갔습니다. 부처님은 이와 같은 수많은 도리를 세간의 사람들이 봉행할 수 있기만 하면, 부처님처럼 수행 체험을 얻고 진리를 증득해 원만한 해탈의 인생을 얻을 수 있음을 알았습니다.

2. 교단 설립

또 얼마간의 시간이 흘렀습니다. 부처님은 자신이 깨달은 모든 도리를 지속적으로 생각에 생각을 거듭한 뒤에야, 마음은 세상을 환하게 비추는 밝은 달처럼 편안하고 안정되었습니다. 이때 부처님은 과거 함께 수행했던 교진여 등 다섯 도반을 떠올렸습니다. 자신이 깨달은 이치를 그들과 함께 나눌 수 있기를 바랐습니다. 그래서 부처님은 멀지않은 산 중턱에서 수행하고 있던 다섯 비구를 찾아가 '삼전법륜 三轉法輪'을 굴리며 불교의 핵심인 '고집멸도苦集滅道'를 설했습니다. 『불설삼전법륜경佛說三轉法輪經』의 기록에 따르면 첫 번째 법을 굴리시며 부처님은 "세간의 고苦를 알아야 하고, 인생의 집集을 끊어야 하며, 원만한 생명의 멸滅은 깨달아야 하고, 해탈의 도道는 닦아야 한다."라고 했습니다. 이것을 불교사에서 시전법륜示轉法輪이라 합니다.

이어서 부처님은 또 다섯 수행자에게 "인간을 핍박하는 고난을 너희들은 반드시 알아야 한다. 인생의 번뇌무명을 너희들은 반드시 끊

제2장 부처님의 인간생활

마하보디 사원/인도 비하르

어야 한다. 죽지 않는 생명을 너희는 원만히 성취할 수 있다. 너희는 해탈에 이르는 길을 반드시 닦아 증득해야 한다."라고 말씀하셨습니다. 이것을 불교사에서 권전법륜勸轉法輪이라 합니다.

계속해서 부처님은 "이 수많은 고난을 나는 이미 알았다. 이 수많은 번뇌와 무명을 나는 이미 끊어 없앴다. 이와 같은 죽지 않는 생명을 나는 이미 증득했다. 이 수많은 깨달음의 길을 나는 이미 닦았다." 라고 말씀하셨습니다. 이것을 불교사에서 증전법륜證轉法輪이라고 합니다.

부처님의 가르침을 듣고 난 다섯 수행자 역시 먹구름이 걷히고 밝은 해가 나타나듯 갑자기 마음이 활짝 열리며 깨달음을 얻고 대아라한이 되었습니다. 원래 그들은 고행을 포기하고 돌아온 부처님을 상대조차 하지 않을 생각이었지만, 위덕과 자비가 흘러나오는 부처님의 모습에 섭수되어 저절로 그 앞에 무릎을 꿇었습니다. 그리고 간절히 청했습니다.

"싯다르타 태자시여, 저희가 이제야 당신의 위대함을 알게 되었나이다. 저희는 당신의 제자가 되어 함께 수행하고자 합니다."

그 말을 들은 부처님이 다시 말씀하시길, "나는 이미 싯다르타 태자가 아니다. 너희들은 나를 '부처'라 부르도록 하라. 너희들의 입도를 허락하니 함께 중생을 제도하도록 하자."라고 하셨습니다.

『과거현재인과경過去現在因果經』 권3에는 그들이 그렇게 부처님의 최초 다섯 비구제자가 되었다고 기록되어 있습니다. 그리고 불·법·승 삼보가 다 갖춰진 종교의 초기형태 역시 이 선언으로 완성되었습니다. 오늘날 부처님의 성스러운 발자취를 참배하고자 인도를 여행하는 사람이라면 당시 부처님이 다섯 비구에게 설법하셨던 설법대說法台 또한 돌아볼만한 가치가 충분이 있는 건축유적입니다.

이어서 부처님은 다섯 비구를 데리고 인도에서 가르침을 전파하

오비구 영불탑五比丘迎佛塔/인도 우타르프라데시 바라나시

는 생활을 해나가십니다. 부처님의 설법을 듣고자 찾아오는 숭배자들이 점점 더 많아졌습니다. 그 중에는 수행을 통해 깨달음을 얻은 사람이나 이미 깨달아 성자가 된 사람도 있었습니다. 당시 외도 중 규모가 가장 큰 집단인 우루빈라 가섭과 그의 세 형제가 천여 명의 제자를 이끌고 한꺼번에 부처님께 의탁하러 온 것은 부처님이 앞으로 전도하는 데 매우 커다란 도움이 되었습니다.

이와 동시에 명망이 높았던 사리불, 목건련 등이 이끄는 단체에서 약 2백여 명이 부처님에게 의탁하러 왔습니다. 이밖에도 인도 바라나시의 대부호였던 선각善覺 장자의 아들 야사耶舍는 속세에 염증을 느껴 출가하려던 차에 부처님을 뵙고 그의 제자가 되었으며, 당시 50명을 이끌고 와 부처님을 따르며 가르침을 배웠습니다. 훗날 야사의 부모님과 아내까지 삼보에 귀의했으니, 그들이 최초의 우바새, 우바이입니다. 『과거현재인과경』 권4에는 그들의 귀의 당시 상황이 연이어 기록되어 있습니다. 1,255명의 교단은 이렇게 인간세상에서 점차 퍼져나갔습니다.

교단이 확대되자 승단의 계율을 제정하다

이때부터 부처님의 명성은 크게 떨쳐졌습니다. 인도의 현실적 환경, 기후, 사회문화적 요구에 비추어 이처럼 많은 인원이 자신을 따라 수도, 생활, 홍법하는 등 교단이 방대해지면 승단의 계율을 제정하는 것 말고도 가장 시급한 문제는 머물 곳이 구비되어야 한다는 걸 부처님도 물론 알고 있었습니다. 얼마 안 되어 부처님은 과거 국토를 나눠 바치겠다고 했던 빔비사라 왕의 호지(護持: 보호하여 지님)를 얻습니다.

 부처님이 깨달음을 증득한 보리가야에서 멀지 않은 곳에 빔비사라 왕은 넓은 토지 위에 '죽림정사竹林精舍'를 건립했습니다. 16개의 대원大院이 있고, 대원마다 60개의 방과 500개의 누각, 72칸의 강당 등이 있어서 부처님께서 이치를 설하시고 부처님과 함께 천여 명의 제자들이 머물며 수학하는 데 문제가 없었습니다. 이것이 부처님의 첫 번째 전도 도량입니다.『과거현재인과경』권4에서는 초전법륜 당시의 장면을 볼 수 있습니다.

 부처님은 비록 남방에서 전도하지만, 북인도를 돌아다니는 상인들 역시 와서 법을 들었습니다. 전도하는 중에 북방 사위성의 기업

기원정사 불탑유적/인도 우타르프라데시

가인 수달須達 장자가 부처님의 가르침을 듣고 마음과 뜻이 모두 열리고, 신심이 생겨났습니다. 그래서 그는 북방으로 돌아가면 '기원정사祇園精舍'를 지어 바쳐 부처님께서 북방에서도 불법을 널리 펴실 수 있도록 하겠다는 발원을 했습니다.(『현우경賢愚經·수달기정사품須達起精舍品』)

북방에서 수달 장자는 기타 태자의 화원을 사들여 정사를 짓는 토지로 삼았습니다. 건설하는 동안 부처님은 사리불을 파견해 공사를 감독하게 했고, 결국 지금까지도 기초가 남아있는 도량이 순조롭게 완성되어 부처님께서 북방지역에서 포교하시는 발판이 되었습니다. 이것이 바로 경전에서 자주 등장하는 '기수급고독원祇樹給孤獨園'입니다.

『오분률五分律』권25에는 "기원정사는 토지가 반듯하고 면적이 약 80경(1경이 약 7,300평)이며, 중앙의 불전을 제외하고 주위에 80칸의 작은 방이 있다. 또한 경행처經行處, 강당, 온실, 식당, 주방, 욕실, 병실, 연꽃연못 등의 시설이 두루 갖춰져 있었다."라고 기록되어 있습니다.

가르침 중심으로 자성의 지혜를 개발하다

이 시기가 되자 남인도와 북인도 모두에 도량이 생겼습니다. 항상 부처님을 따르는 1,255명의 제자들은 각지에서 전도를 펼치면서 사회에서 커다란 지지를 얻었습니다. 심지어 북방 코살라국의 파사닉왕까지도 신도의 대열에 합류했습니다. 불법을 아래 계층에서 위의 계층으로 전파하기란 힘겨운 일입니다. 그러나 이제 남과 북의 두 나라에서 국왕의 전폭적 지지를 받다보니 위의 계층에서 아래 계층으로 전도하는 형세가 되었습니다. 부처님의 포교 상황 역시 무척 순조롭게 전개되었으며 신도대중은 날이 갈수록 늘어났습니다. 이 시기의 부처님은 이미 세계에서 처음으로 완전한 교단을 설립했다고 말할 수 있습니다.

부처님의 위대함은 중생을 제도하는 방법에서 다른 종교와 차이점이 있습니다. 부처님은 자신을 천하제일이라 생각하지 않았으며 "나는 중생 가운데 있다."라고 하며 중생 가운데 하나임을 항상 강조하셨습니다. 부처님은 제자들에게 "자신에게 의지하고, 법에 의지하며, 다른 것에 의지하지 말라."(『잡아함경雜阿含經』)고 말씀하시면서, 진리를 믿음에 있어서 가장 중요한 것은 자신을 믿는 것이며, 자신의 본성의 자비와 지혜를 개발해야 하며, 교단은 법을 중심으로 하는 교단이어야 함을 표명하였습니다. 또한 도를 배움에 있어 "법을 의지하고 사람을 의지하지 말며, 뜻을 의지하고 말에 의지하지 말며, 요의경(실다운 가르침인 대승경전)을 의지하고 불요의경(방편으로 이끌어 준 소승경전)을 의지하지 말며, 지혜에 의지하고 알음알이에 의지하지 말라."고 제시했습니다. 이처럼 지혜로운 부처님의 교법을 인간의 대중이 받아들이지 않을 수 없었을 것입니다. 그러므로 당시 불교가 인도의 다른 종교 가운데 두각을 나타낼 수 있었던 데는 그만한 이유가 있습니다.

물론 교단의 성립이 그렇게 쉽지는 않았습니다. 예를 들어 인간과 세상을 구제한다는 진리를 어떻게 전할까라는 불법을 널리 고양하는 문제, 백성을 어떻게 고난에서 구하느냐는 중생제도의 포교문제 등이 있었고, 그밖에 승단의 조직, 의식주행의 생활 등 모두 두루 완전한 계획이 나와야 했습니다.

특히 현실적 생활의 필요성에 따라 부처님은 승단을 안주시키기 위해 초기에 함께 거주하는 규범을 정하셨고, '육화경六和敬'을 함께 어울려 거주하는 원칙으로 삼았습니다. 열거하면 다음과 같습니다. 신체는 편안하고 한가로우며 순서와 차례를 지켜 줄을 서고 타인을 침해하지 않는 행위로 모두 화목하게 어울리는 '신화동주身和同主', 대화는 시끄럽지 않고 말은 친절하게 하여 서로 다툼이 없는 '구화무쟁口和無諍', 모두의 뜻과 이상이 일치하니 마음에서부터 화목하고 평화로운 '이화동열意和同悅', 법제상 사람은 저마다 평등하다는 '계화동수戒和同修', 생활에서 의식주행을 고르게 분배하여 가지고 그래도 남는 것은 대중과 나눈다는 '이화동균利和同均', 부처님의 설법을 듣고 사상적 통일을 이루는 '견화동해見和同解'입니다. 그때에 이르러 교단은 더욱 완벽해져, 더욱 청정한 수도를 할 수 있게 되었습니다.

그러나 "수양이 한 자 높아지면 유혹도 한 길 높아진다."라고 했듯이, 불법이 성행하기 시작하자 외도의 질시와 견제 역시 끊이질 않았습니다. '팔상성도八相成道'에서도 나오듯이, 당시 부처님은 수없이 많은 시련과 수많은 생사의 고비를 넘기면서 수행하여 마침내 외부적인 유혹을 항복시켰고, 마음 내적의 번뇌까지도 항복시켰는데,

지금에 와서 일부 외도의 핍박을 받는다고 눈 하나 깜짝할 부처님이 아니었습니다.

그 중 한 가지 일화를 들려드리겠습니다. 한 바라문 외도가 있었는데, 그는 오직 부처님과 논쟁을 벌이려는 생각밖에 없었습니다. 그는 일단 선물을 사들고 가서 인사하는 척하며 대화를 나눠보자는 꾀를 생각해내고, 꽃바구니 두 개를 들고 부처님을 만나러 갔습니다. 부처님은 그를 보자마자 "내려놓아라."라고 말했습니다. 바라문은 그 말을 듣고 왼손에 들고 있던 꽃을 내려놓았습니다. 그러자 부처님은 또다시 "내려놓아라."라고 말했습니다. 그는 또 오른손에 들고 있던 꽃도 내려놓았습니다. 뜻밖에도 부처님은 여전히 "내려놓아라."라고 말씀하셨습니다. 영문을 몰라 바라문은 부처님께 물었습니다. "꽃바구니 두 개를 다 내려놓았는데 더 뭘 내려놓으라는 겁니까?" 그러자 부처님께서는 "나는 향기 나는 꽃이 아니라 너의 마음 속 탐욕, 성냄, 어리석음, 번뇌, 무명을 내려놓으라 한 것이니라."(『불조강목佛祖綱目』 권3 '석가모니불기연釋迦牟尼佛機緣')

그 말을 듣고 바라문은 너무 놀랐습니다. 자신의 공력이 심후하다고 자부해왔는데, 뜻밖에도 한순간에 부처님께 내면의 어리석음을 간파당할 줄은 몰랐던 겁니다. 이때 바라문은 기꺼이 부처님의 제자가 되기로 결심했습니다.

이유 없는 욕설과 비방은 지은 대로 받을 것이다

부처님께서 녹모강당鹿母講堂에 머물며 설법하실 때의 일입니다. 부처님은 여느 때와 마찬가지로 가사를 걸치고 발우를 손에 들고 사비성으로 탁발을 나가셨습니다. 그런데 맞은편에서 다가오던 한 바라문이 부처님 앞에 다다르자 욕을 퍼붓기 시작했습니다. 부처님은 상대하지도 않고 차분하게 계속 걸어갔습니다.

부처님의 태도에 더욱 화가 난 그 바라문은 흙을 한 움큼 집어 부처님을 향해 던졌습니다. 마침 바람이 그 바라문을 향해 불어와 그는 머리와 얼굴에 자신이 던진 흙먼지를 뒤집어쓰고 말았습니다. 부처님은 그 바라문을 향해 자상한 말투로 게송을 읊었습니다.

"성내지 않는 사람에게 성냄을 더하지 말라, 청정하고 바른 선비는 모든 번뇌의 엉김을 여의노라. 오에게 악한 마음 일으키면 악한 마음은 스스로에게 돌아오니, 역풍에 먼지를 날리면 그 먼지가 자신의 몸으로 돌아온다."

악의를 갖고 흙을 던졌으나 마침 역풍이 불어 도리어 자신의 몸을 더럽힌다는 것처럼, 아무런 이유 없이 험한 욕설을 내뱉고, 타인을 비방하고, 해를 끼치면 결국 자신이 스스로 받게 된다는 의미입니다.(『잡아함경』)

또 다른 일화입니다. 일부 외도가 부처님을 찾아와 항의하며 고집을 피웠습니다.

"우리는 당신 교단이 그릇된 법을 가르친다고 떠들 것이고, 당신이 말하는 일체의 것은 인도의 문화와 법제에 맞지 않음을 모든 사람들이 알게 할 것이오."

그 말을 듣고 부처님은 이렇게 대답하셨습니다.

항복취상도降伏醉象圖/2세기/석회암/직경 89.5㎝
인도 안드라프라데시 주 아마라바티유적 출토/인도 타밀나두 주 첸나이박물관 소장

"나는 당신들의 삿된 견해에 개의치 않소."

"우리가 결집해 당신의 교단을 공격할 것이오."

"우리 교단은 당신들의 몽둥이를 두려워하지 않소."

"그럼 우리가 당신의 제자가 되어 당신의 옷과 밥을 축내면서 당신이 말한 수행과 계율을 모두 파괴하겠소."

그 말을 들은 부처님은 어두운 표정으로 말씀하셨습니다.

"그럼 나도 방법이 없겠구나."

제2장 부처님의 인간생활

이것이 불교사에서 "사자 몸속의 벌레가 결국 사자를 잡아먹는다."는 그 유명한 고사입니다.

당시에 거짓말로 남을 속인 선성善星 비구 사건과 제바달다의 배반 사건이 있었습니다. 특히 제바달다는 수차례 부처님께 교단을 나눠달라 청했고 부처님과 동등한 예우를 받고 싶어 했습니다. 높은 산에서 돌을 굴리거나, 술 취한 코끼리를 몰고 와 부처님을 공격하는 등 온갖 방해를 서슴지 않았습니다.

외도는 이외에도 부처님의 제자에게까지 금전적으로 회유하고, 물리적 위협으로 상해를 입히곤 했습니다. 아난존자에 대한 마등가녀의 유혹이나, 목건련 존자에 대한 연화색녀의 집요함 등이 그것이며, 심지어 창녀들을 통해 교단을 파괴하려고도 했습니다. 다행히 부처님 제자들의 신심이 구족하여 흔들림이 없었기에 교단의 안전은 더욱 견고해졌습니다.

이와 같은 종류의 피곤한 일들은 한두 차례가 아니었습니다. 그러나 부처님은 큰 지혜와 큰 용기, 무외無畏의 정신으로 마침내 인도의 96종류의 외도 세력 가운데서 두각을 나타내며, 불교를 널리 고양시키기 시작해 조금도 흔들림이 없는 확고부동한 지위로서 유구한 인도사회에서 가장 위대한 문화이자 가장 위대한 인간불교가 되었습니다.

3. 하루 생활모습

현세를 만나 태어난 우리는 과거 부처님 시대와는 요원하지만, 깨달음을 이룬 뒤의 부처님 생활에 대해 더 많이 이해하길 바랍니다. 사실 4부로 된 『아함阿含』 등의 불경 안에서 부처님과 제자들의 평소 생활기거, 의식주행, 인간세계에서의 활동 등 대략적인 상황을 알 수 는 있습니다. 당시 부처님의 생활을 묘사한다면 "처지에 순응하여 편안하고, 인연에 순응하여 생활하며, 기쁜 마음을 내어 행동하고, 마음이 원하는 대로 나타난다."는 표현이 타당할 것입니다.

부처님은 『불수반열반약설교계경佛垂般涅槃略說敎誡經』(『불유교경』)에서 "낮에는 부지런한 마음으로 선법을 닦고 익혀 때를 잃어버리지 말아야 한다. 초저녁과 새벽에도 또한 그만두지 말아야 한다. 한밤중에도 경을 외우길 스스로의 휴식으로 삼아야 한다."라고 말하면서 제자들의 정진에 힘쓰고 참선을 통해 사유하며 진리를 통독하고 근면성실하게 맡은 바 책무를 다하도록 권고했습니다. 시·공간의 거리인연이 다른 상황이긴 하지만, 우리는 먼저 새벽부터 부처님의 하루일과 중에서 어떻게 수행하고 중생을 제도했는지 이해해 보기로 하겠습니다.

매일 부처님은 동이 터오기 전에 일어나시어 이를 닦고, 세수를 하였습니다. 이를 닦는다는 말이 나왔으니, 일찍이 인도사회에서 사람들은 양지楊枝를 씹는 습관을 들여 입안을 청결하게 했습니다. 지금으로 말하면 칫솔로 치아를 닦는 것과 같습니다. 『오분률五分律』

에는 "부처님은 우리들에게 양지를 씹으면 다섯 가지 이익이 있다고 말씀하셨다. 소화를 돕고, 냉열을 없애주고, 맛을 능히 분별케 하고, 입이 청량해지고, 눈이 밝아지는 것이다."라고 기재되어 있습니다.

씻는 중에도 부처님은 발원하십니다. 예를 들면 세수할 때는 "손으로 얼굴을 씻으니 중생이 깨끗한 법 얻어 손에 먼지 티끌 없기를 원한다."라고 발원하시고, 이를 닦으실 때는 "버들가지 씹을 때는 중생이 그 마음을 맑게 하고 모든 번뇌 씹어버리기를 원한다."라고 발원하십니다.(『화엄경·정행품』) 이러한 게어偈語는 수도자가 가슴에 새기어 항상 발원하고, 때때로 경책해야 합니다.

간단하게 세면을 마친 뒤에는 전날 밤 '길상와吉祥臥'로 인하여 번뇌는 적고 바른 정신이 또렷하니, 그래서 새벽시간은 정신이 가장 넘쳐흐릅니다. 이때 날은 점차 밝아오면서 길이 차츰 보이기 시작합니다. 그러면 부처님은 제자들을 이끌고 마갈타국, 코살라국 등에서 탁발을 하는데, 차제次第로 집집마다 돌며 민중의 공양을 받으셨습니다.

'차제次第'란 선별하거나 건너뛰지 않는 것을 말합니다. 누구 집이 가난하거나 부유하거나 상관없이 순서에 따라 앞으로 나아가고, 깨끗하고 더러운 것을 고르지 않고, 성기거나 아니거나 가리지 않으며, 그저 음식은 색신을 치료하고 보호하며 유지하는 탕약으로 삼는 것입니다. 여기에서도 부처님의 평등사상을 엿볼 수 있습니다.

신도의 보시공양은 매일 같은 시간에 음식과 음료를 준비해 기다리는 것은 아닙니다. 당시 인도의 풍습은 집안에 관혼상제가 있을 때에만 신앙적 풍습대로 문 앞에 작은 상을 내놓고 그 위에 당일 비구승에게 공양할 물건을 차려놓습니다. 비구승이 도착하면 신도는 무릎 꿇고 합장하며 밥과 반찬, 혹은 꽃이나 과일을 정성스럽게 공양 올립니다. 이 집에서 음식을 얻은 뒤 든든하게 먹고 하루를 지내는데 부족하다 싶으면 다시 순서대로 두 번째 집, 세 번째 집에서 탁발할 수 있습니다. 만일 탁발한 음식이 색신을 유지하는 데 충분하다고 생각되면, 곧바로 탁발한 음식을 들고 정사도량으로 돌아가 식사를 합니다.

  인도는 땅은 넓지만 인가가 드물어 비구들은 길을 걸을 때, 반드시 원근 거리와 차례를 지켜 행동했습니다. 태도가 침착하고 장엄해야 신도들에게 존경하는 신앙이 생겨나게 할 수 있기 때문입니다. 당시 사리불의 경우가 바로 그렇습니다. 사리불은 왕사성에서 탁발하고 있던 아사지(5비구의 하나) 비구의 용모 단정한 모습에서 신성한 느낌을 받았습니다. 그는 즉시 달려가 스승이 누구이고 신봉하는 교의는 무엇인지를 물어보고는 부처님의 문하에 귀의하기로 결정했습니다.

  음식을 탁발하는 제도는 불교로 하여금 신도와 더 가까이 접촉하게 하였고, 사회의 변화와 관계를 유지하게 하였습니다. 민중은 물질을 보시하고 부처님과 제자들은 설법으로 보시합니다. 인생의 이치를 설하면서 대중의 마음을 열고 뜻을 이해하게 만듭니다. "재보시와 법보시, 두 가지는 차별 없이 동등하다."라고 했듯이 "평등한 음식"은 부처님이 탁발음식 제도를 제정한 주된 의의이자 인간불교의 발전에 큰 보탬이 되었습니다.

순서대로 탁발하는 과정은 현재의 시간으로 계산해보면 1시간 안에 끝낼 수 있었을 것입니다. 그런 다음 비구들은 각자 머무는 곳으로 돌아가 실내의 일정한 곳에서 발과 손을 씻고 단정하게 앉아 식사를 합니다.

식사를 할 때는 반드시 걸식乞食의 법을 따라 진행합니다. 현재 총림의 오관당에서 '오관상五觀想'을 하는 것과 같이 부처님 시대의 비구승들도 식사를 할 때 이런 규정이 있었습니다.

공양을 마친 뒤에는 발우를 깨끗이 씻고 두 발을 깨끗이 닦은 후 옷과 이불을 정리합니다. 이 대목에서도 부처님께서 스스로 정리하는 근면함과 생활 속 노동을 중시했다는 것을 알 수 있습니다. 부처님은 몸으로 직접 행하시어 불제자들에게 수행의 본보기를 보이셨습니다.

경전에서의 '반사경행飯食經行'이라 하여 식사 후에는 항상 경행하는 시간이 있었습니다. 경행이란 정사도량 주위를 천천히 걷는 것입니다. 『사분율四分律』에 경행의 다섯 가지 좋은 점이 기록되어 있습니다. 먼 곳을 갈 수 있도록 힘을 길러주고, 조용히 사유할 수 있게 하며, 병에 걸리지 않게 하고, 소화를 도우며, 선정 가운데 오래 머물게 해주는 것이 그것입니다. 그런 다음 부처님은 제자들을 이끌고 정좌하는데, 각자의 자리에서 좌구坐具를 펼칩니다. 그 뒤 부처님은 모두에게 법을 설하시거나 도리를 강연하십니다.

설법은 반드시 부처님부터 시작하는 것은 아닙니다. 제자 중에 생

죽림정사 유적/인도 비하르

활 속에서, 사상 면에서, 마음속 느낌으로부터 수도와 관련한 어떠한 견해가 있기만 하면 부처님께 질문을 제기할 수가 있고, 부처님은 바른 도리를 하나하나 가르쳐 주십니다. 마치고 난 뒤에 비구들은 각자의 거처로 돌아가 정좌, 사유, 명상을 하거나 혹은 부처님께서 방금하신 가르침을 깊이 생각해보고 반복해서 외우기도 합니다.

 부처님께서 제자들에게 설법을 마치고 모두 자신의 수련하는 곳으로 돌아갈 때는 사회 대중이 일상적 활동을 시작할 시간입니다. 10시가 가까워오거나 점심이 되면 신도들은 끊임없이 정사를 찾아와 설법을 청합니다. 각계의 인사들 역시 하나둘 찾아와 예배하면 부처님은 또다시 대중을 맞아 인생의 바른 길에 대해 가르침을 주십니다. 때로는 사성제, 삼세 인연의 생로병사 순환에 대해서 강설하시고, 때로는 어떻게 신심을 일으키고 어떻게 번뇌를 끊는지에 대해 강설하기도 합니다. 그밖에 신도들이 오계십선을 받아 지니거나, 자비와 희사를 봉행하도록 권하기도 합니다. 이 수많은 도리를 대부분 제자들이 다 암송했기에, 훗날 다시 결집하여 기록으로 남긴 것이 지금 우리가 보고 있는 경·율·론 삼장의 경전입니다.

가르침을 전하는 데도 인간생활을 중시한다

때로 부처님은 개인적으로 법을 설하실 때도 있었고, 그룹지어 소참(小參: 일정한 때에 구애되지 않고 법문을 행하는 것)을 열 때도 있었으며, 심지어 대규모 집회를 가질 때도 있었습니다. 예를 들면 『반야경』은 네 곳에서 16회 강연을 했고, 『화엄경』은 7곳에서 8차례 강연했으며, 『법화경』 강연에는 백만 명이 운집하는 등 각각의 규모가 장소마다 다릅니다. 현재 우리 국제불광회가 세계 각지에서 제창하는 활동이 바로 부처님의 당시 가르침을 전하고 전파하는 모습을 그대로 본받아 하는 것입니다.

점심시간이 지난 뒤에는 예배를 드리거나 정좌하는 사람, 경행하거나 명상하는 사람, 심지어 휴식을 취하는 사람도 있었습니다. 승단생활 중에 비구의 습관이 모두 같지는 않지만, 다른 사람을 방해하지만 않는다면 수도생활은 필경 자유로웠습니다.

인도는 날씨가 매우 더워 한낮에는 대부분의 사람들이 외출을 하지 않았습니다. 비구들은 정사에 머무는 것 말고도 가까운 곳의 동굴이나 나무 아래, 물가 등에 머물면서 참선이나 독송을 하기도 하고, 삼삼오오 모여 경론을 펼치면서 각자 체득한 바를 설명하기도 했습니다. 현재 학교 수업시간에 토론하는 모습과 비슷합니다. 그러나 정서상으로는 많이 다릅니다. 비구들은 만족할 줄 알아 욕심이 적고, 생활이 소박합니다. 질서 없이 흥청거리고 즐기지 않습니다. 모두가 바른 이치를 행하고자 정진하고, 바른 생각에 머물며, 부처님이 정한 계율과 규장을 엄격히 지키며, 신심을 정화하고 기질을 변화시키기 때문입니다.

오후가 되면 부처님은 비구들을 다 모아놓고 좌담을 여시는데, 수도하면서 마음에 얻은 바를 깊이 토론하고, 그러면서 의심나는 것들은 바로 질문을 합니다. 그러므로 지금 우리가 보는 경전은 당초에 승단 가운데서 묻고 답한 기록이라 할 수 있습니다. 이어서 부처님은 또다시 사회대중과 마주하고 각지에서의 불법추진 운동에 더욱 힘씁니다. 부처님이 인간에게 교화하는 생활을 중시했다는 사실은 이 일부만을 보고도 미루어 짐작할 수 있습니다.

인도의 기후 얘기를 조금 더 해보겠습니다. 찌는 듯한 무더위 때문에 비구는 간단하게 가사 세 벌만 구비되어 있어도 생활할 수 있었습니다. 그래서 개인생활용품은 가장 최소화 하여 물건에 얽매임이 없게 했습니다. 홍법대회에 참가할 때는 입는 의복이 9조(條: 직사각형 베 조각들을 세로로 나란히 꿰맨 것을 1조라 함)로 된 승가리僧伽梨입니다. 일상생활에서 입는 평상복은 현재의 출가자들이 걸치는 7조로 된 울다라승鬱多羅僧입니다. 평상 작업복으로 입는 것은 5조로 된 안타회安陀會입니다. 현재 국제불광회가 개최하는 인간불교

활동에서 신도대중 회원들은 단체복을 입는데, 비록 디자인과 색상에서 상이함은 많지만 통일되고 질서정연한 느낌을 줍니다. 이것은 부처님 시대의 사상과 비교해보면 고금이 서로 통한다고 말할 수 있습니다.

밤이 되면 자신만이 받아 지닌 방법대로 각자 정진에 들어갑니다. 그러나 대부분은 선정을 통해 자신을 더욱 키우고, 자신을 향상시키며, 천천히 자신의 인격을 끌어올려 부처님의 이상 속 성스러운 이치와 상응하게 만듭니다.

육바라밀 실천은 불도를 구하려는 마음을 여의지 않는 생활이다

수많은 제자들이 수도하는 과정에서 깨닫는 바가 있을 수도 있지만, 수증修證한 것이 나한의 4가지 계위階位이건, 혹은 보살의 51위位이건 상관없이 반드시 부처님의 인가를 얻어야만 비로소 수행의 정도가 어느 단계에 도달했는지를 알 수 있었습니다. 현재의 학교에서 1학년, 2학년, 3학년 등이 있듯이 마찬가지로 승단에서의 수행성과 역시 이러한 단계가 있었습니다.

우리는 경전을 통해 부처님께서 선사禪思와 도념道念을 떠난 생활을 하지 않았고, 항상 "염불·염법·염승"하였으며, 승려와 신도 제자들과의 교제에서도 늘 '시교이희'하셨음을 알 수 있습니다. 그래서 제자들은 가르침을 들은 뒤에는 모두 가르침을 따라 봉행한다는 '의교봉행依敎奉行'을 하였고, 법을 들은 뒤에는 환희에 차 예를 올리고 물러났다고 합니다.

부처님의 하루 일과는 일반 범부의 생활과 별 차이가 없어 보입니다. 똑같이 밥 먹고 잠자고, 똑같이 길을 걷고 대화를 나누고 말입니다. 그러나 자세히 관찰해보면 내용이 크게 다릅니다. 선문의 한 신도가 선사에게 물었습니다.

"선사께서는 어떻게 수행하십니까?"

"밥 먹고 잠자지요."

"우리도 똑같이 밥 먹고 잠자는데, 그럼 우리도 수행하는 거네요?"

"다릅니다. 당신은 밥을 먹어도 자신에게 좋은 것을 이리저리 가리니 먹어도 맛을 느끼지 못하고, 잠을 자면서도 이리저리 뒤척이고 편안히 잠을 이루지 못하니 내용에서 엄연히 서로 다릅니다."

육도바라밀을 실천하고 반야풍광般若風光을 보이신 부처님의 생활과 항상 논쟁하고 분쟁을 일삼는 범부의 생활은 천지 차이이며 매우 다릅니다. 예를 들어 탁발걸식의 경우, 신도대중이 복전에 씨를 뿌리는 것일 뿐만 아니라, 부처님 역시 신도대중을 위해 설법하는 것입니다. 그것이 '보시바라밀'입니다. 가사를 걸치고 청정한 계법을 항상 보이시니 그것은 '지계바라밀'입니다. 차례대로 탁발하며 귀천을 가리지 않고 푸대접을 피하지 않으시니 그것은 '인욕바라밀'입니다. 직접 발우를 씻고 좌구를 펼치는 등 근면하여 게으르지 않으시니 그것은 '정진바라밀'입니다. 경행, 정좌, 명상과 법의法義를 깊이 생각하니 그것은 '선정바라밀'입니다. 이 모두가 이치를 깨우친 한 사람의 반야생활에서 흘러나왔다고 할 수 있으니, 그것은 '반야바라밀'입니다.

4. 제자들 교화

물론 부처님의 하루 일상이나 가르침이 그처럼 판에 박힌 듯 융통성이 제로인 것은 아닙니다. 부처님을 따르는 제자들의 성격이 같지 않기 때문입니다. 누구는 동굴이나 나무 아래에서 선정 수련하기를 좋아하고, 누구는 부지런히 민간의 여러 곳을 돌며 가르침을 전하는 사람도 있었습니다. 부처님은 이 수많은 제자에게 일일이 칭찬하고 격려하였고, 강론하는 도리 역시 제자의 상황과 근기에 맞게 하였습니다. 그러므로 부처님이 교화하는 것을 관찰하려면, 먼저 제자들에 대한 부처님의 마음 씀과 보살핌, 교육에서부터 말하면 됩니다.

부처님의 십대제자 중 한 명인 사리불 존자를 예로 들어 보겠습니다. 그는 이미 깨달음을 증득한 대아라한이자 교단의 지도자 중 한 사람입니다. 어느 날 모두 휴식을 취하고 있는데, 부처님께서 승단을 둘러보시다가 정원에서 경행하는 사리불을 보시고는 다가와 물었습니다.

"어째서 이 늦은 시간까지 잠을 못 이루고 왔다 갔다 하는 것이냐?"

사리불이 공손하게 대답했습니다.

"오늘 정사로 돌아온 사람이 많아 잠자리가 부족하기에 초학 비구들이 쉴 수 있도록 양보했습니다."

부처님은 그 말을 들으시고, 다음 날 대중이 모였을 때 장로를 존중해야 한다는 가르침을 주셨습니다.

목건련 존자는 자신의 어머니가 살아계실 때 악행을 저지른 걸 알고 돌아가신 어머니를 구하고 명복을 빌 수 있는 방법을 부처님께 청했습니다. 부처님은 목건련의 지극한 효성을 보고 특별히 방법을 일러주었습니다. 교단이 하안거를 해제하는 날에 제단을 설치하고 승가대중에게 공양 올리면 이 공덕으로 악도지옥에서 고통을 받는 어머니를 구할 수 있다고 말씀하셨습니다. 이것이 북전불교 우란분절孟蘭盆節의 기원입니다. 후에 양梁 무제武帝와 보지寶誌 선사 등이 우란분절회를 제창하여 지금까지 이어져 오고 있습니다.

설법제일이라는 부루나 존자는 홍법에 대한 열정이 뛰어났습니다. 그는 부처님께 수로나국에 가서 불법을 전파하고 싶다고 말씀드렸습니다. 부처님은 그곳의 사람들은 성품이 억세고 사나워 가르침을 받아들이기 쉽지 않을 것이라고 일러주었습니다. 그러나 부루나 존자는 "괜찮습니다. 그들이 욕하고 때리고 심지어 저를 죽인다고 해도 저는 이 한 목숨을 부처님께 공양하겠습니다."라고 말했습니다. 부처님이 허락하면서 "네가 진리를 위해 희생하고 봉헌할 정신을 가지고 있다니, 나는 기쁜 마음으로 떠나는 너를 배웅해야겠다."라고 말했습니다.

십대제자 중 다문제일이라 하는 아난다 존자는 교단의 충실한 간부라 할 수 있습니다. 전병을 만들던 한 여인이 그의 장엄한 모습을 보고 다른 승려보다 더 많이 공양하다가 도반들의 시기를 일으키게도 하고, 마등가녀가 그를 사모해 집착하는 등 여난女難이 많이 있었지만 부처님은 항상 그것에서 벗어나도록 도움을 주거나 교화하는 방편을 주었습니다.

제2장 부처님의 인간생활

　대가섭 존자는 덕과 학문이 높고, 청정한 고행을 잘 하였습니다. 그가 헤지고 오래된 가사를 입고 승단에 돌아오자, 부처님은 다른 제자들이 그에게 존중을 표시하도록 하기 위해 자신의 자리 반을 내어주며 함께 앉게 했습니다. 부처님은 자신이 이미 성불했다 하여 높은 곳에 앉아 내려다보기만 하는 분은 아니었습니다.

　대가섭 존자는 부유한 집에는 탁발하러 가지 않았습니다. 왜냐하면 부귀란 것은 과거전생에 보시를 하여 복전에 씨를 심어 얻게 된 과보라고 생각했기 때문입니다. 현세에 이미 부유한데 거기다 더 보태줄 필요가 없지 않겠느냐고 생각한 그는 "가난한 데서 빌어먹지, 부유한 데서 빌어먹지 않는다."라고 하며, 대부분 가난한 집에서 탁발해 그들이 복전에 씨를 심고 가꾸도록 하였습니다.

　해공제일이라는 수보리 존자는 정반대였습니다. 그는 가난한 집은 자신들도 세 끼 배불리 먹지 못하는데 굳이 찾아가 더 힘들게 하

아난 사리탑과 아육왕 석주/인도 비하르

고 싶지 않았습니다. 부유한 집은 보시를 조금 한다고 크게 어려운 것이 아니라고 생각해, 그는 오히려 "부유한 데서 빌어먹지, 가난한 데서 빌어먹지 않는다."라고 했습니다.

부처님께서는 이 사실을 아시고 특별히 대중에게 설하셨습니다.

"가난한 집에서만 탁발하거나 부유한 집에서만 탁발하거나, 모두 마음이 평등하지 않은 것이다. 불법은 마땅히 평등 위에 세워져야 한다. 세간이 온통 차별과 대립으로 가득 차 있을지라도 우리의 마음은 평등법 가운데 안주해야만이 자신도 닦은 공덕을 스스로 받고 (自受用), 그 즐거움을 중생과 함께 나눌 수 있다(他受用)."

부처님은 제자들에 대해 늘 세심한 마음으로 들여다보셨습니다. 예를 들면 늙고 병든 비구의 병문안을 가서는 몸소 그들의 몸을 닦아주고 물을 따라주고 빨래도 해주었습니다. 부처님이 한 번은 경전을 설명하실 때, 아나율 존자가 피곤하여 꾸벅꾸벅 졸고 있다가 부처님의 꾸지람을 들었습니다. 그때부터 아나율 존자는 부끄러운 마음이 들어 밤낮없이 정진을 게을리 하지 않았기에 그만 눈이 실명되고 말았습니다. 하루는 그가 옷을 꿰매려고 하는데 잘 보이지 않아 바늘귀에 실을 꿸 수가 없었습니다. 부처님께서 아시고 아나율을 대신해 직접 실을 꿰어 가사를 꿰매어 주셨습니다.(『증일아함경』)

부처님은 힘들게 애써가며 수행을 하던 이백억이(二百億耳: 부처님 제자의 이름)에게도 말씀하셨습니다.

"수행은 금을 타는 것과 같아 금의 줄이 너무 팽팽해도 너무 느슨해서도 안 된다. 너무 팽팽해도 너무 느슨해도 쉽게 실수를 할 수가 있기 때문이다. 중도가 가장 좋다."

이백억이는 부처님의 말씀대로 수행하며 마음을 안정시킨 결과 얼마 되지 않아 아라한과를 증득했습니다. 부처님은 이처럼 자비롭게 제자들을 교화시키셨습니다.

시기적절하게 정한 계율은 인간을 벗어나지 않는다

가르침을 능히 봉행하는 제자에게 부처님은 인내심을 가지고 훈육하셨고, 가르침을 능히 봉행하지 못하는 제자에게는 섭수할 방편을 내어주셨습니다. 정진하지 않고 게으른 제자는 격려하며 발전시키고, 지나치게 굳세고 세찬 제자에게는 천천히 나아가라 따뜻하게 설득하셨습니다. 총명하거나 어리석거나 부처님은 항상 근기를 관찰하여 가르침을 주셨고, 시기와 상황에 맞는 설법과 가르침은 교단을 더욱 청정하고 건실하게 만들었습니다.

예를 들어 주리반특가는 잘 외우지 못했습니다. 부처님은 그에게 '먼지를 털고 때를 닦자'라는 말을 외우라고 했습니다. 하지만 그 말조차도 잊어버렸고, 부처님은 그때마다 귀찮게 여기지 않고 수없이 일러주었습니다. 주리반특가는 부처님의 가르침대로 매일 빗자루를 들고 바닥을 쓸면서 열심히 암송하다가 드디어 이치를 깨우치고 모든 사람의 존경을 받게 되었습니다.

『현우경賢愚經』권6에는 니제尼提의 이야기가 있습니다. 똥통을 지고 다니던 그는 자신의 신분이 비천하다 여겨 부처님을 감히 뵙지도 못하고 일부러 피해 다녔습니다. 부처님께서 아시고 길을 돌아서 그와 마주치게 되었습니다. 니제는 부처님 앞에 무릎을 꿇고 용서를 빌었습니다. 그러나 부처님은 자상하게 말씀하셨습니다.

"니제야, 너는 나를 따라 출가하길 원하느냐?"

니제가 놀라 물었습니다.

"저같이 미천한 것도 위대하신 부처님의 제자가 될 수 있습니까?"

그러자 부처님은 자신의 교법 가운데는 분별이 없으니, 빈부·귀천·종성種姓은 그저 거짓된 이름일 뿐이라고 말씀하셨습니다. 훗날 니제는 부처님을 따라 출가해 힘써 수도하였으며, 과위果位를 증득했습니다.

부처님은 사람이란 상대방을 존중하고 사랑하고 보호하며, 자비심으로 대하고 격려해주어 상대가 존엄성을 느끼도록 해주기만 하면, 그 상대는 향상하고 성장할 수 있다고 여겼습니다.

부처님이 계율을 제정할 때에도 수많은 인연과 상황들을 고려해 인정과 도리에 합당한 결정을 내렸습니다. 얼굴도 거무스름하고 키도 큰 가류타이라는 제자가 있었습니다. 하루는 어슴푸레한 저녁 무렵 마을로 탁발을 나갔는데, 임산부가 문 앞에서 크고 시커먼 사람을 보고 귀신인 줄 알고 소스라치게 놀란 나머지 유산을 하고 말았습니다. 부처님께서 이 사실을 아시고 저녁 무렵이나 한밤에는 탁발하러 나가기 마땅치 않으므로 '과오불식過午不食'의 계율을 제정하셨습니다.

또 한 예로 혼인을 약속한 한 젊은 남녀가 있었는데, 여자 측에서는 향병香餠을 만들어 시어머니를 뵈러 가는 날 가져가려 했습니다.

마침 탁발을 온 비구에게 그녀는 공양물로 그 향병을 바쳤습니다. 향병이 입에서 사르르 녹듯이 너무 맛있어서 그녀 집으로 탁발을 오는 비구들의 행렬이 끊이지 않았습니다. 이렇게 며칠 계속되자 결국 여자는 시댁을 찾아뵙는 일정에 차질이 생겼고, 남자 측의 오해를 사게 됐으며 결국 파혼에 이르게 되었습니다. 여자 측 부모는 딸이 파혼당한 가슴 아픈 사연을 부처님께 말씀드렸고, 부처님은 그 즉시 제자들을 불러 이로 인한 계율을 제정하였습니다. 제자들에게 차례대로 탁발하되 예절을 지키고 맛있는 음식에 욕심내서는 안 된다고 타일러 훈계했습니다.

　부처님이 제정한 계율은 부처님의 교법이 출세간이면서도 인간세계를 떠나지 않는다는 걸 일일이 설명하고 있습니다. 우리는 원시교단의 생활에서 포살布薩, 참회懺悔, 세 번의 갈마羯磨를 보았습니다. 현대국가의 민주의 전당에서 법령 하나를 제정할 때도 반드시 세 번 읽어 통과해야 하는 것과 비교하면, 가장 최초의 민주의회라 말할 수 있습니다.

　부처님이 인간세상에서 교화하는 방식은 일일이 헤아릴 수 없을 정도입니다. 제도하는 제자 역시 빈부, 귀천, 남녀, 직업, 종족, 신앙 등을 분별하지 않고 모두 평등하게 대하십니다. 소위 말해 "네 개의 커다란 강이 바다로 흘러간 뒤에는 본래의 이름은 없고, 바다라고만 불린다. 찰리刹利·바라문婆羅門·장자長者·거사居士 종족의 네 가지 성姓이 있다. 여래에서 머리를 깎고 세 벌의 법의法衣를 받고 출가하여 도를 배우면 본래의 성은 없어진다."(『증일아함경增一

阿含經・고락품苦樂品』) 이것은 부처님께서 계급제도를 타파하고 진정한 평등을 제창하신 교법입니다.

예를 들어 우바리 존자는 출신은 빈천하지만 부처님이 세운 승단에서 출가하고 수행을 통해 깨달음을 얻었고, 후에 부처님의 십대제자 가운데 '지계제일'이 되었습니다. 당시 왕궁의 많은 왕자들이 하나둘씩 부처님을 따라 출가할 때였으니, 우바리는 출신이 비천한 자신은 출가할 자격이 없다고 생각해 상심하여 울고 있었습니다. 이런 사정을 알게 된 사리불은 "부처님의 교법은 궁극적인 자유・평등・자비이며, 지혜와 직업이 어떻든 부처님의 교시를 봉행하기만 하면 누구든 부처님의 제자가 되어 진리를 증득할 수 있다."고 말했습니다.

그래서 부처님은 우바리를 위해 삭발해주시고, 칠일 뒤 발제 왕자 등 여러 사람을 만나 소개시켜 주었습니다. 왕자들은 어떻게 인사를 나눠야 할지 몰라 머뭇거렸습니다. 그러자 부처님은 "출가하여 도를 배우려면 먼저 교만한 마음을 항복시켜야 한다. 나는 먼저 우바리의 출가를 허가하였으니 너희들은 마땅히 그에게 정례頂禮하여야 한다."고 말씀하셨습니다. 발제 왕자 등은 부처님 가르침을 듣고 겸허하게 우바리에게 정례했습니다.(『불본행집경佛本行集經・우바리인연품優波離因緣品』)

그 당시 승단은 형식적으로 의식주행을 갖춘 것 외에도, 궁벽하고 외진 작은 곳에서 승단의 규율생활을 완전히 받아들이지 못하는 상황이 있자, 부처님은 큰 제자들을 파견해 그들을 지도하게끔 했습니다. 우바리 존자가 그 중에 가장 적합한 인물 중 하나였습니다. 코삼

비국(拘眼彌國, Kosambī)과 사께따국(沙祇國, Sāketa: 코살라국의 도시)에 분쟁이 있을 때 부처님께서는 성격이 온화한 우바리를 파견해 다툼을 해결하였습니다.

한 번은 부처님께서 또 우바리를 사께따에 파견하려 했는데, 이번에는 우바리가 정중히 사양하였습니다. 부처님이 이유를 묻자, 우바리는 우기에 외출하면 가사가 젖게 되고 옷이 더 무겁게 느껴져 불편하니 가고 싶지 않다고 대답했습니다. 부처님은 그의 진실어린 마음의 소리에 감동하여 이 일을 계기로 비구가 외출할 때는 한 벌을 더 챙겨갈 수 있게 계율을 수정하였습니다.

우바리 존자는 자신에 대한 엄격한 잣대와 장중하고 엄숙한 행실로 인해 대중의 존경을 받았습니다. 부처님은 또한 우바리에게 병이 난 비구의 음식과 탕약은 어떠해야 한다는 등 병문안하는 방법까지 하나하나 일러주었습니다.(『사분율명의표석四分律名義標釋』)

부처님은 제자들에게 제도 받을 수 있는 평등한 인연과 공정한 가르침을 주었습니다. 예를 들어 술에 잔뜩 취해 출가하겠다고 온 바라문에게 부처님은 삭발을 허락해주었습니다. 술이 깬 뒤 출가자의 모습을 하고 있는 자신을 본 바라문은 까무러칠 듯 놀라 혼비백산해서 도망쳤습니다. 제자가 의아해하며 부처님께 물었습니다.

"그의 말이 사실이 아니라는 것을 알면서 왜 허락을 하신 겁니까?"

부처님은 "어렵사리 출가에 대한 선념善念이 생겨난 그에게 제도와 해탈의 인연을 심어주기 위해서였다."라고 말했습니다.

적절한 비유로 훈육하여 제자의 잘못을 바로잡다

사미승인 라훌라는 장난을 잘 치는 개구쟁이였습니다. 부처님을 찾아오는 신도들을 항상 놀리곤 했습니다. 어느 날 라훌라가 머무는 곳으로 오신 부처님이 위엄 가득한 모습으로 라훌라를 부르셨습니다. 부처님이 앉으시자 라훌라는 물을 들고 와 부처님의 발을 씻겨 드렸습니다. 아무 말도 없이 가만히 앉아 계시던 부처님은 발을 씻고 난 뒤에야 발 씻은 대야를 가리키며 라훌라에게 물었습니다.

"라훌라야, 너는 이 대야의 물을 마실 수 있느냐?"

"부처님, 발 씻은 물은 너무 더러워 마실 수 없습니다."

부처님이 타이르며 말했습니다.

"너는 이 물과 같구나. 본래 이 물은 맑고 깨끗했지만, 발을 씻고 나니 더러워졌다. 너는 본래 청정한 수도자이나, 입으로는 진언을 지키지 않고 몸과 마음이 청정하지 않으니 깨끗한 물에 먼지와 때가 생긴 것과 같다."

그리고 부처님은 다시 물었습니다.

"라훌라야, 너는 이 대야에 음식을 담아 먹을 수 있겠느냐?"

"부처님, 발 씻었던 대야는 깨끗하지 않으니 음식을 담아 먹을 수 없습니다."

"너는 수도자이지만 이 대야처럼 마음에 먼지와 때가 감춰져 있으니, 청정한 진리가 어떻게 너의 마음속에 들어갈 수 있겠느냐?"

말씀이 끝나자 부처님은 대야를 발로 차 버렸습니다. 대야가 나가 떨어지자 라훌라는 더욱 두려워졌습니다. 부처님이 그런 라훌라를

제2장 부처님의 인간생활

맥적산 석굴 제133석굴 라훌라 수기상/송대(960~1279)
진흙/부처님 3.1m 라후라 1.44m/감숙성 천수天水

보고 물었습니다.

"너는 대야가 망가질까 두려우냐?"

"아닙니다, 부처님. 발 씻는 대야일 뿐인데 망가진다고 대수겠습니까?"

"라훌라야, 네가 이 대야를 아끼지 않는 것은 모든 사람이 너를 사랑하지 않고 보호하지 않는 것과 같다. 네가 위의를 중시하지 않고 자신을 존중하지 않으며 다른 사람을 희롱한다면 누구도 너를 사랑하고 보호하며 아끼려 하지 않을 것이다."

부처님의 훈계를 듣고 난 라훌라는 온 몸이 땀으로 흠뻑 젖고, 부끄러움에 고개를 들 수 없었습니다. 이후 더 이상 망령된 말과 거짓말을 하지 않고 자신의 신심을 변화시키고자 노력해, 후에 '밀행제일密行第一'이 되었습니다. 라훌라에 대한 부처님의 교육은 엄격함 하나로 일관하는 것이 아니라, 자비로운 가운데 엄격함이 있고 엄격한 가운데 자비로움이 있습니다.

부처님은 라훌라뿐만 아니라 모든 사미에게 특별한 관심을 보였습니다. 먼 곳에서 홍법을 펼치는 가전연 존자는 어느 날 부처님의 안부를 걱정해 자신의 제자를 기원정사로 보냈습니다. 부처님은 먼 곳에서 찾아온 가전연의 제자를 보시고는 즉시 아난에게 분부했습니다.

"너는 가전연의 어린 제자가 내 방에서 함께 잘 수 있도록 잠자리 하나를 더 마련하여라."

먼 곳에서 포교를 하고 있는 제자들이 이처럼 세심한 부처님의 관

보로부두르 수대나 태자 본생도 婆羅浮屠須大拏太子本生圖
8~9세기경/안산암/인도네시아 중앙 자바주 마겔랑

심과 사랑을 듣고 어찌 감동하지 않을 수 있었겠습니까? 부처님은 이와 같이 인정미 넘치는 성자셨습니다.

때로 승단에서의 수도생활에 적응하지 못하는 사람이 있으면, 부처님은 그가 사회와 가정으로 돌아가 불교신자로 살 수 있도록 허락하였습니다. 이런 결정으로 그들을 우습게 여기지 않고 그들의 인격을 존중해 주었습니다.

부처님은 현생에서 몸소 보이시며 가르침을 주셨을 뿐만 아니라, 때로는 과거전생 중의 인연이나 자신이 행했던 희생과 공헌 등을 증거로 하여 수도자들을 격려했습니다. 예를 들면 『불설구색록경佛說九色鹿經』에는 구색록九色鹿이 자비로운 마음으로 물에 빠진 사람을 구해줬지만 그는 오히려 배신을 한다는 이야기가 나오고,『육도집경六度集經』에는 사슴 왕 대신 새끼를 잉태한 어미사슴이 나서서 죽음을 자처했다는 이야기가 있습니다.『구잡비유경舊雜譬喩經』에는 커다란 숲에 난 불을 끈 앵무새 이야기가,『태자수대나경太子須大拏經』에는 널리 보시하고 중생을 구제하겠다고 발원한 수대나 태자가 극한의 고통을 당해도 원망 한마디 없었던 이야기가 담겨 있습니다.『중아함경中阿含經 · 장수왕품長壽王品』에는 원한을 덕으로 갚은 장생長生 태자의 이야기가 있습니다. 그는 범예왕梵豫王을 죽여 아버지의 복수를 할 기회가 여러 차례 있었습니다. 그러나 그는 증오를 버리고 인내하며 '원한을 맺지 말라'는 아버지의 가르침을 떠올리며 손에 들었던 칼을 세 번이나 내려놓았습니다. 그의 관대한 행동에 감동을 받은 범예왕은 이후 두 나라의 원한을 해결했습니다. 이 모두 인간에 대한 부처님의 교화이자 자비를 드러내 보이신 것이 아니겠습니까?

5. 중생을 이롭게 하는 봉사를 한다

부처님은 성도하신 뒤 오인도五印度를 운수행각 하셨습니다. 남쪽의 마갈타국에서 걸어서 북쪽의 사위성까지, 바라나시에서 다시 걸어서 비사리(바이살리)까지, 갠지스 강 연안을 다 걸었고, 산봉우리와 깎아지른 높은 바위를 다 걸으면서 한시도 중생을 제도하고 이롭게 하는 일을 멈춘 적이 없습니다.

부처님은 49년간 홍법의 삶을 사셨습니다. 품으신 뜻을 최초로 펼친 것이 21일간의 『화엄경』 강설입니다. 후에 근기를 자세히 살펴보신 뒤, 가르침을 주시기 위해 다시 『아함경』 12년, 『방등경』 8년, 『반야경』 22년, 『법화경』과 『열반경』을 합하여 8년을 설하셨습니다. 이것은 대규모 집회에서의 강의이고, 부처님께서 개별적으로 특별히 교화하신 경우는 그 수를 셀 수 없을 정도이며, 감동받은 사람 또한 무수히 많았습니다.

가르침으로 이끈 제자는 앞에서 언급했던 외도의 지도자나 출가한 왕자 외에도 수많은 대부호 장자도 있었고, 일국의 군주였던 빔비사라 왕, 파사닉 왕, 위제희 왕비, 말리 왕비 등도 있었습니다. 부처님의 교법은 끝없는 바다처럼 모든 물줄기를 품고, 일월의 빛처럼 대지를 두루 비춥니다. 상인에게는 경영의 이치를 말하고, 농부에게는 경작의 이치를 말하며, 정치가에게는 치국의 도리를 말하였습니다. 제자들에 대한 교화 방식 역시 병에 맞는 약을 처방하듯 평등하게 사랑과 보살핌을 주었습니다. 물론 부처님은 정사에만 머물며 수련만 하신 건 아닙니다. 제자들과 함께 각지를 다니며 민중과 접촉하였고 설법을 통해 교화하였으며, 심지어는 어려움을 없애주고 분쟁을 해결해 주기도 했습니다.

부처님이 한 우물을 두고 싸우던 향촌 사람들의 분쟁을 해결해 준 이야기가 좋은 예입니다. 『잡아함경雜阿含經·집장경執杖經』의 기록에 의하면, 석가족과 구리(코리)족이 손에 몽둥이를 들고 대치하고 있었는데, 마침 그곳을 지나던 부처님이 양측을 설득해 서로 화목하게 함께 우물을 사용하여 가뭄을 무사히 넘기게 했다고 합니다.

　당시 인도에서 불교는 급속도로 발전해 나갔습니다. 그러므로 정치적으로 많은 국왕이 몸소 부처님을 찾아와 이치를 묻거나 대신을 파견해 부처님께 법을 청하기도 했습니다. 오늘날 인도의 영축산 근처에는 빔비사라 왕이 가마를 멈췄던 기념 유적이 아직도 남아있습니다.

　아직 성불하기 전 싯다르타 태자는 수행의 길을 찾기 위해 마갈타국을 지난 적이 있었습니다. 빔비사라 왕은 그의 장엄한 외모와 정중한 행동거지, 그리고 이치를 깨우치려는 마음에 감동해 나라의 절반을 그에게 주려 했지만, 한마음으로 수도에만 매진하려던 싯다르타는 그의 제안을 거절했습니다. 하지만 싯다르타는 언젠가 깨달음을 얻게 되면 반드시 돌아와 그를 깨우쳐 주기로 약속했습니다.

　불도를 이룬 뒤 부처님은 그 약속을 지키고자 제자들을 이끌고 마갈타국에 도착해 빔비사라 왕에게 설법을 했습니다. 빔비사라 왕은 비구들이 편안하게 중생을 제도하도록 죽림정사를 세워 부처님께 바쳤습니다. 부처님께서 정사에 머물 때면 국왕은 항상 찾아와 이치를 묻곤 했습니다.

　훗날 빔비사라 왕의 아들 아사세는 데바닷타의 꾐에 빠져 왕위를 빼앗고 아버지를 감옥에서 굶어죽게 했습니다. 아버지를 살해한 뒤 아사세는 비록 왕위는 얻었지만 전혀 즐겁지 않았으며, 오히려 자신에게 다정했던 과거 아버지의 모습만이 떠올라 항상 후회와 슬픔이 가득 찼으며, 이로 인해 병까지 얻었습니다.

그때 명의 기바가 아사세 왕에게 권했습니다.

"의사는 몸에 난 병은 고칠 수 있지만, 마음의 병은 고칠 수 없습니다. 국왕의 병은 마음에서 비롯되었습니다. 부처님은 위없는 의왕醫王이시니 그분을 뵙기만 하면 반드시 마음의 병을 치료할 수 있을 것입니다."

아사세 왕은 기쁜 마음으로 부처님을 찾아갔습니다.

부처님은 그에게 다음과 같이 말씀하셨습니다.

"세상에는 두 종류의 사람만이 진정한 즐거움과 행복을 얻을 수 있다. 하나는 선을 닦고 죄를 짓지 않는 사람이고, 다른 하나는 죄를 짓고 참회할 줄 아는 사람이다. 이제 그대가 참회하는 마음을 가졌으며 잘못을 알고 고치고자 하니 역시 좋은 사람이다. 그대는 앞으로 바른 법으로 백성을 다스리되 정법이 아닌 일을 행하지 말라. 또한 덕으로 백성을 다스리되 폭력으로 나라를 다스리지 말라. 더욱 어진 정치를 펼치면 아름다운 명성과 덕이 사방에 널리 퍼질 것이고, 많은 사람들의 존경을 받을 수 있을 것이다."

부처님의 가르침을 듣고 감격한 아사세 왕은 다시 태어난 생명에 대한 충만한 희망과 자신감으로 부처님 앞에 엎드려 눈물을 흘렸습니다.(『대반열반경大般涅槃經』 권19. 20)

쇠퇴하지 않는 일곱 가지 가르침을 권교로 전쟁을 해결하다

『중아함경中阿含經·우세경雨勢經』에는 이런 이야기가 있습니다. 밧지국을 정벌하려고 출병하기 전에, 아사세 왕은 대신 우세를 부처님께 보내 그의 생각을 말씀드렸습니다. 부처님께서는 우세 대신이 찾아온 뜻을 일찍이 아시고 아난에게 일부러 이렇게 얘기했습니다.

"밧지국은 백성이 늘 다 같이 모여 정사를 토론하고, 군신이 화목하며 위아래가 서로 존경하는 등 '쇠퇴하지 않는 일곱 가지 가르침'이 있으니, 다른 나라가 침범하여 정복할 수 없다."

부처님이 아난에게 하는 말을 들은 우세 대신은 즉시 그 뜻을 알아차리고 부처님께 인사를 드리고 물러났습니다. 부처님은 권교방편의 지혜로 피비린내 나는 전쟁을 막았습니다.

부처님과 인연이 무척 깊은 또 한 사람은 바로 코살라국의 파사닉 왕입니다. 그는 몸이 뚱뚱해 항상 소처럼 가쁘게 숨을 몰아쉬어 이것이 늘 고민이었습니다. 부처님은 그를 위해 한 가지 게송을 자비롭게 읊으셨습니다.

"사람은 마땅히 생각을 하나로 모아, 먹을 때마다 양을 조절할 줄 알아야 한다. 이러면 모든 고통이 줄어들고 소화가 잘 되어 편안하고 수명이 보존된다."

우리는 항상 자신을 상기시켜 음식은 절제할 줄 알아야 하고, 지나친 욕심으로 음식을 먹어 신체의 부담을 만들지 말아야 가볍고 편안함을 유지할 수 있고, 건강과 장수를 누릴 수 있다는 뜻입니다.(『잡아함경』 권42)

후에 고령이었던 파사닉 왕의 모친이 돌아가시자, 슬퍼하는 파사닉 왕에게 부처님은 또 다시 가르침을 주셨습니다.

"사람이 세상 살아가면서 예로부터 오늘날까지 가장 두려운 네 가지가 있습니다. 첫째는 사람이 태어나면 늙고 죽는다는 것입니다. 둘째는 병이 나면 고목처럼 마르고 흉하게 변한다는 겁니다. 셋째는 죽은 뒤에는 신식(神識: 의식)이 신체를 떠난다는 겁니다. 넷째는 사후에는 가족들과 영영 이별한다는 겁니다. 누구도 이 생멸무상의 법칙에서 벗어날 수 없습니다. 아무리 가까운 사람일지라도 영원히 함께 있을 수는 없습니다. 죽음을 면할 수 있는 사람은 누구도 없습니다. 헛되이 죽은 사람을 위해 슬퍼할 시간에 차라리 망자를 위해 복덕을 쌓아주는 것이 망자를 위해 실질적으로 도와주는 것입니다."

부처님의 가르침을 듣고 파사닉 왕은 며칠 동안 짙게 드리웠던 먹구름이 싹 가시는 듯 마음이 평안해졌습니다.

『불설파사닉왕태후붕진토분신경佛說波斯匿王太后崩塵土坌身經』에 나오는 이 단락의 설법에서는 생로병사는 사람이라면 누구나 반드시 마주해야 하며 누구도 피해갈 수 없다는 것을 밝히고 있습니다. 무릇 태어나면 반드시 죽고, 생겨난 것은 반드시 소멸한다는 것은 생명윤회의 인연법칙입니다. 그러나 불교의 관점에서 볼 때 태어남은 시작이 아닙니다. 죽음 역시 끝이 아닙니다. 태어나고 죽고, 죽고 또 태어나고 끊임없이 생기고 사라지고 변화합니다. 이러한 생멸 법칙에서 불멸하는 생명을 증명할 수 있는 것이야말로 하나의 지혜입니다.

자비로운 부처님은 어느 하나의 중생도 포기하지 않았습니다. 아무리 이치에 맞지 않는 사람을 만날지라도 그저 인연이 있으면 자비로운 깨우침을 주고 불교식 생활을 하도록 인도하여 인생에 목표와

파사닉 왕 방불도波斯匿王訪佛圖/B.C. 1세기 초/사암/높이 79.5cm/인도 마디아프라데시 주 알라하바드 사트나 바르후트 유적 출토/인도 서벵골주 콜카타 인도박물관 소장

희망을 가지도록 했습니다. 아들을 잃은 부인에게 길상초吉祥草를 비유로 들어 비통함에서 헤어 나오도록 선교善巧로 교화하신 예가 있습니다.(『중경찬잡비유경衆經撰雜譬喩經』 하권)

부처님은 평소 신도들이 의문 나는 것들에 가르침을 주시는 것 외에도, 가끔 문제가 있는 신도 가정에 인연에 따라 방문해 분쟁을 해결해 주기도 했습니다. 유명한 일화가 바로 수달 장자의 며느리 옥야에게 행한 가르침입니다.

"여인은 용모가 단정하고 몸매만 빼어나다고 해서 미인이라 하지 않으며, 게다가 교만할 가치는 더욱 없다. 오로지 마음과 행동이 단정하고 현숙한 여자의 덕을 갖춰 뭇 사람들의 존경을 받아야 비로소 미인이라 한다."라고 하시고, '오선五善'을 들어 어떻게 시부모 봉양을 해야 하는지 말씀하셨습니다. 결국 감동받은 옥야는 부처님께 수계를 청하였고 세세생생 불교식 가정의 우바이가 되겠다고 발원했습니다. 수달 장자의 가족 모두 그녀를 축복하였고, 부처님이 가정의 분란을 해결한 범례가 되었습니다.(『불설옥야녀경佛說玉耶女經』)

한 가정에서 부모는 자애로, 자녀는 효성으로, 형제는 우애와 공경으로 지내고, 부부는 화기애애하며 서로 존중하고 포용하며 이해하고 헤아려주어야 화목한 가정을 세울 수 있습니다. 부처님의 제자에 대한 교육, 신도에 대한 가르침 등 대부분은 비유와 격려의 방식으로 그들에게 바른 길을 알게 하였지, 욕하고 때리고 야단치는 방식이 아니었다고 말할 수 있습니다. 이러한 방식은 그들의 존엄성을 지켜주는 것은 물론이요, 그릇된 것을 막고 악을 그치게 하는 효과까지도 있었습니다.

　물론 부처님이 교화한 수많은 인연 중에는 여성과 아동이 차지하는 비율 역시 꽤 높습니다. 예를 들어 말리 부인은 삼보를 독실하게 받들고 청정한 계를 엄격히 지켰으며, 남편인 파사닉 왕과 함께 부처님께 귀의하여 나라 안에서 불법을 시행해 백성을 교화하였다고 합니다. 그들의 딸인 승만 부인은 10대 서원을 발원하였으며, 대승불법을 설하고 사자후獅子吼를 하였습니다. 그녀는 남편인 아유사국의 우칭 왕이 불교에 귀의토록 영향을 미쳤으며, 두 사람이 함께 불법으로 백성을 교화했습니다. 그녀는 특히 아동교육을 중시하여 7세 이상의 아동이면 정기적으로 궁으로 불러 교육을 받게 했습니다.(『승만경勝鬘經·승만장勝鬘章』제15)

　또한 비사카 부인은 불법을 보호하고 유지하며, 부처님과 모든 비구·비구니의 수행에 필요한 물품을 공양하기로 발심하였으며, 진주로 된 옷을 기부하여 녹모강당을 세웠습니다. 불교승단의 왕성한 발전에는 그들 호법의 공 역시 결코 적다고 할 수 없습니다.

　이밖에도 『법화경』에는 7세의 나이로 성불한 용녀의 이야기가 나옵니다. 『대보적경』에는 묘혜보살이 여덟 살의 나이에 지혜제일인 문수사리보살의 스승이 되어 부처님께 어떻게 미혹됨을 끊고 깨달음을 얻을지의 문제를 던져 자리한 모든 이를 놀라게 하였고, 대승에 대한 근기가 작고 그릇이 작은 성문승과 연각승의 신심을 일깨운 이야기가 있습니다.

　늘 인간세상에서 가르침을 설하셨던 부처님은 아이들 또한 무척

제2장 부처님의 인간생활

대족북산 제136굴 문수보살상 大足北山石窟第136窟文殊菩薩像
남송 소흥 13년(1143)/石/높이 90㎝/중경 대족

소중하게 여기셨습니다. 하루는 부처님이 포교하러 나가셨다가 수많은 아이들이 물가에서 물고기를 가지고 노는 것을 보고 동물 역시 사람처럼 두려움, 고통을 느낄 수 있다고 다정하게 타이르시어 아이들이 생물에 대한 자비와 보호, 생명존중을 배우도록 이끄셨습니다.

지혜의 빛은 마음의 어둠을 깨뜨린다

세간은 무상하고 사람 몸은 얻기 어려우며, 시간은 다시 오기 어렵습니다. 그러므로 부처님은 또한 중생에게 이로운 이야기들을 예로 들면서 게으르고 나태한 대중이 힘써 정진해야 바른 지혜와 견해를 구비할 수 있다고 권고하였습니다.

『불설비유경佛說譬喩經』에는 다음과 같은 이야기가 있습니다. 한 여행자가 황야를 지나다 갑자기 거대한 코끼리 한 마리가 자신을 향해 달려오는 걸 보았습니다. 너무 놀라 부리나케 도망을 치는데, 위험한 찰나 몸을 숨길 수 있는 마른 우물 하나를 발견하고 즉시 우물 가장자리의 넝쿨을 타고 아래로 내려갔습니다. 바닥에 닿기 직전 우물 바닥에서 커다란 뱀 네 마리가 나타났습니다. 놀란 나머지 그는 내려갈 엄두가 나지 않아 넝쿨만 꽉 움켜잡고 있었습니다. 그때 또 흑백의 두 마리 쥐가 나타나 넝쿨을 갉아먹기 시작했습니다. 생사의 긴박한 순간에 우물 위로 갑자기 벌 다섯 마리가 날아오더니 꿀 다섯 방울을 떨어뜨렸습니다. 공교롭게도 그 꿀은 여행자의 입 속으로 떨어졌습니다. 달콤한 꿀을 맛본 여행자는 순간적으로 자신이 처한 위험은 싹 잊어버렸습니다.

코끼리는 '무상無常'을 가리킵니다. 우리를 숨 쉴 틈 없이 바싹 조여 옵니다. 마른 우물은 '생사'의 깊은 물웅덩이입니다. 네 마리의 커다란 뱀은 우리 인체를 구성하는 지地, 수水, 화火, 풍風 '사대四大'이며, 생명선인 넝쿨 줄기를 꽉 잡고 있습니다. 우물가의 '주야晝夜'라는 흑백의 두 마리 쥐는 끊임없이 줄기를 갉아먹고 있는 시간을 가리킵니다. 꿀벌이 떨어뜨린 다섯 방울의 꿀은 재물욕, 색욕, 명예욕, 식욕, 수면욕의 '오욕五慾'입니다. 이 여행자는 달콤한 벌꿀을 맛보고 나자 자신이 처한 절체절명의 위기를 잊어버렸습니다. 이 이야기는 함축적이고도 치밀하며 훌륭하여 정말 깊이 성찰하게 합니다.

또한 부처님은 친구에도 '꽃과 같은 친구, 저울과 같은 친구, 산과 같은 친구, 대지와 같은 친구'가 있다 하여 '네 가지 품격의 친구'라는 걸 들어 친구 사귐의 도리를 설명하고 있습니다.(『불설패경초佛說孛經抄』) '장님의 코끼리 만지기'란 비유를 들어 장님이 코끼리를 만지고 한쪽에만 치우치는 편벽한 견해에 빠지듯이 세상사의 본래 모습을 통찰하지 못하는 중생의 어리석음을 깨우칩니다.(『불설장아함경』제4) 그러므로 세간에서 가장 두려운 것은 빈곤, 기아, 공포가 아니라 바로 어리석음입니다. 어리석음은 이치에 밝지 않은 것입니다. 이치에 밝지 않은 사람은 왜곡되고 삿된 견해에 빠지며 악행을 저질러 자신과 동시대는 물론, 타인과 후세에까지 영향을 끼치게 됩니다.

마라구마라 존자는 오랜 동안 '세상은 영원한지 아닌지', '죽은 뒤 생명은 있는지 없는지' 등 14개의 문제로 고민을 하다가 결국 부처님을 찾아가 가르침을 청했습니다. 부처님은 한 가지 비유를 들어 말씀하셨습니다.

"독화살을 몸에 맞은 사람이 있다. 그는 서둘러 의사를 찾아가 화살을 뽑고 치료할 생각은 않고, 자신을 쏜 화살의 재료가 무엇인지, 화살촉의 모양은 어떤지, 화살을 만든 장인의 이름은 뭔지, 몸은 뚱뚱한지 홀쭉한지, 키가 큰지 작은지 등등을 먼저 알고자 한다."(『불설비유경佛說箭喻經』)

어리석은 사람이야말로 이처럼 무의미하고 심오한 문제에 관심을 가질 것입니다. 인간의 부처님은 생명과 인생과 관계된 자신의 문제들에 관심을 가졌습니다. 그밖에도 '지키라는 재물 대신에 문만 떼어내 지킨 어리석은 하인의 이야기(呆僕守門)', '지게 양쪽에 짊어지고 가기 편하도록 아들 하나를 더 죽인 이야기(殺子成擔)', '목이 마르면서도 물을 보고 마시지 않는 사람에 비유한 이야기(渴見水喻)', '삼층집의 삼층만 먼저 지으려 한 이야기(三重樓喻)', '소금을 먹고 병을 얻은 어리석은 사람 이야기(愚人吃鹽)', '젖을 소의 뱃속에 모아 두려 한 이야기(牛腹集乳)', '일부러 채찍을 맞고 상처에 말똥을 바른 이야기(自鞭自醫)' 등의 비유 역시 터무니없는 어리석음을 설명하고 있습니다.

어리석음은 잘못을 저지르는 것보다 더욱 두려운 일입니다. 잘못을 저지르는 것은 길을 가다 넘어졌어도 다시 일어날 수 있는 것과 같지만, 어리석음은 빛이 전혀 없는 어두운 밤길을 걸어가는 것과 같습니다. 그러므로 사람은 지혜의 빛으로 어두운 마음을 깨쳐 환히 밝혀야 합니다. "천년 된 어두운 방안도 등불 하나면 밝아질 수 있고, 누겁累劫의 어리석음도 지혜 하나면 홀연 깨우칠 수 있다."는 말과 같습니다.

효도와 호국의 본보기가 경전에 기록되어 있다

그럼 이쯤에서 한 가지 의문이 생깁니다. 부처님도 화를 내신 적이 있을까요? 부처님도 욕을 하신 적이 있을까요? 부처님도 성질을 부린 적이 있을까요? 우리는 부처님은 자비로 중생을 교화하시지만, 때로는 또한 성질을 내시기도 하고 심지어 욕도 하신 걸 불교 경전 속에서 발견할 수 있습니다. 그러나 부처님이 욕하고 성질을 부려도 보통사람처럼 욕을 상스럽고 저속하게 하는 것은 아닙니다.

부처님은 "너는 부끄러움을 모른다", "넌 고뇌를 모른다", "넌 경중을 모른다", "네 마음에 선량함이 없다", "넌 자비가 없다", "넌 어리석은 사람이다", "넌 비인非人이다."라고 말씀하셨습니다. 여기서 '비인'이란 "너는 사람 같지 않다", "넌 사람이 아니다."의 의미입니다. 부처님의 이 말은 무척 정도가 심한 것입니다. 불경에 달아놓은 '비인'에 대해 "웃어야 하는데 웃지 않고, 기뻐해야 하는데 기뻐하지 않고, 선을 듣고도 즐겁지 않다."라고 해석했습니다. 누군가 자신만을 생각할 뿐 타인과 어울리기 싫어하고 타인과 어울리면서 단체와 함께 하길 싫어하면 그것이 곧 사람 같지 않은 것입니다.

불교에서 말하는 효친의 도는 일반 세속에서의 작은 효친 사상을 초월합니다. 일반 사람들이 늘 생각하는 '사람의 신체와 터럭과 살

대족보정산석굴 부모은중경변상 중 부친의 관을 짚어진 부처(일부)
남송(1127~1279)/石/중경 대족

갖은 부모님에게서 받은 것이니 감히 훼손하지 말라'는 입장에서 보면 출가자들은 머리를 깎고 세속을 버리며 사랑하는 부모님을 끊어내는 것이니, 불효 중에 가장 큰 불효입니다. 그러나 사실은 그렇지 않습니다. 경전에 기록된 바에 따르면 부처님도 출가 후 궁으로 되돌아와 친족들에게 설법하여 그들이 바른 믿음을 일으키도록 했습니다.(『불본행집경佛本行集經·우타이인연품優陀夷因緣品』)

『증일아함경增一阿含經·대애도반열반품大愛道涅槃品』에는 부처님께서도 아버지를 위해 관을 들고, 돌아가신 어머니를 위해 설법하셨다고 기록되어 있습니다. 심지어 부처님은 이모인 대애도 비구니가 열반한 뒤 부처님 역시 난타, 라훌라, 아난을 데리고 직접 다비식에서 거화擧火 공양을 했다고 합니다. 이것들이 부처님이 행한 효도의 본보기라 할 수 있습니다.

『증일아함경』중에도 부처님이 왕위를 버리고 출가하였다 하여 백성을 사랑하고 보호하는 마음까지 사라진 것은 아니라고 강조합니다. 한번은 교살라국의 유리왕이 대군을 이끌고 가비야라국을 공격하려 하였습니다. 부처님께서 아시고 뜨거운 태양 아래 길 한 가운데 앉아 "친족의 그늘이 나무그늘보다 더 시원하다."는 진정어린 마음으로 유리왕을 감동시켜 군대를 철수시키고 전쟁을 미연에 막아냈습니다. 이로써 인간세상의 부처님은 출가로 인해 부모님을 버리고 가족을 내팽개쳐두지 않았고, 조국에 대해서는 늘 충성하고 보호하려는 마음을 가졌음을 알 수 있습니다.

인간 불타의 교법을 전 세계로 널리 선양하자

『불설흥기행경佛說興起行經』에 따르면 부처님은 나무창에 발이 찔리고, 돌에 맞아 피가 나고, 말먹이인 보리를 먹고, 고된 수행을 하고, 두통과 요통과 관절통에 시달리는 등 열 차례의 재난을 겪었다고 합니다. 파사닉 왕이 이 문제에 대해 부처님께 가르침을 청했습니다.

"당신의 품덕과 위엄은 천상과 인간세상에서 가진 사람이 없습니다. 그런데 왜 이처럼 많은 재난을 겪으시는 겁니까?"

부처님이 자상하게 대답하셨습니다.

"대왕이시여, 제불여래의 영원한 이 몸인 법신은 중생을 제도하고자 이러한 재난을 보이시는 겁니다. 발에 상처 나고, 등이 아프고, 말먹이를 먹고, 더 나아가 열반에 이르고 사리를 탑에다가 나눠 공양하는 이러한 것들은 모두 선교방편입니다. 일체의 중생이 업보가 사라지지 않는다는 걸 알고, 그들이 두려워하는 마음이 생겨 일체의 죄업을 끊고 선행을 닦아 영원한 법신을 얻어 무한한 수명을 누리고, 국토가 청정하여 사바세계의 색신에 미련을 갖지 않길 바라기 때문입니다."

이런 가르침을 듣고 난 파사닉 왕은 구름처럼 피어났던 의문들이 풀리면서 환희가 샘솟았고, 부처님의 깊고도 커다란 자비의 마음을 더욱 느끼게 되었습니다.

위에서 서술한 것은 모두 부처님의 인간적 생활을 나타낸 것입니다. 그러나 후에 사람들의 신앙이 독실해지다 보니 당초 인간적 부처님의 특별한 점만을 드러내 '신격화'시켜버렸습니다. 예를 들면 오른쪽 허리에서 탄생하셨다거나, 걷는 발아래 발바닥에 천폭륜상千輻輪相이 있다거나, 걸을 때는 땅에서 세 치 정도 떨어진다는 등입니다. 교리와 의미 면에서 부처님은 해탈한 자이며, 우주허공과 하나입니다. 그러나 특이한 기능을 붙여 부처님을 선전한다고 부처님의 신성함이나 위대함이 증가한다고는 할 수 없습니다.

인간세상의 부처님은 줄곧 평범하고 평상적이며, 평등하고 일반적이며, 일상적이고 인간적임을 제창해 왔습니다. 그러므로 이제 우리는 인간적인 부처님의 본래 모습으로 되돌려 놓아야 합니다. 그래야 인간불교를 시방세계에 접목시키고 국제사회에 전파할 수 있습니다. 부처님이 출가하여 구법하고, 교단을 설립하고, 나아가 일상생활과 제자를 교화하며, 중생을 이익 되게 하는 등 다방면에서 부처님을 이해하고 부처님의 진실한 인간생활을 이해한다면 현대인들이 신앙으로 받아들이기 더욱 쉬울 것이라 믿습니다. 이것은 또한 제가 부처님을 소개하는 영화 속에 "부처님은 인간이지, 신이 아니다."라고 밝힌 의도이기도 합니다. 필경 부처님의 인간불교는 진실로 기만함이 없고 거짓됨이 없는 교법입니다.

제3장

인간불교의 근본교의

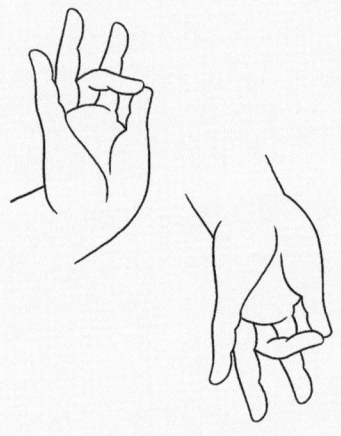

삼법인·사성제·십이인연은 불교의 근본교의입니다. 그러나 일반인들에게 가장 익숙한 말은 '고苦·공空·무상無常·무아無我'입니다. 이러한 근본교리는 모두 부처님이 중생을 환희와 광명, 그리고 해탈된 자유로운 인생을 맞이하도록 인도하기 위해 널리 펼친 진리입니다. 그런데 경전을 강연하는 방식이 지나치게 판에 박힌 듯하고, 인간세상에 염증을 느끼거나 현실생활의 필요성을 부정하는 설법 등 인위적인 요소들 때문에 불교가 사회와 점차 어긋나게 되었습니다.

불교는 지혜를 신봉하는 종교입니다. 주장하는 교의는 보편적인 가치가 있기 때문에 예로부터 지금까지 늘 새롭게 느껴지며, 억겁을 지내도 더욱 단단하고 견고해집니다. 그러나 강연자가 지나치게 심오한 강연을 하거나 너무 수준 높은 단어를 골라 글을 써 사람들이 봐도 모르고 들어도 모르게 하니 대중에게 받아들여지지 못하는 결과를 낳았고, 결국 불교에 대한 존경 역시 멀어지게 되었습니다. 부처님 일생의 설법은 인간에 대한 관심과 온정에서 비롯된 것이며, 인간불교 정신의 요지는 바로 이치와 근기에 부합되어야 하는 계리계기契理契機와 현상과 본체가 원만하게 융합되어야 한다는 사리원융事理圓融입니다. 그러나 불법의 참뜻은 바로 『화엄경』에서 말하는 "불법을 설하는 사람이 없다면, 비록 지혜가 있어도 이해할 수 없다."라는 것입니다. 그러므로 이번 장에서는 비유를 통해 깊이 공부해서 쉽게 풀어낸 내용을 말하고 불법의 참뜻을 펼쳐 보이며 부처님이 품은 본뜻에 초점을 맞췄습니다.

부처님은 제자의 근기가 날카로운가. 둔한가에 따라 서로 다른 교화 방식으로 설법을 하셨습니다. 그렇지만 부처님에게는 또한 수많은 기본적 사상과 교의가 있습니다. 예를 들어 원시불교 시대에 부처님은 '고苦·공空·무상無常·무아無我'를 늘 말씀하셨으며, 후기에 이르러서야 육도만행을 행하고 사무량심을 발해야 하며 사홍서원 등을 배워야 한다고 신도들에게 권장했습니다.

우리가 익히 알고 있는 원시불교는 부처님이 인간에 대한 나름의 견해를 가지고 고苦와 공空과 무상無常과 무아無我 등을 말씀하셨지만, 이것은 매우 구경적究竟的입니다. 그러나 후대의 제자와 신도는 부처님의 가르침에 대한 깊이 있는 이해가 없기 때문에, 대부분 소극적 의미로 인간의 고·공·무상·무아를 말하므로 일반 신도 역시 따라서 소극적인 의미만 느끼게 되었습니다. 결국 이러다보니 불교적인 인생이 아름답게 그려지지도 않고, 찬란하게 느껴지지도 않게 되었습니다.

항상 사회 속에서 생활하고, 탁발하고, 설법하고, 중생을 제도했던 인간적 부처님을 생각하면, 후대의 불자는 오히려 입산수행을 주장하여 사회와 단절되고, 적극적으로 세간에서 구해야 할 불법을 세상 회피라는 소극적 의미로 뒤바꿔 놓았으니 참으로 안타까운 일입니다. 다음은 삼가 불교의 근본교의에 상세한 논술을 붙이고, 인간불교와 관계하여 설명 드리겠습니다.

1. 고·공·무상의 참뜻을 탐구하다

적지 않은 불자가 인생은 이루 말로 다하기 어려울 정도로 괴롭다고 말하면서, 나고 죽는 괴로움이 있고, 거기다 삼고三苦도 있고, 사고四苦, 팔고八苦 등 셀 수 없이 많은 괴로움이 있다고 강조합니다. 사실 부처님이 괴로움을 제시한 실상은 우리가 이 문제를 똑바로 보고, 거기에서 더 나아가 덕을 쌓고 업을 닦으며, 괴로움의 원인을 제거하여 궁극의 안락을 얻길 바라서입니다. 인간세상이 괴로움 덩어리라서 인생에 염증을 느끼고, 사바세계가 괴로움의 바다이며 삼계가 불타는 집과 같으니 인생은 의미가 없고, 목표도 없이 인생을 살아가며 결국 세간을 사랑하지 않고 세간에 염증을 느끼게 만드는 것이 아닙니다.

괴로움을 이런 식으로 인식해서는 안 됩니다. 괴로움이 꼭 나쁜 것은 아닙니다. 긍정적인 면에서 보면 괴로움은 우리 인생에 지극히 큰 공헌을 합니다. 괴로움은 우리의 증상연增上緣이기 때문입니다. 괴로움은 우리의 영양제입니다. 우리를 배우게 하고, 우리를 향상시켜 주고, 우리를 성숙하게 만들고, 우리를 초월하게 만듭니다. 능력 있는 사람은 고생을 참고 스스로를 다독여 자신의 인생에 긍정적인 도움을 줄 수 있습니다.

괴로움에서 벗어나 즐거움을 얻는다고 합니다. 선비가 오랜 세월

부지런히 학문에 힘쓴 괴로움이 없었다면 어떻게 장원급제의 즐거움이 있을 수 있겠습니까? 농부가 힘들게 씨를 뿌리고 경작하지 않는다면 어떻게 풍성한 수확을 얻을 수 있겠습니까? 군인이 고달픔을 참고 인내하지 않으면 어떻게 장군까지 승진할 수 있겠습니까? 기술자가 세심한 연구도 없이 어떻게 전문가가 될 수 있겠습니까? 업무상의 노고가 없다면 어떻게 성과를 이룰 수 있겠습니까? 부모가 자녀를 낳아 고생하며 가르치고 양육하지 않으면 어떻게 그들이 자라서 성인이 되겠습니까? 성인이 된 자녀가 연로한 부모를 애써가며 효를 다하고 봉양하지 않는다면 어떻게 인간에 윤리가 있다고 할 수 있겠습니까? 꽃과 나무가 엄동설한의 풍상을 견뎌내지 않고 어떻게 봄날 향긋한 꽃향기를 풍길 수 있겠습니까? 일부 동물들이 엄동설한

유성출가도/19세기초/지본채색/높이 48cm/영국 런던 국립도서관 소장

에 동면에 들거나 무더운 여름을 겪지 않고, 괴로운 과정에 적응하지 않고 어떻게 계속 생존해 나갈 수 있겠습니까?

괴로움은 우리의 선생님입니다. 괴로움은 우리의 역량입니다. 괴로움은 우리가 성과를 이루는 데 도움을 주고, 괴로움은 타인을 칭찬하도록 만듭니다. 괴로움은 진흙으로 빚은 기와가 불속에서 시련을 겪고 나면 더욱 단단해지는 것과 같습니다. 압축된 뒤 더 단단하고 딱딱해져 사람들이 지나다닐 수 있게 하는 아스팔트와 같습니다. 황금도 용광로 속에서 고된 제련작업을 거쳐야 하고, 백옥 역시 장인이 힘들게 갈고 연마한 뒤에야 쓸 만한 물건이 됩니다.

괴로움 역시 마찬가지로 우리를 훈련시키고 우리를 굳세게 만들며, 우리를 향상시키고 우리를 분발하게 만듭니다. 인생이 괴로움을 거치지 않고 어떻게 좀 더 나은 미래를 이룰 수 있겠습니까? 그래서 이른바 "갖은 고생을 견뎌내야만 비로소 큰 인물이 된다."라고 했습니다. 불교에서 수행을 이룬 대덕은 모두 각고의 노력과 천신만고 끝에 도道와 상응하였고, 수행에 성공할 수 있었습니다. 부처님을 보더라도, 6년 고행의 기초가 없었다면 훗날의 깨달음 역시 그렇게 쉽지 않았을 것입니다.

끊임없는 담금질은 인생을 초연하게 한다

명나라 때 대신 우겸于謙은 "천만 번 두드리고 파내어 깊은 산속을 나오니, 이번엔 세찬 불길 날 태워 한가할 겨를조차 없구나. 온몸 부서지고 가루가 되어도 원망하지 않고, 나의 청렴함을 인간세상에 남길 뿐이라네."라는 시를 남겼습니다. 담을 칠하는 데 사용하는 석회가 파내고 불로 태우고, 물에 녹이고 두드리는 등의 여러 제조 공정을 거치지 않는다면 어떻게 곱고 하얀 가루가 되어 사람이 머무는 집을 아름다운 꾸미게 할 수 있을까요?

 괴로움이 세간의 실상이라는 말은 틀린 말이 아닙니다. 불교에서 말하는 여덟 가지 괴로움은 태어나는 괴로움, 늙어가는 괴로움, 병이 드는 괴로움, 죽는 괴로움, 미워하는데 만나지는 괴로움, 사랑하는데 이별해야 하는 괴로움, 구하려는데 얻지 못하는 괴로움, 오온에 탐욕과 집착이 번성하여 생기는 괴로움입니다. 태어남은, 부모가 자녀를 낳아 기르는 그 괴로움은 정말 말로 형언하기 어렵습니다. 나이가 들어 혼자 외롭게 지내면서 돌봐주는 이 하나 없는 것 역시 이루 말할 수 없는 괴로움입니다. 본래 마음에는 탐·진·치라는 정신적 괴로움이 있는데, 병이 들면 거기다가 육체의 고통까지 더해지니 파도처럼 밀려오는 괴로움이 안팎으로 지져대며 사람을 못 살게 굽니다. 그런데다 세인들이 대부분 두려워하는 이 죽음은, 그렇지 않아도 괴로운 세간에 커다란 괴로움 덩어리 하나를 더 보태는 듯한 인상을 주었습니다.

 그런데 또 사랑하면서 이별해야 하고, 원수끼리는 만나지고, 몹시 원하지만 얻을 수 없는 괴로움도 사람들에게 괴로움을 깊이 느끼게 합니다. 더 나아가 하루 동안 부딪히는 일과 만나는 인연들, 몸과 마음으로 받는 차가움과 따스함, 피로, 근면 등 온갖 번뇌가 생겨나니, 여러분도 인간세상이 괴롭지 않다 말할 수 없을 겁니다.

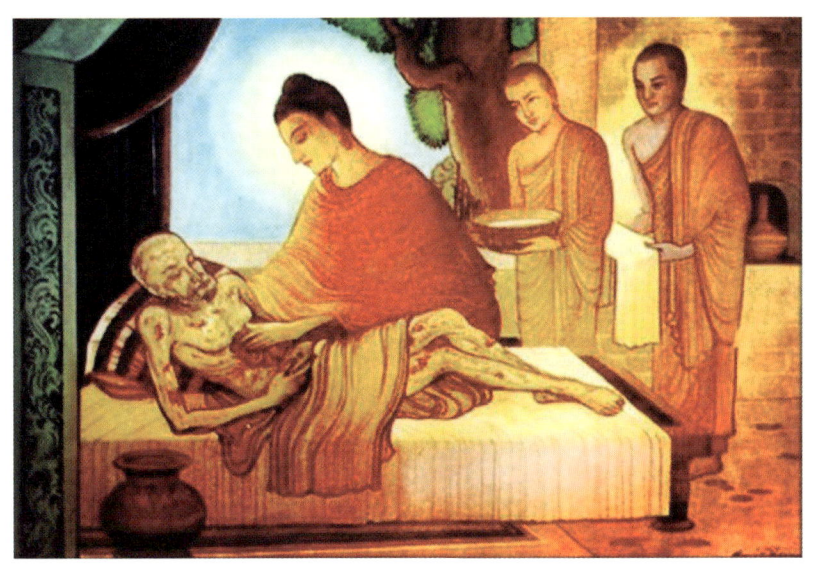

불타탐병도佛陀探病圖

그러나 인간의 이처럼 수많은 고난을 극복 못할 것은 없습니다. 예를 들어 부모가 자녀를 낳아 기르는 것이 괴로움이긴 하지만, 자녀를 품에 안고서 누리는 기쁨과 즐거움은 이러한 괴로움에 수반되는 행복과 희망이 아니겠습니까? 심지어 살뜰히 부모를 챙기는 자녀라면, 항상 더우면 더울까, 추우면 추울까 살뜰히 보살피며 부모에게 모자람이 없도록 잘 챙기지 않겠습니까?

늙는다는 것이 괴로움이긴 하지만, 누군가는 나이가 든 뒤에 몸과 마음을 보양하여 수명을 연장하고, 자녀가 다 같이 한자리에 모여 자손의 재롱을 보며 천륜의 즐거움을 누리기도 합니다. 나이 들면 집에 머물며 서로 아껴주고 자손은 효도하고 봉양 받으니, 이 역시 또 다른 정겨움 아니겠습니까? 나이 들어 사람들의 존중을 받고 보살핌을 받고 봉양을 받으니, 나이 들어도 그 나름의 기쁨이 있고 성과가 있습니다. 나이 들어 퇴직하니 봉양해줄 사람이 없다고 해도,

제2의 인생을 펼치며 자신의 인생을 더 초탈하고 광활하게 넓혀나 갈 수 있습니다. 이래도 나이를 먹는다는 것이 반드시 괴로운 일일까요?

병의 고통에서 깨달아 집착하고 연연하지 말라

우리는 병이 나면 병원을 방문해 증상에 맞는 진료과목의 의사를 찾아 각종 통증을 치료받습니다. 그러나 여러분도 병의 경과와 원리를 이해해야 하고, 영양을 챙길 줄 알아야 하며, 건강을 유지할 줄 알아야 하고, 운동을 지속적으로 해야 합니다. 이렇게 해야 다시 건강을 회복할 수 있습니다. 병실 침대에 누워 현대적 의료인들의 보살핌을 받지만, 때로는 병중에 있어도 수많은 인연과 수많은 관심을 받을 수 있다면, 병이 난 것이 절대적으로 괴롭다고만 말할 수는 없을 것입니다. 많은 사람들이 병을 이유로 요양을 하며 병을 친구로 삼습니다. 또는 조용한 곳에서 요양하며 대자연과 함께 머물고 산책하고 꽃도 감상합니다. 푸른 산과 맑은 물 가까이 살면서 오히려 병으로 인해 한가함을 얻고 신심 깊은 곳까지 편안하게 해준 뒤에 다시 새 출발케 하니, 병이 전화위복이라 할 수 있습니다.

"음식을 먹는 것도 복 짓는 일이다."라는 속담이 있습니다. 병으로 인한 통증 역시 무조건 나쁜 것은 아닙니다. 작은 병이 생겨 스스로를 단련시키길 원하는 사람도 있습니다. 불교의 대덕들께서는 늘 "수도하는 사람은 3할의 병을 갖고 있어야 비로소 도 닦을 신심이 일어난다."고 말합니다. 병도 우리 삶을 증장시키고 뛰어넘을 수 있게 도울 수 있습니다. 경전에서도 육체적으로는 늙고, 병들고, 죽고, 태어나는 괴로움이 있고, 심리적으로는 탐욕과 성냄, 어리석음의 괴로움이 있지만, 당신이 불법을 갈고 연마하기만 하면, 처음에는 마음이 괴롭지 않지만 결국에는 몸이 괴롭지 않은 단계까지 연마할 수 있다고 했습니다.

더구나 정신없이 바쁜 사람은 작은 질병이 생겨서라도 며칠 쉴 수 있기를 바랍니다. 건강한 사람도 작은 질병을 얻어 건강의 가치를 체험해보길 희망합니다. 질병으로 인해 우리는 인간세상에 완전무결이란 없다는 것과 불로장생을 기원해서도 안 된다는 것을 알았습니다. 질병으로 인한 괴로움은 또한 우리에게 세간의 진실한 한 면을 보여주고, 우리가 세간에 대해 연연해하고 집착할 필요가 없음을 일깨워줍니다. 소위 "영웅도 질병의 괴로움에는 대항할 수 없다", "병이 나고서야 오온이 합해진 색신이 괴로움의 근원임을 안다."라고 했습니다. 병의 괴로움을 알면 집착하지 않게 됩니다. 사람은 흔히 질병에 걸리고 나면 허황된 부귀영화에 대해 영원히 집착을 버리고, 더 나아가 생명의 참된 의미를 탐구합니다. 많은 사람이 커다란 질병을 앓고 난 뒤 인생을 더욱 꿰뚫어보게 되지 않던가요? 인생에 대해 또 다른 깨달음을 가질 수 있다는 것 역시 절대 나쁜 일은 아닐 것입니다.

이번에는 죽음에 대해 이야기해보겠습니다. 일반 사람들은 죽음이 제일 괴롭다고 생각하지만, 사실 죽음은 괴로운 것이 아니며, 더 나아가 유쾌하다고까지 말할 수 있습니다. 노쇠한 육체는 부서지고 낡은 집과 같습니다. 반드시 허물고 다시 지어야 사람이 머물 수 있습니다. 손상된 엔진은 반드시 빼버리고 새 걸로 교체해야 사용할 수 있습니다. 화초수목에 비유하면, 마른 가지와 잎을 잘라주지 않고 가망성이 없다고 얘기하는 것이야말로 가장 어리석습니다. 사계절이 순환하는데, 겨울이 지나갔다고 백화가 만발하는 봄이 오지 않을까 걱정하는 것과 같습니다.

생명은 죽지 않고 끊임없이 윤회 순환한다

사망은 죽었다고 없어지는 것이 아닙니다. 다 자란 과실나무와 같습니다. 그처럼 달고 그처럼 많은 과실을 수확했지만, 올해의 과실을 수확하고 나면 씨는 또 다시 성장할 것이고, 다음해의 수확을 위해 번식하게 될 것입니다. 인생도 마찬가지입니다. 늙고 병들어 죽은 뒤에 색신은 파괴되더라도 우리의 진여불성은 사라지지 않습니다. 생명은 죽지 않는다는 것입니다. 장작을 태우는 것과도 같습니다. 장작 하나가 다 탈 때쯤 되면 이어서 또 다른 장작을 하나 집어넣습니다. 낱개의 장작은 서로 다른 존재입니다. 생명의 한 국면 한 국면이 서로 다르지만, 계속해서 끊임없이 타오르고 끊어지지 않는 생명의 불씨와 같습니다.

염주를 예로 들어볼까요? 구슬 하나하나는 생명의 한 생애처럼 서로 업력이라는 선으로 앞뒤 생애의 생명체를 한 줄로 꿰어놓고 끊임없이 윤회하고 순환합니다. 죽었다고 소멸해 사라지는 것이 아니라 다만 다른 생애가 기다리고 있을 뿐입니다. 이 육체를 가로막으면

열반사 열반상/인도 우타르프라데시 주 고라크푸르

곧 다른 세상이 됩니다. 벽 하나가 가로막고 있고 나는 이쪽에, 너는 저쪽에 있는 것과 같습니다. 육체가 바뀐 후에는 전생의 갖가지 일을 이번 생에서는 기억하지 못합니다. 그러나 선악의 업보는 여전히 존재하며 인연 속에서 계속 흘러갑니다.

사망은 곧 다른 곳으로 이민 가는 것과 같습니다. 부유한 사람은 좋은 나라나 좋은 곳으로 이민을 갈 수 있지만, 돈이 없는 사람은 비교적 힘들고 어려운 곳에 도착해 살아갈 수밖에 없습니다. 죽어서 가는 곳 역시 이러합니다. 이때는 선악과 인과의 업보에 의해 결정되니 대단히 공평합니다. 그러므로 생로병사는 무척 자연스런 현상이니, 지나치게 많은 걱정을 할 필요는 없습니다.

과거 불교에서는 늘 '생·로·병·사'를 가지고 인생의 과정을 설명해 사람들로 하여금 죽음이 곧 종착점이라 생각하게 했는데, 지나치게 소극적이지 않나 싶습니다. 만일 그 순서를 조금 바꿔서 '노·병·

사·생'이 된다면 비록 내용은 변하지 않지만 의미면에서 긍정적이고 진취적이게 됩니다. 기왕에 '태어남'이 있으니 곧 미래가 있고 희망이 있게 됩니다. 겨울이 가면 봄이 찾아오는 것과 같습니다. 이러하면 나쁠 것이 없지 않겠습니까? 생명의 불꽃이 계속 타오르는 것에 비유할 수 있습니다. 인생은 그저 선을 행하기만 하면 좋은 인연이 생길 텐데 꼭 그렇게 비관적으로 말할 필요가 있을까요?

부처님의 뜻은 우리가 생·로·병·사를 올바로 인식하고, 생·로·병·사의 과정을 겪으면서 선근을 잘 기르고 깨달음을 얻고, 더 넓은 생명과 풍부한 미래를 완성하라는 것입니다. 그래서 우리는 이번 생과 다음 생 모두 부와 즐거움을 얻을 수 있도록 좋은 인연을 잘 맺고 선을 잘 행하여야만 합니다.

불교신앙을 가진 사람은 인생의 절반은 기쁨과 즐거움이 차지하고 있음을 알 것입니다. 만일 불문의 수지修持를 이해한다면 많은 방법으로 우리의 슬픔을 치료할 수 있습니다. 예를 들면 탐욕의 괴로움은 부정관不淨觀으로 다스릴 수 있고, 분노의 괴로움은 자비관慈悲觀으로 다스릴 수 있고, 어리석음은 인연관因緣觀으로 다스릴 수 있습니다. 그밖에도 정진으로는 게으름을 다스릴 수 있고, 존중으로는 교만을 다스릴 수 있습니다. 그러므로 여덟 가지 괴로움 중의 나머지 네 가지 괴로움, 즉 미워하는데 만나지는 괴로움, 사랑하는데 이별해야 하는 괴로움, 구하려는데 얻지 못하는 괴로움, 오온에 탐욕과 집착이 번성하여 생기는 괴로움, 더 나아가 세간의 무량한 모든 괴로움은 완전히 초월 못할 것도 없습니다. 모든 고통의 마군을 항복시키는 인생의 나침반이 되어 우리를 끊임없이 향상시키게 해줄 이렇게 많은 좋은 방법이 신앙 안에 있는데, 이래도 인생의 아름다운 가치를 느낄 줄 모르십니까?

괴로움을 두려워하기 때문에 인간은 세간에서 괴로움에 정복당했습니다. 만일 고난을 두려워하지 않는다면 세간에서는 더 이상 어렵고 힘들게 느껴질게 없을 테고, 도전에 맞서고 고난을 초월하여 모든 일을 성취할 수 있습니다. 과거 중국문화에서 주장했던 것처럼 괴로움을 견디고, 인내하고, 설움을 받아내고, 괴로움의 담금질을 견뎌낼 줄 알아야 더욱 굳센 역량을 갖출 수 있으며, 인생 역시 성장하고 향상할 수 있으며 앞날에 밝은 빛이 있을 것입니다.

우리는 사회에서 고생을 두려워하는 사람, 게으른 사람, 나태한 사람이 성공하는 것을 보지 못했습니다. 오로지 고난을 정면으로 맞서 어려움을 극복하고 분투하고자 노력해야 성공할 수 있습니다. 그러므로 부처님이 '괴로움'을 설하신 것은 우리에게 불도를 향해 걸어가라고 격려하신 것입니다. "행하기 어려워도 마땅히 행하고, 참기 힘들어도 능히 참아낸다."라는 말이 있습니다. 고난을 두려워하지 말라는 것이야말로 부처님이 인간에게 열어 보이신 가르침입니다.

종합해보면, '인생은 괴로움'이라는 말은 틀리지 않습니다. 그러나 괴로움에는 향상시키고 성장시킨다는 긍정적인 의미가 있습니다. 그것을 지나치게 부정적으로 말할 필요는 없습니다. 불제자는 본디 고행학습을 깨달음 수행의 교량으로 삼아야 합니다. 물론 고행이 반드시 거쳐야 하는 수행의 과정은 아닙니다. 그러나 기꺼이 고생을 감내하는 인생의 앞날에는 반드시 적극적인 행동이 있고, 성과가 있을 것입니다. 그러므로 괴로움은 우리들의 증상연이지, 원수가 아니라는 새로운 인식을 가져야만 합니다. 만일 괴로움을 즐거움으로 삼고, 괴로움을 성과로 삼으며, 괴로움을 통해 스스로 터득하도록 하는 것 역시 인생 최대의 즐길 거리입니다.

공과 유는 다르지 않고 허공은 만물을 포용한다

불교에 대한 세간 사람의 가장 큰 오해는 바로 '공空'을 두려워하는 것입니다. 번역할 당시 부처님의 연기 진리를 '공空'이라는 글자로 풀어 해석했습니다. 물론 매우 부합되기는 하지만, '공空'은 '없다', '텅 비다'의 의미로도 해석되었기 때문에 세인들에게는 불교에서 말하는 사대개공四大皆空이 텅텅 비어 아무것도 없다는 것으로 잘못 인식되었습니다. 그래서 불교는 이 '공'이라는 한 글자로 얼마나 많은 억울함과 설움을 받았는지 모릅니다. 불교를 믿으라 하면 마치 허망한 인생을 믿으라는 것 같고, 텅 비어 아무것도 없는 세계를 믿으라는 것 같이 느껴졌습니다. '공'의 참된 이치를 오해했기에 불교에 대한 깊은 이해와 믿음을 갖지 못하니 인생 최대의 유감이 아닐 수 없습니다.

  사실 공은 우리가 인생에서 두려워해야 할 대상이 아니라, 추구해야 할 희망입니다. 생각해 보십시오. 텅 빈 땅이 없다면 어떻게 집을 짓겠습니까? 농지가 비어있지 않으면 어떻게 농사를 짓겠습니까? 농사를 짓지도 않고 수확은 어떻게 할 수 있습니까? 내 주머니가 비어있지 않은데 돈은 어디에 넣을까요? 내 밥그릇이 비지 않았는데 밥과 반찬은 어디에 담을까요? 비우는 것은 우리에게 다시 소유하고 누리게 해줍니다. 이것이 바로 텅 빈 가운데서 오묘한 현상이 생겨난다는 '진공생묘유眞空生妙有'입니다.

불교에서는 비록 '공'을 말하지만, 그 공은 '유有'를 만들 수 있고 우리 인생의 미래와 부귀한 인생을 만들 수 있습니다. 세상 사람들이 항상 오해하는 '사대개공四大皆空'을 예로 들어보겠습니다. '사대', 즉 지地·수水·화火·풍風의 의미는 우주인생의 모든 만물은 이 네 가지 지수화풍의 조건이 합해져야 완성되는 것이므로, 자성은 텅 비어 고요합니다. 사대가 조화롭지 못하고 사대가 텅 비지 않으면 일체의 것을 만들 수 없고 존재할 수도 없습니다.

이 우주세간을 예로 들면, 이 우주세간이 바로 사대로 이루어진 것입니다. 땅(地)이 없으면 어떻게 만물이 생장할 수 있을까요? 땅이 없는데 어떻게 만물을 저장할 수 있을까요? 땅이 없는데 어떻게 우리가 힘껏 밟고, 거주할 수 있을까요?

물(水) 역시 중요합니다. 마실 물이 없으면 갈증이 날 테고, 씻을 물이 없으면 더러워질 겁니다. 물이 없는 일상생활을 상상해 보십시오. 수분을 보충할 수 없고, 청소를 할 수 없는데, 그러한 일상이 과연 즐거울까요? 생존이 가능할까요?

불(火)은 음식을 익히고 따뜻하게 데워줄 수 있습니다. 햇빛처럼 따사롭게 해주니 사랑스럽지 않습니까? 만일 햇빛이나 전력, 불씨나 따스함이 없고, 음식을 익힐 수 없다면 인간에 활력이 있겠습니까?

바람(風)이 살랑살랑 불어오면 마음이 후련하고 기분까지 상쾌해집니다. 바람은 움직이는 공기이자 호흡입니다. 만일 공기가 없고 호흡이 없다면 만물이 어떻게 생존하겠습니까?

그래서 지·수·화·풍 사대는 실질적으로 우리를 생존하게 하는 것입니다. '사대가 모두 공하다(四大皆空)'는 사실 '사대는 모두 가득 차 있다(四大皆有)'이며, 이 텅 빔의 공空과 가득 참의 유有는 둘이 아닌 하나입니다. 당신의 주머니가 비지 않고 어떻게 소지품을 지닐 수 있겠습니까? 그대의 위장이 비지 않고, 입안이 비지 않고, 콧구멍이 비지 않으면 생존할 수 있습니까? 빈 터와 빈 공간은 더없이 귀하고 소중합니다. 완전한 국가와 도시는 빈 공간을 다소 남겨두어 국민이 온화한 품성을 기를 수 있는 생활을 보장해 주어야 합니다. 지금의 대도시는 땅 한 평도 수백만 원을 웃도는데, 텅 빈다는 것이 안 좋다고 말할 수 있습니까? 빈자리를 차지하기 위해 타인과 싸움을 하고, 빈 땅 하나 차지하기 위해 법정소송까지도 불사합니다. 공간이 없고 공터가 없는데 집을 어디에 지을 수 있겠습니까? 그런데도 공간이 중요하지 않습니까? 텅 빈 것이 뭐가 나쁩니까? 그럼에도 당신은 또 텅 비는 것을 두려워하니, 이것은 참 모순된 일입니다.

공은 우리에게는 최상의 생존 조건입니다. 공은 우리에게는 가장 부유한 세계입니다. 텅 비었기에 우리가 존재할 수 있고, 부유할 수 있기 때문에 우리는 공을 두려워할 필요가 없습니다. 그러므로 저는 최근 "사대가 다 공하거늘 현상을 드러내 보이고, 오온이 화합하나 이 또한 진여자성은 아니라네.(四大皆空示現有, 五蘊和合亦非眞)"라는 주련 한 구를 썼습니다. 사대가 모두 텅 비었다는 것은 실제적으로는 사대가 모두 텅 비지 않았다는 것입니다. 세간의 우리는 누구나 공간이 크면 클수록 좋아합니다. 허공이 만물을 다 포용하는 것처럼 말입니다. "다 품을 만큼 크다."라는 말처럼 도량이 큰 사람은 일처리도 잘합니다. 그래서 텅 빈 '공'이 현상인 '유'를 이뤄준다 말해야 하고, 우리는 '유'가 '공'에 의지해야만 성립할 수 있음을 알아야 합니다.

색色·수受·상想·행行·식識의 오온五蘊은 우리의 신심身心을 가리킵니다. 지·수·화·풍 사대는 우리의 피부, 살, 뼈, 골수, 오장육부, 땀, 침, 눈물, 소변, 체온, 호흡입니다. 불교는 색(물질)을 통해 존재하는 이 육체, 지니고 있는 차별 현상을 총괄적으로 설명합니다. 그 외의 수·상·행은 모두 정신적 작용입니다. 물론 식은 우리 인간의 주인공입니다. 심식心識이 있기에 육체에 있는 눈, 귀, 코, 혀, 몸 등의 행위를 지휘할 수 있고, 심식이 있어야 시비와 선악을 분별할 수 있습니다. 이른바 악을 버리고 선을 따라야만 합니다.

한 톨의 흙먼지에서도 우주 세계를 본다

사실 심오하게 말하자면 물질적 현상이 곧 실체가 없는 것이고(色即是空), 실체가 없는 것이 곧 물질적 현상이니(空即是色), '공'과 '유'는 다르지 않습니다. 인생 진리에 대한 이런 식의 설명은 우리의 지혜를 일으키고 인생의 진정한 의미를 인식하게 했습니다. '색즉시공, 공즉시색'을 이해하면 곧 진리를 이해하게 되고, 법희와 선열이 자연스럽게 생겨날 것입니다. 여러분은 더할 나위 없이 훌륭한 공의空

義를 인정하지는 않고, 공간만 쟁취해서 또 무엇에 쓰려 하십니까?

『대지도론大智度論』,『대반야경大般若經』,『금강경金剛經』,『반야심경般若心經』에서 부처님이 밝힌 진리는 바로 공유空有가 둘이 아니라는 것입니다. 공이 있어야 만상萬象이 있고 만유萬有가 있고 만물萬物이 있기 때문입니다. 그러니 '색즉시공, 공즉시색', 이 말이 얼마나 아름답고도 훌륭한 진리입니까? 그러나 세인들은 이런 미묘한 불법을 이해하기는커녕, 도리어 종종 '색色'을 색깔의 색으로, 색정의 색으로 오해하기도 합니다. 천고의 진리가 억울한 오해를 당하는 현실에 깊은 탄식을 금할 길이 없습니다.

'공'은 인연의 의미이자 우주만물의 참된 모습입니다. 우리는 항상 우주간의 만물을 내용면에서 진리를 탐구하려 하지 않고, 거짓된 모습인 가상假相 위에서 구별하기 때문에 '공'의 의미를 이해하지 못합니다.

탁자 하나를 예로 들어보겠습니다. 당신은 탁자라고 생각하지만 이것은 가상입니다. 참된 모습은 마땅히 목재입니다. 만일 당신이 그것을 목재라고 말하면 그것 또한 가상입니다. 목재의 참된 모습은 나무입니다. 아주 커다란 거목이지요. 당신이 목재의 참 모습이 거목이라고 이해했어도, 그 거목의 참된 모습은 아이러니하게도 한 알의 씨앗입니다. 당신이 거목의 참된 모습이 씨앗이라 인식을 했다 해도, 씨앗은 원래 이 우주간의 토양과 물, 햇빛과 공기, 인력 등 갖가지 인연이 합하여진 것입니다. 우주만유의 힘이 모이고 쌓여야 거목으로 성장하며, 목재가 될 수 있고 탁자가 될 수 있습니다.

그러므로 불법에서는 항상 한 톨의 흙먼지에서도 우주세계를 볼 수 있다고 말합니다. 저는 목재 하나도 우주세계 만유의 힘이 모아져 이루어진 것임을 꿰뚫어보았습니다. 수많은 우주만유가 곧 인연입니다. 불교에서는 이러한 일련의 도리를 설명하기 위해 간단하게 '공'이라는 글자로 표현하고 있습니다.

공은 우주만물을 건설하는 의미이며, 공은 만물이 존재하는 조건을 포용하고, 공은 인간을 생존하도록 하고, 공은 인간을 부유하게 한다고 말할 수 있습니다. 우리는 공을 찬송해야 합니다. '사대가 모두 텅 비어있다'는 말을 우리에게 나쁜 쪽으로 잘못 인식해서는 안 되고, 우리에게 유익하다고 확신해야 합니다. 허공虛空은 보장寶藏이라 했는데, 여러분은 왜 싫어하십니까?

끊임없이 생장하고 번성하는 순환적 우주관

불교가 세간의 다른 종교와 가장 큰 차이점은, 다른 종교들이 흔히 우주를 여기에서 저기까지가 끝인 직선적이라 해석하는 것에 반해, 불교에서 보는 우주관은 원형이고 순환한다는 것입니다. 시간으로 말하면 처음과 끝이 없고 공간으로 말하면 안과 밖이 없습니다. 이와 같은 비할 바 없이 미묘하고 끊임없이 생성되고 날로 발전하고 융성하는 인생이 인간에게 얼마나 많은 희망과 미래를 줍니까? 이러한 가르침을 왜 받아들이지 않고 오히려 진리를 추하게 묘사합니까?

계절에는 봄·여름·가을·겨울이 순환하는 것처럼, 겨울은 끝이 아닙니다. 겨울이 가면 봄이 곧 돌아옵니다. 우주만물은 끊임없이 이루어지고 머물며 파괴되고 없어지는 성成·주住·괴壞·공空의 과정을 반복 순환합니다. 공은 없다는 것이 아닙니다. 집을 허물면 공간이 생겨납니다. 거기에 다시 빌딩을 지을 수 있습니다. 생명에는 노老·병病·사死·생生의 윤회가 있습니다. 죽었다고 없어지는 것이 아닙니다. 시계바늘이 1에서 시작해 12까지 가면 또 다시 1로 돌아가는 것과 같습니다. 인연이 순환하는 원형인데, 공과 허공 또한 마땅히 끝이 없고 다함이 없는 것입니다. 이것이 공空·연緣의 도리입니다.

물론 '공'이 곧 인연이라는 도리 역시 이해하기 쉬운 것은 아닙니다. 부처님이 천신만고 끝에 깨달아 얻은 진리이고, 한계가 있는 우리의 언어로 설명하기에는 역부족이기 때문입니다. 그래서 공의 이치를 이해시키기 위한 방편으로 공간을 사용합니다.

우리는 항상 사람은 자신이 가진 능력만큼의 공간만 차지할 수 있다고들 말합니다. 요즘은 빌딩 한 채라는 공간을 가지고 있으면 부자라 생각하는 사람들이 많습니다. 또 어떤 이는 한없이 넓은 전답을 소유하면 스스로를 크나큰 공간을 가진 알부자라 생각합니다. 그러나 "마음에 걸리는 일이 없으면 침대 하나라도 넓고, 마음에 걸리는 일이 있으면 삼계三界라도 좁다."라는 말처럼, 당신이 마음에 만물을 포용할 수 있으면 곧 "군막 안에서 책략을 세우고 천리 밖에서 승리를 결정짓는다."는 시구처럼 저 멀리서도 조종할 수 있습니다. 심지어 "곳곳에 집 없어도 곳곳이 쉴 곳이다."라는 출가인은 매우 가난해 보이지만 사실은 삼천대천세계를 모두 가지고 있는 것입니다. 반대로 마음이 좁다면 설령 당신이 세상의 제일 갑부이고 황금산 위

불교우주도경궤佛敎宇宙圖經櫃
19세기/목재/태국 아유타야 차오프라야 국립 박물관 소장

에 앉아 있다 해도 재물에 갇힌 노예와 다를 것이 없습니다. 심지어 없을 때는 얻을 것을 걱정하고, 얻고 나면 이제는 잃을 것을 걱정하니 인생이 아무런 의미가 없습니다. 겉은 비록 부자이나 가난한 것과 같으니, 고로 '부유한 거지'라 조롱을 당할 겁니다. 그래서 빈궁한 것 역시 공空입니다. 다만 그의 공간이 너무 작을 뿐입니다.

  이로써 공에는 긍정적인 의미도 있고, 공에는 만물을 성취시키는 능력이 있음을 알 수 있습니다. 공은 우리의 살아 숨 쉬는 근원처럼 허공에서 마음껏 유랑하며 떠도니 이 얼마나 훌륭한 인생입니까? 만약 '공'을 긍정적인 측면에서 사람들에게 이해시킨다면 세인들이 그래도 '공'에 대해 오해를 하겠습니까?

불학 전문가들이 해석한 '공'의 이치에는 인연의 완성이란 것도 있지만, 그밖에도 원인이 있으면 결과가 있고, 원인에 의해 결과가 생겨나며, 유有는 공에 의지해 만들어지고, 사물의 모습은 인연에 의해 드러나며, 많음은 하나에서 시작하고, 인연은 능히 비움을 이루게 하니, 우주의 만물이 곧 공이라는 것도 있습니다. 비움이 없는데 어떻게 만물을 포용할 수 있겠습니까? 만물이 없는데 비움은 또 어떻게 구체적으로 드러내겠습니까?

오늘날의 인간불교는 부처님이 설하셨던 '공'의 공적을 얘기하려 합니다. '공'은 우리에게 '유'를 가져다주었습니다. 공간이 클수록 우리는 더 부유합니다. 불법은 왜 이렇게 해석하지 않고 '공'을 '없다'라고 말할까요? 이러면 오히려 부처님이 오해받기 쉽고 불법에 대한 잘못된 인식을 심어주게 되지 않을까요? 이로 인해 불교도 억울하지만, 사실 중생이 입는 손실이 더 심각합니다. 왜냐하면 사람들이 진리를 정확하게 인식할 수 없게 하고, 심지어 망상에 빠져 스스로 덕이 있다고 착각하여 한 맹인이 여러 맹인을 이끄는 결과를 낳습니다. 어찌 애석하고 근심스럽지 않겠습니까?

과거 불교가 사람들에게 가장 두렵게 했던 것은 "세간은 무상하고, 인생은 괴롭고도 짧다."라는 걸 계속 설명했기 때문입니다. 사실 무상은 우리의 인생과 더없이 좋은 관계이고, 인간에 대한 공헌에는 더 무한한 의미가 갖춰져 있습니다. 세간이 무상하기 때문에 나를 변화시킬 시간이 있고 나를 변화시킬 공간이 있습니다. 인간세상에서의 일상생활, 심지어는 미래의 이상향 모두 변하지 않는 것이 없기 때문에 더 훌륭하게 고칠 수 있고, 좋은 방향으로 변화를 꾀할 수 있습니다. 또 다른 측면에서 보면 무상은 사실 적극적으로 분발하려는 사상을 포함하고 있습니다.

자신이 가난하다고 가정해 봅시다. 그러나 세상에는 변하지 않는 것이 없기 때문에, 나는 가난을 근면과 노력을 통해 부유함으로 바꿀 수 있습니다. 세간의 많은 학자가 부지런히 공부하여 이름을 떨치고 부귀영화를 누리는 걸 우리는 보았습니다. 많은 젊은이가 힘써 일한 결과, 주무 관리자의 칭찬을 받고 승진을 거듭해 나중에는 대기업가나 재벌가가 된 것도 보았습니다.

세간은 무상합니다. 제비도 떠나가면 다시 돌아올 때가 있다고 하지 않습니까? 꽃도 시들면 다시 피는 때가 있습니다. 엄동설한의 세월도 영원한 것은 아닙니다. 잠시 머물렀다가 결국 떠나면서 따뜻한 봄에게, 그 봄은 다시 시원한 여름과 자리를 바꾸면서 사람들에게 백화가 만발하는 봄과 시원하게 흐르는 강물을 감상할 수 있는 여름을 누리게 합니다. 이곳이 너무 추우면 우리는 다른 곳으로 가서 추위를 피하면 되고, 이곳이 너무 더우면 우리는 또 산장으로 피서를 갈 수도 있습니다. 무상하기 때문에 모든 만물은 변화합니다. 정형화되어 있지 않습니다. 우리는 무상한 변화 속에서 얼마나 많은 이익을 얻고 있는데, 아직도 만족할 줄 모르십니까?

무상함에 감사하며 일체의 인연을 아끼자

세간에는 생겨나고 사라지는 현상이 계속되고 있습니다. 꽃이 피면 다시 시들고, 해가 뜨면 다시 지며, 달이 차면 기울기도 하고, 사계절의 추위와 따스함의 변화, 낮과 밤의 전환, 이것이 모두 인간에게 가져다주는 무상의 서로 다른 아름다운 모습입니다. 무상하기에 자연은 다채로운 모습을 보여주고, 인간 역시 분투하려는 힘이 충만합니다. 그러므로 우리는 무상을 두려워하지 말고 우리의 인생에 더욱 아름다운 미래상을 가져다 준, 또한 우리의 사업에 더 높은 발전의 여지를 가져다 준 무상에게 감사해야 합니다.

무상에 대해 부정적인 측면에서 생각한다면 무상은 나쁜 것입니다. 그러나 무상은 또한 우리가 더 좋은 쪽으로 변화하는 데 도움을 줄 수 있습니다. 예를 들어 나는 비록 가난하지만, 힘써 노력하고 널리 선연을 맺기만 하면 성과를 이룰 것입니다. 돈이 많아도 아끼고 소중히 하지 않으면 억만금도 물 새나가듯 빠져나가 버립니다. 비록 어리석더라도 근면성실하게 공부를 한다면 천천히 깨우칠 수가 있을 것입니다. 왜냐하면 근면은 능히 어리석음을 메워줄 수 있기 때문입니다. 만일 가난과 어리석음이 바꿀 수 없는 고정된 것이라면, 그래서 평생을 가난에 시달리며 살아야 한다면 인생에 노력해야 할 목표는 없을 것입니다.

인생은 무상하고 정해진 법이 없기 때문에 그저 우리 자신의 행위를 바르게 닦고 개선하며 분발하기만 하면 자연히 자신의 앞날과 운명을 바꿀 수 있습니다. 그러므로 무상은 가진 것을 더욱 소중히 여기게 하고, 무상은 인연을 더욱 소중히 여기게 하며, 무상은 관계를 더욱 소중히 여기게 합니다.

　세상사 영원한 것이 없다는 걸 알게 해주어 우리가 더욱 용맹정진 하도록 해준 세간의 무상함에 감사합니다. 시간이 귀하고 소중하다는 것을 알게 해주어 시간을 황금처럼 아끼게 해준 세간의 무상함에 감사합니다. 공간이 귀하다는 것을 알게 해주어 환경보호를 중시하고 대지와 산하를 귀하게 여기도록 해준 세간의 무상함에 감사합니다. 봄이면 꽃이 피고 가을이면 휘영청 밝은 달이 뜨니, 이 얼마나 아름다운 인간세상입니까! 생명에 '생·병·사·생'이 있긴 하지만, 무상함 속에서 더욱 새롭게 전환될 수도 있습니다. 부처님은 세간의 실상에 대해 스스로 깨달은 지혜와 수많은 미묘한 진리를 우리에게 말씀하셨습니다. 우리가 믿고 받아들여 봉행할 수 있다면 그 이익은 어떠한 재물보다 더 중요합니다.

　과거에는 많은 사람들이 '무아無我'라는 말을 들으면 두려워했습니다. '나'가 없어지는데 어디에 발을 붙이고 인생을 살아야 하나라고 생각했겠지요. 사실 이 헛된 색신 어디에 집착할 데가 있습니까? 불교의 교리는 우리에게 자신을 부정하라 하지 않습니다. 사사로운 나를 버리고, 작은 의미의 나를 버리고, 어리석은 '나'에 집착하지 말고, '참된 나'를 발전시키고, 대아大我를 추구하고, '나'를 정화하고, '나'를 미화하고, '나'를 키우고, '나'를 향상시키라는 것입니다. 그래서 불교에서 진여·자성·여래장·실상·반야·법신 등의 명칭을 들어 세상 사람들에게 설하는 것은 모두 인간 삶의 미래 희망과 미래의 성과를 세우기 위해서입니다. 그런데 왜 '무아'를 일종의 소멸이라고 설명해야 합니까?

'법신'은 허공에 두루 가득 차고 법계에 충만합니다. 생명 역시 없는 곳이 없습니다. 허공은 우리의 마음속에 있습니다. '나'는 끝없이 넓고 큽니다. '나'는 끝남이 없는 생명입니다. '나'는 순환하니 노·병·사·생이 있고, 생사가 구분되어 있습니다. 그러나 이 옷이 낡고 헤지면 새 옷으로 갈아입듯이, 이 육체가 썩고 부서지면 우리가 머물 수 있는 새로운 육체로 바꾸면 됩니다. 태양이 지고나면 다음 날 아침 똑같이 다시 떠오르는 것에 비유할 수 있습니다. 태양이 떠오르는 새벽빛도 아름답지만, 석양 역시 한없이 아름답습니다. 삶과 죽음 또한 이렇지 않겠습니까?

『대지도론』 권12에는 두 귀신이 시체를 놓고 다투는 이야기가 실려 있습니다. 내용이 매우 심오하니 얘기해볼 만합니다.

한 여행가가 여관을 지나쳐 부득이 폐허나 다름없는 길가의 작은 사당에서 잠시 유숙하였다가 다음날 일찍 출발하기로 했습니다. 한밤에 갑자기 작은 귀신이 시체 하나를 짊어지고 사당으로 들어섰습니다. 그는 '귀신을 만나다니 이거 큰일이구나.'라며 두려움에 떨고 있었습니다. 그때 키 큰 귀신이 뒤따라 들어오며 작은 귀신을 향해 소리쳤습니다.

"왜 내 시체를 짊어지고 온 거야?"

대지도론大智度論 권제90(일부)
두루마리 형태/북조(386~581)/전풍전豊/해서체/마지묵적麻紙墨跡
23.4㎝×1,005㎝/감숙성 주천 돈황 막고굴 제17석굴 출토/절강 항주 절강성박물관 소장

작은 귀신도 소리쳤습니다.

"이 시체는 내거야!"

"아니야, 이건 내거라고."

두 귀신은 시체가 서로 자기 것이라며 싸우기 시작했습니다.

그 모습을 보며 여행가는 한쪽에서 부들부들 떨고 있었습니다. 인기척을 느낀 작은 귀신이 그를 불렀습니다.

"아! 마침 여기 인간이 있네. 무서워하지 말고 이리 나와. 이 시체를 누가 들고 왔는지 네가 판결 좀 해줘."

'큰일 났구나. 작은 귀신이 들고 왔다고 하면 큰 귀신이 날 가만둘 리 없고, 큰 귀신이 들고 왔다 하면 거짓말하는 거잖아. 아, 보아하니 내가 오늘 여기서 죽을 팔자인가 보다. 사람이 죽는 마당에 거짓말까지 하면 안 되겠지.'라고 생각한 여행가는 용기를 내어 말했습

니다.

"이 시체를 작은 귀신이 들고 오는 걸 내가 봤소."

그 소리를 듣고 화가 난 큰 귀신은 달려들어 그의 오른쪽 팔을 잡아 뜯어 먹어버렸습니다. 자신을 도와준 사람이 귀신에게 팔이 잡아먹힌 걸 본 작은 귀신은 어떻게 할까 하다가 시체 오른쪽의 팔을 뜯어 그에게 붙여줬습니다. 큰 귀신은 그래도 화가 풀리지 않는지 이번에는 왼쪽 팔을 먹어치웠습니다. 작은 귀신은 또 시체 왼쪽의 팔을 떼어다가 다시 그에게 붙여줬습니다. 이렇게 해서 여행가의 원래 육체는 전부 큰 귀신에게 먹혀버렸고, 그럴 때마다 작은 귀신도 시체의 일부를 떼어다 붙여주었습니다. 지금의 장기이식과 마찬가지로 여행가는 육체는 여전히 어느 한 군데 빠짐없이 다 갖춰져 멀쩡했습니다.

한참을 다투던 두 귀신이 홀연히 사라지고 난 뒤, 홀로 남은 여행가는 깊은 고뇌에 빠졌습니다. 그는 자신을 보며 "나는 누구인가?"라는 질문을 했습니다.

나는 원래 북경 장안로에 사는 사람이거나 또는 뉴욕 브로드웨이에서 다니던 사람이었을 텐데, 지금 큰 귀신에게 먹혀버렸으니 이 육체는 도대체 누구란 말인가? 그는 순간 커다란 깨달음을 얻었습니다.

"아! 원래 이 육체는 본디부터 나의 것이 아닌, 헛되고 거짓된 가상이로구나. 나의 진여자성은 잡아먹힐 수도 없고 바꿀 수도 없는 것이다."

이때가 되어서야 또 다른 참된 나를 발견할 수가 있습니다.

정신 혜명은 역겁토록 영원히 살아있다

'나는 누구인가?'는 우리 모두가 연구해볼 만한 문제입니다. 헛되고 거짓된 것이 합하여진 사대 색신이 정말 '나'라는 말입니까? 고작 수십 년의 세월이 인생의 전부라는 말입니까? 그렇다면 정말 너무 아깝고 너무 보잘 것 없습니다. 생명은 예로부터 지금까지도 변하지 않고, 만겁을 겪어도 항상 새롭습니다. 생명은 공간적으로는 시방세계에 두루 퍼져있고, 시간적으로는 과거 현재 미래에 걸쳐져 있습니다. 생명은 태어나면서부터 위대합니다. 이것이 우리가 무엇을 위해 간절히 믿으며 추구하는 성불에 이르는 길 아니겠습니까! 물질의 신체 외에 정신 혜명은 영원히 살며 죽지 않습니다. 이 얼마나 행복한 인생이며 얼마나 희망적인 의미입니까!

그러므로 '나는 누구인가?'에서의 이 '나'는 육신의 내가 아니라 우리가 인식하고 닦아 증득해야 하는 진실한 '나'입니다. 일단 무한한 생명인 참된 나, 즉 진아眞我가 죽지 않는다는 걸 스스로 깨달으면 전도된 망상도 없고 두려움도 없습니다.

상술한 내용에서도 알 수 있듯이 부처님의 원시 가르침인 고·공·무상·무아는 부정적인 측면에서 생각하면 두려운 존재이지만, 긍정적인 측면에서 보면 사랑스럽기 그지없습니다. 인간불교는 부처님이 본래 품은 뜻과 진리에 대한 해석으로 인간을 떨게 하는 것이 아니라, 도리어 사람들에게 희망을 줍니다. 왜냐하면 일체의 모든 법이다 그러하며 고·공·무상·무아 역시 우리들에게 이로운 바가 있기 때문입니다.

더 나아가 인생 우주에 대한 부처님의 수많은 해석들은 훗날에도 지속적으로 과학적 인증을 받았습니다. 그럼에도 불구하고 부처님 입적 후 2,600여 년이 지난 오늘날까지도 부처님이 깨달아 증득한 수많은 내용이 여전히 최고의 선진적인 과학기술로도 완전히 증명할 방법이 없습니다.

예를 들어 당초 부처님은 지혜로서 세간의 지구를 한 알의 암마라과菴摩羅果라고 깨달아 아셨는데, 오늘날의 지구가 부처님이 말한 대로 원형이 아닙니까? 부처님이 이 말씀을 하시고 8,900년이 흐른 뒤 과학자 갈릴레오 역시 지구는 둥글다는 관점을 제기했지만, 천주교회 일부 인사들의 반대에 부딪혀 그는 심문당하고 유죄판결까지 받았다가, 백 년 가까이 흐른 뒤에야 뉴턴에 의해 그 학설의 진실성이 증명되지 않았습니까? 부처님이 깨달은 지혜는 과학자의 연구를 통해 조금씩 이해된 것이 일부 있지만, 일반 세간의 학문은 부처님의 깨달은 경계를 좇아가려면 아직도 상당한 시간이 필요할 것 같습니다.

"나는 물 한 잔에서도 팔만 사천 개의 벌레를 본다."는 부처님의 말씀처럼, 현대의 과학자는 현미경을 통해 물의 상황을 관찰하여 수많은 미생물을 볼 수 있지 않습니까? 과학이 발달하기도 전에 누가 이런 지혜 가득한 말을 했었습니까?『정법념처경正法念處經』권65에 보면, 부처님은 제자들에게 사람의 신체는 약 80종의 벌레가 활동하고 있다고 말하고 있습니다. 오늘날의 과학연구를 통해 인체 내에 수많은 기생충이 있다고 발견되지 않았습니까? 심지어 『수능엄경首楞嚴經』 권2에서는 "한 터럭 끝에 시방국토를 두루 받아 머금을 수 있다."라고 말했습니다. 이러한 하나와 많음은 서로 통하고, 크고 작음은 서로 흡수한다는 우주관 역시 현대 양자물리학자들에 의해 인정과 긍정을 받고 있습니다.

이밖에도 불교에서는 우주를 삼천대천세계라고 말합니다. 삼천대천세계는 지극히 커 바깥이 없고 지극히 작아 안이 없으며, 한량이 없고 한계가 없으며, 한도 끝도 없습니다. 현대 과학자들이 연구한 결과에 의하면 우리가 의지하여 생존하고 있는 지구 면적은 태양계의 130만분의 1정도이고, 이 허공 가운데는 은하계 하나에 대략 2천억 개의 태양이 있으며, 우주 안의 은하계는 또 몇백만 개에 달할 정도로 많다 합니다. 이렇게 보면 우주는 정말 부처님이 말한 것처럼 더할 나위 없이 깊고 넓습니다.

작은 '먼지'를 가지고 말하자면, 근대물리학자는 물질분해를 이루는 최소의 단위를 원자, 전자, 중성자로 불렀지만 부처님이 말한 '먼지'는 또한 중성자보다 한층 더 미세합니다. 매우 가는 동물의 털처럼 말입니다. 털을 최첨단의 고배율 현미경으로 크게 봐야만 더욱 많고 더욱 작은 성분을 발견할 수 있습니다. 이처럼 일반적인 관념에서 인식하는 것보다 수만 배 더 미세한 정황이 바로 미세먼지입니다. 더 나아가 현대과학자는 원자가 99.999999……%가 텅 비었다는 걸 발견했습니다. 우리가 느껴서 아는 사물은 사물의 본 모습이 아니라, 우리가 탐색하는 방식에 따라 나타나는 모습입니다. 그 중심식이 결정적인 역할을 담당합니다. 진정한 실상은 끝이 없이 드넓고 파도가 요동치는 것처럼 끊임없는 에너지의 바다입니다. 모든 존재는 한 몸처럼 서로 의지하고 있습니다. 이것은 불교의 '삼계의 온갖 현상은 마음에서 일어나고, 모든 현상은 인식의 작용일 뿐이다(三界唯心 萬法唯識)', '진공묘유眞空妙有', '동체공생同體共生' 등 주장과 꼭 맞아 떨어집니다.

근기와 이치에 맞는 설법으로 세간을 이익 되게 하다

부처님이 설명한 세간의 만물은 성·주·괴·공의 순환이 있고, 마음 속 상태에는 생·주·이·멸의 변화가 있다는 데 대해, 그 중의 세부적 내용을 과학적으로 완벽한 연구결론을 내리기는 어렵습니다. 그러나 부처님은 2,600년 전 이미 그토록 분명하게 말씀하셨습니다. 그러기에 20세기의 위대한 과학자 아인슈타인은 탄식하며 "장차 과학이라는 학문을 대신할 수 있는 학과가 있다면 그것은 오직 불교밖에 없다."고 말한 적이 있습니다. 그리고 사실로도 증명되고 있습니다. 과학이 발전할수록 불법이 거짓되지 않고 진실하다는 것을 더 잘 증명할 수 있습니다.

 부처님의 설법은 이치에 맞을 뿐만 아니라 근기에 부합하기도 합니다. 부처님은 일체의 중생을 위해 설법하셨습니다. 정치가에게는 근정애민勤政愛民을 위한 위정爲政의 도리를 설하셨고, 기업가에게는 세간을 두루 이롭게 할 수 있는 경영의 가르침을 설하셨으며, 사회

대중에게는 평범한 가정주부라도 가리지 않고 인내심을 가지고 가정을 다스리는 도리와 사람 된 도리를 깨우쳐 주셨습니다.

당시 부처님은 사회에서 주로 승단의 발전을 이끄시는 것 외에도, 남은 시간에는 모두 교화를 행하는 데 힘쓰셨습니다. 심지어 나이 팔십에 이르러서도 여전히 늙고 병든 몸을 이끌고 갠지스 강 양 기슭을 다니시며 홍법을 행하셨습니다. 그래서 인도의 동서남북 각지에서 기원정사와 같은 부처님이 홍법하셨던 유적물들이 오늘날까지도 발굴되고 있습니다. 비록 성·주·괴·공의 변화를 겪고 깨진 기와와 허물어진 담장의 유적만이 남았지만, 우리는 그래도 2,600년 전의 기와 한 장과 벽돌 한 장의 역사 속에서 그 시절 부처님이 설법하시는 성대한 모습과 나를 버리고 중생을 이롭게 하며 사사로움이 없이 봉헌하셨던 부처님의 위대한 정신을 느낄 수 있습니다.

2. 대승불법의 원만한 수행

대승불법 안에서 인간이 깨달음을 얻는 데는 여섯 가지 방법이 있습니다. 즉 보시·지계·인욕·정진·선정·반야의 '육바라밀'(육도六度)입니다. 육도는 표면적으로 보면 대승불법에 미묘한 구석이라곤 전혀 없고 세간의 통속적인 일과 별반 다를 게 없다는 느낌을 줍니다. 사람이 서로 나누고, 법을 준수하고, 근면하고 인내하고, 집념을 가지고, 스마트하고 등을 익혀야 하는데, 이런 일들이야 부처님이 굳이 이끌어줄 필요까지 있을까요? 사실은 그렇지 않습니다. 부처님의 가

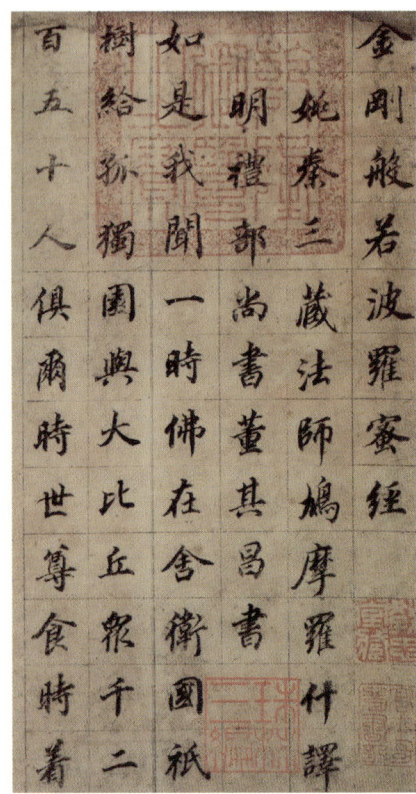

금강경 金剛經(일부)/책엽冊頁
명 희종熹宗 천계天啓 5년(1625)
동기창董其昌(1555~1636)
해서체/지본묵적紙本墨跡
타이완 타이베이 국립고궁박물원 소장

르침은 다른 것입니다.

(1) 보시 : 불교 성립 초기에 부처님은 인도의 남북지방에서 행각하시면서 항하(갠지스) 강 양 기슭에서 포교하셨습니다. 민중이 가르침의 요지를 깊이 이해하도록 하기 위하여 부처님은 항상 항하를 예로 들었습니다. 『금강경』에서 부처님께서 제기하신 것처럼, 누군가 비록 '항하의 모래와 같이 많은 삼천대천세계에 칠보로 가득 채워 보시'했기 때문에 매우 많은 복을 얻었다 하는 것은 여전히 형태가 있고(有相), 한계가 있고(有限), 수량이 있는 상태에서(有數)에서 계산된 것입니다. 참된 수행은 삼륜체공三輪體空의 무상보시無相布施

를 행할 수 있어야 합니다. 무릇 『금강경』을 읽은 사람이라면 부처님이 태허를 감싸고도 남을 도량을 가졌음을 알 것입니다. 부처님은 항상 제자들에게 "보시는 상相이 없어야 하고, 중생제도에는 나(我)가 없어야 한다."고 가르치셨습니다. 이것은 모든 인류는 나의 동포다, 온갖 사물은 나의 벗이다, 천하는 한 가족이다, 일체의 사물과 나를 잊는다는 대승불교라 하겠습니다.

그럼 여기서 보시라는 말이 나온 김에 여러분께 여쭤보겠습니다. 보시란 대체 타인에게 주는 걸까요, 아니면 자신에게 주는 걸까요? 만일 타인에게 주는 거라면 내 재물을 타인과 나누기 아까울 것입니다. 그러나 보시가 타인에게 뿐만 아니라 또한 나에게도 주는 것이라 한다면, 서로 함께 이익을 나누는 것이라면 그래도 인색하게 구시겠습니까? 농부가 씨를 심듯, 당신도 씨를 뿌리면 당연히 수확이 있을 것입니다. 아깝다, 아깝다 해도 버려야 얻는 것이 있습니다.

불가에서는 항상 보시의 의미를 널리 강조해 왔습니다. 간단하게 말하면, 신도는 재물을 보시함으로써 교단을 공양하고, 교단 내의 비구, 비구니는 불법을 통해 신도에게 보시합니다. "재보시와 법보시는 차별이 없다."라고 했습니다. 부처님은 이 둘이 차별 없이 평등함을 거듭 강조했습니다. 이 역시 불법의 매우 뛰어난 점이라 할 수 있습니다.

그러나 재물보시와 법보시 외에도 중요한 또 하나는 '무외보시無畏布施'입니다. 무외보시란 어머니가 아기를 보호하듯, 국가가 국민을 보호하듯, 타인에게 근심걱정이 없고 두려움이 없게 해주는 것입니다. 우리가 전 인류의 두려움을 없애주고 행복과 안락한 생활을 영위하게 해주는 것이야말로 실천하기 더욱 어려운 보시입니다.

보시 중에서도 물론 여법하지 않은 보시들이 많이 있습니다. 누군가는 마음에 집착을 품고, 누군가는 마음에 편견이 존재하며, 또 누군가는 명리를 도모하려 하고, 누군가는 보답을 바라기도 합니다. 이와 같은 많은 상황은 각종 경전 안에서도 찾아볼 수 있습니다. 그러나 보시는 불법 속에서 가장 위대한 의미를 가지고 있습니다. 즉 "베푸는 자나 베풂을 받는 자 모두 차별이 없다."는 것입니다.

보시하는 자는 자신이 얻을 공덕만을 생각해서는 안 됩니다. 사실 받는 사람 역시 보시하는 사람과 똑같은 공덕을 얻습니다. 우리가 누군가를 식사에 초대했는데, 그 사람이 요청에 응해 왔다가 식사를 하고 돌아갈 때 우리는 또 그에게 "와주셔서 감사합니다", "초대에 응해주셔서 감사합니다", "이렇게 먼 곳까지 걸음 해주셔서 감사합니다."라고 인사하는 것과 같습니다. 우리는 우리의 밥을 먹은 사람한테 또 감사한 마음을 표합니다. 그러므로 불법은 베푸는 자와 받는 자 간의 미묘한 관계까지도 상세히 논술하니, 최고경지까지 발전되었다고 할 만 합니다.

(2) 지계 : 지계란 말이 나오면 일반인들은 모두 두려워합니다. 지계는 자신에 대한 지나친 속박이라 생각하기 때문입니다. 그럼 여기서 다시 질문 하나를 드리겠습니다. 지계는 과연 속박일까요? 아니면 자유일까요?

우리가 조금만 더 깊이 생각해보면 알 수 있습니다. 지계는 그릇된 법을 막고 악행을 막는 것입니다. 당신도 능히 해낼 수 있습니다. 계율은 속박이 아닐 뿐만 아니라 자유입니다. 우리가 법률을 준수한다면 형벌을 받는 괴로움이 있을 리 만무한 것과 같습니다. 보십시오. 오늘날 전 세계에서 자유를 잃고 교도소에 갇힌 수감자들은 모두 오계를 범하고 법을 준수하지 않아 법률의 제제를 받고 속박의 괴로움을 당하는 것입니다. 만일 그들이 살인하지 않고, 도둑질하지 않고, 간음하지 않고, 거짓말하지 않고, 술과 마약을 하지 않았다면 교도소에 갇히는 재난을 당할 리 있겠습니까? 기차는 철로 위에서 달려야만 안전하고 비행기는 공중에서 정해진 항로대로 가야 하는 것과 같습니다. 부처님은 당시 이미 인생의 노선을 매우 분명하게 가르쳐 보이셨습니다.

예를 들어 부처님의 계율이 동쪽으로 중국에까지 전해진 이후, 정식으로 출가자의 일원이 되기 위해서는 반드시 삼단대계三壇大戒를 받아야 했습니다. 초단初壇인 사미와 사미니는 '섭율의계攝律儀戒'를 받아야 합니다. 바로 행行·주住·좌坐·와臥의 계율을 소중히 여기는 것입니다. 이단二壇인 비구와 비구니에 이르면 '섭선법계攝善法戒'를 받아야 합니다. 각종 자선사업을 할 수 있습니다. 적극적으로 교화와 중생제도를 하며 사회에 봉사를 해야 합니다. 만일 보살계를 받을 생각이 있다면 재가의 신도이건 출가한 비구 또는 비구니이건 '요익유정계饒益有情戒'를 수지해야 합니다. 소위 '넓고 커서 끝이 없는 자비로 고난에 빠진 사람을 구제한다.'고 했습니다. 『금강경』에서 말한 '무아상無我相, 무인상無人相, 무중생상無衆生相, 무수자상無壽者相'을 진정으로 행해야 비로소 가장 궁극적인 지계입니다.

(3) 인욕 : 수행과정에서 우리와의 밀접한 관계를 가지는 것은 인욕바라밀을 닦는 것입니다. 울분을 삼키고 불평하지 않으며, 어려움과 괴로움을 참으며, 타인의 질책을 참아내고, 타인의 비난을 참아내는 것이 종종 굉장히 손해 보는 것처럼 느껴지기도 합니다. 그래서 일반 사람은 배고픔과 고난을 참는 것까지는 감수할 수 있지만, 울분을 참아 넘기는 것에 대해서는 오히려 달갑게 생각하지 않습니다. 특히 억울하거나 부당함을 받았을 때는 싸우지 않으면 안 될 것 같습니다.

사실 인욕은 일반적으로 말하는 기아와 추위, 조롱과 조소를 참거나, 겁약한 자에게 양보하고, 손해 보고 수모를 당하는 것이 아닙니다. 부처님이 제시한 인내는 일종의 역량입니다. 외경의 팔풍, 즉 이利·쇠衰·훼毀·예譽·칭稱·기譏·고苦·락樂을 마주해서 당신이 감당할 수 있는 만큼이 당신의 인내 역량이라 봅니다.

인내는 또한 책임지는 지혜이자, 관용의 자비입니다. 당신이 인내할 수 있다는 것은 반드시 그 일의 전후사정과 인연과보 등을 알고 있다는 것이고, 그래서 열린 생각과 깨어있는 시각으로 보는 것입니다. 소위 "울분 한 번 참으면 바람과 파도가 조용해지고, 한걸음 물러서 생각하면 한없이 넓고 자유로워진다."고 했습니다.

인내에 대해서 다 같이 깊이 생각해 봅시다. 인내는 과연 손해 보는 것일까요, 아니면 이익을 얻는 것일까요?

보통사람들은 인내를 손해 보는 것이라고 말합니다. 실제로 참는 자는 이득을 보지만, 참지 못하는 사람이야말로 손해를 봅니다. 참을 수 있기에 우리에게는 수양이 쌓이고 역량이 쌓이며 지혜가 쌓이게 되는 것입니다. 상대방이 멍청이라고 나까지 팔푼이가 될 수는 없지 않겠습니까? 나는 참아낼 수 있기에 그의 수양을 뛰어넘고 그의 행동까지도 뛰어넘게 됩니다. 그래서 각 대승경전에서는 보살도를 배우고 익히는 과정에서 반드시 인욕바라밀을 중시하라고 끊임없이 제창합니다.

우리는 인내의 중요성을 반드시 알아야 합니다. 한 가정에서 가족이 화합하지 못한다면, 부모형제자매처럼 친한 사이에서 서로 대립하기만 한다면, 이런 가정에 무슨 행복과 즐거움이 있겠습니까? 사회에서는 사사건건 따지고 타인과 비교하고 집착하고, 거기다 인내심도 없고 수양조차 없다면 우리는 처신과 처세를 할 수 있겠습니까?

오늘날 세계 도처에서는 다툼과 전쟁, 흉포한 살인사건이 빈번히 일어나고 있습니다. 법원에는 고소고발장이 산더미처럼 쌓여 있다고 합니다. 이 모든 것은 사람들이 저마다 울분 한 번을 참고 넘기지 못하기 때문입니다. 결국 타인을 이기지 못한 사람은 스스로 용기를 잃고 낙담하고, 타인을 이겼다고 해도 상대에게는 괴로움, 어려움, 억울함을 안겨주게 됩니다. 이게 우리가 원하는 즐거움입니까? 이러한 즐거움이 오래 지속될 수 있겠습니까?

"인내하면 능히 편안할 수 있다."라고 하신 어느 고덕의 말씀처럼 세계의 평화, 국민의 안락을 위해서는 입장 바꿔 생각해보고 함께 인내하자는 관념의 고취가 더욱 필요합니다. 약간의 오해와 억울함을 참아내고, 약간의 영욕과 비방을 참아내면 천하는 무사태평할 것입니다.

무생법인은 일체의 법이 있는 그대로의 모습이다

『아함경阿含經』에서는 인忍에는 생인生忍・법인法忍・무생법인無生法忍이 있다고 나와 있습니다. 풀이하자면 우리가 이 세간에서 생존하고 생활하는 데 유일한 지혜의 힘이 곧 인내라는 것입니다.

생인은 생존하기 위해서 이 세간의 선함과 악함, 좋고 나쁨을 인식하는 지혜가 있어야 한다는 것입니다. 인내 역시 일종의 받아들임입니다. 나를 비웃고 조롱하고 속이고 욕하는 상황을 만나도, 부귀와 공명을 마주해도, 나를 대하는 태도가 좋든지 나쁘든지 간에 당신은 언제나 받아들일 수 있어야 하고, 기꺼이 감당해낼 수 있어야 하고, 풀어 없앨 수 있어야 합니다. 인내하는 자는 타인에게는 안락함을 주고 자신은 고난을 감당할 용기가 있어야 합니다.

생인은 생존을 위해 인간에서 길러낸 인내력과 용기입니다. 생활과 인간관계의 거듭된 경험 속에서 스스로를 향상시키고, 그 가운데서 단련해낸 고난에 맞서는 지혜와 역량입니다. 그러므로 인생에서 만나는 수많은 불평등한 대우를 받아들일 수 있느냐 없느냐, 발전시킬 수 있느냐 없느냐는 당신의 지혜와 당신의 역량에서 엿볼 수 있습니다.

법인은 소위 말하는 '여덟 가지 바람에도 흔들리지 않는다.'는 것

잡아함경雜阿含經 권제25(일부)/두루마리 형태/북송北宋 대중상부大中祥符 원년(1008)/해서체/지본묵적/24.4㎝×662.3㎝/미국 뉴욕 주 뉴욕시 메트로폴리탄미술관 소장

입니다. 근심·슬픔·괴로움·번뇌, 공명·관록, 인정의 냉혹함과 따뜻함 등 생활에서의 모든 것, 세간에서의 일체의 제법에 휘둘리지 말아야 합니다. 또한 참되고 올바르게 알아차리고 처리하고 풀어버리고 없애버릴 수 있어야 하며, 더 나아가 전환하고 향상시킬 수 있어야 합니다. 그래서 인간에게는 유일하게 인내가 있어야만 인식할 수 있고 받아들일 수 있고 짊어질 수 있고 해결할 수 있습니다.

무생법인은 더욱 높은 불생불멸의 경계이자, 일체의 법이 본래 생겨나지도 사라지지도 않고 서로 다르지 않은 평등함을 아는 것입니다. 그러므로 참음과 참지 않음의 경계가 없는 최고 경지에 도달할

수 있습니다. 만일 인연 닿으면 그곳이 곧 나의 거처라는 무생의 이치를 깨달을 수 있다면, 참든지 참지 않든지 상관없이 일체 모두 있는 그대로의 모습일 뿐입니다.

그래서 인내는 손해일까요, 아니면 이익일까요? 팔십 년 가까운 출가생활 속에서 저는 인내의 오묘한 쓰임과 역량을 깊이 알게 되었고, 인내의 공력만큼 이루려는 사업 역시 그만큼 높아진다는 걸 알았습니다.

(4) 정진 : 보살도 안에서 보시·지계·인욕을 수행해야 할 뿐만 아니라, 정진 또한 수행해야 하는 중요한 덕목 중의 하나입니다. 세간에는 '부지런하면 공이 있고, 유희는 이로움이 없다.'라는 말이 있습니다. 그러나 부처님은 "아직 생기지 않은 악은 생기지 않도록 하고, 이미 생긴 악은 끊어버리고, 아직 생기지 않은 선은 일어나게 하고, 이미 생긴 선은 더욱 커지게 하라."는 네 가지 정진으로 우리에게 가르침을 주셨습니다. 아직 하지 않은 선한 일은 서둘러 실천하고, 이미 저지른 악행은 서둘러 끊어 없애며, 저지르지 않은 악한 일은 발산하지 말고 용감하게 극복해내며, 탐욕·성냄·시기·질투와 같은 타인에게 피해를 주는 악행을 저지르려는 마음은 반드시 스스로 극복해야 합니다. 종합하면, 결국 악을 끊고 선을 닦는 일에 대해서는 게으르고 나태한 마음을 가져서는 안 되며, 반드시 힘써 열심히 정진해야 합니다.

우리는 세간에서 부귀영화를 누리는 수많은 백만장자들을 볼 수 있습니다. 그것은 물론 그들의 복덕이자 인연이겠지만, 대부분은 자신의 노력과 근면으로 성취해낸 성과물이기도 합니다. 집에 가만히 앉아있는데 하늘에서 재물이 뚝 떨어지거나, 땅에서 금은보화가 쑥쑥 자라나는 경우는 세상 어디에도 없습니다. "황금이 물줄기 따라 흘러 내려와도 아침 일찍 일어나 건져 올리지 않으면 너의 것이 아니다."라는 속담이 있습니다. 공부하는 사람이 힘써 정진하면 시험에 합격할 수 있고, 시골에서 농사로 업을 사는 사람은 성실하게 일해야 가을에 추수해 쟁여놓고 겨울을 날 수 있습니다. 이러한데 인생에 꽃피는 봄이 없을까 걱정하십니까? 그렇다면 정진은 과연 괴로운 것일까요, 즐거운 것일까요?

예를 들어 더러운 옷을 빨지 않으면 그 옷은 영원히 더러울 것입니다. 빨고 난 뒤 다시 입었을 때는 또 얼마나 편안합니까? 바닥이 더러운데 닦지도 않고, 집안은 난장판인데 정리도 안 하면 그 속에서의 생활이 유해하지 않다고 말할 수 있겠습니까? 전 세계의 부모가 자녀를 양육하고, 선생님은 자녀를 교육합니다. 모두들 학업이 향상되고 사업에 성공하길 바라면 나태하지 말고 정진하라 가르칩니다. 그럼 정진은 괴로운 것일까요, 즐거운 것일까요? 즐거움을 얻으려면 반드시 근면이 선행된 뒤에야 성과를 얻을 수 있습니다. 정성을 다해 잡초를 뽑고 비료를 주지도 않는데 포도밭에서 알알이 가득 찬 풍성한 포도를 수확할 수 있겠습니까?

과거 농경시대에서 공업시대로 들어섰다가, 이제는 초고도의 공업화시대에까지 와 있습니다. 기계가 인간을 대신해 일을 한다지만 아무리 좋은 컴퓨터도 인간이 설계하고 조작해야 합니다. 아무리 최첨단의 기계도 사람이 가서 동력을 주입해주어야 합니다.

  가정에서는 부모와 자녀가 다함께 정진하고 협력해야 행복하고 아름다운 가정을 가꾸어 나갈 수 있습니다. 공동체에서는 모두가 힘을 합쳐 싸워나가야 사업이 발전할 수 있습니다. 사람이 저마다 이러한 생각을 가진다면 세계가 안락하고 아름답지 않을 리 없습니다.

육도만행은 인생을 원만하고 자유롭게 한다

(5) 선정 : 육도만행 안에서 사람으로서의 수많은 처신과 처사의 방법을 알아야 하지만, 스스로를 제도한 뒤 타인을 제도한다는 보살도의 방법 중에서 선정의 수행 역시 매우 중요합니다. 우리 마음이 불안한 것은 주로 번뇌의 충동질을 받기 때문입니다. 마음에 탐·진·치, 원망·시기·질투가 가득 차 있는데 타인을 위해 이롭고 복을 주고 즐거운 마음이 솟는 일을 할 수 있을까요? 만일 탐욕스런 마음과 헛된 생각을 제거하지 않는다면 자신의 신심도 안주하지 못할 텐데, 남을 돕고 대중을 위해 봉사하는 일이 가능하겠습니까? 그러므로 선정은 어떤 일에도 흔들리지 않는 평정을 갖춘 마음상태의 수행이자 일체 육바라밀의 원동력입니다.

  부처님은 당시 영산회상에서 꽃 하나를 들고 미소를 지어보이셨습니다. 이것은 우주세계의 불꽃을 웃어 보이신 것이고, 인생의 무한한 진리를 웃어 보이신 것이며, 중국문화의 선학禪學 안에 있는 아름다운 많은 어록과 문장을 웃음으로 내보이신 것이라 말할 수 있습니다. 여기서 또 한 가지 질문을 드리겠습니다. 선禪이란 생동적인 것일까요, 아니면 경직돼 있는 것일까요? 당연히 선은 딱딱한 것이 아니라 활발한 것입니다. 일반 사람은 참선이란 눈은 살짝 내리깔고 코를 바라보고, 코는 마음을 바라보듯 하며 '노승이 입정'에 들 듯 여여하여 움직이지 않아야지, 그렇지 않으면 쉽게 득도하지 못한다고 생각합니다. 실제로 좌선은 우리가 선정에 들어 지혜를 일으키는 데 도움을 주는 과정과 방법에 지나지 않습니다. 선의 참의미는 생동적이어야 합니다. 땔감을 나르고 물을 길어오는 것도 선입니다. 차를 마시고 밥을 먹는 것도 선입니다. 걷고 서고 앉고 눕는 것도 역시 선입니다. 말하거나 침묵하거나 움직이거나 가만히 있거나 모두 선입니다. 눈썹을 치켜뜨거나 눈을 깜빡이는 것 역시 선입니다. 선은 일종의 자연스럽고 얽매임이 없는 태도로 만사만물을 대하는 것입니다. 양안(중국과 대만)이 60여 년의 소원함을 거쳐 시진핑(習近平) 국가주석과 마잉주(馬英九) 총통 두 지도자가 싱가포르에서 만나 두 손을 맞잡은 사이 서로간의 평화가 촉진되었으니, 중화민족 자손의 선심의 표현이라고 말할 수 있습니다.

(6) 반야 : 일반적으로 보시·지계·인욕·정진·선정 등 오바라밀은 세간법이라 할 수 있습니다. 반야바라밀이 있음으로써 출세간법이 될 수 있고 그 경계 역시 달라집니다. 소위 "오바라밀은 맹인과 같고, 반야는 앞에서 끌어준다."라고 합니다. 보시·지계를 예로 들어보겠습니다. 일반인들이 상에 집착하여 보시와 지계를 구하는 것은 세간법에 속합니다. 그러나 반야가 있게 되면 모든 보시와 지계는 상을 여의고, 집착을 여의며, 인아의 대립을 여의고, 비교와 논쟁

을 여의어 출세간법이 되니, 인생에 있어 더욱 높고 원만한 해탈입니다.

또 질문을 하나 드리겠습니다. 반야는 안으로부터 구해야 하겠습니까, 아니면 밖으로부터 구해야 하겠습니까? 당신이 외부에서 구한 과학·철학 등의 지식은 결국 세속적인 지혜와 총명일 뿐, 안으로부터 깨우쳐 얻은 반야만 못합니다. 반야는 안으로부터 스스로 증득하는 재주이자, '연기법을 바르게 보아 만물이 모두 공성空性임을 환히 깨닫는다.'를 통해 얻어진 '안과 밖이 원만히 이루어진' 지혜입니다. 인생에 반야가 있게 되면 인아의 대립을 없앨 수 있고, 무명번뇌를 벗어날 수 있으며, 인연에 맡겨 마음이 자유롭고, 얽매임이 없는 경계에 도달할 수 있습니다. 그러므로 육도만행이라는 글자를 놓고 보면 무척 간단해 보이지만 그 안에 함축된 의미는 오히려 매우 심오합니다.

인간불교의 수행에서는 건전한 사람이 되려면 모든 불자가 저마다 자신을 향상시키고, 타인보다 뛰어난 능력을 갖고, 과거보다 더 낫고 또한 훌륭할 것을 요구합니다. 육바라밀 등 인간불교의 보살도는 모두 우리들 행위의 준칙입니다. 예를 들면 『유마힐경』에서는 각기 권속·친구·음식·의복·거주·교통·교육·오락·자원·수행 등 10개 항목으로 나눠 인간불교 청사진의 구체적인 내용을 묘사하고 있습니다.

반야지혜는 보살의 어머니요, 방편은 아버지로 삼으리.

일체 중생을 이끄는 스승이 이것으로 생겨나지 않음이 없다.
법의 즐거움을 아내로 삼고, 자비의 마음을 딸로 삼으리.
선하고 성실한 마음은 아들이니 공적한 경지가 내 집이로다.
모든 진로번뇌인 제자들이 마음 가는대로 따라오나니,
37도품은 선지식이 되니, 이로 말미암아 바른 깨달음을 이룬다.
智度菩薩母, 方便以爲父, 一切衆導師, 無不由是生.
法喜以爲妻, 慈悲心爲女, 善心誠實男, 畢竟空寂舍.
弟子衆塵勞, 隨意之所轉, 道品善知識, 由是成正覺.

중국에서 천태종의 기본 경전인 『법화경』에도 보살행은 가장 궁극적인 일승법이라고 표방하고 있습니다. 또한 '안으로는 보살의 행을 숨기고, 밖으로는 성문의 모습을 하고 있다.'는 설법으로 널리 중생을 제도하고 인간을 이롭게 하라고 권고합니다. 그 중 「화성유품化城喩品」 등의 법화칠유(法華七喩: 부처님의 교리를 일곱 가지 비유를 들어 설명한 것)에서 제시하는 자심법문自心法門·수신법문修身法門은 수행자가 옷 속에 값진 보물이 감춰져 있는지도 모르고 여전히 거지노릇을 하는 어리석음을 범하지 말라고 권하고 있습니다. 자신의 본성과 진여(진여자성)는 언제나 우리가 느낄 수 있고 발

법해사法海寺 **선재동자상**/명 정통正統 8년(1443)/북경 석경산石景山

전시킬 가치가 있습니다.

『법화경』외에, '청량국사清凉國師'로 임명된 징관澄觀대사는 일곱 군주의 스승을 지냈습니다. 그 역시 불자는 『화엄경』에서의 선재동자가 53선지식을 찾아다니는 것처럼 도처를 다니며 참학하고 배우라 권면했습니다. 선재동자는 각계각층, 다양한 직업군을 찾아다니며 참방했습니다. 예를 들면 언어학자 미가 장자, 모래를 가지고 장난하던 수학자 자재주 동자, 혹독한 형벌의 무염족왕, 항해가 바시라 선사, 법관 무상승 장자 등입니다.

제 개인적으로도 한 젊은 학자가 평생 50명에서 100명가량의 선지식을 찾아가 그들의 입신과 일처리에 관한 몇 마디 가르침을 듣는다는 것이 결코 쉽지 않다고 생각합니다. 고립무원의 외톨이가 어떻게 황제가 될 수 있겠습니까? 당신이 높은 지위에 오르려면 반드시 간부가 있어야 하고, 군중이 있어야 하며, 반드시 협력단체도 있어야 합니다. 그래서 『화엄경』에서는 사법계事法界, 이법계理法界, 이사무애법계理事無碍法界, 사사무애법계事事無碍法界를 언급하면서 우리가 처신과 처세, 사물을 대하는 가운데 법계가 원만하게 하나로 융합되어 있다는 진리를 깨달아 환희롭고 자유로운 인생을 향유하라고 합니다.

3. 인간불교의 신성한 진리

물론 인간불교는 단시간에 자신을 완성할 수 있다고 말하지는 않습니다. 나의 생명을 가지고 직접 체험해야 볼 수 있습니다. 내가 닦은 공덕은 내가 얻고, 저 사람이 닦은 공덕은 저 사람이 얻습니다. 하루 수행하면 하루 공덕이 쌓이고, 매일 수행하면 매일 공덕이 쌓입니다. 여러분이 불교에서 말하는 반야, 중도, 연기 등 '너와 내가 하나와 같다'라는 많은 대승 진리를 통달할 수 있다면 우리 신앙의 신성함일 것이고, 인간불교가 부처님과 서로 통한다는 신성한 진리입니다.

그러므로 인간불교 안에 먹을 밥이 한 그릇 있다니 신성하지 않습니까? 인간불교에서 생명의 성장, 환희, 인연과 조연을 얻을 수 있음이 신성하지 않습니까? 타인이 우리에게 미소를 보이고, 악수를 하고, 고개를 끄덕여주는 것 역시 신성하지 않습니까? 내가 기꺼이 타인에게 보시하고, 타인에게 믿음을 주고, 환희를 주고, 희망을 주고, 편리함을 주는 것이 신성하지 않습니까?

심지어 현재 제창하고 있는 '삼호三好 운동'은 우리의 신身·구口·의意 삼업으로 '몸으로 좋은 일을 하고, 입으로 좋은 것을 말하며, 마음에 좋은 생각을 갖자'라는 구호를 행할 수 있는데 이래도 신성함이 부족할까요? 신앙 자체가 곧 신성한 것이고, 수행 자체가 곧 신성한 것입니다. 자신이 범부로부터 정화되어 천천히 성현이 이르는 것 또한 신성한 신앙의 공로입니다.

이렇게 볼 때 인간불교가 곧 불교입니다. 사실 불교는 부처님이 사람에게 설하신 것이니 당연히 인간불교입니다. 당초 인도에는 수행방법이 희한하고 괴이하며, 인간의 상식을 벗어나 도리에 위배되는 외도들이 무척 많았습니다. 부처님은 이를 불쌍하게 여겨 96종의 외도를 항복시키기 위해 고생을 마다 않고 중생제도를 위해 법을 펼치셨습니다. 비록 성과는 크고 많았지만 중생의 사상과 습성이 같지 않아 통일하기가 어려웠습니다. 특히 데바닷타는 스승을 거스르고 교단을 배신하고 고행을 표방하며 자신이 그 위에서 군림하려 했지만, 결국에는 모두 실패했습니다.

불교는 쾌락 수행을 주장하지 않습니다. 인간이 쾌락의 욕망을 채우고자 하는 욕심이 활활 타오르면 자신을 잃어버릴 수 있기 때문입니다. 그러나 또한 지나치게 냉담한 고행을 표방하지도 않습니다. 설령 이로 인해 다른 사람의 숭앙을 받는다고 해도, 이러한 차디 찬 고행의 인생이 사회 대중에게 무슨 이익을 주겠습니까? 진정한 인간불교는 마땅히 부처님이 말씀하시고 행하신 것처럼 연기중도緣起中道를 제창해야 합니다.

앞으로 불교의 진로는 진정으로 부처님의 인간불교 가르침에 의지하는 것입니다. '인성人成이면 곧 불성佛成'이라 했습니다. 사람이 저마다 바르게 행동하고 깨달음을 얻는다면 성불하지 못할까 걱정할 필요가 없습니다.

이외에도 부처님은 우리에게 '사섭법'을 활용하고 '사홍서원'을 발하여 중생을 제도하라고 하십니다. 우리에게 생활 속에서 입고 먹고, 머물고 다니고, 가고 멈추고, 앉고 눕고의 수행을 중시해야 된다

제3장 인간불교의 근본교의

고 합니다. 또한 세속을 뛰어넘을 정도로 훌륭하며 의미가 깊은 이 수많은 뜻과 이치를 인간생활에서 운용할 줄 알아야 자신에게 안녕을 주고, 자유를 주고, 소탈함을 얻습니다.

여래의 일대시교는 우리에게 국가에는 충심을, 부모에는 공경을, 인류에게는 평등하라고 합니다. 유교에서 말하는 인도仁道와 도교에서 말하는 출세出世도 불교의 이치와 유사한 면이 있지만, 그들은 모두 단편적입니다. 부처님의 교법만이 철저히 원만하게 융합하였기 때문에, 인류문화역사의 장구한 강물 가운데에서 하나의 기치를 드높이며 긴 세월 쇠락하지 않을 수 있었습니다.

평등과 존중은 삶의 집착과 죽음의 두려움을 없앨 수 있다

평등 역시 불교가 세상의 업신여김을 받기 충분한 교의입니다. 평등이란 말이 나왔으니, 유마거사가 거처하는 방에서 사리불이 젊은 여성에게 가르침과 깨우침을 받는 것을 볼 때, 뜻이 있다면 나이는 아무 관계없음을 알 수 있습니다. 대아라한이라도 여성보살의 깨우침을 들어야 한다면 이게 평등이 아니겠습니까? 『화엄경』에 나오는 이사나(휴사) 우바이, 자재 우바이, 현승 우바이, 자행 동녀, 유덕 동녀, 사자빈신 비구니, 바수밀다녀, 바산바연 등은 불법에 대해 그녀들 모두 특별한 체험을 가지고 있었기 때문에 선재동자가 번뇌 없는 경계에 들어오도록 닦아야 하는 보살행을 인도할 수 있었습니다.

그래서 우리 현대 비구 스님들, 여러분들도 평소 관세음보살에게 예불하고 찬탄하시는데, 관세음보살 역시 항상 여인의 모습으로 나

막고굴 제158굴 불열반상/중당中唐(756~846)/진흙/감숙성 둔황

타나지 않습니까? 여러분들의 여성에 대한 존중을 알 수 있습니다. 그러나 우리는 생활하거나 일을 하면서 왜 남녀불평등이라는 견해가 생겨날까요? 이것은 자기모순 아닐까요? 이것은 부처님의 평등 진리를 완전히 이해하지 못했기 때문입니다.

남녀 간의 평등뿐만 아니라 승려와 신도 간에도 평등해야 하고, 고금 역시 평등해야 하며, 심지어 현상과 이치까지도 평등해야 합니다. 진리가 본래 평등한 것이라고 말할 수 있습니다. 그래서 저는 불광사구게佛光四句偈를 지었습니다.

자비慈悲 희사喜捨의 마음 법계에 두루 퍼지고,
석복惜福 결연結緣으로 인간과 하늘을 이롭게 하며,

선정禪淨 계행戒行을 동등하게 견뎌내게 하고,
참회慚愧 감은感恩으로 큰 원심願心을 내게 하소서.

사실상 이 사구게 안에서 가장 중요한 것이 바로 '평등'과 '인내'입니다. 이것이야말로 불법의 진정한 정신이자, 불법의 높고 깊은 의의입니다.

지금까지 불교가 발전해오면서 적지 않은 사람들이 불법을 배우고 닦는 목적을 입만 열었다 하면 늘 생사해탈하기 위해서라고 했습니다. 생사해탈이 뭡니까? 생사해탈한 사람을 본 적이 있습니까?

진정한 생사해탈은 생에 집착하지 않고, 염두에 두지 않고, 연연하지 않으며, 죽음에 대해서도 두려워하지 않고 죽음이 곧 소멸이라 생각하지 않는 것입니다. 사실 죽음은 이사 같고, 이민 같고, 차를 갈아타는 것 같고, 옷을 갈아입는 것과 같은 기쁜 일입니다. 다시 말해 인간이 죽는다는 것은 태어남이 있기 때문입니다. 만일 태어나지 않는다면 죽지도 않게 된다는 것 아니겠습니까? 그래서 태어나는 순간 이미 언젠가 죽는다고 결정된 것입니다. 태어나고 죽는 것이 서로 다르지 않은데, 굳이 태어나는 것은 즐거운 일이고 죽는 것은 슬픈 일이라고 결정지어야 할 필요가 있습니까? 당신이 생사에 대해 평상심과 평등심을 가지고 대한다면 그것이 생사해탈 아니겠습니까?

현재를 사는 불제자는 자신만의 수행과 깨달음을 얻으려는 마음가짐을 지녀서는 안 됩니다. 부처님께 예불하고 염불하면서 모든 일을 단순하게 부처님이 내려주시기만을 기원해서는 안 됩니다. 이것들은 모두 욕심내서 가지려는 것에서 이루어진 것이기 때문입니다. 담백하고 청정하라는 부처님께서 우리에게 주신 가르침입니다. 진정한 신앙은 인간에 불교의 신앙정신을 발양하고, 그것을 위해 희생과 공헌과 봉사를 할 수 있어야 하며, 불법을 선양하고 중생을 널리 제도하는 보살도를 실천할 수 있어야 합니다. 인간불교는 곧 보리심을 일으키는 것이고, 보리심을 일으킬 수 있어야 인간불교입니다. 그래서 수행을 해야 합니다. 부처님께 예불을 드리고 부처님께 갈구만 해서는 안 됩니다. 보살도를 실천하는 것이야말로 진정한 부처님의 인간불교 정신입니다.

4. 허공에 가득 찬 인간 불타

위에서 서술한 것은 부처님의 본회本懷에 근거하여 원시불교와 대승불교를 하나로 융합한 이치입니다. 오늘날의 불교는 마땅히 한 법도 버리지 말아야 합니다. 당신이 입산하여 수행한다고 해도 인간불교는 당신을 배척하지 않습니다. 당신이 학문을 닦겠다거나 인간세상을 이롭게 할 사업을 창업한다고 해도 인간불교는 하지 말라고 말하지 않을 것입니다. 이것이 부처님이 품은 뜻을 견지하는 것이고, 공空을 포용하고 만유를 수용하는 것이며, 모두가 함께 공존하고 서로 존중하는 것입니다. 그래서 제가 '일필자一筆字'를 쓰면서 항상 공생공유共生共有, 공생공영共生共榮, 공생공존共生共存을 쓰는 것은 부처님이 품은 본뜻을 사람들이 이해하고 사람들이 생활 속에서 봉행하기를 바라서입니다.

저는 불문에서 80년 가까이 출가자로서의 생활을 해오면서 '공空'의 중요성을 천천히 깨닫게 되었습니다. 소위 "마음을 비운 자 급제해 돌아간다."라는 게송이 있습니다. 만일 마음의 포용력이 허공과 같다면 부처님이 "세계는 우리 마음속의 세계이고, 중생은 우리들 마음속의 중생이며, 만물은 우리들 마음 안의 만물이다."라고 말씀하신 우주의 모든 것을 어찌 수용할 수 없겠습니까? 모든 것이 내 마음속에 있다면 굳이 그들을 배척해야 할 이유도 없겠지요? 그래서 공空이 곧 유有라면, 여러분은 왜 '공空'에서부터 만유를 구현할 수 없습니까? 소위 '재상의 배 안에 배를 띄울 수 있다.'라는 말처럼 나의 포용력이 허공과 같다면 내가 곧 세계의 주인이 될 수도 있지 않겠습니까?

『화엄경』에 나오는 "**누군가 부처의 경계를 알고 싶다면, 마땅히 그 뜻을 허공처럼 맑게 하라.**"라는 말은 허공의 불생불멸을 설명하고 있습니다. 당신이 허공의 이러한 특징을 경험을 통해 이해할 수 있다면, 생명 또한 불생불사라는 것을 이해할 수 있을 것입니다. 부처님이 생명을 강연하면서 말씀하신 인간은 이 색신을 통해 계율을 지키며 수행하면 능히 법신에 도달할 수 있다는 것처럼 말입니다. 소위 법신이란 허공에 가득차고 법계에 충만합니다. 존재하지 않는 곳이 없고, 있지 않은 곳이 없는 것이 본래의 모습입니다. 그것이 곧 도를 닦는 목표입니다.

오늘 누군가 부처님은 어디에 있는가라고 묻는다면, 저는 지금 제

개인의 깨달음으로써 여러분에게 말씀드리고 싶습니다. "부처님은 우리의 마음에 있고, 부처님은 우리의 허공 안에 있으며, 부처님은 우리의 신앙 안에 있습니다."라고 말입니다.

허공 법계는 모두 부처님의 법신

부처님이 우리 마음속에 있다는 건 더 말할 필요가 없습니다. 불교를 전파하면서 항상 '사람은 저마다 불성이 있다', '부처님은 내 마음 안에 있다', '내가 부처다'라는 말을 꺼내기 때문입니다. 그러나 세상 사람 가운데 천제(闡提: 불과에 대한 믿음이 없는 사람)는 없는 것일까요? 천제의 마음에도 부처님이 존재할까요? 테러분자들의 마음에도 과연 부처가 있을까요? 바티칸의 그 많은 대주교의 마음에도 부처가 있을까요? 그래서 '부처는 모든 사람의 마음에 있다'는 말은 맞지만, 본질적인 것은 아닙니다.

그렇다면 부처님은 도대체 어디에 있다는 것입니까? 80년 가까운 불교생활에서 제가 경험하여 터득한 부처님은 허공 법계 안에 계십니다. 경전에서도 "여래법신은 허공에 가득하고 법계에 충만하다."라고 말하는데, 허공 안 어디에 부처님이 있는 것일까요?

예를 들어 여러분이 부처님 그림에다 대고 예불하면 여러분은 그것이 부처라고 생각하지, 종이라고 생각하지 않습니다. 금·은·동·철·흙·나무 등으로 만든 모든 불상에다 대고 예불하면서 그것이 금인지 은인지 동인지, 나무인지 흙인지 묻지 않고 그것을 부처라 생각할 것입니다. 이로써 우리는 세간의 모든 만물을 부처라 여길 수

단하소불도 丹霞燒佛圖/원(1271~1368)/인타라/지본수묵
32㎝×36.7㎝/일본 후쿠오카 쿠루메 이시바시미술관 소장

있음을 알 수 있습니다. "계곡 물소리 모두 부처님의 설법이고, 산 빛깔은 청정한 법신 아닌 것이 없다." 하였습니다. 푸르른 산과 계곡물, 해와 달과 별 어느 것 하나 부처님이 드러내신 모습 아닌 것이 있습니까? 이렇게 본다면 허공 법계가 바로 부처님의 법신입니다.

 선문에는 단하스님이 목불木佛을 불태운 '단하소불丹霞燒佛', 암자를 불태운 노파 이야기인 '파자소암婆子燒庵'이라는 공안을 있습니다. 누가 과연 진정한 부처를 인식할 수 있는지 여러분이 말씀해보십시오. 한 스님이 경전을 강연하던 대좌에서 부처님의 법신은 허공에 가득하고 법계에 충만하다고 설명하자, 설법을 듣던 신도대중 역시 위대한 부처님은 정말 존재하지 않는 곳이 없구나라고 느꼈습니다.

이때 한 참선 수행승이 갑자기 불상에 대고 기침을 해대며 가래를 뱉었습니다. 자리한 대중은 소스라치게 놀랐고, 특히 설명하던 스님은 화가 나서 소리쳤습니다.

"어떻게 부처님을 모독할 수 있는가? 어디 가래를 뱉을 곳이 없어 불상에다가 뱉는단 말인가?"

수행승은 다시 기침을 두어 번 하더니 물었습니다.

"스님, 제가 또 가래를 뱉으려고 하는데 지금 허공 가운데 부처님이 안 계신 곳은 어딘지 말씀해 주십시오. 그럼 거기에다가 뱉지요."

여기서 강연하는 사람은 뜻을 이해한 것이고, 수행자는 이치를 실천했음을 설명한 것입니다. 이해와 실천이 일치되지 못하면 불법의 깊은 뜻에 맞춰 들어가기 어렵습니다. 물론 허공에 충만하고 법계에 가득하신 부처님의 법신은 쉽게 인식하거나 체험을 통해 증득하기는 결코 쉽지 않습니다.

더 간단명료하게 말한다면, 부처님은 어디에 계시느냐는 이 물음에 대해, 우리의 신앙 안에 있다고 할 것입니다. 신앙에는 차원이 있고, 부처님의 모습 또한 차원이 있습니다. 달마대사가 제자에게 "도부道副는 그의 피부를 얻었고, 총지(總持: 비구니 이름)는 그의 살을 얻었으며, 도육道育은 그의 뼈를 얻었고, 혜가慧可는 그의 골수를 얻었다."라고 말한 것처럼, 나의 신앙이 어느 정도에 올랐는지에 따라 부처님 역시 그 신앙 정도를 따라옵니다. 저 역시 우리의 불교도가 신앙이 축소되지 않기를 기원합니다. 집착과 편견은 부처님을 인지할 수 없게 하고 부처님과 우리와의 거리를 갈수록 멀게 만듭니다. 여러분이 부처님의 모습이 어떠한지 보고 싶다고 해도, 그건 지식으로써 분별하는 세계가 아니라 신앙의 단계이기 때문에 여러분의 이해와 실천이 가장 궁극적인 곳에 도달하면 부처님의 법신 가운데 당신이 살아있음을, 부처님 역시 당신의 마음속에 존재함을 느낄 수 있을 것입니다. 이것이 바로 "마음은 태허를 감싸고, 무량한 세계는 마음에 있다."입니다. 부처님은 어느 한 지방적 색채를 띤 신명이 아니고 33천天 중 어느 한 천의 천주天主도 아닙니다. 깨달은 자이자, 진리의 실현자인 부처님은 당신이 지극히 높은 신앙으로 실천을 해야만 부처님이 어디 있는지 느낄 수 있습니다.

인간불교는 불교의 참모습으로 환원하는 것이다

제행무상·제법무아·열반적정의 '삼법인三法印'에 의거해 상세히 서술한 이 수많은 근본불법은 간단하게 언급할 수밖에 없습니다. 사실 부처님의 광대무변한 증득의 경지는 말로써 다 설명할 수 없고, 마음으로 생각하여 도달할 수 없습니다. 심지어 결집된 『아함경』 등의 경전과 각종 형태의 언어학술 어느 것 하나 부처님의 무상·무주·무념·무변의 경계를 말로 다할 수 있는 것이 있습니까? 오로지 당신 마음에 이러한 경계가 있어야 부처님이 확실히 당신의 심중에 존재할 것입니다. 오늘 인간불교를 설명하지만, 우리는 인간에서 출발해 부처에 도달하기까지 부처의 이러한 순서와 차례에 의지해 천천히 자신을 넓혀 나가야 합니다.

이른바 자신을 넓힌다는 것은 자타가 한 몸이고, 사물이 나인지 내가 사물인지의 경계를 잊고, 고금이 같은 몸이라는 것입니다. "옛 사람은 지금의 달을 보지 못하나, 지금의 달은 옛 사람을 비춘 적이 있다."라고 말합니다. 여러분은 일월성신이 되길 원치 않습니까? 여러분은 생명을 일월성신에 비교하지 않습니까? "장강의 뒤 물결은 앞 물결을 밀고, 세상의 신세대는 구세대를 밀어낸다."라고도 합니다. 새 사람은 어디서 온 것일까요? 우리의 생명체가 순환하고 있다는 것 아닐까요? 당신은 왜 당신 과거의 자신을 보지 않습니까? 소위 '부모가 나를 낳기 전'의 본래 모습을 보지 않습니까? 봄 강물이 동으로 흘러가는 것처럼 말입니다. 봄 강물은 흘러 어디로 갈까요? 흘러 흘러서 결국 다시 돌아오지 않던가요? 이처럼 생명이 죽지 않고 법계가 순환한다는 사상은 널리 세상을 구하는 희망입니다. 우리의 인간불교 신앙을 이와 같은 지고무상한 바탕 위에 세우지 않고 또 어디에 뿌리내리겠습니까?

그래서 인간불교와 전통불교는 가를 것이 없음에도, 그저 개인이 자신의 분별하는 경계에 따라 억지로 자신의 정도를 가지고 불교를 분열시킨 것입니다. 유식학자가 말하는 '일수사견一水四見'처럼 말입니다. 천인天人이 물을 보면 유리라 하고, 인간이 물을 보면 넓은 강과 바다라 하며, 물고기가 물을 보면 자신들의 궁전이라 하고, 만일

수월관음보살상水月觀音菩薩像/고려 충숙왕 10년(1323)/서구방徐九方/
견본설색/165.5㎝×101.5㎝/일본 교토 사쿄구 센오쿠하쿠코칸 소장

악귀도의 중생이 물을 보면 피고름이라 합니다.

　우리는 불법승 삼보의 참뜻을 이해했을 수 있습니다. 그럼 도대체 본래의 모습이란 무엇입니까? 인간불교라고 해도 좋고, 전통불교라고 해도 좋고, 동서남북 어디의 불교라고 해도 다 좋습니다. 사실 진리 위에서는 일체 분별이 없고, 그저 여러분이 거기에 스스로 집착하고 스스로 이러쿵저러쿵하는 것뿐임을 직접 알아차려야 합니다.

　현대의 사회인들은 저마다 긍정적인 인생, 행복한 인생, 희망적인 인생, 미래가 있는 인생은 좋아하면서, 우리 다 같이 선양하고 발전시키며 부처님이 본래 품은 뜻으로 돌아가자는 것인데. 이런 인간불교가 가치가 없는 것일까요? 인간불교 제창이야말로 불교의 미래이며, 인간세계의 한 줄기 밝은 빛입니다. 과거의 전통적이고 부정적이며, 편향적이고 왜곡된 불교에 빠지지 말아야 합니다. 오늘날 우리가 인간불교를 제창하는 것은 불교가 가지고 있는 참된 모습으로 되돌리자는 것입니다. 긍정적인 불교, 초월적인 불교, 자아가 원만한 불교로 말입니다.

　종합하면, 부처님의 교의는 간단한 것을 중시하고, 평화를 중시하며, 세상의 인아 일체와 인간에 기쁨과 행복, 자재해탈을 가져다주는 것을 중시합니다. 각종 설법, 대규모의 강연이든 개인적인 가르침이든, 또 출가자에 대한 것이든 재가신도에 대한 것이든 인심을 정화하고 사회 화합에 유익하다면 모두 부처님의 법입니다. 부처님은 교시가(제석천)에게 "세간의 진실 되고 착한 말과 미묘하고 좋은 말은 모두 나의 법 중에서 나온 것이다."(『대지도론大智度論』)라고 말씀하셨습니다. 사람이 저마다 번뇌하는 가운데서 자신을 순화시키고, 평범하고 속된 가운데서도 세계를 승화하며, 상에 집착하는 가운데서도 무한하고 변함이 없고 끝이 없는 법계까지 초월시키는 것이 부처님과 같은 법성진여를 갖추는 것이자, 대원경지(大圓鏡智: 사지四智의 하나)한 법신과 한 몸이 되는 것입니다.

  이 글을 마치면서, 여러분이 보고 느끼는 오늘날의 불교가 현상과 이치를 한 몸으로 보고, 인아人我경계를 분별하지 않고, 남녀와 만물을 평등하게 존중하여, 나는 중생 가운데 있고 중생 가운데 내가 있다고 하신 인간의 부처님처럼 될 수 있기를 바랄 뿐입니다. 우리가 깨달음을 얻어 부처가 되는 것 역시 인간을 떠나서는 안 되며, 허공을 떠나서도 안 됩니다.

제4장

불교가 중국에 전해진 이후의 발전

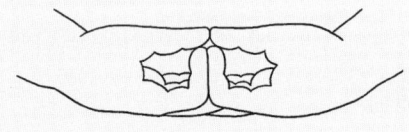

불교는 인도에서 발원하여 중국까지 광대하게 발전하였습니다. 중국의 승려가 서역으로 경전을 가지러 가거나 또는 서역의 승려가 동쪽으로 홍법하기 위해 오면서, 수백 년의 세월을 거친 불교는 중국의 문화와 풍습, 그리고 생활에 스며들어 중국문화와 떼려야 뗄 수 없는 중요한 정수가 되었습니다. 그리고 불교의 3대 어계語系인 중국어계, 티베트어계, 팔리어계 중 2대 어계가 중국에 있습니다. 이로써 불교가 중국의 발전에 끼친 영향을 볼 수 있습니다.

  불교는 중국에 어떠한 영향을 끼쳤을까요? 생활 속에서는 먹고 입고 머물고 다니고 하는 의식주에 널리 영향을 끼쳤고, 공익에서는 의학義學 설립, 숲 조성, 불도호佛圖戶 설립, 장생고(長生庫: 사찰에서 돈을 빌려주고 이자를 받던 금융기구) 설치 등을 하였습니다. 예술에서 보면 중국문화는 건축, 조각, 회화, 서예 등 불교의 영향을 받지 않은 것이 없습니다. 문자에서는 경전 번역으로 인해 평소 중국인들이 사용하는 단어와 문학 창작에 있어서 어휘가 풍부해졌습니다. 그래서 역대 이래로 도연명陶淵明, 사령운謝靈運, 왕유王維 등과 같은 문인들이 인간불교와 깊고도 두터운 인연을 맺었습니다.

  그러나 본문에서는 중국에서 불교가 몰락하게 된 열 가지 원인을 지적합니다. 중국 전통 종교들의 배척, 전제정치 하에서의 제왕의 훼불사건, 경참밀교經懺密敎의 성행, 도덕신앙의 타락 등은 모두가 깊이 생각해볼 만한 문제들입니다.

소위 '인간불교'는 어느 지역 또는 어느 개인의 불교가 아닙니다. 앞에서도 서술했듯이 인간불교는 부처님의 교법이자, 부처님이 인간을 위해 설법하신 종교입니다. 부처님이 인간에서 태어나 성불하시고, 중생을 이롭게 하는 법을 펼치신 3장藏 12부部 경전 등은 모두 인간을 위해 설한 것이며, 대승불법의 정토관입니다. 소위 사바세계가 곧 정토이고, 번뇌가 곧 보리이며, 마음이 깨끗하면 국토가 깨끗하다는 등은 모두 부처님이 우리에게 사람을 근본으로 삼아 인간세상을 떠나지 말고, 도의 이치를 깨우치는 것 역시 반드시 인간세상에서 완성해야 한다는 가르침입니다. 선종의 육조 혜능대사께서 "불법은 세간에 있으니 세간을 떠나서는 깨달을 수 없다."고 말씀하신 것처럼 일체의 법은 진리 아닌 것이 없고, 일체의 법은 모두 인간불교입니다.

부처님 열반 후에 제자들은 불법을 각지에 널리 전하여 아시아 세계의 공통된 문화가 되었으며, 21세기 현재에 이르러서는 이미 세계 최대의 종교 중 하나가 되었습니다.

불교가 중국에 전해지고, 동한東漢 명제明帝 영평永平 7년(64년)에 정식으로 박사 채음蔡愔 등을 서역에 보내 불법을 구하게 했는데, 채음은 월지국月氏國의 가섭마등迦葉摩騰과 축법란竺法蘭 두 승려를 낙양 백마사白馬寺로 모셔왔습니다. 이로써 불교는 중국에서 정식으로

영암사 나한상靈巖寺羅漢像/북송 치평治平 3년(1066)/진흙/
높이 약155㎝/산동 제남

황제로부터 시작되어 서민층까지 널리 퍼져나가기 시작했습니다.

  동한 시기부터 지금까지 불교는 중국에서 2천여 년을 전해 내려오면서 중국의 정치, 경제, 문학, 언어, 예술, 음악, 건축 등 다방면에 스며들어 융합되면서 현지화 되는 등 깊은 영향을 끼쳤고, 더 나아가 한국, 일본, 베트남 등의 국가로 널리 퍼져나가 동아시아 문명의 초석이 되었습니다.

이와 같은 발전 효과가 탄생할 수 있었던 원인은, 사실 중국불교가 원시불교와 대승불법의 인간적 성격과 적극적인 입세간의 정신을 계승하고 더욱 발전시켰기 때문입니다. 그러므로 위로는 제왕과 대신으로부터, 아래로는 일반 백성에 이르기까지 심후한 불교의 문화 속에서 생활하지 않는 사람이 없었습니다. 이것이 가장 중요한 원인이라 말할 수 있습니다.

　역대 왕조를 거치면서 불교가 흥하고 쇠퇴하기를 반복했지만, 승가와 신도 이부대중은 인간 부처님이 본래 품은 시교이희示敎利喜의 뜻을 견지하고, 중생을 이롭게 하는 사업을 중시하며, 국가의 정치지도자를 보좌하고, 사회 대중을 따뜻이 보살피며, 모든 생물을 복되게 하면서 중국문화를 건설했습니다. 역대 고승대덕의 모습에서 부처님이 인간에 드러내신 모습과 인간불교 정신을 드높이는 것을 도처에서 볼 수 있습니다. 고승대덕 중에는 황제를 보좌하는 국사를 맡은 분도 계셨고, 서역에서 경전을 들여와 번역과 문화교류의 일을 한 분도 계셨습니다. 총림을 세우거나 청규를 제정한 분도 있었고, 석굴을 굴착하거나 숲을 조성하기도 하고, 정미공장을 개설하거나 무진장을 실시하기도 했으며, 다리를 수리하거나 길을 닦고, 대피소를 제공하거나 승려를 구호하는 데 종사하고, 무상 의료 진료를 하고, 교육과 강연을 하고, 계를 전하며 바른 법을 지키는 등 인간불교를 가일층 발전시키지 않은 것이 없습니다. 오늘 우리는 이러한 정신을 계속 이어서 발전시켜 나가야 합니다. 그래서 이번 장에서는 지난 역사를 되돌아보고 그것을 오늘날의 거울로 삼기를 기대합니다.

1. 인간불교의 생활예절

입고 먹고 머물고 다니는 의식주행은 일상생활에서 없어서는 안 될 것입니다. 설령 깨달은 자가 된 부처님일지라도 의식주행의 인간생활을 떠날 수는 없습니다. 오승五乘 불법 중에서 입세간의 생활이 필요한 인천승人天乘에서 성문승聲聞乘의 출세사상까지, 대승보살도 아래에서 이 인천, 성문, 연각을 융합시킨 것을 보살도의 보리심이라 부릅니다. 보리심이 곧 인간불교입니다.

이번에는 의식주행 등 생활예절에서부터 불교가 동쪽으로 전해져 중국에 이른 뒤 발전된 상황을 서술하려 합니다.

식食

"백성은 먹을 것을 하늘처럼 여긴다." 했듯이, 먹는다는 것은 인생에서 중요하고도 큰일입니다. 오늘날 중국인의 음식문화 속에서도 불교가 가져온 깊고도 유구한 영향을 볼 수 있습니다. 우리가 항상 먹는 야채나 과일 중 절반 이상은 모두 불교가 동쪽으로 전파되면서 따라온 것이며, 서역 실크로드를 따라 들여온 외래품종입니다. 예를 들어 보리, 메밀, 강낭콩, 완두콩, 가지, 멜론, 포도, 수박, 석류, 토마토, 오이, 호두, 당근, 시금치, 잭푸르트(바라밀) 등은 중국인 일상생활의 주된 식재료가 되었습니다. 만일 이 많은 야채가 없었다면 중국의 수많은 인구가 생활하는 데 얼마나 큰 불편을 주었겠습니까?

야채 외에도 아침에 죽을 먹는 중국인들의 습관 역시 불가의 문화와 관련이 있습니다. 경전에는 죽을 먹는 것은 소화가 잘 되고, 배고픔을 덜고, 장수에 도움이 되는 등 여러 가지 장점이 있다고 기록되어 있습니다. 이것이 점차 백성들의 아침 음식의 하나로 자리매김 했습니다. 또한 부처님이 깨달음을 얻은 것을 기념하고자, 해마다 음력 12월 8일에 사찰에서는 랍팔죽(臘八粥: 팔보죽八寶粥)을 끓여 사회 대중에게 나눠주고 있습니다. 이렇게 이어져 온 랍팔죽은 이미 중국 문화의 하나가 되었고, 전 세계 화인華人들의 중요한 경축행사의 하나가 되었습니다. 국내외 불광산 도량에서는 매년 이날 랍팔죽을 대중에게 공양하고 있는데, 그 숫자만도 백만 그릇이 넘습니다.

선禪과 차茶는 한 맛이라, 차 마시는 것이 의궤에 녹아들다

두 번째로 중국인이 차를 마시는 것 역시 고대 총림의 차 문화의 촉진과 관련 있습니다. 대청에서 차를 올리는 것이 손님 접대의 도리인 것처럼, 일반 승중이 모여 차를 마시는 것을 '보차普茶'라고 합니다. 특히 선승은 참선할 때 정신이 몽롱하고 늘어지는 것을 가장 두려워하는데, 차는 정신을 깨우고 머리를 맑게 하는 작용을 해 승려에게 적합한 음료가 되었습니다. 더 나아가 차를 마시는 것은 선방의 청규 중의 예절과 직무 등과 같이 선방의 의궤와 생활 속에 녹아들었습니다. 선종의 '조주차趙州茶'와 같이 사람들 사이에 널리 회자되는 공안에서 우리는 차가 중국문화에 끼친 영향을 엿볼 수 있습니다. 또한 선 수행자의 정신을 깨워가며 또 다른 경지에까지 오르도록 도와주었으니, 공헌도가 매우 크다고 할 수 있습니다.

오늘날 세계에서 향유하고 있는 명차의 대부분이 승려와 인연이 있습니다. 예를 들어 강소성 동정산洞庭山의 '벽라춘차碧羅春茶', 복건성 무이암차의 '대홍포大紅袍', 항주 옥천사玉泉寺의 '용정차龍井茶', 그리고 서쌍판납(西双版納: 운남성 남단에 있는 타이족 자치주)의 '보이차普洱茶' 등이 모두 불문에서 나온 차 종류들입니다.

대부분 소나 양고기를 주식으로 하고 있는 티베트 사람들이 보이차로 소화를 돕지 않았다면 생존이 쉽지 않은 생활이었을 것입니다. 전국의 차 생산지는 대부분 사찰이 가까운 명산대천에 있으며, 여기서 전 국민이 마시는 차를 제공합니다. '선과 차는 한 맛이다(禪茶一味)'는 바로 이러한 문화와 결합된 것입니다.

더 나아가 당나라 때 감진鑑眞대사가 차를 가지고 일본에 도착한 것이 일본 차 문화의 시초가 되었습니다. 송나라 때 에이사이(榮西)선사가 중국에서 유학하고 일본으로 돌아가 적극적으로 차 마시는 문화를 선양하여, 일본은 불교를 통해 중국문화를 흡수하였고 자신들 나름의 '다도문화'를 꽃피웠습니다. 차 문화의 선양과 중국문화의 전파에 대한 불가 승려의 영향은 실로 지대하다고 봅니다.

이외에도 불교가 세계에 행한 가장 큰 공헌은 채식문화의 실천과 보급입니다. 일찍이 부처님이 세간에 계실 때는 당시 사회풍습을 따르기 위해 승려가 탁발 걸식하면서 성긴 음식이라도 가리지 않았고, 신도가 공양 올리는 데 편리하고 먹기 편하도록 하기 위해 육류와 채식 요리의 분별이 없었습니다.

불교가 중국에 전파되고 탁발 걸식이 지리와 기후, 문화정서상 적

도쇼다이지 감진화상상唐招提寺鑑真和尚像
나라시대(710~794)/건칠/높이 80.1㎝/일본 나라

합하지 않았기에 한 곳에 머물며 중생에게 포교하는 것이 일반화되었습니다. 그래서 사찰은 창고와 주방 등을 두어 스스로 음식을 해 먹게 되었습니다. 중국불교가 채식을 제창하는 것은 자비의 정신을 실천하기 위해서이며, 거기에 유교의 "동물을 대할 때 군자는 그 살아있는 것을 본 다음에는 차마 죽는 것을 보지 못하고, 그 소리를 들은 다음에는 차마 그 고기를 먹지 못한다."라는 사상의 영향이 더해

져 채식이 중국불교의 일상습관과 계율을 받아 지키는 생활의 특색이 되었습니다. 불교와 유교의 문화 결합은 현재 세계적으로 채식이란 훌륭한 생활습관을 이루었으며, 인간불교가 생명을 존중한다는 중요한 이론이 되었습니다.

불교가 비록 육식을 반대하지는 않지만, 생명을 해하거나 죽이지 말라는 주장에는 자비와 평등, 생명은 다 하나라는 정신이 가득 들어 있으며, 현재 제창하는 환경보호와 생명보호의 이념과도 서로 상응합니다.

의衣

이제 의복문화에 대해 얘기해 보려 합니다.

중국의 복식은 위진남북조 시기 이후 불교와 아시아 문화의 영향을 매우 크게 받았습니다. 의복의 양식이나 색채의 선택 사용 면에서나 모두 커다란 전환점과 개혁을 맞이했습니다. 중국문화를 대표하는 당나라 시대 여인의 옷차림에서도 불교와 중국문화가 융합된 성과를 볼 수 있습니다.

당나라 여인들은 서역에서 건너온 석류군石榴裙이라는 치마를 즐겨 입었는데, 석류처럼 굉장히 붉은 색이라 이런 이름이 붙여졌습니다. 머리장식은 불교 비천도에서의 '비천계(飛天髻: 머리를 양쪽으로 나누어 둥글게 틀어 올리는 형태)'와 석가모니불의 발계(髮髻: 틀어 올린 상투 형태)에서 변형되어 나온 라계(螺髻: 소라머리) 등이 모두 당시 궁중의 아녀자들이 좋아하던 머리 형태였습니다. 이외에도 영락

瓔珞은 원래 불보살의 목에 걸던 장신구입니다. 이 또한 불교가 중국에 유입되면서 아녀자와 기녀가 좋아하는 액세서리가 되었습니다. 그리고 복장의 문양에서는 인도의 '인동문忍冬紋', '연화문蓮花紋', '팔길상문八吉祥紋' 등을 개발하였는데, 모두 불교의 문양에서 온 것입니다.

특히 지금까지도 중국 승려가 입는 장삼과 도포(해청海靑), 심지어 왼쪽 어깨에만 걸치는 가사가 모두 인도에서 건너와 한漢나라의 대표복장이 되었으니, 이로 볼 때 현대 승려들이 여전히 중국문화의 전통을 유지하고 있다고 할 만합니다.

주住

거주 이야기를 할 차례입니다. 불교는 자연을 숭상합니다. 또 수행자는 대부분 물욕에 담백하고 자연과 벗하기를 좋아합니다. 부처님이 세간에 계실 때는, 인도 날씨가 너무 더워 제자들은 하루 한 끼만 먹고 나무 아래에서 잠을 잤고, 어떤 비구는 산간에 나무를 엮어 머물면서 편안히 여생을 마감할 수 있었습니다. 그러나 중국의 어떤 지방은 사물이 꽁꽁 얼어붙는 것 같은 추위가 있고 큰 눈이 펄펄 날리는 날씨도 있으니, 그런 상황에서 아무 곳에나 마음 놓고 거주할 수가 있겠습니까? 이런 이유로 사원이 건설되었습니다.

중국 최초의 사원은 동한 시기 영평永平 연간에 세워진 홍려사(鴻臚寺: 일명 백마사)입니다. 그곳은 원래 정부 당국에서 귀빈을 접대하던 관청이었지만, 인도의 가섭마등과 축법란 두 스님이 오랫동안 머

백마사 산문白馬寺山門/하남 낙양

물게 되면서 후에 국가의 귀빈 접대 시설인 '사寺'가 중국 승려가 거주하고 수행하는 도량이 되었습니다.

'사寺'뿐만 아니라 후에 중국불교는 건축 면에서 '원院', '암庵', '강당講堂' 등의 여러 가지 명칭이 불교의 거처를 지칭하는 말로 늘어났습니다. 심지어 불교사원 건축의 우뚝 솟고 장엄함은 중국문화 건축의 특색이 되었으며, 황궁 건설에도 불교궁전의 양식을 참조했습니다. 더 나아가 중국 농촌의 줄지어 늘어선 가옥 역시 불교 승려의 단체 거주지 모습에서 영향을 받았습니다.

소위 "마조가 총림을 세웠고, 백장이 청규를 만들었다."는 말이 있듯이 후에 중국불교에 전장典章제도가 생겨나면서 역대 왕조는 불교 규범의 영향을 받았고, 주거의 규정 역시 상당히 개선되었습니다.

　민간 대중이 힘을 모아 건축한 사원도 많지만, 황실의 명령으로 건축된 것도 있습니다. 예를 들어 금산金山의 강천선사江天禪寺, 남경南京의 서하고사棲霞古寺 등은 황제의 명으로 건축된 사찰이라는 명성 덕분에 국립사찰이 되었는데, 대부분 규모가 웅대하고 기세가 비범합니다. 이외에도 중국의 서부와 북부에 두루 퍼져 있는 낭떠러지 절벽을 뚫어서 이루어진 동굴사원은 변경지역 대중의 마음을 위로하는 역할을 하였습니다. 이 역시 중화 문물의 보고寶庫입니다.

　종합하자면, 불교는 지금까지 사원 건축에서 이미 다양한 풍격과 면모를 드러냈으며, 인간을 위해 다채로운 색을 더해주었습니다. 시대적 요구에 순응하여 변화하는 모습을 통해 인간불교의 전파 여정을 엿볼 수 있습니다.

행行

걷는다는 것은 불교에서 매우 중시하는 문화입니다. 일찍이 부처님 세간에 계시던 시절, 인도 승려가 차례대로 탁발하는 경우를 예로 들어보겠습니다. 비구들은 걸으면서 시선은 전방을 주시하고, 마음은 흐트러지지 않으며, 두 팔은 반듯하고 자연스럽게 흔들며, 걸음걸이는 의젓하고 속도를 맞춰 천천히 걸어갑니다.

　중국에서 불교가 '3천 가지 위의威儀와 8만 가지 세행細行'을 강조하는 것은 곧 가고 멈추고 앉고 눕고 하는 일상생활 속에서 모두 위의에 맞게 행동해야 함을 중시하는 것입니다. 소위 '걸을 때는 바람처럼 가볍게, 앉을 때는 종鐘처럼 단정하게, 설 때는 소나무처럼 꼿꼿하게, 누울 때는 활처럼 부드럽게'란 말은 수도자는 내면에서 외경까지 행동예절에서 장엄하고 올바른 기상이 드러나야 한다는 것입니다.

특히 불문에서는 열 맞추기 예절을 매우 중시합니다. 사찰의 승단은 아침저녁 예불을 거행하거나 법당을 출입할 때에도 항상 열을 맞춰야 합니다. 길을 걸을 때 위의를 갖추는 것도 중시하지만, 그 외에도 특별히 가지런하게 대형을 갖추는 것 역시 강조합니다. 열을 맞춰 행동하는 이와 같은 훈련을 통해 공간과 시간에 대한 빠른 속도감을 배양할 수 있으며, 선후를 다툴 필요가 없습니다. 이 역시 인간불교에서 반드시 필요한 수행입니다.

특히 현대사회는 서로 밀치고, 줄 서지 않고, 공공장소에서 큰소리로 대화하는 것도 모자라 고성방가까지 하는 일들이 많습니다. 말하다 보니 이러한 열을 맞추는 문화가 지금 더욱 절실히 필요한 것 같습니다. 만일 중국불교의 작은 소리로 말하기와 위의를 갖춰 걷기, 차례차례 줄을 서는 행동예절들을 생활 속에서 교육하고, 거기에 더해 중국 전통 사대부의 온화한 태도와 교양 있는 행동을 더한다면 더욱 질서 있고 평온한 사회가 될 것입니다.

중국불교는 선종이 달마대사의 깨달음의 상징인 한 송이 꽃에서 혜가·승찬·도신·홍인·혜능으로 이어지면서 다섯 잎이 맺히고(一花開五葉), 선종이 발전하는 과정에서 다섯 개와 일곱 개의 종파(五

家七宗)로 나눠진 뒤, 종파도 많아지고 규칙 또한 많아졌습니다. 종판鐘板으로 행의行儀를 전달하는 것을 중요시하고, 아침에는 범종을 울리고 저녁에는 법고를 치는 것까지도 각 종파 나름의 일정한 규칙이 있습니다. 비구들의 참학參學과 다른 사찰에 머무는 것, 사찰 간의 방문 교류, 각 사찰의 여러 기념일 등에 이르기까지 모든 산과 사원은 총림의 행동규범에 따르며 서로 왕래하는 데 실례가 되지 않도록 합니다.

생활수행은 불문의 예의를 여실히 표출한다

인간불교가 생활수행을 중시한다는 것은 다섯 차례의 불공과 세 끼 공양, 불제자들의 예의바르고 절도 있는 행동을 통해 완전히 표출되고, 이로 인해 신도의 공경과 존중을 얻을 수 있습니다. "거불擧佛의 음성은 물이 천천히 흐르듯 하고, 독경하며 길을 걸을 때는 기러기가 날아가 듯하며, 합장한 두 손 가슴 앞에 모으면 물을 모아쥔 듯하고, 몸을 일으키면 머리 위에 그릇을 올린 듯 조심한다."라고 했습니다. 이 수많은 훌륭한 생활습관은 모두 부처님의 예의범절 가르침으로부터 나왔습니다. 송나라 때, 유학자 정이程頤는 정림사定林寺 승려들이 위의를 가지런히 갖춘 모습으로 법당에 드는 광경을 목격하고 "삼대三代의 예악禮樂이 이곳에 모두 있구나!"라고 찬탄했다고 합니다. 이것은 불문의 예의가 긍정적인 평가를 받았다는 가장 좋은 예입니다. 중국인의 의식주행의 일상생활은 불교의 영향을 많이 받았다고 말할 수 있습니다. 그래서 중국문화와 인간불교 모두 부처님과 요원한 듯하면서도 서로 호응됩니다. 현재의 교계에서 특히 불교의 승려는 인간불교라는 지극히 중요한 생활수행에 대해 알아야만 합니다.

 소위 인간불교는 바로 인간이 필요로 하는 것이고, 의식주행은 모두 인간생활에 필요하듯, 인간불교 역시 인간이 필요로 하는 것을 생각해야 합니다. 인간불교의 수많은 규정, 격식, 규율 등이 우유에 물 탄 듯 중국문화에 녹아들어 이미 불가분의 관계가 되었습니다. 그래서 현재 불교도는 중국문화와 인간불교의 발전을 중시하고, 부처님이 본래 품은 뜻으로 돌아가도록 노력하고 힘써야 합니다.

2. 인간불교의 사회 자선사업

계속해서 인간불교의 공익 자선구제 활동에 대해 말해볼까 합니다.

 불교가 인도에서 중국 및 세계 각지로 전파되고 그곳의 인간사회에 널리 받아들여지게 된 가장 중요한 원인은 불교가 생계유지에 대한 공헌과 중생의 복지사업에 중점을 두고 인간의 생활 속 문제 해결에 적극 협조했다는 데 있습니다.

 당초 부처님은 시교이희를 위해 세간에 나오셨고, 실천하신 것 역시 중생을 이롭게 하는 공익사업이었습니다. 부처님은 세계에서 가장 위대한 자선가이자, 인류의 봉사자입니다. 부처님은 휴가도 없었고, 월급을 받은 적도 없었으니, 현대의 봉사자들은 부처님을 조사라 여겨야 할 것입니다.

후에 불제자들은 부처님의 가르침대로 실천하며 중생을 이롭게 하는 법을 널리 펼치고, 자신을 이롭게 함으로써 타인을 이롭게 하였습니다. 부처님이 세상에 계실 때에 우바리 존자와 차마差摩 비구가 병자를 살펴보고 의약품을 제공하였으며, 급고독 장자와 비사거毗舍佉 부인이 널리 보시를 행하였으며, 빔비사라 왕은 전국 7천 명의 이장里長들을 부처님께 귀의토록 종용하였습니다. 더 나아가 훗날 아육왕(아쇼카왕)은 무차대회無遮大會, 약장고藥藏庫, 복덕사福德舍를 설치해 여행자와 가난하고 병든 자에게 의외과 약 등을 제공했습니다. 이 모든 것이 불교가 사회공익과 자선사업의 선구였음을 보여줍니다.

불교가 중국에 전해진 뒤, 예로부터 고승대덕과 역대의 불교도 역시 부처님의 가르침대로 수행과 자선, 그리고 사회에 봉사를 해왔습니다. 의학(義學: 공공 교육기관)을 설립하고, 숲을 조성하고, 황무지 개척하여 밭을 개간하고, 우물을 파 물을 나눠주고, 길을 닦고 다리를 보수하고, 수리시설을 건설하고, 죽을 나눠주고, 방앗간을 운영하고, 긴급재난구조를 하고, 불도호佛圖戶와 장생고長生庫, 무진장원(無盡藏院: 낮은 이자로 대출해주는 금융기구)과 비전양병방(悲田養病坊: 가난하고 병든 자를 위한 병원) 등을 설치한 것이 그 예입니다. 이른바 "홍법弘法은 집안일이고, 이생利生은 사업이다."라고 했습니다. 중생에게 이로움을 줄 수 있는 일체의 가르침은 불제자가 마땅히 해야 하는 본분이자 보살도의 실천입니다. 또한 인간불교를 사회 대중에게까지 넓혀야 합니다. 다음 몇 가지 예를 들어 설명하겠습니다.

제4장 불교가 중국에 전해진 이후의 발전

의학義學 설립

부처님이 승단을 건립해 제자를 교육한 것이 불교의 첫 번째 의학(의숙)입니다. 부처님이 각지를 다니시며 교화를 행하실 때 인연 따라 민중을 깨달음으로 인도한 것이 바로 불교의 지역사회 교육의 시초입니다. 과거 중국 승려는 학식이 풍부해서 사회의 스승이라 여겨졌고, 수많은 문인학생들이 자주 찾아와 가르침을 청하고 의문을 해소하곤 했습니다. 사찰에서도 의학, 사숙, 학당을 설치하고 이름난 스승과 대덕을 모셔와 강학하기도 했습니다. 심지어 학생들의 교실이 되는 법당, 도서관에 해당하는 장경루藏經樓는 시방세계의 학생과

나란타사유지那爛陀寺遺址 사리불탑/인도 비하르 주

사회문인 선비들에게 독서할 환경을 제공해주었으니, 총림사찰은 이렇게 사상과 지혜의 장소가 되었습니다.

역대 이래로 사찰에 기숙하면서 학업을 완성한 장원진사가 적지 않았습니다. 당나라 때 현명한 재상 적인걸狄仁傑, 진사 출신 양정楊禎과 이단李端, 왕파王播, 재상 출신 이신李紳, 서상徐商, 위소도韋昭度 등이 그 예입니다. 그리고 '다성茶聖'이라 불린 육우陸羽는 어려서부터 사찰에서 자랐고 훗날까지도 대대로 전해지고 있는『다경茶經』을 저술하기도 했습니다. 또한 송나라 때 대신인 왕안석王安石, 범중엄范仲淹, 호애胡瑗, 여몽정呂蒙正은 젊을 때 사찰에 머물며 열심히 공부하여 성공하였습니다. 근대에 와서는 장개석(蔣中正) 선생 또한 절강의 설두사雪竇寺에서 공부한 적이 있었고, 양수명梁漱溟은 북경대학 입학시험에 응시했다가 불합격하여 사찰에 머물면서 불학 및 인도철학 연구에 매진하여 북경대학 총장 채원배蔡元培 선생의 마음에 들어 파격적으로 북경대학 교직에서 일하는 영예를 얻게 되었습니다.

이밖에도 서원書院의 설립 역시 불교 총림의 영향을 받았습니다. 유명한 악록서원嶽麓書院은 일찍이 지선智璿 등 두 스님이 설립하였고, 남송 때 성리학자인 주희도 이곳에서 강의한 적이 있습니다. 원나라 이후 서원은 향학으로 불리긴 했지만, 여전히 인재 배출의 역할을 하는 장소였습니다. 이 모두 불교 의학 설립 기풍의 영향을 받아 사회교육 발전에 도움을 준 것입니다.

자원육성과 산림조성

불교는 예로부터 생태환경 보전을 중시했습니다. 산비탈의 밭을 개간하고 산림을 보호하는 일에 적지 않은 공이 있습니다. "천하 명산에는 승려가 많이 있다."라고 한 옛 말이 그 예가 아니겠습니까? 역대의 출가자들은 가시덤불을 헤치고 나아가 산을 개간해 사찰을 지은 뒤에는 나무를 심고 숲을 가꾸며 수원水源을 보존하였습니다. 자연환경을 아름답게 가꾸는 것은 물론, 특히 수분과 토양의 보존에 더욱 힘써 자연재해를 방지함과 동시에 생태환경 역시 보호하였습니다.

송나라 때 형산衡山 복엄선원福嚴禪院의 성교省橋 장로는 제자들을 이끌고 선원 주위 백 리에 삼나무 10만 그루를 심었습니다. 무준사범無準師範이 주지를 맡고 있는 경산사徑山寺는 소나무와 삼나무 수백만 그루를 심었습니다. 그리고 잘 알려진 임제臨濟 선사는 소나무를 재배하였습니다. 이 많은 승려들이 산문을 장엄하게 만들었을 뿐만 아니라 후세 사람들에게 모범을 보이셨습니다. 또한 명원明遠대사는 소나무와 삼나무를 심고 녹나무와 전나무 1만 그루를 심어 사주(泗州: 안휘성 지방)의 수재를 해소하였습니다. 명희선원明僖禪院의 희문希問 선사는 의발衣鉢을 걸어 소나무와 잣나무 수천 그루를 심어 거친 물살을 약화시켰습니다. 북경의 담자사潭柘寺, 계태사戒台寺 등 수많은 천년고찰은 지금까지도 하늘을 뒤덮듯 울창한 고목 숲을 만들어 사람들에게 예스러운 정감을 느끼게 합니다. 소위 "앞사람이 심은 나무가 뒷사람들에게 시원한 그늘을 드리우게 한다." 했듯이 이 모두가 진귀한 자연유산이 되었습니다.

황무지와 산비탈 밭을 개간하다

불교가 동토에 전해지고 중국 선종에는 "마조가 총림을 세우고, 백장이 청규를 만든다."는 말처럼 사찰에 황무지를 개간하고 직접 경작하여 자급자족하는 경선농선經禪農禪의 생활이 생겼습니다. 황무지 개간은 대부분이 산에 있는 밭과 바다를 메워 만든 해도전海塗田을 위주로 하였습니다. 상산象山의 영정永淨스님은 산에 있는 밭 300무畝를 개간했고 도해道楷 선사는 호수를 메워 밭을 만들어 농경지를 넓혔습니다. 절강의 천동사天童寺에서는 해도전을 개간하여 3천 곡斛의 세입을 늘렸습니다. 이 수많은 사찰은 자급자족뿐만 아니라, 지역사회 건설도 태동시켰습니다.

방아와 기름 제조

중국은 농경을 근본으로 설립된 나라이며 백성은 쌀을 주식으로 합니다. 과거 농촌에서는 인력으로 쌀을 찧는 데 시간과 힘을 소비했습니다. 당송 시기에 들어 사찰은 방아, 쌀을 찧는 공장 등을 설립하기 시작했습니다. 예를 들면 명주明州 천동사天童寺, 맥적산 승선사勝仙寺, 숭과원崇果院 모두 물레방아를 설치했습니다. 태주台州 혜안원惠安院, 능가원楞伽院 또한 각기 설치하여 그곳 민중에게 도움을 주었을 뿐만 아니라, 사찰도 많은 불편을 해소하였습니다. 심지어 사찰에서 기름 제조공장을 설립하여 사찰 수입에도 도움이 되고, 농업경제 가치 역시 증가시킨 경우도 있었습니다.

천동사 불전天童寺佛殿/절강 영파

빈민구제 사업

과거에는 천재지변이나 전쟁, 인위적 요소 등이 빈번히 발생하여 백성이 대부분 곤궁하였습니다. 이때 불교는 정신적인 스승 역할 외에도 도움의 손길을 뻗어 구제해주는 생활의 의지처가 되었습니다. 불교사찰은 빈민구제 사업에 여력을 아끼지 않았습니다.

수나라 때 담연曇延화상이 가난한 이들을 사찰에 모이게 해 쌀을 나눠주자, 심지어 황제까지 나서서 부족한 쌀 문제를 해결했습니다. 당나라 때 승려 지총智聰은 서하사에서 쌀 판매상을 모집하여 백성을 구제했습니다. 이밖에도 덕미德美, 혜진慧震, 법운法雲, 영민靈潤 등의 스님은 비전기금悲田基金과 시식도장施食道場을 만들기도 했습니다.

불교의 빈민구제 사업은 북위시대 담요曇曜가 설립한 '승지호僧祇戶'와 곡물을 이용해 납부하는 '승지속僧祇粟'처럼 모두가 다함께 저축했다가 기황이 들면 굶주린 백성을 구제하는 용도로 사용했습니다. 이외에도 사고寺庫, 해전고解典庫 등이 있었는데 모두 빈민과 재난민을 구하기 위해 설립한 복지제도입니다.

수나라에 이르면 삼계교三階敎의 신행信行 선사가 창설한 '무진장원無盡藏院'은 금전, 쌀, 양식, 등잔기름, 의복 등을 모두 이자 없이 빌려갈 수 있었습니다. 후대에는 '방앗간' 등을 설립하였는데 모두 비슷한 개념들입니다. 이는 현대의 농회農會, 협동조합, 심지어 전당포 등과도 비슷하며 널리 백성들의 긍정적 평가를 받았고, 사회 각 계층에 보시 공양과 빈민구제를 태동시켰습니다.

'장생고長生庫'의 설립 같은 경우도 불교가 나라와 백성에게 편리를 주기 위한 금융 사업이었다고 말할 수 있으며, 불교가 전당포의

막고굴 제302굴 복전경변상福田經變相/수隋(581~618)/벽화/감숙성 둔황

조사祖師가 된다고 해도 과언이 아닐 것입니다. 물론 불교가 전당이라는 제도를 만들기는 했어도 오늘날의 고리대금으로 높은 이율을 취하는 것과는 분명 다릅니다. 불교는 본래 시방에서 취하여 시방에 사용한다는 정신을 품고 있어, 사회의 깨끗한 재물을 하나로 집중한 뒤 다시 그 전체의 역량을 발휘하여 사회에 환원함으로 인간문제를 해결하니, 이것이야말로 인간불교의 근본정신입니다.

의료행위

부처님은 인간의 위대한 의왕醫王이시며, 승려는 국민의 간호사이자 의지처입니다. 과거에는 의학 연구에 힘을 쏟고 의술을 행해 사람을 구하는 수많은 고승이 있었습니다. 예를 들어 불도징佛圖澄, 축법조竺法調, 축법광竺法曠, 담연曇衍, 담란曇鸞 등과 같은 분들이 모두 많은 공헌을 하였습니다. 이외에도 남북조 시기에는 사찰에 복덕사福德舍,

육질관六疾館, 고독원孤獨園이 설치되었으며, 당나라 때에 이르러서는 비전양병방悲田養病坊, 요양소療養所 등이 설치되었고, 송나라 때에는 복전원福田院 등이 있었습니다. 이 모두가 널리 가난하고 병들고 곤궁한 자들을 위해 짓는 선행이었습니다.

우물을 파 물을 보시하다

불교도는 늘 자발적으로 길가에서 차를 나눠주어 길가는 사람의 갈증을 해결해주고, 등을 밝혀 어두운 밤길을 인도해주기도 합니다. 이밖에 과거에는 물을 긷는 것이 쉽지 않아 사찰에서도 항상 샘물을 건설하여 민중에게 식수와 생활용수를 대주기도 했습니다. 오월 시대 때 덕소德韶 선사는 항주 오산吳山에서 우물을 파서 가뭄을 해소시켰고, 당나라 때 혜빈慧斌스님은 문수汶水에서 우물을 파서 부모님의 은혜에 보답하였습니다. 징관澄觀스님은 강녕江寧 보혜사普惠寺에서 우물을 파 대중에게 제공했습니다. 이 모두 민중에게 이로움을 주는 실천입니다.

수리시설 건설

우물을 파는 것 외에 물과 관련된 공익선행이 바로 수리시설의 건설입니다. 송나라 때 복주福州의 유계維溪스님은 장락현長樂縣 면정양綿亭洋에서 9년이란 시간이 걸려 12지류의 작은 시냇물을 막고 810장丈의 둑을 축조하여 41경頃의 농경지에 관개용수를 제공했습니다. 사진師振스님은 모금운동을 하여 11년에 걸쳐 90여 장丈의 둑을 축조해

20여 경의 농경지에 관개하였습니다. 이외에도 송나라 때 형악사衡嶽寺 순수純粹 장로는 승가대중을 이끌고 돌로 도랑을 만들어 물을 끌어다가 관개하여 가뭄현상을 해소했습니다. 심지어 서호풍경구西湖風景區는 불교도였던 백거이, 소동파 등이 태수로 재직할 당시 '백제白堤', '소제蘇堤'를 연이어 건축하여 수리시설을 개선하였을 뿐만 아니라, 서호 10경 중 하나인 '소제춘효蘇堤春曉'는 아름다운 경치로 명성이 자자합니다. 이러한 공공건설 모두 불교와 인연이 있습니다.

교량과 대로

그러나 역사 이래로 지방의 건설부문에 대한 불교의 가장 대표적인 선행은 바로 다리를 놓고 길을 닦는 것이었습니다. 송나라 때 복건 하문廈門, 천주泉州 일대만 하더라도 승려들이 모여 세운 교량이 수백 개 이상이었습니다. 예를 들면 도순道詢스님은 평생 200여 개의 다리를 만들었고, 보족普足, 료성了性, 수성守性스님 등이 만든 다리는 그 수를 셀 수 없을 정도입니다. 거기다가 다른 지역에서 승려가 건축한 것을 합친다면 아마 만 개도 훨씬 넘을 것입니다.

그밖에도 명경明慶스님은 대로를 축조하고, 각선覺先스님은 노면을 수리하고, 사제思齊스님과 온상蘊常스님은 돌길을 건설하고, 도침道琛스님과 문달文達스님은 승속을 데리고 흙을 짊어지고 도로를 보수했습니다. 심지어 도우道遇스님은 낙양의 용문담龍門潭을 굴착해 수상운수가 용이하게 하려 했으니, 이는 여행하는 데 매우 편리함을 주었고 지방의 번영을 촉진하였습니다.

나그네에게 베푼 도움의 손길

고대에는 공공시설이 편리하지 않고 교통도 발달하지 않아, 불교에서는 항상 길가에 정자를 만들어 비를 피하고 쉴 수 있도록 했으며, 차를 놓아두고 갈증을 해소토록 하였으며, 등불을 걸어두어 어두운 밤길을 밝게 비춰주기도 했습니다. 특히 사찰에서는 오고가는 상인이나 여행자, 과거시험을 보러 상경하는 서생에게 다리를 펴고 쉴 수 있도록 숙박을 제공하기도 했습니다. 당나라 때 보수사寶壽寺와 오대산五台山 보통원普通院 등은 모두 과객들에게 편리함을 제공한 곳들입니다.

이외에도 출가자들이 참학하거나 행각하면서 불법을 전파하는 동시에 민간의 수많은 풍습과 문화를 전파하는 역할도 했습니다. 과거 수많은 학자가 앞다투어 강서江西에 있던 마조도일馬祖道一 선사로부터 호남湖南에 있던 석두희천石頭希遷 선사가 계신 곳까지 가르침을 청하러 참학하였기에 '강호江湖를 걷는다.'란 말까지 생겨났습니다. 명나라 때 은원隱元 선사는 일본에 홍법을 위해 떠나면서 중국의 강낭콩과 다도茶道를 가져갔습니다. 현재 일본인은 강낭콩을 먹으면서 '인겐마메(隱元豆)'라고 부르고 있으며, 선사 자신도 일본 '센챠도(煎茶道)'의 시조가 되었습니다.

시방에 출가 행각한다는 말이 나왔으니, 역사학자 당덕강唐德剛 교수께서 저에게 이런 말을 한 적이 있습니다. 일찍이 동진東晉 시기(436)에 혜심慧深이란 승려가 있었는데 멕시코에 가서 전교하였으니 콜럼버스가 신대륙을 발견한 시기보다 더욱 이르고, 관련기록이『량

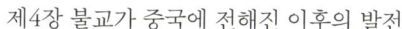

제4장 불교가 중국에 전해진 이후의 발전

은원선사상隱元禪師像
에도 관문寬文 11년(1671)
기타 겐키/견본설색
138.4㎝×60.2㎝
일본 교토 우지 만푸쿠지萬福寺 소장

서『梁書』 권54와 『남사南史』 권79에서 볼 수 있다고 했습니다. 그는 지금까지도 멕시코의 한 도시에는 대부분의 주민이 불교신앙을 갖고 있고, 조상 대대로 이어져 내려온 것이라 말한다는 것입니다. 그리고 지금 샌프란시스코 박물관에는 '석묘(石錨: 돌로 만든 닻)'를 소장하고 있는데, 듣기로는 이 역시 혜심스님의 유물이라는 것입니다.

　미주 대륙에는 본래 불교가 없다가, 혜심스님이 전교한 뒤 불법과 불경과 불상의 유통이 생겨났고 또한 출가자가 생겨났습니다. 만경창파의 태평양이 가로막고 있는 오래된 역사와 위대한 문명을 가진 중국과 멕시코 양국은 이렇게 불교 승려를 통한 전파로 동서양의 문화가 서로 소통하게 되었습니다.

긴급재난구조

국가가 전쟁으로 혼란한 시기에 사찰은 종종 군대의 야영지가 되고 난민이 머무는 피난소가 됩니다. 1937년 항일전쟁 시기, 태허太虛대사는 일본의 침략주의에 대항함을 국제적으로 널리 알리기 위해 인도로 건너가 불교의 평화적 교의를 선양하고 세계평화를 제창했습니다. 낙관樂觀스님은 승려구호대를 조직해 어려움에 처한 사람에게 도움의 손길을 내밀었습니다. 남경 서하사에 있던 적연寂然, 지개志開 상인 등은 20만 명에 달하는 난민을 수용했습니다. 신6군단의 군단장을 역임했던 료요상廖耀湘이 바로 당시 서하사에 피난했던 난민 중의 한 사람으로 인간불교의 도움을 받은 사람입니다.

인간불교는 사병과 난민의 생활문제를 해결했고, 불안에 떨고 있는 민심을 다독여주었습니다. 인간불교의 자비와 포용은 수많은 전쟁으로 피해를 입은 사람들이 유랑하며 걸식하는 떠돌이 생활을 면하게 해주었고, 국민을 보호하고 편히 쉴 수 있게 해주는 선행으로 중생을 이롭게 하는 데 대해서는 확실히 지대한 역할을 했습니다.

과거 북위 시기에는 '불도호佛圖戶'를 설립해 범죄자가 사찰에서 농사짓고 수로를 개척하는 노동봉사를 하도록 했습니다. 이 외에 목욕탕, 무료진료, 노인공양, 겨울철 따뜻하게 나기 등의 자선공익과 사회복지사업은 모두 불교도가 중생에 대한 자비와 연민의 마음으로 국가사회를 대신해 나서야 할 의무이며, 도움의 손길이 필요한 사람에게는 마음의 안정을 찾도록 해줘야 합니다. 이밖에도 사찰에 또 방생연못과 방생동물원도 만들었으니, 불교는 자비로움으로 국민을 보살피는 것뿐만 아니라, 더 넓은 의미로 동물들, 더 나아가 산림, 화초, 수목 등에까지 그 자비가 미치니 불교가 국가사회에 도움을 준다고 말할 수 있습니다.

당초 국가에는 경찰이나 공안이 만들어지지 않았을 때라서, 사찰이 사회의 어려움을 물리치고 분규를 해결하는 데도 많은 도움을 주었습니다. 예를 들어 보타산普陀山의 접빈실은 민간에 분쟁이 생기면 이곳에서 해결을 보곤 했으니, 마치 파출소와 같았습니다. 현재 타이완의 민간신앙 대상인 마조媽祖가 만일 정성을 다해 관세음보살을 믿지 않았다면 그녀가 어떻게 어려움과 괴로움에서 사람들을 구할 수 있었을까요? 타이완 사람들이 숭배하는 청수(清水: 보족普足 선사) 조사는 가뭄이 들자 비를 내려달라고 기원하여 만민이 두루 혜택을 입었기에 사회의 존중을 받았습니다.

이상을 종합하면, 시대적 고난과 사회의 시대적 필요와 국민의 위급함에 대해 사찰은 자급자족과 선농일치의 생활 외에 많은 곳에 보시하면서 도움을 주고 끊임없이 재난과 가난을 구휼하였으니, 국민에 대한 인간불교의 공헌은 참으로 일일이 열거할 수 없을 정도로 많습니다. 우리는 이렇게 많은 역사적 사실들이 있었음을 알아야 합니다. 불교가 있는 곳에는 아픈 상처를 위로해주고, 괴로움과 슬픔을 씻어주는 자비의 법수가 항상 있습니다. 우리는 앞으로 정치가와 학자, 사회 직장인들이 인간불교의 역사에 더 많이 참가하고, 사회를 위한 인간불교의 수많은 노고와 봉사를 아끼지 않는 자비정신을 이해하기를 희망합니다.

현재 인간불교가 발전할 수 있는 근원을 캐보면 모두 부처님이 설교하신 성과입니다. 그러므로 우리는 인간불교를 제창하면서 인간 부처님의 자비와 은혜에 감사하지 않으면 안 됩니다. 중화민족은 문화를 창도해 나가는 동시에, 인간불교의 공헌 역시 잊지 말기를 바랍니다.

3. 인간불교의 예술적 성취

불교예술을 얘기하자면, 인도에서는 아잔타 석굴이 가장 대표적으로 세계의 진귀한 보물이 되었습니다. 그리고 후에 중국에서 크게 번성하였습니다. 중국예술 가운데서 건축, 조각, 회화, 서예 등을 막론하고 가치가 높은 대표적 예술작품은 모두 불교와 관련되지 않은 것이 없습니다. 예를 들어 현재 세계문화유산에 등록된 둔황석굴敦煌石窟, 운강석굴雲岡石窟, 용문석굴龍門石窟 등은 건축, 조각, 회화가 결집된 하나의 동양미술관이라 칭할 수 있습니다.

과거 사찰에서는 불교예술을 선양하는 경우가 매우 드물었지만 생활관, 인생관, 우주관에 대해 강연할 때는 자신도 모르는 사이 풍부한 예술적 소양을 드러내보이곤 했습니다. 예를 들어『화엄경』에서 우주 삼천대천세계의 제불보살을 논의하고 얘기하였기에 천불동千佛洞이라는 부처님이 무리지어 있는 장관을 연출해냈습니다. 우아하고 아름다운 시구로 부처님의 수행과 교화 사적을 써내려간『불소행찬佛所行讚』은 중국 범패음악의 기원이 되었습니다.『유마힐경』중 천녀와 유마거사, 그리고 사리불의 기묘한 대화는 '천녀산화天女散花'의 경전연극을 만들어냈으며 춤으로도 각색되었습니다.『아미타경』속 극락세계의 수승한 청정함을 현대의 아름다운 자연풍경과 도시의 건축 등처럼 장엄하게 묘사해낸 경변도經變圖가 곧 극락세계 아니겠습니까? 중인도 서역 문화의 특색이 녹아들어 있는 둔황석굴 안에서 세계에 이름을 날린 둔황춤을 창조했습니다. 이런 것들은 모

아잔타석굴 제2굴 阿姜達石窟第2窟/인도 마하라슈트라 주 아우랑가바드

두 고대의 고승대덕들이 세간을 제도하여 이끄는 최선의 방법이자 불법이 인간에 두루 퍼지게 하는 중요한 가치입니다.

    이러한 위대한 예술창작을 통해 세계 각국 인사들은 중국문화가 불교와 관계있음을 알게 됩니다. 고덕과 선현들은 자신의 일생을 바쳐 중국문화의 정수를 창조하고 불교를 전파하였는데, 우리가 어떻게 그들에게 감사하지 않고 불교예술을 발양하는 데 힘쓰지 않을 수 있습니까?

　한 국가의 강약은 반드시 무력으로 결정되는 것은 아니며, 그 나라의 문화와 예술을 봐야 합니다. 사람과 마찬가지로 기질과 소양이 가장 중요합니다. 우리가 영국의 대영박물관, 파리의 루브르박물관, 미국의 시카고박물관 등과 같은 곳을 여행하면서 서방세계의 예술문화를 보기도 하지만, 때로는 그곳에서 빛을 발하고 있는 중국의 예술문화를 보기도 합니다. 중국의 보물이 어째서 이 먼 곳까지 와 있는지 때로는 안타깝다는 생각이 들 때도 있습니다. 그러나 우리나라에 남아 있어도 안전상의 우려는 있습니다. 해마다 전쟁의 포화가 끊이지 않아 문물이 파괴된다면 더욱 안타까운 일입니다. 수많은 국가들이 우리를 위해 소장하고 우리를 위해 전시해주며, 세계에서 중국문화를 빛나게 해주니 이 역시 좋은 일입니다.

석각과 회화

중국에서의 불교예술 발전에 대해 먼저 얘기해보겠습니다. 일찍부터 예술에 끼친 불교의 공헌도는 매우 높으며, 중국문화에 끼친 영향 또한 그 근원이 유구합니다. 둔황석굴에 남겨진 불상과 회화, 그리고 수집된 각종 경전과 불교 서적은 심지어 진시황의 병마용보다 더 세계를 놀라게 했으며, 일부 대학에서는 '둔황학'을 현학顯學으로 분류하여 전문 연구의 과정으로 삼았습니다.

　천여 년 동안 역대 왕공대신, 신도대중은 한 세대 한 세대를 거치면서 둔황을 세계 어디와 비교해도 전혀 뒤지지 않고, 인도의 아잔

제4장 불교가 중국에 전해진 이후의 발전

타 석굴과 비교해도 둔황석굴이 조금도 뒤지지 않을 정도로 건설했습니다. 선현들은 불상을 마치 살아 있는 것처럼 생생하게 조각하고, 수많은 벽화는 범부를 초월해 성자의 단계에 들어가는 아름다움을 표현했으며, 수많은 각경刻經까지도 수집하여 보존하고 있다는 걸 생각하면, 둔황이 감숙 지역의 변두리에 자리한 덕분에 역대 전쟁의 포화가 쉽게 미치지 못해 지금까지 남아 있을 수 있었던 것이 참 다행스럽습니다. 현재의 둔황박물관은 수백 명이 보호와 수선과 관리 등을 담당하고 있습니다. 이것은 단지 불교 홀로 독점해서는 안 됩니다. 이것은 이미 중화민족의 자손, 더 나아가 세계인이 공유하는 문화예술의 보물창고가 되었습니다.

둔황 외에도 5세기부터 북위의 담요曇曜가 건설을 시작한 대동大同 운강석굴은 그 석각의 아름다움이 가히 천하제일이라 할 수 있습니다. 우리가 늘 세계 각지의 신문잡지 등에서 보아왔던 '석가모니불'의 장엄한 성상聖像은 전 세계 예술가 또한 최고의 예술가치가 있다고 추앙합니다. 운강을 가보면 지역이 황토고원인데다 시기도 오래되었기 때문에 풍화와 침식의 흔적이 보입니다. 헐고 깨지고 떨어지지 않도록 국가가 보존에 힘써주기를 바랍니다. 중국문화의 부흥에 관심 있는 인사들께서는 운강을 세계문화유산에 등재된 것 외에도, 운강을 알리는 데 더욱 힘쓸 것을 기대합니다.

대동의 운강석굴에서 하남의 용문석굴까지, 조각된 불보살상의 자태는 우리를 당나라 시대로 끌어들이는 것 같습니다. 당나라 때는 신체의 건장함과 풍만함을 중요시했기 때문에 우리가 익히 알고 있는 당나라 최고의 미인 양귀비와 유일한 여황제였던 무측천(측천무후) 등은 모두 몸매가 풍만한 여성들이었습니다. 그 시기 조각예술의 장인들이 수많은 불상을 인간의 모습으로 표현한 것은 인간불교의 시대정신을 표출한 것입니다.

그밖에 맥적산麥積山 석굴의 불보살상은 가는 선이 빼어나게 아름답고, 우아한 자태는 보는 이들로 하여금 감탄이 절로 나오게 합니다. 사천의 대족석각大足石刻 중 보정산 위 31m에 달하는 부처님 열반상은 고요하면서 장엄합니다. 북산北山 석각에 다다라 동굴 하나 하나에 들어가 보면 어느새 떠나기 아쉽고 그 속으로 들어가 그들과 하나 되고 싶어집니다.

이외에도 실크로드와 신장 일대에도 불교의 동굴이 상당히 많이 있다는 것은 일찍부터 그곳에서 불교가 얼마나 발전했고 얼마나 많은 사람의 심혈과 신심을 기울였는지를 알 수 있는 증거입니다. 수많은 산 위 동굴의 불교 석각과 벽화가 지금까지도 하나하나 발견되고 있습니다.

이러한 석각과 회화의 예술은 북방 지역의 날씨가 건조하고 흙과 돌이 단단하고 두껍기 때문에 비교적 완전하게 보존되어 왔습니다. 그러나 남방으로 오면 강남은 안개비가 끊임없이 내리기 때문에 이런 벽화예술의 발전에 적합지 않습니다. 이런 상황이지만 남경에 있는 서하산 위의 천불령千佛嶺은 장엄하면서도 빼어나게 아름다워, 소위 '육조六朝의 성지이며, 천불로 이름난 가람名藍'이라고 하여 불교의 석굴예술을 남과 북에서 함께 아름다움을 뽐냈습니다. 이것은 국

제4장 불교가 중국에 전해진 이후의 발전

운강석굴雲南石窟 제20굴 불좌상/북위(386~534)/높이 13.7m/산서성 대동大同시

내외 중화민족의 후손들이 자랑스럽게 여겨야 할 예술의 진귀한 보물입니다.

서예와 회화작품

또 불교에 깃든 의미는 중국문화의 서예에도 깊은 영향을 주었습니다. 그 가치로 보자면 왕희지王羲之의 '난정집서蘭亭集序'뿐만 아니라, 회소懷素의 『금강경』 초서草書까지도 지금 모두 세상에 드문 보배가 되었습니다. 역대의 고승대덕 중에는 경작을 통한 수확 또는 경참經懺에 의지해 삶을 이어가지 않고, 회화나 서예로써 세인들의 감상을 자신들의 수행으로 삼는 동시에 생존할 수 있는 비용과 식량으로 삼기도 했습니다.

70년 전 제가 초산焦山에서 수학할 때, 초산에는 주전主殿인 정혜사定慧寺 외에도 주위에 10여 곳의 크고 작은 사찰이 있었고, 안에는 화실과 전시장까지 모두 갖춰져 있었습니다. 여러분이 초산에 가신다면 아름다운 회화작품이건 정교한 서예작품이건 어느 것을 감상해도 감상 자체만으로 당신은 값싸게 작품을 구입해 돌아가 가정에 예술적 분위기를 보탤 수 있을 것입니다.

그래서 중국의 서화 중 오도자吳道子의 '관음'이라는 작품만이 사람들에게 칭송을 받는 것은 아니며, 불교에서는 팔대선인八代仙人, 석도石濤, 석계石谿, 홍인弘仁 등 수많은 화승의 작품이 회화의 청아한 아름다움과 문자의 우아함을 드러내 보이고 있습니다. 그들은 맑은 수행생활을 하면서 시간이 나면 글씨를 쓰고 그림을 그렸으며, 이 역시 수행으로 삼았습니다. 불교의 서화는 궁중화가들의 작품보다 한층 더 높은 수준이라고 말할 수 있습니다. 이외에도 우리가 본 '청명상하도淸明上河圖', '부춘산거도富春山居圖' 등의 안에도 사찰, 승려가 녹아들어 있으니 불가와 인간의 생활이 깊이 연관되어 있음을 알 수 있습니다.

인간불교의 모습을 드러낸 이 수많은 작품 중 어떤 것은 비록 시대가 지나면서 점차 사라졌지만, 수많은 빼어난 작품들이 전해져 각

제4장 불교가 중국에 전해진 이후의 발전

박물관에서 진귀한 작품으로 분류되어 있습니다. 근대화가 장대천張大千 선생은 둔황에서 2~3년 정도 머물면서 임모(臨摹: 모사의 한 방법)한 적도 있었고, 더구나 전심여傳心畬 선생과 더불어 두 사람의 불교 관련 작품은 이미 매우 특별한 가치를 지니고 있습니다.

불광산은 장대천 선생께서 기증해주신 '묵하墨荷'라는 작품 한 폭幅을 대학교 설립을 위한 경매에 내어놓았는데, 원동遠東그룹에서 낙찰 받아 대학교 설립에 귀중하게 쓰이게 되었습니다. 그밖에 장대천 선생의 '관세음보살도'는 어떤 사람이

관음보살상
족자 형태/1944년/장대천張大千
(1899~1983)/지본설색/111㎝ ×
49.5㎝/대만 까오슝 불광산 소장

5천만 위엔(타이완 위엔)을 주고 구매하고자 했지만, 넘겨주기 아쉬워 아직까지도 불광산에서 보존하고 있으며, 전시할 수 있는 수십 종의 문물 가운데 하나이자 불광산의 지극히 귀한 보물이 되었습니다.

범패 음악과 설창

불교의 예술은 하드웨어 측면에서만 표현되는 것은 아니고, 소프트웨어 측면에서 드러나는 것도 상당히 중시합니다. 어산漁山의 범패梵唄와 당나라의 설창說唱을 통한 포교 모두 중국문화 가운데 손에 꼽는 일품입니다.

어산 범패는 삼국시대의 조자건曹子建이 어산에서 머물 때 바닷물의 흐름인 해조海潮의 소리를 듣고 천인天人의 노랫소리와 견줄 만큼 아름답다고 생각해, 음악을 좋아하는 조자건이 수많은 해조의 소리와 천락天樂이 결합된 음성을 기록하여 지금의 불교 범패가 되었습니다.

범패는 소위 사대축연四大祝延, 팔대향찬八代香讚, 6구六句의 단창短唱, '노향찬爐香贊'과 같은 팔구八句의 낭송, '삼보찬三寶讚'과 같은 것 등이 있습니다. 수많은 찬영讚詠의 각종 가락은 듣는 사람에게 깊은 감명을 주고, 이루 말할 수 없이 아름다운 예술적 정취를 느끼게 해 줍니다. 안타깝게도 태평천국 이후 다시 중일전쟁, 국공내전, 문화대혁명 등을 겪으면서 이 많은 음악은 재난을 피해 이리저리 떠돌다 거의 실전되었습니다. 다행스럽게도 창송에 능하신 몇 분이 대만으로 건너와 제가 소리를 녹음하여 레코드판과 녹음테이프로 제작하

제4장 불교가 중국에 전해진 이후의 발전

여 보존해왔습니다. 그 후 우리는 그것을 중국 대륙으로 보냈고, 지금은 이 많은 범패 노래가 도처에서 울려 퍼지고 있습니다.

그러나 이 수많은 범패는 여전히 악보로 된 기록이 없기 때문에 순전히 입과 귀를 통해 전달하는 방식으로 보존해나가야 하며, 악기가 없어 그저 인경引磬의 '땡叮' 소리와 목어의 '뚝篤'과 같은 단음單音만 가지고 피나는 연습에 의지해 소위 '삼만구전三彎九轉, 일판삼안一板三眼'을 기억해야 합니다. 만일 지금 누군가 이런 전통 범패 음악을 연구한다면 '이것은 응당 천상에만 있으니, 인간에서 몇 번이나 들을 수 있을까?'라고 찬탄할 것입니다.

이 음악들은 새벽 종소리와 저녁 법고소리에서도 은은하게 퍼져 나갑니다. 몇 년 전 불광산이 주최하여 만든 '중화불교음악전연단中華佛敎音樂展演團'은 양안의 불교 4대 어계語系로 이루어져 공동으로 세계 순회공연을 가졌으며, 가는 곳마다 청중의 아낌없는 찬사를 받았습니다.

물론 설창 포교는 둔황석굴 속 부처님의 생애를 여덟 가지로 나눈 팔상성도八相成道, 천상의 선녀들이 꽃을 뿌려준다는 천녀산화天女散花, 어머니를 구하는 목건련의 이야기 등 경변속강經變俗講의 문장 속에 보존되어졌습니다. 그러나 현대 불교는 시대가 발전하면서 노랫소리가 점차 설창의 자리를 대신하게 되었습니다. 불광산이 타이베이 국부기념관에서 30년 동안 한 해도 거르지 않고 홍법포교를 해오고, 홍콩의 홍감紅磡 체육관에서도 20여 년간 홍법 강의를 해오면서 설창하는 내용을 많이 남겼습니다. 설창을 통한 인간불교는 불법을

231

유림굴 제25굴 관무량수경변상지무악 榆林窟第25窟觀無量壽經變相之舞樂
중당中唐(756~846)/벽화/감숙성 과주瓜州

사회 각계에 널리 보급하는 데 큰 효과가 있으니 계속 발양시켜 나가야만 합니다.

조각과 건축

위에서 서술한 내용 외에도 불교건축과 조각의 아름다움 역시 대표적인 예술입니다. 안타깝게도 현대 중국의 관련기관에서는 대부분의 불교의 고찰총림을 관광지로 만들어놓은 것도 모자라 입장료까지 받으면서 불교와 상업을 결부시켜 놓고 있습니다. 만일 이 궁전의 아름다움에 견줄만한 장엄한 수많은 보전寶殿, 정사精舍, 고탑, 정자누각 등을 불교사찰의 교화를 담당하는 기능으로 돌려놓는다면 더욱 초연하고 맑아질 것입니다. 특히 불교의 원림예술, 층층이 쌓아놓은 사찰 구조, 조각과 채색으로 장식한 대들보와 기둥은 집단건축의 아름다움이 더욱 두드러지게 나타납니다.

제4장 불교가 중국에 전해진 이후의 발전

최근 불광산은 소위 '삼보산三寶山'을 갖추었습니다. '불보'를 대표하는 불타기념관은 108미터의 동으로 주조한 불상 외에도 8개의 탑이 서로 마주하고 있으며, 본관에는 10여 개의 예술 전시장이 있습니다. 갖가지 수목과 화초가 저마다 자태를 뽐내는데, 한 해 이곳을 찾는 사람이 천만 명을 능가하고 있습니다.

특히 '승보'를 대표하는 불광산은 초기에는 건축 경비조달에 어려움이 있었지만 대웅보전, 총림대학, 보탑, 정원 등이 점차 완성되어 가면서 이루 말할 수 없는 아름다움을 드러내고 있습니다. 최근에는 '법보'를 대표하는 장경루藏經樓가 곧 완성됩니다.(현재 완성됨) 참관하러 찾아오는 사람도 보기 드문 모습이라며 감탄을 금치 못합니다. 불·법·승 삼보의 건설 또한 인간불교에 대한 불광산 승려·신도 이부대중의 일대 공헌이라 할 수 있습니다.

희극과 춤

중국의 희극을 얘기하자면, 그 중 '곤곡崑曲'이 가장 유명합니다. 그것은 소주의 곤산崑山에서 시작된 것으로, 후에 경극京劇(북경), 예극豫劇(하남), 월극粵劇(광동) 등 각지의 희극을 파생시켰기에 '모든 희극의 어머니'란 칭호가 생겼습니다. 사실 곤곡은 명나라 때 지달智達 대사가 쓴 『귀원경歸元鏡』에서 나왔으며 이것들은 불교와도 밀접한 관계가 있습니다.

이 수많은 희극은 현실 생활과 이상을 많이 반영하여 충효의 정신을 가르치는 데 큰 힘을 발휘했습니다. 정규 학교교육 외에도 희극은 민간사회의 교화에 가장 훌륭한 표현양식이 되었다고 말할 수 있습니다. 소위 인간불교는 부처님 교화의 이념을 견지하면서 서로 다른 방식을 가지고 사회 인심을 정화하는 역할을 합니다.『석가전釋迦傳』한 권이 오페라, 영화, 소설, 라디오, 무대연극 등의 방식으로 전 세계로 퍼져나간 것처럼, 충효와 절개와 의리를 담은 많은 이야기들이 불교의 희극, 춤, 음악을 따라 끊임없이 퍼져나가면서 인심을 깨우치고 인도합니다.

불광산에서는 불교가영대佛教歌詠隊가 세계 수십 곳에서 노래를 통한 전파 활동을 가진 것 외에도, 최근 비엔나에서 우리는 또 '불광청년애락단佛光青年愛樂團'이 편곡한 곡을 연주하고 합창하는 공연을 가졌습니다. 특히 필리핀 광명光明대학 예술학원에서 연출한 '싯다르타' 뮤지컬은 싱가포르와 말레이시아를 깜짝 놀라게 했습니다. 말레이시아 8천 명의 청년연합합창단이 부른 '불교는 나를 의지한다(佛教靠我)' 등의 불교음악 노랫소리는 심금을 울리기에 충분하였습니다.

이밖에 타이완에서만 둔황무도단이 항상 연출하는 26곡이 있는데, 이걸 보면 세계에서의 둔황춤의 영향을 알 수 있습니다. 최근 중국장애인예술단의 농아들이 연출한 '천수관음'은 센세이션을 불러일으켰습니다. 그들의 영광일 뿐만 아니라 더 나아가 중국인들이 그들을 자랑스럽게 여기게 만들었습니다. 빼어난 아름다움과 훌륭한 공연은 전체가 하나인 듯 움직이고 동작이 우아하여 관중은 감탄을 금할 길이 없었습니다.

제4장 불교가 중국에 전해진 이후의 발전

무술과 도의 실천

무술 얘기가 나오니 자연스럽게 소림사를 떠올리게 됩니다. 전해져 오는 소림 권술은 달마조사가 창시한 것으로 중국에서 무술의 지위를 개척하였고, 중국무술의 발전에 영향을 끼쳤습니다. 무술은 단지 힘을 표현하는 것만이 아니라 특히 정신과 태도, 그리고 소위 '일지선공一指禪功', '반야신장般若神掌' 등의 수많은 동작은 모두 내재된 수양과 기량을 표출하는 것이며, 그것은 타인의 존경을 불러일으키는 영역이기도 합니다. 과거 소림사의 승려는 의협심을 발휘해 의로운 일을 하고, 정의를 수호하며, 가족과 국가를 보위하였기에 세상 사람들이 믿고 의지할 수 있다고 말했습니다. 우리는 소림사가 과거 선현 대덕의 무덕武德을 견지하고 또한 국민의 호법으로 우뚝 서기를 희망합니다.

지금까지를 종합하면, 국가사회에 대한 공헌, 인성 개발과 발전, 교육적 제고, 더 나아가 중국문화의 전파까지 인간불교의 예술적 성과는 세계에서 존중하지 않는 사람이 없다고 말할 수 있습니다. 이상 서술한 불교예술의 업적은 내용이 부족하고 누락된 것도 많지만 작은 의견 하나를 더 보태자면, 중국문화의 부흥을 부르짖는 지금 불교예술의 아름다움은 부족함이 없이 가져다 쓸 수 있는 중국문화의 보물창고로 알고 더욱더 선양하기를 바랍니다. 이것이 우리의 가장 큰 바람입니다.

4. 인간불교와 문인의 왕래

자고이래로 중국의 문인학자는 늘 예우를 받으며, 사회에서는 지극히 높은 지위와 존중과 숭앙을 받았습니다. 그들의 발언이 종종 여론에 상당한 영향을 미치는 힘을 발휘하기 때문입니다. 특히 문인은 붓 한 자루로 천군만마를 단숨에 쓸어버릴 수도 있기 때문에 당시에 관한 것이든 후세에 관하여든 상관없이 보이지 않는 가운데 어느 정도의 영향력을 발휘했습니다.

중국에서의 불교 포교를 예로 들면 불교는 유가사상과 융화되었기에 중국문화의 주류가 되었습니다. 그 원인 중 소홀히 여길 수 없는 중요한 요소는 역대 수많은 문인들이 불교의 깊고 풍부한 인생철학에 감동을 받았으며, 인간세상에서 불교의 전파와 현실 인생은 매우 밀접하고도 중요한 관계가 있다는 것을 느꼈다는 것입니다. 예를 들어 불교는 인연과보, 무상고공, 삼세윤회 등을 설하는데, 이것들은 우주인생의 실상의 미묘한 뜻과 이치를 자세하게 설명합니다. 생명에 대한 그들의 미혹을 해결해주고 진리추구에 대한 욕망을 만족시켜 줄 수 있을 뿐만 아니라, 또한 그들의 사상적 영역과 창작의 공간을 더 확대해주는 역할을 하였습니다. 그래서 항상 적지 않은 문인들이 불교의 넓고도 심오한 교의에 영향을 받아 이름을 길이 남기는 대작을 집필했습니다.

모두가 익히 알고 있는 간보干寶의 『수신기搜神記』, 오승은吳承恩의

쌍림사 일엽관음보살상雙林寺一葉觀音菩薩像/명대(1368-1644)/진흙/
높이 134cm/산서성 평요平遙

『서유기西遊記』, 조설근曹雪芹의 『홍루몽紅樓夢』, 유악劉顎의 『노잔유기老殘遊記』 같은 대작 속에는 모두 불교사상이 농후하게 묻어 있음을 알 수 있습니다. 이와 같이 잘 알려진 옛 작품은 중국문학을 빛나게 하는 동시에 인간불교를 민간에 전파하는 데 간접적으로나마 도움을 주었습니다. 심지어는 불법이 문인의 생명을 풍부하게 했고, 문학의 새로운 면모를 개척했으며, 문인이 불교를 배우는 것이 불법의 선양을 고취시켰다고 말할 수 있습니다.

당송팔대가 중의 한 사람인 한유와 구양수가 불교를 강력하게 반대한 적이 있었지만, 각각 대전大顚 선사와 명교明教 선사를 가까이하게 된 뒤, 지난날 자신들의 그릇됨을 반성하고 죄를 참회하였으며, 불법 안에서 몸을 의탁할 의지처를 찾게 되었습니다. 그밖에 도연명, 사령운, 왕유, 유종원, 백거이, 왕안석, 소식, 황정견 등이 모두 인간불교와 깊고도 깊은 인연을 맺었습니다. 그 중 왕유, 백거이, 소식, 황정견은 불교에 귀의까지 하였습니다. 그러므로 불교와 문인의 관계가 밀접한 것은 예나 지금이나 마찬가지라고 말할 수 있습니다. 아래에 예를 드는 문인과 인간불교와의 인연은 자료를 바탕으로 하였음을 먼저 밝힙니다.

불교교리로 문장 체제를 세우다

먼저 중국 고대에서 가장 문학적 재능이 뛰어났던 남조南朝 양무제梁武帝의 장자 소명昭明태자 소통蕭統은 어려서부터 본성이 어질고 선량하였으며 총명하고 지혜롭기가 남달랐습니다. 부친의 영향을 많이 받아 불학을 배운 그는 보살계를 받고 엄격하게 계를 지켰을 뿐만 아니라 수많은 경전을 섭렵하며 가르침을 깊이 연구하였습니다. 『해이제론解二諦義』을 지어 불법을 논의하였으며, 『금강경』을 32분으로 분류한 것이 바로 소명태자입니다.

그러나 안타깝게도 소명태자는 왕위 계승 전 31세의 젊은 나이에 요절하고 말았습니다. 그러나 같은 시기의 문학평론가 유협劉勰은 당시 소명태자의 동궁 통사사인通事舍人 직을 지냈으며, 태자가 죽은 뒤 대학승大學僧 승우僧祐의 문하에 기탁해 10여 년간 『출삼장기집出三藏記集』 15권을 편찬하는 걸 도왔습니다. 이것은 중국 불경목록 가운데에서도 명작입니다. 그는 『문심조룡文心雕龍』 10권을 지었는데, 이는 종영鐘嶸의 『시품詩品』과 함께 중국 문학비평서로서 쌍벽을 이룬다고 일컬어집니다. 책 가운데 대부분이 불교의 교리를 취하여 문장의 체제를 세웠으며, 이 점을 학계에서는 지금까지도 중시하고 있습니다. 노년에는 출가하여 법명을 혜지慧地라고 했습니다.

그 다음으로 동진東晉 시기 도연명은 윗사람의 비위를 맞추지 않아 관직을 그만두고 전원에 은거하였습니다. 그래서 그의 시편은 맑고 참신하며 자연스럽고 문학적 정취의 아름다움이 담겨있는 동시에 농후한 불교사상까지도 감춰져 있습니다. "맑고 밝은 구름 사이의 달, 활짝 핀 잎 가운데 꽃, 어찌 한때의 아름다움이 없을까마는, 오래가지 않으니 이를 어찌할꼬?"라는 시에서와 같이 무상한 느낌을 가득 담고 있으니, 그에게 미친 불교의 영향이 결코 적지 않음을 알 수 있습니다. 그는 항상 여산의 동림사東林寺에 있는 혜원慧遠대사

를 찾아뵙곤 했습니다. 한번은 도사 육수정 陸修靜과 함께 방문했다가 세 사람이 담소를 나누며 돌아가는 길에 배웅하던 혜원대사가 자신도 모르는 사이 호계강을 넘어가 '호계삼소虎溪三笑'라는 미담을 남겼습니다.

마찬가지로 혜원대사와 자주 왕래하던 남북조 시기의 시인 사령운은 불교를 독실하게 믿어 혜원대사로부터 지극히 높은 평가를 받았고, 혜원대사는 그에게 '불영명佛影銘'을 지어 달라 요청하기도 했습니다. 이밖에도 그는 도생道生대사와도 자주 왕래하였으며 도생대사가 주장한 '돈오설頓悟說'에 대해서도 진심으로 신봉하며 『변종론辯宗論』을 저술해 돈오의 의미를 상세하게 해석하였습니다. 후에 또 오의사烏衣寺의 혜예慧叡 스님이 범어에 정통하다는 얘기를 듣고 그를 찾아가 가르침을 청했고, 그런 까닭으로 중음이의어(음성은 같으면서도 의미가 다른 말)에 능통하게 되었습니다.

호계삼소도虎溪三笑圖
1945년/부포석傅抱石(1904~1965)/지본설색/
136.5㎝×36.4㎝/강소성 남경박물관 소장

마침『대열반경』이 중원에 전해진 초기여서 품수品數가 제멋대로 마구잡이식이고, 글의 뜻이 어렵고 많이 달라 초학자가 깊이 있게 통달하기 어렵기 때문에 그가 발심하여 동안東安 혜엄慧嚴스님과 도장道場 혜관慧觀스님 등과 함께 개정에 착수하였습니다. 그리하여 36권본 남본南本(번역본)의『대열반경』은 열반의 학문과 돈오의 설교를 당시에 널리 퍼뜨렸습니다. 사령운이 불법의 선양에 평생을 바친 공로는 매우 크다고 하겠습니다.

선사의 인도로 훼불의 죄를 참회하다

'문장은 팔대의 쇠약함을 일으켰다.'라고 일컬어지는 당송팔대가의 으뜸인 한유는 '글이란 도를 담는 그릇'이라고 주장하며 유가사상을 선양했기 때문에, 불교와 도교를 반대했습니다. 후에 '간영불골(諫迎佛骨: 부처의 사리를 맞아들이는 것에 대하여 간하는 표문)'로 인해 조주潮州 자사刺史로 폄직되었다가 대전大顚 선사를 찾아뵌 적이 있었습니다. 참선 중이던 선사는 그대로 움직이지 않았고, 시자가 옆에 서서 "먼저 선정으로 그를 움직이게 하고 나중에 지혜로써 번뇌를 뽑아준다."라고 말했습니다. 한유는 그 말을 듣고 감탄하며 "난 이미 시자의 입에서 소식을 얻었다."라고 말하고 돌아갔습니다. 그 후 그는 자주 선사를 방문해 가르침을 청했습니다. 불교에 감동받고 과거 자신의 행동을 참회했으며, 그 후로 더 이상 불교를 배척하지 않고 오히려 더욱 찬양하였습니다.

한유와 마찬가지로 불교를 반대했던 구양수는『본론本論』을 지어 불법을 비방했고 많은 사람의 호응을 받았습니다. 명교明教 계숭契嵩 선사는 그렇게 시대적 추세에 초점을 맞춰 불·도·유 세 종교의 사상을 일관되게 제창했으며, 『보교편輔教編』을 지어 시비를 분별하고 잘못을 바로잡았습니다. 이 책을 본 뒤 구양수는 "뜻밖에 승려 가운데 이런 용상(龍象: 고승)이 있다니!"라고 감탄하였고, 행장을 꾸려 명교 선사를 찾아뵌 뒤 가르침을 청했으며, 불교에 대한 아집과 편견의 관념을 고쳤습니다. 후에 또 조인祖印 선사의 인도로 불법의 오묘한 이치를 깊이 체득하면서 지난날 훼불을 저질렀던 잘못을 참회하고, 이때부터 불교를 신앙으로 삼아 항상 선행을 권하는 글을 썼으며, 불문의 고승과 왕래하기를 좋아하여 당시 문단의 미담이 되었습니다.

한유와 함께 고문운동古文運動을 이끌었던 유종원은 어려서부터 불교를 신봉했습니다. 시문을 통해 불법을 선양하였을 뿐만 아니라, 『동해약東海若』을 지어 정토법문을 상세하게 해석했습니다. 당시 남방의 수많은 고승대덕의 묘비에 새긴 문장 대부분이 그의 작품이며, 육조 혜능대사의 비문 역시 그의 손에서 나왔습니다.

'소문蘇門 삼학사三學士'라 일컬어지는 소순, 소식, 소철 삼부자는 동시에 당송팔대가에 들어 있지만, 온 가족이 불교를 신봉하기도 했습니다. 아버지 소순은 유학을 근본으로 하면서도 불교를 배척하지 않았고, 더 나아가 명승인 원통圓通 거눌居訥대사와 보월寶月 유간惟簡대사와 친분을 쌓았습니다. 소식 자신은 더욱 재능이 넘쳐흘러 벼슬길이 순탄하지만은 않았으며, 여러 차례 폄직당한 적이 있었습니다. 그래서 그의 시문에서는 항상 불법에 대한 깨달음을 엿볼 수 있습니다. 그는 불인佛印 선사와 왕래하면서 '팔풍八風이 불어도 추호도 흔들림 없다면서, 헛소리 한마디에 바로 강을 건너오다.'라는 공안을 남겼습니다.

그는 여산 동림사의 상총常總 선사를 방문하여 얘기를 나누던 중 깨닫는 바가 있어 게송 한 수를 주었습니다. "계곡 물소리 모두 부처님의 설법이고, 산 빛깔은 청정한 법신 아닌 것이 없네. 간밤에 들은 팔만 사천 가지 게송을, 후일 다른 이에게 어찌 전해줄 것인가." 이 게송은 상당한 선의 경지를 갖추고 있어 지금까지도 여전히 회자되고 있습니다. 불문에서 낭독하는 『유가염구瑜伽焰口』 중의 소청문召請文 역시 소동파가 썼다고 전해지고 있습니다. 글에서 그는 육도 중생에 대한 자비, 생명에 대한 평등한 사랑이 불심을 가지고 중생의 질고를 직접 살피는 인간보살의 성격을 충분히 드러냈습니다.

시부를 지어 불학에 대한 심경을 표현하다

왕안석 역시 같은 당송팔대가입니다. 구양수는 '이백처럼 시를 삼천 수 지을 것이고, 한유처럼 문장은 이백 년을 갈 것인데, 늙어 스스로를 가엾이 여기는 마음 여전하여도, 훗날 누가 그대와 다툴 수 있으리오.'라고 그를 격찬하기도 했습니다. 그는 일찍이 삼보에 귀의하였고, 장산蔣山 각해覺海 선사와도 각별한 사이였습니다. 그는 재상이라는 지위에 있으면서도 항상 사대부들에게 불교의 이치를 선양했습니다. 특히 불교사상의 영향을 받아 그는 '변하지 않는 권위와 교리는 없다. 그러나 현실에 대한 정확한 평가는 있어야 한다.'라고 생각했습니다. 그래서 신종神宗 때에 변법유신 운동을 실행했습니다. 그는 '균수법均輸法'과 '청묘법靑苗法'을 제창하여 백성의 세금과 농민이 고리대에 착취당하는 문제를 해결했습니다. 그러나 안타깝게도 당시는 부패와 폐단이 뿌리 깊게 박혀 있어, 그가 비록 부국이민의 인간불교 사상을 가졌지만 당시 사람들에게 받아들여지지 않았습니다. 말년에 관직을 버리고 은거하여 시부詩賦를 쓰는 데 전념하여 역사에 길이 남길만한 작품들을 많이 지었습니다. 또한 『능엄경』을 읽고 깨달음을 얻어, 후에 자신의 저택을 희사하여 사찰로 삼고 채식수행을 하며 일생을 마쳤다 합니다.

당송팔대가 중의 대부분이 폄직의 재난과 도처를 떠돌게 되는 인생의 고난을 맛보았습니다. 사실 '관료사회의 성함과 쇠함'은 자고이래로 언제나 있어 왔습니다. 다만 사람이 관직에서 잘 나갈 때는 스스로 위험함을 느끼지 못할 때가 있습니다. 당나라 때 대문호인 백거이가 항주 태수로 재직할 당시, 한 번은 조과鳥窠 도림道林 선사를 방문하였다가 선사가 나무에 거주하는 것을 보고 외쳤습니다.

"선사님, 나무 위에서 사는 것은 너무 위험해 보입니다."

"태수 그대의 처지야말로 위험하기 그지없습니다."

백거이는 선사의 말에 동의할 수가 없었습니다.

"저는 조정의 관리인데 무엇이 위험합니까?"

"당신의 마음이 활활 타오르는 장작과 같은데 어찌 위험하지 않겠소?"

백거이는 그 말을 듣고 깨닫는 바가 있어 급히 화제를 돌려 물었다.
"그렇다면 불법의 근본은 무엇입니까?"
"모든 악행 짓지 말고, 온갖 선행 봉행하며, 자신의 뜻을 청정하게 함이 모든 부처님의 가르침입니다."

백거이는 실망하며 "그건 세 살 난 아이도 다 아는 도리 아닙니까?"라고 말했습니다. 그러자 선사는 "세 살 먹은 아이도 알겠지만, 팔십 노인도 실천하기는 어렵지요."라고 말했습니다.

이 한마디에 꿈에서 깨어난 듯, 백거이는 그때부터 도림 선사의 문하에 귀의하였습니다. 그는 금생에는 세속 문필의 인연으로, 다음 생에는 부처님의 가르침을 찬탄하고 법륜을 굴리는 인연을 얻길 발원한 적이 있습니다. 노년에는 염불에 심취하여 '염불게念佛偈'를 짓기도 했습니다.

내 나이 칠십 하나! 이젠 더 이상 시 짓지 않으려네.
경전을 보자 하니 눈이 침침하고 지은 복 달아날까 두렵네.
무엇으로 마음의 위안을 삼을까? '아미타불' 명호 한마디라네.
걸으면서도 '아미타불' 외우고, 앉아서도 '아미타불' 외우네.
화살이 지나는 것처럼 바쁘더라도 '아미타불'을 떠나지 않네.
도를 깨친 이 나를 보고 웃으며 아미타불'을 더 많이 외우라 하네.
깨우친 다음에는 무엇을 하며, 깨우치지 않은들 어떠하리.
법계의 중생에게 권하노니 함께 '아미타불' 암송하세.
윤회의 괴로움 벗어나려면 반드시 '아미타불' 암송하세.

조과선사와 백거이 鳥窠與白居易/대만 까오슝/불광산 소장

이 게송은 불도를 배워 깨달은 심경을 유감없이 표현하고 있습니다.

견고한 신앙은 진귀한 가보이다

북송 시대의 문인 여몽정呂蒙正과 범중엄范仲淹은 사찰에서 기거한 적이 있었습니다. 북송 제일의 장원인 여몽정은 송나라 태종과 진종 때 세 차례나 재상을 지냈으며 '현명한 재상'이라는 명예까지 얻었습니다. 그는 관직에 나가기 전 사찰에 머물며 힘써 공부하였는데, 20년 뒤 재상의 높은 관직에 임명되자 당시 사찰의 은혜를 잊지 않고 다시 찾아왔습니다. 그는 매일 새벽 부처님 앞에서 "삼보를 믿지 않는 자손이 우리 가문에 태어나지 않게 하시고, 자손 대대로 녹을 받아 불법을 호지하게 하옵소서."라고 기원을 했습니다. 입은 은혜를 잊지 않고 보답하려는 정신과 삼보에 대한 굳건한 신앙이 바로 가장 진귀한 인간불교의 미덕이자 가보입니다.

범중엄도 "훌륭한 재상이 되지 못할 바엔 차라리 이름난 명의가 되어라."라고 말한 적이 있습니다. 또한 "먼저 천하의 근심을 걱정한 뒤에 천하의 즐거움을 누리겠다."라는 천고의 명언을 후세에 남겼습니다. 그는 어릴 적 사찰에 기거하며 공부를 했고, 관직에 나간 뒤에는 승고承古, 원오圓悟 등 선문의 고승들을 가까이하였습니다. 또한 랑야琅琊 혜각慧覺 선사에게 이치를 물은 적이 있었는데, 대답을 듣자마자 깨달음을 얻고 도업이 날로 발전하였으며 또한 진리를 체득하였습니다. 범중엄은 일생동안 삼보를 숭상하였습니다. 어느 곳을 가든 승려를 위해 사찰을 세웠고, 저택을 사찰로 희사하여 천평天平이라 지었으며, '의전義田'을 만들어 족인族人을 윤택하게 하였습니다.

성당盛唐 시기 '시불詩佛'이라 불린 시인 왕유는 평생 불교를 봉행하였고 오랜 세월 채식을 하였으며, 호를 '마힐摩詰'이라 하였습니다. 이것은 『유마힐경』에서 따온 것이니, 이로써 볼 때 그가 얼마나 독실하게 부처님을 숭앙했는지 알 수 있습니다. 그는 하택신회荷澤神會 선사에게 귀의하여 선을 배웠고, 도광道光, 보적普寂, 의복義福 등의 선사를 스승으로 모신 적이 있습니다. 그의 시는 섬세하고 절묘하여 오히려 선미禪味가 담겨져 있습니다. "빈산에 사람은 보이지 않고, 어디서 말소리만 들리는구나. 석양빛은 깊은 숲속까지 들어왔다가 다시 푸른 이끼 위를 비추네."란 시(제목은 「녹채鹿柴」) 속에 나오는 '석양빛'이나 '빈산'은 모두 녹채(장안 근교의 마을 지명)의 깊은 숲속 해질녘의 모습을 통해 불교의 적멸무상의 심경을 표현하고 있습니다.

왕유의 모친 최 씨는 독실한 불교신자였습니다. 돌아가신 뒤 왕유도 어머니를 기념하기 위해 저택을 사찰로 희사하였습니다. 자신은 만년에 더욱 독실하게 불교를 신봉하며 매일 목어와 경쇠를 친구 삼고 경서를 반려자로 삼아 출가자의 수도생활과 다를 바 없는 나날을 보냈습니다. 임종 시에 자신이 떠날 것을 미리 알고 벗들에게 편지를 써 보냈다고 합니다.

글은 도를 담는 그릇이니 바른 도리로 인심을 교화한다

송나라 때 문학가인 황정견 역시 불교와 특별한 인연이 있었습니다.

그는 시詩·사詞·문장文章에 능했고 아름다운 문장을 잘 지어 당시 사람들 사이에서 널리 회자되었습니다. 하루는 황정견이 원통圓通 법수法秀 선사를 뵈었는데, 선사는 정색을 하며 그에게 말했습니다.

"당신의 문장은 용어가 화려하고 아름다우며, 글은 간략하되 뜻은 풍부합니다. 그저 이런 식으로 사람들의 귀와 눈을 미혹시키는 문장을 써야만 만족스러운가요?"

당시 말을 잘 그리기로 유명한 이백시李伯時라는 화가가 있었습니다. 선사는 그에게 만일 매일 말의 모습만 반복하여 생각한다면 다른 날 말이라는 축생으로 다시 태어나지 않을까 걱정된다며 삼갈 것을 말한 적이 있습니다. 이백시는 그 말을 듣고 이후로 화필을 거두고 다시는 말을 그리지 않았다고 합니다. 황정견은 그 일을 들어 알고 있었기에 웃으며 선사에게 말했습니다.

"아무렴 저에게도 다른 날 말의 새끼로 환생하지 않을까 걱정된다고 말씀하시려는 겁니까?"

법수 선사께서 "그대는 아름다운 말로써 천하 사람들의 음탕한 마음을 준동하니, 소나 말의 새끼로 태어나는 정도가 아니라 장차 니리泥犁지옥에 떨어질까 걱정이라네."라고 했습니다.

그 말을 듣자마자 황정견은 불현듯 잘못을 깨닫고 사죄를 드리며 참회했습니다.

후에 또 영원靈源 유청惟淸 선사 등 선지식의 격려를 받으면서 최대한 옛 습관들을 바꾸고 굳은 의지로 불도를 배웠습니다. "내 육신과 중생의 육신이 이름만 다를 뿐 육신은 다르지 않네. 본래 같은 성질이었으나 그 형체만 갈리었을 뿐이더라. 고통과 번뇌는 그가 받고 맞난 것은 내가 받아 살찌우니, 죽어 염라대왕 판결 기다릴 것 없이 어찌할지 스스로 생각하라."라는 시 한 수를 지었는데, 여기에는 생명 보호의 사상이 가득합니다.

만년에 황정견은 정사를 지어 가난한 사람을 돕고 정토법문 수행에 몰두하였습니다. 그가 지은 시문은 일본 아시카가(足利) 시대의 고잔(五山) 승려 사이에서 유행하였고, 일본 한문학사에 대한 커다란 영향을 끼쳤습니다. 문학에는 국경도 없다는 말이 결코 허언이 아니었습니다.

문학은 인류의 감정과 사상의 발로입니다. 한 편의 훌륭한 문학작품에는 아름다운 미사여구로 사람의 마음을 움직이는 문학적 매력과 심금을 울리는 줄거리가 있어야 하는 것 외에, 사상과 이념의 전달이라는 측면에서 바른 도리로 인심을 교화하고 인격과 성정을 연마하여 참되고 선하고 아름다운 사람으로 이끄는 기능을 발휘해야 합니다. 소위 "글이란 도를 담는 그릇이어야 한다."는 말은 문인이 문자를 통해 민심을 교화하는 사명을 지고 있음을 설명하는 것입니다.

부처님의 가르침이 시공을 초월하여 인심에 이익 되고 오랜 세월을 거치면서 더욱 활력 있고 생동적이고 참신할 수 있었던 것은, 문인의 아름다운 문필이 불법을 전파하는 중요한 매개체 역할을 했음에 의심의 여지가 없습니다.

5. 인간불교와 정치의 관계

불교가 중국에 유입된 후 역대 제왕의 격려와 비호를 받아 불교는 중국에 뿌리를 내리고 발전해 나갔습니다. 동한의 명제, 오나라의 손권, 남조의 양 무제, 북위의 효문제, 수나라의 문제, 당나라의 태종과 측천무후, 송나라의 태조 조광윤, 청나라의 강희·옹정·건륭황제 등이 모두 중국에서 불교 전파에 중대한 기여를 하였습니다. 특히 수·당 두 왕조 때는 중국불교사에서 가장 찬란한 꽃을 피운 시기였습니다.

그 중에는 또한 왕위를 버리고 출가하여 승려가 된 황제도 있었습니다. 양나라 무제, 당나라 선종宣宗, 청나라 순치順治 황제 등이 그 예입니다. 또한 운남의 대리大理는 남조南詔 왕국 융순왕隆舜王이 불교를 '국교'로 정한 뒤로 대리국 시대까지 22명의 황제 가운데 10명이 출가하였고, 위로는 국왕에서부터 아래로는 서민에 이르기까지 모두 출가를 영광으로 여겼으며, 전 백성이 불교를 독실하게 신봉했습니다. 자희태후(서태후) 또한 모두가 '라오포예(老佛爺)'라고 부르는 것을 좋아했으니, 모두들 불교 속의 한 명호를 특별한 영예로 삼았다는 걸 알 수 있습니다. 수많은 제왕은 불법으로 나라를 다스리면서 인간적 정치를 추진하였고 인간적 불교를 시행하였습니다.

역대 고승대덕은 비록 제왕이나 재상처럼 직접적으로 정치를 관장하지는 않았지만, 국가를 수호하려는 애국심은 다르지 않았습니다. 그들은 국사國師의 신분으로 황제를 보좌하거나 관료가 되어 나라를 위해 정책을 간하였고, 마음으로는 국가 사직의 안위와 서민의 형편에 관심을 가졌습니다. 남조 유송劉宋의 '흑의재상黑衣宰相'이었던 혜림慧琳스님은 문제文帝의 신임을 받고 입경하여 정치 자문을 하였으니, 출가자로서는 처음으로 재상이 되어 국사를 보좌한 실례입니다. 북위의 도인통道人總 법과法果스님은 북위의 태조와 태종 두 황제의 두터운 신임을 받았으며 수시로 나랏일의 자문을 해주었습니다. 보지寶誌선사는 양 무제의 국사가 되었고, 당나라 때 혜충慧忠 국사는 삼대 황제의 예우를 받는 등, 종합해 보면 역대로 국사를 지낸 분이 백 분이 넘습니다. 그들은 출세간의 마음으로 입세간의 사업을 하였으며, 어진 임금을 보좌하여 군왕이 안심하고 나라를 다스리며 국가 사직을 위해 공헌할 마음과 힘을 갖추게 하였습니다.

양무제상梁武帝像/족자 형태/지본설색
76.8㎝×56.4㎝
대만 타이베이 고궁박물관 소장

도안道安대사는 "제왕에 의지하지 않고서는 법사法事를 일으키기 어렵다."라고 하며 '정교합일政教合一' 사상을 제창했습니다. 정치는 불법으로 가르쳐 이끄는 것이 필요하고, 불교는 정치의 보호와 유지가 필요하다는 것입니다. 정통파의 불교는 지금까지 정치를 반대한 적이 없었습니다. 국가가 부강하고 정치가 투명해야 불교가 융성할

제4장 불교가 중국에 전해진 이후의 발전

수 있으니, 두 가지는 서로 깊이 연관되어 있습니다. 역사를 되돌아보면, 무릇 인간불교가 왕성했던 시기는 국운도 갈수록 융성하였습니다. 다음은 불교와 국가 정치와의 관계를 연대별로 좀 더 자세하게 서술하겠습니다.

군주의 스승으로 백성을 보호하고 경전 번역에 진력하다

첫 번째로 중국불교에 깊은 영향을 끼친 황제는 동한의 명제(明帝: 광무제光武帝 유수劉秀의 아들)입니다. 그는 사자를 파견해 중국에 불교를 들여왔고, 칙명을 내려 사찰을 건립하였으며, 불교를 존중하였습니다. 그는 중국불교 전승 역사의 첫출발이었습니다.

5호 16국 시대에는 불교가 북방에서 융성하게 발전하였는데, 불도징, 도안, 구마라집 대사 등이 이민족 군주의 보호와 추앙을 받으며 불교를 널리 보급시키고 포교하는 데 가장 큰 공헌을 하였습니다. 예를 들어 불도징 대사는 신기하고 기이한 수행으로 살인을 일삼던 석륵石勒, 석호石虎 황제를 감화시켰으며, 그들에 의해 국사로 추대된 뒤 국가의 군사 방책을 내놓아 수많은 생명을 구했습니다. 석륵은 더군다나 궁 안의 어린아이를 불교사찰에 보내어 불법을 배우게 했고, 4월 초파일 석가탄신일에는 직접 사찰을 찾아 관불의식을 행하고 복을 기원했으며, 이에 모든 백성이 불교를 신봉했습니다.

도안대사는 부견苻堅(전진前秦의 3대 황제)에게 휴전을 권하는 상소를 올렸고, 부견은 그를 장안으로 모셔와 경전 번역과 주석을 붙이는 일에 진력하게 했으며, 승단의 규율을 제정하였습니다. 한국과 일본에 불법이 전해진 것 역시 부견이 불상과 불경을 보내준 것에서 시작되었습니다.

후진后秦의 군주 요흥姚興은 구마라집을 국사로 모셔와 중국 최초의 국립 역장譯場을 설립하고 구마라집이 유창한 번역을 하도록 했으니, 불교교리의 전파를 위해 전대미문의 공헌을 한 것입니다. 요흥은 구마라집의 제자에게 승정僧正과 승록(僧錄: 지금의 불교회 지도자) 등의 직무를 내렸으니, 이것이 중국불교 승관僧官 제도의 시초입니다.

'승관' 제도에 대해 얘기하자면, 주로 국가 정치와 사회발전에 부응하기 위해서 국가가 덕이 높고 명망이 높은 고승에게 관직과 봉급을 주어 계를 어기고 직무를 망각한 승려를 규찰하고, 국가가 추진하는 인간불교에 협조하는 일에 종사하게 하는 것입니다. 후진에서 부른 '승정'은 반드시 먼저 자신을 바르게 한 뒤에야 타인을 바르게 할 수 있다는 의미입니다.

초당사 구마라집 사리탑
草堂寺鳩摩羅什舍利塔
섬서성 호현戶縣

남북조 시기 이후 역대 승습承襲 제도는 명칭이 조금씩 달라졌습니다. 당나라 이후부터는 승정, 승록사僧錄司, 대승정大僧正, 좌승록사, 우승록사 등을 두었는데, 관직명은 다르지만 그들의 지위는 상당히 높았습니다.

남북조 시기 '황제보살'이라는 칭호를 받은 남조의 양 무제는 전륜왕 이념으로 나라를 통치한 첫 번째 황제입니다. 그는 「단주육문斷酒肉文」을 저술하여 중국불교 승려가 술과 고기를 금하는 계율의 효시가 됩니다. 보살계를 수지할 때 그를 따라서 수계한 사람이 4만 8천 명이고, 황제의 몸으로 출가한 첫 황제이며, 불교교리에 통달해 항상 사부대중에게 경전을 강의하였다고 합니다. 저서로는 『열반경』, 『정명경淨名經』 등을 풀이한 책이 백 권이 있고, 오늘날 우리가 항상 낭독하는 『양황보참(梁皇寶懺: 자비도량참법)』과 『수륙의궤』가 모두 양 무제와 관련이 있습니다.

불교 부흥을 꾀하며 운강석굴을 개착하다

북조 시기에 두 차례의 훼불사건을 겪으면서 불교도 상당히 큰 타격을 입었습니다. 후에 위魏 문성제文成帝·헌문제獻文帝, 효문제孝文帝·선무제宣武帝 등에 의해 불교 부흥 사업이 다시 일어났습니다. 그 중 문성제는 담요에게 '사문총沙門總'을 맡겨 운강석굴의 착굴을 집행하게 했습니다. 이는 중국 역사상 가장 위대한 불교예술 석굴이며, 2001년 '세계문화유산'에 등재되어 국내외 중화민족 후예들의 자부심이 되었습니다. 헌문제는 비록 재위 기간이 5년밖에 안 되지만, 그는 평성(平城: 현 산서성 대동시大同市)에 사찰과 불탑을 조성하여 성 안에 '불교도시'의 경관을 선사하였습니다.

효문제는 낙양으로 천도하여 용문龍門에 대규모의 석굴과 조각상을 만들어 중국불교의 석각 예술이 극치에 다다름을 보여주었습니다. 둔황, 맥적산, 대족석굴까지 합하여 중국문화 속에 불교문화가 한 자리를 차지하고 있다고 말할 수 있습니다. 50년 전 제가 자와할랄 네루 인도 총리를 방문했을 때, 그가 "인도와 중국 모두 세계에서 유서 깊은 문화를 가진 나라라 불리는데, 만일 불교가 없었다면 인도가 무슨 자격으로 유서 깊은 문화의 나라라는 칭송을 받을 수 있을까요?"라고 했던 말이 기억납니다.

국가가 문화 분야에서 앞서 나가려면 반드시 많은 자원들을 갖고 있어야 한다는 것을 이를 통해 알 수 있었습니다.

이 일로 저는 북경에 위치한 담석사潭柘寺와 계단사(戒壇寺: 계태사 戒台寺)가 생각났습니다. 북경성보다 먼저 건축되어 '먼저 담석이 있은 뒤에 북경이 생겼다'란 말이 나올 정도였습니다. 과거 드넓은 위용을 갖춘 옛 모습을 수복할 사람은 지금 없지만, 여전히 북경의 외곽에 태연하게 서서 웅장한 자태를 뽐내고 있는 것을 보면 당시 불교에 대한 백성의 신앙이 얼마나 독실했는가를 알 수 있으며, 불교와 국가 건설과의 상호관계를 알 수 있습니다. 장차 다시 부흥이 된다면 전 세계의 문화에서 '문화의 보고寶庫'라 말할 수 있을 것입니다. 만일 그곳을 다시 장엄하게 만든다면 전 세계인이 예불하러 찾아올 거라는 의미입니다.

수·당 시기로 접어들면서 중국불교는 가장 융성한 시기를 맞습니다. 수 문제는 '불교황제'라 불렸으며, 불교를 일으켜 치국의 도리로 삼고 사찰을 건립하고 경전을 베껴 썼으며, 사리탑을 83곳 이상 건립하여 중국불교사에서의 거장이 되었습니다. 그는 어려서부터 반야사에서 성장했고, 그를 키워준 지선智仙 비구니가 원적한 뒤에는 보탑을 건축하여 기념으로 남겼습니다. 이 보탑은 지금까지도 남경 서하산사栖霞山寺 내에 서있습니다.

수 문제의 아들 양제煬帝는 역사적인 평가는 비록 다르지만, 불교에 대하여는 상당히 존중하고 보호하였다고 합니다. 그는 승려를 존경하였고 도량을 건립하였으며 문화교육을 널리 알렸습니다. 황제에 오르기 전 천태종의 지의智顗대사에게 보살계를 받아 법명을 '총지總持보살'이라고 했으며, 후에 지의대사에게 '지자智者대사'라는 존호를 추증했습니다.

측천무후의 호지로 팔종이 천하에 퍼지다

당나라의 군왕은 불교를 호지하였는데, 특히 태종太宗은 삼보를 숭앙하고 문화 교육을 호지하는 데 있어 역사상 보기 드문 인물이었습니다. 그는 현장법사玄奘法師를 위해 처음으로 홍복사弘福寺에 국립역경원을 건립하였습니다. 번역된 『유가사지론瑜伽師地論』, 『대반야경』, 『반야심경』 등의 경전이 중국불교에 전례가 없는 공헌과 영향을 가져왔습니다. 현장법사는 경전을 번역하는 외의 시간에는 태종의 옆에 함께 다니며 국사에 대한 자문을 하곤 했습니다.

기개가 방대하고, 성격이 호탕하며 도량이 넓었던 당태종은 재위 기간 동안 승려를 잘 모시고 고승석덕을 배출하고 모든 종파가 다 함께 선양하도록 했으니, 이때가 바로 중국불교의 황금 시기입니다. 태종 자신도 경전에 심취해 보살도를 힘써 실천하였고, 직접 『유가사지론』의 서문을 내렸으며 비석에도 새기게 했습니다.(대당삼장성교서大唐三藏聖教序 비문)

당 고종高宗은 현완玄琬스님에게 보살계를 받고 대자사사大慈恩寺를 축조하였습니다. 현장법사의 역경사업의 호지에도 힘썼는데, 지출되는 비용을 모두 그가 공양했다고 합니다. 세 차례의 순시 행차에도 현장법사가 어가를 모시고 나라의 건설에 대한 자문을 담당하게 하였으니, 당시 정치가 불교에 의지한 상황임을 알 수 있습니다. 현장법사가 원적할 때 고종은 3일간 정사를 파하고 '짐은 나라의 보물 하나를 잃어버렸다'며 애통해했으니, 국가에 대한 그의 공헌은 역사상 전례가 없었다고 말할 수 있습니다.

현장법사는 중국불교사에서도 외국에서 배움을 구한 첫 유학생이고, 국제무대에서 중화민족의 기개를 펼친 인물입니다. 그는 인도에 구법하러 가면서 지나는 국가와 지역의 민속풍습을 기재하여 『대당서역기大唐西域記』를 펴냈습니다. 동진의 승려 법현法顯이 쓴 『불국기佛國記』, 당나라 승려 의정義淨이 쓴 『남해기귀내법전南海寄歸內法傳』과 『대당서역구법고승전大唐西域求法高僧傳』 등이 모두 중앙아시아와 남아시아 역사 지리, 사회풍습 및 중국과 서양의 교통 역사, 문화관계사 연구에 지극히 귀한 자료를 제공하였으므로 매우 귀중한

제4장 불교가 중국에 전해진 이후의 발전

가치가 있습니다.

역사상 첫 여황제인 측천무후는 태종과 고종의 호불 사업을 계승하여 불교 승려의 지위를 향상시키고, 세인들을 교육하는 데 오계를 활용하였습니다. '무상심심미묘법無上甚深微妙法……'으로 시작하는 「개경게開經偈」가 바로 그녀가 지은 것인데, 오랜 세월 입에서 입으로 전해져 온 이 「개경게」는 지금까지도 불제자가 경전을 독송하기에 앞서 반드시 읽어야 하는 게송입니다. 관에서 주관하는 '비전양병방悲田養病坊'을 처음으로 설립하였고, 승려를 모셔다 전적으로 관리를 맡겼습니다. 자신의 지분전脂粉錢 2만 관貫을 보시하여 유명한 용문석굴의 비로자나불을 개착했습니다. 불교에 대한 측천무후의 호지는 당나라에 팔종八宗이 천하에 두루 퍼지게 하는 불교 융성을 만들어 냈습니다.

당나라 선종宣宗은 즉위 전 한때 출가하여 승려가 되려고도 했었습니다. 즉위 후에는 회창법난(會昌法難: 당 무종 때의

현장삼장상玄奘三藏像
가마쿠라 시대(1185~1333)
견본설색/135.1㎝×59.9㎝/
일본 도쿄 다이토구 도쿄 국립박물관 소장

용문석굴 제1280굴 봉선사 노사나불상龍門石窟第1280窟奉先寺盧舍那佛像
당 상원上元 2년(675)/石/하남성 낙양

종교탄압) 기간에 훼손된 사찰을 즉각 회복하고, 전국 각 주州에 방등 계단方等戒壇을 설립하여 강압에 못 이겨 환속한 승려가 새로이 수계할 수 있도록 했습니다. 그는 오달悟達 국사에게 자가사紫袈裟를 하사하고 '삼교수좌三教首座'로 봉한다는 교지를 내려 불교가 부흥토록 일조한 공로가 두드러집니다.

네 가지 일을 가르쳐 집권과 애민의 방편으로 삼다

국사 얘기가 나왔으니, 선종의 신수神秀대사는 측천무후와 중종中宗, 예종睿宗, 현종玄宗 등 4대에 걸쳐 국사를 지낸 분입니다. 화엄종의 사조四祖이신 청량淸涼 징관澄觀대사는 대종代宗, 덕종德宗, 순종順宗,

헌종憲宗, 목종穆宗, 경종敬宗, 문종文宗 등 일곱 황제의 존경과 숭앙을 받아 '칠제지사七帝之師'라고 존중되었습니다. 현완玄琬스님은 태자의 태자태부로 초빙되어 행자行慈, 감살減殺, 순기順氣, 봉재奉齋 등 네 가지 일(四事)을 가르쳐 장차 태자가 집정했을 때 애민하는 방편으로 삼도록 했습니다.

나온 김에 하나 더 얘기해 보겠습니다. 당나라 말기 동북쪽에 정권을 설립한 거란족의 통치자는 불교를 신봉하였습니다. 요遼나라 성종聖宗 즉위 후 섭정을 실시한 소蕭 태후는 열심히 불교를 호지하였고, 고향인 금주錦州에 황실사원인 봉국사奉國寺를 건립했는데, 전각 내에 모신 과거와 현재의 칠불은 천년의 역사를 거쳤어도 보존 상태가 완전하며 현존하는 가장 오래된 채색 조각 불상입니다. 저도 수차례 참배하였는데 세상의 진귀한 보물로서 가치가 있다고 할 만합니다.

송나라 황제 역시 불교를 호지하였습니다. 먼저 송 태조 때부터 새기기 시작한 중국 최초의 대장경『개보장開寶藏』은 후세 대장경 판각의 모델이 되었습니다. 태종 때에는 완벽한 역경원을 설립해 중단된 역경 사업을 다시 부활시켰습니다. 남송의 고종高宗은 법도法道 선사를 조정에 모셔 함께 국사를 도모했으며, 선사께서 동분서주하며 힘쓴 결과 풍족한 군량미를 모을 수 있었고, 또한 군대 관직에 참여해 계책을 내놓는 등 국가를 안정시켰습니다.

이 시기 불교가 중국에서 역대 고승대덕의 경전 번역과 선양, 포교를 통해 나날이 확산되어 가면서 경전의 수요량 또한 증가하였고,

관음보살상
북주(557~581)~수(581~618)/석회암/높이 249cm/섬서성 서안시 출토라고 전해짐/미국 매사추세츠 주 보스턴 미술관 소장

이는 인쇄업을 발전시키는 계기가 되었습니다. 항주의 판각 인쇄는 북송 시기부터 전국에서 으뜸을 차지했고, 고려에서는 상인들을 항주로 보내 대신 불경을 새길 것을 부탁하기도 했습니다. 고려와 일본 모두 잇따라 중국에서 각종 장경을 가지고 돌아갔으며, 중국의 조판인쇄기술을 본 따 판각 인쇄하여 다시 조판본雕板本을 만들었습니다. 당시 중국의 인쇄업이 전 세계에서 두각을 나타낼 정도로 융성했던 데는 불교가 중요한 역할을 담당했다고 말할 수 있습니다.

원나라 개국원로 유병충劉秉忠(석자총釋子聰)은 원나라 세조世祖 쿠빌라이의 군정막료로 초빙되었습니다. 그는 개혁을 주장하는 만언책萬言策을 올렸으며, 백관의 작위와 봉록제도 수립, 부세와 노역제도 폐지, 농업과 양잠 권장, 학교 건립 등의 제도는 쿠빌라이가 '한법(漢法: 한나라 법)'을 채택하는 데 매우 커다란 추진 역할을 했습니다. 그는 관직에 나아가 국정을 호지하고, 한족에 대한 마구잡이 살생을 감소시켰습니다.

명·청 시기의 불교는 비록 수·당 시기처

럼 찬란하지는 않았지만, 더 이상 외래종교라는 인식을 받지는 않았습니다. 이때의 인간불교는 "가정마다 미타불이요, 집집마다 관세음보살이라네."라고 할 정도로 이미 사람들 마음에 깊이 자리 잡았습니다. 특히 인과응보, 생사, 업장, 인연 등의 관념이 널리 전파되고 사회에 두루 퍼져 있었습니다. 청나라 순치, 강희, 옹정, 건륭의 4대 황제는 불교를 상당히 존중하고 장려하기도 했습니다.

순치황제는 '찬승시(讚僧詩: 순치황제 출가시)'를 지어 출세간을 위해 수도하는 데 대한 찬탄과 부러움을 표현하기도 했습니다. 그는 옥림玉琳 통수通琇스님을 국사로 초빙해 항상 법을 묻곤 했고, 계단戒壇을 설립해 1,500명의 승려를 선발하고 보살계를 받게 했습니다. 옹정황제가 판각, 인쇄하라 명령했던 『용장龍藏』은 건륭황제 때 완성되어 대대로 전해져 온 것으로, 역사상 부질(部帙: 종류별로 나누어 놓은 서적) 최대의 각판본 서적입니다. 건륭황제는 사람을 시켜 한문 대장경을 만주어로 번역하게 했고, 장경의 판각인쇄 전파에 지대한 공헌을 하였습니다.

의리의 가르침을 사회인의 마음에 확산시키다

중국불교는 역대 제왕의 호지 아래 중국이라는 대지 위에 뿌리를 내리고, 꽃을 피우고 열매를 맺었습니다. 또한 한국, 일본, 베트남 등지에 전파되어 북전 대승불교 계통과 동아시아의 공통된 문화를 형성하였습니다.

손문孫文 선생은 "불교는 세상을 구하는 어짊이고, 불학은 철학의 어머니이며, 불법은 법률의 부족함을 메울 수 있다. 법률은 이미 발생한 근심을 방비하고 불법은 아직 일어나지 않은 근심을 방비한다."고 말했습니다. 심지어 양계초梁啓超 선생도 자신이 불교를 믿게 된 데는 그의 마음에 와 닿는 불교의 6가지 도리가 있었기 때문이라고 말합니다. 첫째, 불교 신앙은 지혜로운 믿음이지, 맹목적인 믿음이 아니다. 둘째, 불교 신앙은 타인도 감화시켜 함께 착하게 사는 것이지, 혼자만 착하게 사는 것이 아니다. 셋째, 불교 신앙은 적극적으로 세간에 뛰어드는 것이지, 세상을 괴롭고 귀찮다 여기는 것이 아니다. 넷째, 불교 신앙은 헤아릴 수 없이 무량하지, 한정되어 있지 않다. 다섯째, 불교 신앙은 치우침이 없이 평등하고, 차별하지 않는다. 여섯째, 불교 신앙은 자신의 힘으로 깨달음에 이르는 것이지, 남의 힘에 의지해 도달하는 것이 아니다. 불교는 화목한 정치를 이끄는 기능이 있을 뿐만 아니라, 그 바른 믿음과 지혜는 정치를 도와 사회를 계도하고, 자비로운 교화의 기능을 발휘합니다.

위에서 얘기했듯이, 불교는 정치를 배척하지 않습니다. 부처님이 바로 정치가 가문 출신인데다 그 자신이 본래 왕자였고, 성도 후 인도에서 홍법하면서 당시 일부 국가의 정사에 대해서도 관여한 적이 많았습니다. 중국에서 역대 이래로 정치인물과 불교의 관계, 승가와 정치인물의 관계 역시 무척 융화되어 있습니다. 그래서 불교가 세간에서 주로 건설하려는 것은 인왕仁王의 불교, 인간의 불교입니다. 만일 인왕의 불교, 인간의 불교가 완성되었다고 한다면, 이 국가가 융성하지 않을 까닭이 없겠지요?

제4장 불교가 중국에 전해진 이후의 발전

6. 인간불교의 언어문자

불교는 인도에서 중국으로 전해진 뒤 점차 현지화의 여러 가지 모습을 갖추면서 발전해 나갔는데, 그중 가장 큰 특색이 바로 언어문자의 동화현상이었습니다. 특히 오늘날에는 더욱 언어문자의 인간화를 제창해야 합니다.

언어는 사람과 사람이 소통하는 중요한 수단입니다. 언어와 문자를 가지고 사상을 표현하고 의견을 나눌 수가 있습니다. 비록 언어가 마음의 소리까지 명확하게 전달할 수는 없기에 선종은 언어문자를 세우지 않는다고 주장합니다. 그러나 언어문자는 또한 불법의 핵심으로 들어가는 교량이며, 최후의 증득단계에 들어가서야 비로소 문자를 세우지 않을 수 있습니다.

이른바 '한마디 말로 나라를 일으키기도 하고, 한마디 말로 나라를 망하게도 한다.'라는 것입니다. 한마디 말이 타인을 즐겁게도 하고 원한을 만들기도 합니다. 이런데도 언어문자가 어떻게 중요하지 않다 하겠습니까? 그러므로 불교를 전파하는 데에는 언어문자에 의지할 필요가 있습니다. 예를 들면 『금강경』에서는 삼천대천세계에 칠보를 보시하여도 사구게를 수지하고 타인에게 법을 설하는 것만 못하다고 했으니, 언어문자에 대한 불법의 추앙이 어느 정도인지 알 수 있습니다.

당나라 때 현장법사가 인도에 구법하러 가서 그토록 많은 경전을 가지고 돌아오지 않았다면 내용면에서 중국문화가 이토록 풍부해질 수 있었을까요? 대대로 『대장경』을 간행해왔는데, 수많은 지혜의 경전에 나오는 어구들이 없었다면 어떻게 진리를 표현할 수 있었을까요?

만일 언어가 없었다면 사람 사이의 대화, 소통이 순조롭지도 아름답지도 않았을 것입니다. 만일 문자가 없었다면 그 수많은 문학, 철학적 내용을 어떻게 풍부하게 만들 수 있었겠습니까? 그래서 인간불교의 발전은 언어문자 면에서만 보더라도 중국문화에 대한 공헌이 비할 데가 없다고 할 수 있습니다. 만일 불교적인 문구가 없었다면 중국인들은 대화하면서 자신의 뜻과 감정을 충분히 전달할 수 없었을 것입니다. 만일 불교의 언어문자가 없었다면 '문학, 역사, 철학'은 상세하게 형용할 방법이 없었을 것입니다. 그래서 중국 선문의 어록을 추앙한 호적胡適 선생은 이를 근대 백화문의 기원이라 여겼으니, 백화문 운동 역시 선종 어록의 영향을 받았습니다.

불교가 중국에 전해진 뒤로 인간불교에 대한 부처님의 온갖 진리를 해석하여 표현한 것이 많습니다. 예를 들면 우리가 사성제와 십이인연을 알아야 하고, 우리가 팔정도를 따라 실천해야 한다는 것은 수많은 언어문자를 가지고 자세하게 서술했습니다. 후에 역대 고승 대덕이 널리 선양하면서, 특히 선문의 조사는 여러모로 문자의 발전에 커다란 영향을 미쳤습니다. 대략 집계해 봐도 성어成語는 수천을 웃돌고 명사와 어구 역시 수천이 훨씬 넘으며, 그리고 생활 속의 속담과 어휘량 등은 집계조차 힘들 정도입니다.

불교 어구는 중국문화를 풍부하게 하였다

일반적으로 성어를 천 개 정도 안다면 이 사람은 공부를 굉장히 많이 한 사람일 것입니다. 만일 문자를 이용해 이치를 전달할 수 있고, 응용할 수 있는 수백 개의 명사를 안다면 그 정도로도 이미 충분합니다. 그러나 불교와 관련된 성어와 명사는 수천 수백 개 이상이니, 중국문자와 언어에 끼친 영향이 얼마나 큰지를 알 수 있습니다.

양계초 선생은 『불학연구십팔편佛學硏究十八篇』에서 불교가 중국에 전래된 후 불경의 번역으로 인해 적어도 중국에는 3만 5천 개의 어휘가 증가했다고 얘기한 적이 있습니다. 새로이 생겨난 이러한 단어들은 중국문학의 내용을 더욱 풍성하게 하였을 뿐만 아니라, 고유의 정취도 확장시켰습니다. 중국의 문학이 아름답고 심지어 평소 사용하는 말 역시 매우 멋스러운 것은 바로 불경의 훌륭한 어휘에서 온 이런 많은 말들 덕분입니다. 외국인들까지도 중국의 문자가 매우 뛰어나다고 여기는 것이 하등 이상할 게 없습니다. 사실 인간불교의 언어문자를 우리는 생활 속 대화에서 항상 사용하지만, 그것이 불교에서 왔다는 것과 선종에서 사용하는 용어였다는 것을 모를 뿐입니다.

만일 인간불교의 이 수많은 언어문자가 없었다면 그래도 우리가 품위 있게 말을 할 수 있을까요? 만일 불교의 슬기롭고 지혜로운 언어문자가 없었다면 우리는 의사소통이 매우 곤란할 것입니다. 평소 우리가 말하는 '불광보조佛光普照', '법수장류法水長流'와 같은 구절을 영어로 번역하자면 조금 힘듭니다. 불교의 '사대개공四大皆空', '오온비유五蘊非有'처럼 간단한 여덟 글자를 영어로 옮겨 설명한다면 굉장히 긴 문장이 될 것이고, 깊은 의미까지 번역해내기는 여전히 쉽지 않습니다. 그래서 중국의 문자와 언어는 그 의미가 깊고 넓을 뿐만 아니라 특히 어휘의 빼어난 아름다움은 세계 각국의 언어문자 모두 중국의 문자와 견주기 어렵습니다.

불교를 널리 알리는 데 언어문자에 의지해 전파했기 때문에, 특히 불경과 선문의 그 수많은 성어 모두 많은 해석이 생겨났고, 심지어 각국의 문자로 번역되는 것 역시 쉽지 않기는 마찬가지였습니다. 예를 들어 '불이법문不二法門', '진여자성眞如自性', '팔식전중八識田中', '무주생심無住生心' 등의 이 많은 단어는 중국문화의 철학사상과 언어문자를 내용면에서 더욱 알차게 하였을 뿐만 아니라, 오늘날 전 세계 국가의 언어문자 위에 당당히 서게 했다 말할 수 있습니다. 그 근원을 찾아가 보면 다음 네 가지의 인연이 있습니다.

(1) 경전 번역 및 정리

이 모든 공로는 당시의 불제자에게 돌려야 합니다. 그들은 부처님 입멸 후 얼마 되지 않아 부처님이 말로 하신 가르침과 어록을 결집하기 시작했습니다. 이러한 경전의 결집이 있었기에 삼장 십이부경의 법보가 전해질 수 있었고, 정법이 영원히 세상에 머물 수 있게 된 것입니다.

불교가 처음 중국에 전해진 때의 가섭마등, 축법란, 안세고安世高, 지루가참支婁迦讖, 지겸支謙, 강승회康僧會 등 서역에서 온 고승들께도 감사해야 합니다. 그들은 잇따라 불경을 한문으로 번역하였습니다. 더 나아가 구마라집, 진제眞諦, 후기의 현장법사, 불공不空, 그리고 의정義淨 등 다섯 명의 역경가는 그들이 번역한 경전이 많아질수록 불법의 이치와 사상 역시 완전한 모습을 갖춰갔으니, 이로 인해 훗날 '팔종이 함께 일어나다'라는 수당 시기 불교 성세기가 도래할 수 있었고, 중국 대승불교의 특색을 갖추면서 발전해 나갈 수 있었습니다. 경전의 번역은 부처님의 오묘한 교리를 전달했을 뿐만 아니라 중국불교 발전의 근본을 형성했습니다.

구마라집과 현장법사가 당초 요흥姚興 황제와 당태종의 호지를 받아 각기 장안의 소요원逍遙園과 옥화사玉華寺에 역장(譯場: 경전번역기관)을 설립하고 국가의 대대적인 지원 하에 불경 번역에 전념하였다는 것은 중요한 사실입니다. 당시 그들이 주관하던 역경원은 참여 인원만 해도 천 명 이상이었고, 규모를 놓고 보면 지금의 '국립편역관國立編譯館'보다도 더 융성하였습니다.

구마라집이 번역한 경전은 일반적으로 '구역舊譯'이라 합니다. 그는 의역을 숭상했기에 번역문의 필치가 간결하고 막힘이 없었습니다. 특히 문하에 도생道生, 승조僧肇, 도융道融, 승예僧叡 등 네 명의 제자는 언어와 문자에 뛰어난 인재들이었습니다. 그들이 함께 참여하였기에 구마라집 대사가 번역한 『법화경』, 『금강경』, 『유마힐경』, 『아미타경』 등은 중국에서 널리 유포되었습니다. 그의 문자가 막힘이 없이 순조롭게 이어지기 때문에 중국인이 호감을 가질 수 있었고 종교에 더욱 심취할 수 있었습니다.

반면에, 현장법사는 직역을 주장했습니다. 그는 경문의 본뜻과 부

합시키고자 했기 때문에 문자의 발음에 약간 어색함이 있었고, 낭독하다 보면 약간 애로사항이 있다는 것을 느끼게 됩니다. 그래서 경전이 광범위하게 유통될 수 있느냐와 문자의 순조로운 흐름 여부는 입술과 치아처럼 서로 의지하는 관계라 하겠습니다. 현장법사 역시 '오종불역五種不譯'의 원칙을 정립했습니다. 첫째, 비밀스런 뜻이 담긴 말은 번역하지 않는다. 둘째, 한 글자에 여러 가지 뜻이 있는 말은 번역하지 않는다. 셋째, 중국에는 없고 인도에만 있는 것은 번역하지 않는다. 넷째, 예로부터 관습적으로 사용한 말은 번역하지 않는다. 다섯째, 번역하여 뜻이 가벼워질 것 같은 말은 번역하지 않는다는 것입니다. 이러한 것은 의역 대신 음역을 했습니다. 후대의 역경가들은 항상 현장법사가 제정한 이러한 원칙을 법칙으로 삼았기에 이전

현장삼장회권 제십권역경 玄奘三藏繪卷第十卷譯經 (일부)/가마쿠라 시대/다카시나 다카카네/
지본설색/40.3cm×1,746cm/일본 오사카 미야코지마 후지타미술관 소장

의 번역을 '구역'이라 불렀고, 이후의 번역한 것을 '신역'이라 했습니다. 이것이 곧 당시 언어문자에 대한 고덕들의 연구입니다.

그래서 언어문자에 대해 인간불교는 옛것에 얽매이거나 그토록 집착해서는 안 되며, 적당한 구어체로 바꾸고 물 흐르듯 순조롭게 이어지도록 일신해야 합니다. 왜냐하면 그것이 전승되면서 변모하는 가운데 시대적 의미가 담기기 때문입니다. 중국불교, 한국불교, 일본불교, 남전불교, 장전불교 등에는 각기 모두 어법적 특색이 있고, 그것은 지리적 역사적 관계를 나타냅니다. 만일 '중국'이라는 두 글자가 없다면 어떻게 중국 불학의 풍부한 역사적 의의를 표현할 수 있겠습니까? 장전불교는 '장전藏傳'이라는 두 글자가 없다면 티베트에서 널리 전파된 불교의 교법이라는 것을 표출할 수가 있겠습니까? 또한 소승불교, 대승불교, 원시불교, 부파불교 등은 내용을 부분적으로 분류한 것일 뿐만 아니라, 각각의 수행정신을 표현하고 있습니다.

 오늘 우리가 이 많은 불교를 통칭해서 '인간불교'라 정리하는 것은 수천 년 불교 단어의 통합 조정일 뿐만 아니라. 부처님이 품었던 본래의 뜻을 세상에 널리 알리는 것이니, 전 세계 불교가 '인간불교'로 불교 통일이라는 대의를 이룰 수 있길 바랍니다. 특히 우리가 현재 제창하고 있는 '인간불교'는 이미 시대적 흐름이자, 사회 인심에 필요한 가르침의 하나입니다. 여러분은 더 이상 뱀에게 다리를 그려 넣는 어리석은 짓을 하지 말아야 합니다. 복잡하게 곁가지들이 많이 생겨나면 도리어 어느 것을 따라야 할지 몰라 우왕좌왕하게 됩니다. 우리는 다 같이 뜻을 하나로 모으고 공통된 인식을 더욱 튼튼히 하여 가정과 사회와 국가의 기풍을 바르게 인도해 나가야 합니다. 우리는 '인간불교'라는 이 아름다운 방향을 향해 발전해 나가야지, 진보적 역사의 조류를 거슬러서는 안 됩니다. 인간불교가 곧 세상 사람들이 필요로 하는 불교입니다. 사람도 성불할 수 있다고 하는 것이 뭐가 나쁩니까?

(2) 경장의 전파

이천 년 중국불교의 발전사에서, 지극히 힘들고 어려워도 인내하며 경전 번역을 게을리 하지 않았던 역대 조정의 수많은 고승대덕이 있었기에 오늘날 『개보장開寶藏』, 『거란장契丹藏』, 『비로장毘盧藏』, 『적사장磧砂藏』, 『고려장高麗藏』, 『가흥장嘉興藏』, 『용장龍藏』, 『빈가장頻伽

藏』, 『철안장鐵眼藏』, 『만자정장卍字正藏』, 『만자속장卍字續藏』, 『대정장大正藏』등과 같은 각종 판본의 한문대장경이 나올 수 있었습니다.

이 수많은 장경에는 모두 문학적 아름다움과 철학의 오묘함을 내포하고 있어 중국문화에 대한 세계 각국의 존중과 부러움을 사게 되었습니다. 셰익스피어 작품을 예로 들어보죠. 사랑 이야기 외에 인간사회 인심의 깊이, 소소한 생활의 모습에 대해 그의 작품에서는 불교적인 문학 내용을 넘어설 방법이 없습니다.

호적 선생이 『백화문학사』에서 언급한 것처럼 『화엄경·입법계품』은 한 편의 장편소설입니다. 그리고 『유마힐경』은 세계에서 가장 긴 백화문의 시이자, 철학적 정취와 문학적 아름다움까지 갖추고 있습니다. 비록 이러한 설법은 불교도가 볼 때 불법의 존엄을 더럽힌다 할 수도 있겠지만, 사실상 우리는 불학의 아름다움과 문구의 다양성을 찬탄하는 노래를 불러야 하는데도 그저 문학적, 철학적 각도에서만 견주어 비교를 했습니다.

이러한 어렵고도 위대한 성과는 물론 중국 인쇄술의 발명에서부터 도움을 얻었겠지만, 상대적으로 불교가 점차 확대되고 경전의 수요량이 나날이 증가하였기에 인쇄업이 급속도로 발전한 것이기도 합니다. 더 나아가 불경의 유통이 인쇄술의 끊임없는 발전을 촉진하였다고 해도 과언이 아니지만, 또 한편으로는 인쇄술의 번영이 보이지 않는 사이에 불교 문화사업의 번창에 도움을 주었습니다.

오늘날 각 사찰도량, 심지어 일반신도 가정에서도 각종 판본의 대장경은 물론 불교의 각종 서적, 잡지까지도 볼 수 있습니다. 이것은

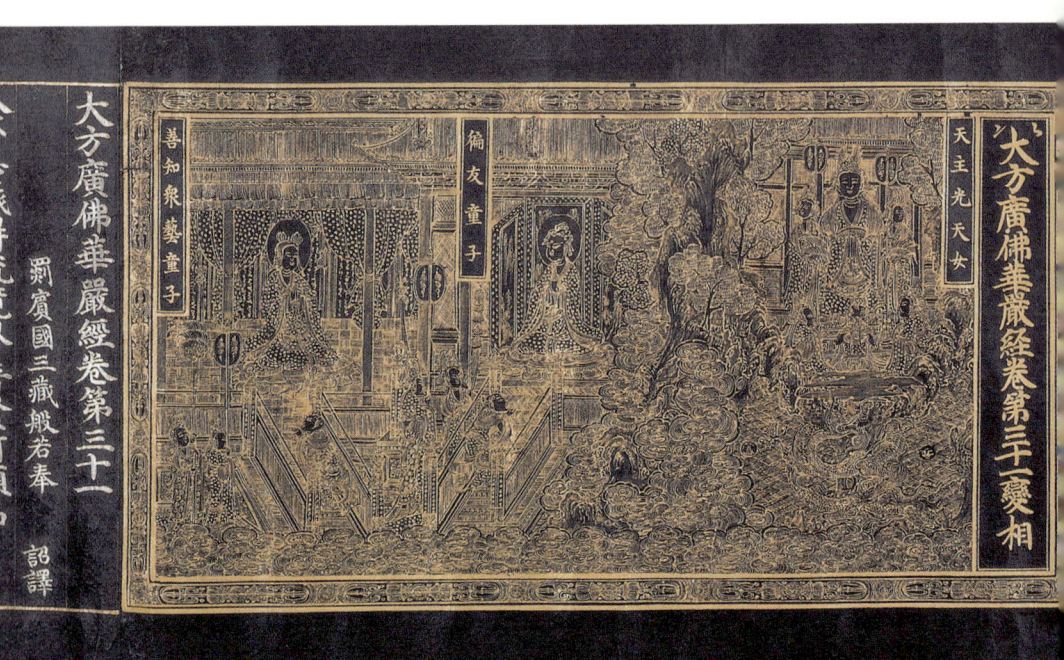

화엄경 권제삼십일권수도/고려 충숙왕 6년(1337)/자청지금니瓷青紙金泥/
20cm×36.5cm/경기도 용인 호암미술관 소장

장경과 불서의 보급이 잘 이루어져 대중의 마음을 충실하게 하고 사상을 개척했으며, 인간불교의 전파를 촉진했다고 말할 수 있습니다.

(3) 종파의 공생

불법은 역대 대덕들께서 상세히 밝혀 널리 퍼트린 데다, 선문이 일화오엽과 오종칠파로 발전하여 많은 선사들이 '직지인심直指人心, 견성성불見性成佛'을 통해 진리에 대해 또 다른 언어문자의 첩경을 개척했습니다. 특히 조사와 대덕들은 경전의 진리를 인간사회에 전파하면서 백성은 더욱 편안한 마음으로 받아들이게 하고, 노인은 느껴서 알 수 있게 하고, 아이는 들어서 알 수 있도록 하였으니 이것이 더더욱 값진 점이라 하겠습니다.

지자대사가 천태산에서 『법화경』을 선양하였기에 그의 종파를 '천태종' 또는 '법화종'이라 불렀습니다. 현수賢首대사께서 『화엄경』을 발양하는 데 커다란 힘을 쏟았기에 '화엄종'을 '현수종'이라고도 불렀습니다. 이처럼 불교는 지명, 경명, 인명으로 종파를 삼아 나름대로의 특색을 갖추고 발전해 나갔습니다.

'정토종'은 '연종蓮宗'·'정종淨宗'·'염불종' 등으로 불리기도 하여, 한 종파가 여러 가지 칭호를 가지기도 했습니다. 또한 '삼론종'은 '공종空宗'·'법성종' 등의 이름으로 법을 설하기도 했고, '법상종'은 또 '유식종'이라고 하는 등 그 예가 적지 않았으며, 서로 배척하지도 않았습니다.

우리의 본성을 설명하면서 불교에서는 '여래장'·'진여'·'자성'·'실상' 등의 이름과 형태를 붙였는데, 이는 진리를 분명하게 드러내기 위해서였습니다. 그래서 불교는 이제껏 수많은 명사에 대해 이견을 가진 적도, 우열을 가른 적도 없었습니다.

이처럼 수많은 이름과 형태가 서로 다른 것은 여러분이 다방면에서 자성을 인식할 수 있도록 해줍니다. 그래서 명칭은 많아도 의미는 하나입니다. 부처님 한 분도 호칭이 열 개나 되는 것과 비교하자면, 그리 나쁠 것도 없습니다. 과거 선비에게는 학명學名이 있었고, 자字가 있었고, 호號가 있었고, 필명이 있었고, 스스로를 부르는 호칭까지 있었다고 합니다. 일반인도 별명과 아명을 가졌습니다. 사실 모두 한 사람인 것입니다.

    그러므로 지금 '인간불교'를 추진하기 위해서 전 세계 불제자가 다함께 이것이 부처님이 본래 품었던 뜻으로 돌아가는 것임을 아는 것이 필요합니다. '인간불교', 이 한마디는 앞으로 불교가 인간세상에서 확산해 나가는 데 더할 나위 없는 역량을 가지고 있음을 받아들여야 하며, '인간불교'가 부당하다고 여겨 잔인하게 불교의 전승명맥을 파괴해서는 절대로 안 됩니다.

(4) 어휘의 보급

누군가는 세계에서 가장 총명한 사람이 중국인이라고 말합니다. 중국인이 총명한 것은 많건 적건 불교경전의 언어가 도움이 되지 않았을까 생각합니다. 지금 중국인이 습관처럼 사용하는 언어문자 가운데 불교에서 나온 것이 얼마나 많은지 모르며, 생활 속의 모든 것이 습관처럼 굳어져 자신이 하는 말이 불교의 경전과 서간에서 나왔다는 것조차 모를 지경입니다. 심지어 타 종교의 신도들도 불교적인 용어를 사용하면서도 정작 그것이 불교용어임은 알지 못합니다.

    중국 언어문자의 아름다움은 가히 세계 일류라 할 수 있습니다. 그래서 불교의 언어문자는 중국문화 속에서 돋보이게 만드는 작용을 했습니다. 지금 불교의 어구들을 아래에 자세히 열거해볼 테니 독자들께서는 귀찮다고 생각하지 마시고, 천천히 읽으면서 그 가운데서 중국문화 속 불교용어의 풍부함과 다채로움을 경험해 보시기 바랍니다.
먼저 사자성어부터 말해보겠습니다.

철수개화鐵樹開花, 일체현성一切現成, 불가사의不可思議, 여태마복驢胎馬腹,
작견자박作繭自縛, 쇄쇄락락灑灑落落, 기불택식飢不擇食, 변재무애辯才無礙,
엄토숙생嚴土熟生, 부즉불리不卽不離, 식심달본識心達本, 치인설몽痴人說夢,
전녀성남轉女成男, 직지인심直指人心, 양미순목揚眉瞬目, 척지유성擲地有聲,
용두사미龍頭蛇尾, 구모토각龜毛兔角, 수연불변隨緣不變, 수파축랑隨波逐浪,
제상선인諸上善人, 마전작경磨磚作鏡, 횡편시방橫遍十方, 취사성탑聚沙成塔,
침봉상대針峰相對, 발운견일撥雲見日, 일탄지경一彈指頃, 원진리구遠塵離垢,
증사작반蒸沙作飯, 단심정의端心正意, 대기설법對機說法, 대우탄금對牛彈琴,
진진광생塵盡光生, 몽환포영夢幻泡影, 격화조양隔靴抓痒, 전광석화電光石火,
엽락귀근葉落歸根, 만겁불복萬劫不復, 당두봉갈當頭棒喝, 원후착월猿猴捉月,
경상자하敬上慈下, 감응도교感應道交, 순수추주順水推舟, 귀이천목貴耳賤目,
광결선연廣結善緣, 화병충기畫餅充飢, 무상신속無常迅速, 초아패종焦芽敗種,
신종모고晨鍾暮鼓, 지목행족智目行足, 적적성성寂寂惺惺, 단도직입單刀直入,
선남신녀善男信女, 발무인과拔無因果, 봉장작희逢場作戲, 통신수안通身手眼,
안횡비직眼橫鼻直, 교외별전教外別傳, 영양괘각羚羊掛角, 상주진심常住眞心,
밀재여변密在汝邊, 숙세선근宿世善根, 숙세인연宿世因緣, 유아독존唯我獨尊,
장롱작아裝聾作啞, 삼라만상森羅萬象, 동념즉괴東念卽乖, 동정일여動靜一如,
귀곡신호鬼哭神號, 역증상연逆增上緣, 고양궤유羔羊跪乳, 파안미소破顏微笑,
염화미소拈花微笑, 유감윤생留感潤生, 수성정과修成正果, 향화인연香火因緣,

중중무진重重無盡, 고구파심苦口婆心, 성불주조成佛做祖, 항하사수恒河沙數,
극기취증克期取證, 찰나생멸刹那生滅, 전세금생前世今生, 금강불괴金剛不壞,
호소생풍虎嘯生風, 반박귀진返璞歸眞, 불이법문不二法門, 이우입해泥牛入海,
명심견성明心見性, 포전인옥抛磚引玉, 피성대월披星戴月, 미동작남味同嚼蠟,
권서자재卷舒自在, 각주구검刻舟求劍, 동등피안同登彼岸, 자항보도慈航普渡,
사여원위事與願違, 사마외도邪魔外道, 사사무애事事無碍, 신심탈락身心脫落,
견문각지見聞覺知, 언어도단言語道斷, 쾌마일편快馬一鞭, 좌구성로坐久成勞,
좌단시방坐斷十方, 냉난자지冷暖自知, 통연명백洞然明白, 자작자수自作自受,
행주좌와行住坐臥, 노파심절老婆心切, 유정세간有情世間, 안심입명安心立命,
수주대토守株待兎, 여영수형如影隨形, 박지범부薄地凡夫, 회광반조回光返照,
인과보응因果報應, 동상이몽同床異夢, 생생세세生生世世, 본래면목本來面目,
반로출가半路出家, 거점해박去粘解縛, 심수경전心隨境轉, 심원의마心猿意馬,
심생만법心生萬法, 심심상인心心相印, 천화란추天花亂墜, 천의무봉天衣無縫,
천녀산화天女散華, 육시길상六時吉祥, 오체투지五體投地, 부증불감不增不減,
불생불멸不生不滅, 적수천석滴水穿石, 일사불괘一絲不掛, 보보생련步步生蓮,
범성양망凡聖兩忘, 삼재팔난三災八難, 삼생유행三生有幸, 요익유정饒益有情,
유정중생有情衆生, 팔면령롱八面玲瓏, 팔풍부동八風不動, 인신난득人身難得,
인천안목人天眼目, 대사일번大死一番, 여상고비如喪考妣, 범성일여凡聖一如,
삼도팔난三途八難, 일료백료一了百了, 칠상팔하七上八下, 칠정육욕七情六欲,
칠급부도七級浮屠, 칠령팔락七零八落, 칠공팔규七孔八竅, 일궤지공一簣之功,
일친일소一親一疏, 일망타진一網打盡, 일전쌍조一箭雙雕, 일폭십한一暴十寒,
일엽지추一葉知秋, 일진불염一塵不染, 일초직입一超直入, 일봉타살一棒打殺,

제4장 불교가 중국에 전해진 이후의 발전

일득일실一得一失, 일문심입一門深入, 일지반해一知半解, 일념삼천一念三千,
일왕일래一往一來, 일언도단一言道斷, 일수사견一數四見, 일심불란一心不亂,
일도양단一刀兩斷, 용사혼잡龍蛇混雜, 무연일면無緣一面, 수기척량竪起脊梁,
풍조우순風調雨順, 인중사자人中獅子, 혼신시구渾身是口, 강룡복호降龍伏虎,
속장취도束裝就道, 중망소귀衆望所歸, 면면상처面面相覰, 일상삼간日上三竿,
삼고육파三姑六婆, 일필구소一筆勾銷, 화반탁출和盤托出, 일왕무전一往無前,
장심비심將心比心, 냉약빙상冷若冰霜, 재생부모再生父母, 대철대오大撤大悟,
혼세마왕混世魔王, 군마란무群魔亂舞, 병마전신病魔纏身, 요마귀괴妖魔鬼怪,
정례막배頂禮膜拜, 연문탁발沿門托鉢, 금강노목金剛怒目, 도모안연道貌岸然,
촌보난행寸步難行, 화안금정火眼金睛, 견전안개見錢眼開, 요두파미搖頭擺尾,
구급도장狗急跳牆, 필저춘풍筆底春風, 몽중설몽夢中說夢, 정법안장正法眼藏,
개산조사開山祖師, 극락세계極樂世界, 공덕원만功德圓滿, 공덕무량功德無量,
낙선호시樂善好施, 대취법라大吹法螺, 대취대뢰大吹大擂, 노승입정老僧入定,
설찬련화舌燦蓮花, 유희삼매遊戲三昧, 사면팔방四面八方, 지동화서指東話西,
부지호대不知好歹, 화불투기話不投機, 낙엽귀근落葉歸根, 고골흡수敲骨吸髓,
화화세계花花世界, 두상안두頭上安頭, 일념지차一念之差, 함혈분인含血噴人,
죽보평안竹報平安, 승다죽소僧多粥少, 약석지언藥石之言, 청규계율清規戒律,
일상정원一相情願, 석침대해石沉大海, 방의여성防意如城, 반신반의半信半疑,
향화공양香花供養, 심화노방心花怒放, 세수장류細水長流, 회비연멸灰飛烟滅,
불지불각不知不覺, 담화일현曇花一現, 상입비비想入非非, 국색천향國色天香,
대자대비大慈大悲, 고중작락苦中作樂, 황연대오恍然大悟, 원가채주冤家債主,
일심일의一心一意, 장상명주掌上明珠, 변재무애辯才無碍, 면수기의面授機宜,

개대환희皆大歡喜, 타초경사打草驚蛇, 비침주선飛針走線, 금상첨화錦上添花,
점철성금點鐵成金, 폐문조차閉門造車, 각답실지脚踏實地, 장엄보상莊嚴寶像,
불가한량不可限量, 치심망상痴心妄想, 재겁난도在劫難逃, 무명업화無明業火,
인간지옥人間地獄, 무연무고無緣無故, 대현신통大顯神通, 각현신통各顯神通,
현신설법現身說法, 자신난보自身難保, 집미불오執迷不悟, 범부육안凡夫肉眼,
신통광대神通廣大, 독구혜안獨具慧眼, 육안우미肉眼愚眉, 불안상간佛眼相看,
하동사후河東獅吼, 보보연화步步蓮花, 용맹정진勇猛精進, 향상도하香象渡河,
수미고검愁眉苦臉, 겁후여생劫後餘生, 공공여야空空如也, 사대개공四大皆空,
지수화풍地水火風, 구고구난救苦救難, 오온개공五蘊皆空, 우두마면牛頭馬面,
우귀사신牛鬼蛇神, 우두아방牛頭阿旁, 도산검수刀山劍樹, 도산화해刀山火海,
보응불상報應不爽, 황여격세恍如隔世, 지점미진指點迷津, 일수차천一手遮天,
화수은화火樹銀花, 불구소절不拘小節, 경화수월鏡花水月, 소견다괴少見多怪,
자연이연自然而然, 방편지문方便之門, 여음제호如飮醍醐, 장륙금신丈六金身,
형합이장哼哈二將, 둔입공문遁入空門, 세외도원世外桃源, 초연물외超然物外,
표신립이標新立異, 범부속자凡夫俗子, 관절일시冠絶一時, 화룡점정畵龍點睛,
호한위천戶限爲穿, 무차대회無遮大會, 개사귀정改邪歸正, 천하기린天下麒麟,
중신주인重新做人, 득미증유得未曾有, 무풍기랑無風起浪, 인적위자認賊爲子,
앵무학설鸚鵡學舌, 천차만별千差萬別, 수창선고水漲船高, 사출유인事出有因,
미두인영迷頭認影, 만가생불萬家生佛, 일판심향一瓣心香, 이륙시중二六時中,
천룡팔부天龍八部, 여시아문如是我聞, 길상여의吉祥如意, 이근청정耳根清淨,
십자가두十字街頭, 다선일미茶禪一味, 해활천공海闊天空, 수기응변隨機應變,
칠통탈락漆桶脫落, 절단중류截斷衆流, 횡설수설橫說竪說, 응병여약應病與藥,

제4장 불교가 중국에 전해진 이후의 발전

세작만인細嚼慢咽,	수망각란手忙脚亂,	지리명언至理名言,	어언불상語焉不詳,
불가수습不可收拾,	심거간출深居簡出,	무여륜비無與倫比,	사리도금沙離搯金,
고정무파古井無波,	만고청공萬古晴空,	금수고한今愁古恨,	산광수색山光水色,
고운야학孤雲野鶴,	화산고장火傘高張,	일락천장一落千丈,	정동골육情同骨肉,
하병해장蝦兵蟹將,	의발상전衣鉢相傳,	골수여시骨瘦如柴,	십악불사十惡不赦,
입해산사入海算沙,	시방세계十方世界,	천마외도天魔外道,	초범입성超凡入聖,
인욕부중忍辱負重,	득기삼매得其三昧,	원원상보寃寃相報,	도두지밀刀頭舐蜜,
법력무변法力無邊,	전인후과前因後果,	불청지우不請之友,	자유자재自由自在,
구토련화口吐蓮花,	심령신회心領神會,	수유교융水乳交融,	단창필마單槍匹馬,
개화결과開花結果,	등삼보전登三寶殿,	작적심허作賊心虛,	화광동진和光同塵,
견토방응見兔放鷹,	옹중착별甕中捉鱉,	양인상상兩刃相傷,	이독공독以毒攻毒,
두중각경頭重脚輕,	아작무성鴉雀無聲,	안과장공雁過長空,	유구개비有口皆碑,
당면착과當面錯過,	견괴불괴見怪不怪,	춘한료초春寒料峭,	보산공회寶山空回,
첩고지퇴鉆故紙堆,	액수칭경額手稱慶,	활연개랑豁然開朗,	풍간요설豊干饒舌,
인적위부認賊爲父,	횡삼수사橫三竪四,	노어해시魯魚亥豕,	박화지아撲火之蛾,
유산완수游山玩水,	노원초초路遠迢迢,	적거관문賊去關門,	가두항미街頭巷尾,
상아지탑象牙之塔,	환두이성換斗移星,	시풍도태時豊道泰,	홍로점설洪爐點雪,
비친비고非親非故,	급류용퇴急流勇退,	불수이거拂袖而去,	포두로면拋頭露面,
육안범부肉眼凡夫,	심여고정心如古井,	천리초초千里迢迢,	일전지지一箭之地,
일파삼절一波三折,	일소치지一笑置之,	포라만상包羅萬象,	영생영세永生永世,
요두황뇌搖頭晃腦,	천병천장天兵天將,	신강력장身强力壯,	약육강식弱肉强食,
인궁지단人窮志短,	인준불금忍俊不禁,	천신만고千辛萬苦,	인무가인忍無可忍,

망리투한忙裡投閑, 뇌대우소雷大雨小, 입설구도立雪求道, 냉언열어冷言熱語,
함신여고含辛茹苦, 성가립업成家立業, 주적심허做賊心虛, 호언란어胡言亂語,
불가언선不可言宣, 칠수팔각七手八脚, 심행수묵尋行數墨, 호설팔도胡說八道,
장두로미藏頭露尾, 화단금족花團錦簇, 조다담반粗茶淡飯, 인풍취화因風吹火,
장삼이사張三李四, 방목원공方木圓孔, 타파현관打破玄關, 전광조로電光朝露,
여몽여환如夢如幻, 가적난방家賊難防, 보동공양普同供養……

이러한 성어의 출처는 경전 또는 선종의 공안 어록입니다. 철학적 이치가 무척 심오할 뿐만 아니라 특히 조사들의 지혜와 유머는 현대인들의 대화에 예술미를 더욱 보태주고 있습니다.

네 글자 외에 세 글자 용어 역시 매우 많습니다.

사자후獅子吼, 문외한門外漢, 선남자善男子, 선녀인善女人, 선호념善護念,
무차회無遮會, 내하교奈何橋, 무진등無盡燈, 무진장無盡藏, 참화두參話頭,
주강호走江湖, 일찰나一刹那, 연화지蓮花池, 수미산須彌山, 거사림居士林,
무상사無上士, 체상용體相用, 선불장選佛場, 아수라阿修羅, 귀문관鬼門關,
일월성日月星, 일체법一切法, 일체지一切智, 일미선一味禪, 관자재觀自在,
일지선一指禪, 향수해香水海, 향운개香雲蓋, 일식경一食頃, 일숙각一宿覺,
일필구一筆勾, 일미진一微塵, 구해탈俱解脫, 삼보불三寶佛, 첨유향添油香,
일탄지一彈指, 무소득無所得, 인중존人中尊, 구두선口頭禪, 대무외大無畏,
종복전種福田, 내생연來生緣, 대보살大菩薩, 대도사大導師, 대의왕大醫王,
불가득不可得, 불가설不可說, 무위사無爲舍, 보리로菩提路, 불공업不共業,

부자재不自在, 불사선不思善, 불사악不思惡, 불사의不思議, 반야문般若門,
해탈도解脫道, 불도단不倒單, 불퇴전不退轉, 부동존不動尊, 자비심慈悲心,
우바새優婆塞, 감로수甘露水, 팔복전八福田, 우바이優婆夷, 비구니比丘尼,
사미니沙彌尼, 불광어不誑語, 농호손弄猢猻, 광명장光明藏, 금광명金光明,
증상연增上緣, 진실의眞實義, 불방일不放逸, 방생회放生會, 방편문方便門,
귀명례皈命禮, 심화개心花開, 선지식善知識, 인연과因緣果, 심해탈心解脫,
도중생度衆生, 삼계외三界外, 보살심菩薩心, 우란분盂蘭盆, 탐진치貪瞋痴,
청정심淸淨心, 수상포水上泡, 수중월水中月, 각유정覺有情, 관세음觀世音,
묘길상妙吉祥, 향적주香積廚, 삼매화三昧火, 일대겁一大劫, 미진겁微塵劫,
금강신金剛身, 보현왕普賢王, 지장왕地藏王, 조구업造口業, 수미산須彌山,
무명화無明火, 선화자禪和子, 이륙시二六時, 환희지歡喜地, 청량월淸凉月,
흘시방吃十方, 작마생作麽生, 활발발活潑潑, 취피낭臭皮囊, 주공덕做功德,
인아상人我相, 중생상衆生相, 해조음海潮音, 현세보現世報, 무문관無門關,
무량수無量壽, 무량광無量光, 개안계開眼界, 소두향燒頭香, 당두종撞頭鍾,
환희불歡喜佛, 미륵불彌勒佛, 만불전萬佛殿, 자죽림紫竹林, 보타산普陀山,
장경루藏經樓, 납팔죽臘八粥, 노마각露馬脚, 찬고지鑽故紙, 육화경六和敬,
칠각지七覺支, 팔정도八正道, 구품련九品蓮, 개산문開山門, 흘조재吃早齋,
삼륙구三六九, 불망어不妄語, 타선칠打禪七, 염불칠念佛七, 접인불接引佛,
서방선西方船, 상대공上大供, 시무외施無畏, 대화상大和尙, 소사미小沙彌,
불법승佛法僧, 아라한阿羅漢, 마하살摩訶薩, 마하연摩訶衍, 삼마지三摩地,
계정혜戒定慧, 문사수聞思修, 경율론經律論, 천지인天地人, 주호사做好事,
설호화說好話, 존호심存好心, 소업장消業障, 면재난免災難, 욕불절浴佛節,

법동사法同舍, 천당로天堂路, 지옥문地獄門, 광명등光明燈, 여래불如來佛,
복전의福田衣, 바라밀波羅蜜, 증복혜增福慧, 금강심金剛心, 보시은報施恩,
법여시法如是, 육재일六齋日, 방염구放焰口, 주법회做法會, 삼귀의三皈依,
수오계受五戒, 보살계菩薩戒, 십법계十法界, 발대심發大心, 입대원立大願,
불이문不二門, 천인사天人師, 정편지正遍知, 명행족明行足, 세간해世間解,
대신통大神通, 보문품普門品, 보동탑普同塔, 만수원萬壽園, 다보불多寶佛,
여의료如意寮, 여래전如來殿, 지혜해智慧海, 일합상一合相, 호조두好兆頭,
소지장所知障, 적수은滴水恩, 조산단朝山團, 전법륜轉法輪, 염라왕閻羅王,
제석천帝釋天, 아승지阿僧祇, 난행도難行道, 역행도易行道, 법의지法依止,
조주차趙州茶, 운문병雲門餅, 삼법인三法印, 심의식心意識……

위에 열거한 수많은 성어 외에, 우리가 상용하는 명사를 여러분의 이해를 돕고자 아래에 함께 열거합니다. 빈도수에서 가장 많고, 또 가장 널리 사용되는 것들입니다.

공덕功德, 여의如意, 신통神通, 안상安祥, 죄과罪過, 절대絕對, 훈습薰習, 보편普遍,
제청諦聽, 수속手續, 일체一切, 일심一心, 일잡一匝, 삼매三昧, 삼보三寶, 상인上人,
소품小品, 산문山門, 중도中道, 공안公案, 분별分別, 천안天眼, 방편方便, 화택火宅,
세계世界, 세간世間, 출가出家, 출리出離, 가지加持, 보시布施, 평등平等, 정종正宗,
감로甘露, 생멸生滅, 시현示現, 합십合十, 합장合掌, 길상吉祥, 동사同事, 회향回向,
인과因果, 인연因緣, 지옥地獄, 여래如來, 여실如實, 망상妄想, 성취成就, 자재自在,
자각自覺, 행각行脚, 의발衣鉢, 가람伽藍, 주지住持, 불도佛道, 불학佛學, 이행利行,

제4장 불교가 중국에 전해진 이후의 발전

겁수劫數, 제자弟子, 인욕忍辱, 투태投胎, 투기投機, 두수抖擻, 속박束縛, 사문沙門,
사미沙彌, 공양供養, 의지依止, 전좌典座, 초심初心, 수지受持, 화상和尙, 거사居士,
피안彼岸, 왕생往生, 왕환往還, 염불念佛, 방하放下, 방광放光, 방향放香, 법신法身,
법유法乳, 법문法門, 법계法界, 법사法師, 법희法喜, 법륜法輪, 법기法器, 법보法寶,
지객知客, 규찰糾察, 규전糾纏, 사리舍利, 금강金剛, 장양長養, 신앙信仰, 찰나刹那,
객진客塵, 지계持戒, 시주施主, 염오染汚, 유통流通, 유전流轉, 홍진紅塵, 고행苦行,
고해苦海, 말리茉莉, 강복降伏, 수좌首座, 수행修行, 차별差別, 은애恩愛, 열중悅衆,
오도悟道, 서기書記, 근기根器, 수승殊勝, 부도浮圖, 열반涅槃, 유리琉璃, 진심眞心,
진여眞如, 진제眞諦, 신명神明, 소재素齋, 반야般若, 감파勘破, 참학參學, 문신問訊,
운수雲水, 집착執着, 적정寂靜, 상주常主, 괘단掛單, 정토淨土, 청정淸淨, 현신現身,
중생衆生, 괘애罣礙, 습기習氣, 장엄莊嚴, 할애割愛, 선악善惡, 희사喜捨, 위요圍繞,
보응報應, 비관悲觀, 악도惡道, 산란散亂, 보문普門, 보도普度, 지혜智慧, 조산朝山,
조모朝暮, 조로朝露, 무주無住, 무념無念, 무명無明, 무외無畏, 무상無相, 무상無常,
무량無量, 무진無盡, 무연無緣, 발심發心, 결연結緣, 보리菩提, 보살菩薩, 허무虛無,
둔근鈍根, 개광開光, 개오開悟, 운유雲遊, 반두飯頭, 전법傳法, 원적圓寂, 원통圓通,
미묘微妙, 미진微塵, 애하愛河, 애어愛語, 감응感應, 자항慈航, 자비慈悲, 회관會館,
업력業力, 업보業報, 업장業障, 극락極樂, 번뇌煩惱, 사후獅吼, 당하當下, 당가當家,
금어禁語, 경행經行, 의공義工, 성범聖凡, 해탈解脫, 자량資糧, 유행遊行, 유희遊戲,
과거過去, 도장道場, 돈오頓悟, 승가僧伽, 승려僧侶, 진로塵勞, 진연塵緣, 실상實相,
실제實際, 대치對治, 참괴慙愧, 연설演說, 복전福田, 종자種子, 칭념稱念, 정사精舍,
정진精進, 유나維那, 치소緇素, 어록語錄, 경안經安, 증장增長, 탄지彈指, 혜명慧命,
마정摩頂, 낙관樂觀, 연각緣覺, 연사蓮社, 조복調伏, 윤회輪廻, 천단遷單, 아귀餓鬼,

학인學人, 도사導師, 해태懈怠, 소향燒香, 적취積聚, 제호醍醐, 석장錫杖, 염부閻浮,
수분隨分, 수희隨喜, 수연隨緣, 두타頭陀, 용상龍象, 응화應化, 희론戱論, 단나檀那,
선심禪心, 선좌禪坐, 선미禪味, 선정禪定, 선사禪師, 선열禪悅, 선당禪堂, 총지總持,
성문聲聞, 강당講堂, 총림叢林, 귀명歸命, 예불禮佛, 요불繞佛, 번안飜案, 광겁曠劫,
나한羅漢, 약석藥石, 전도顚倒, 참회懺悔, 각오覺悟, 경책警策, 천제闡提, 요설饒舌,
섭수攝受, 희생犧牲, 전박纏縛, 당합鐺鉿, 마장魔障, 환희歡喜, 변역變易, 영감靈感,
영험靈驗, 관음觀音, 관상觀想, 관조觀照, 관찰觀察, 찬탄贊嘆, 계박繫縛, 연분緣分,
기연機緣, 현상現象, 유정有情, 장애障礙, 현관玄關, 종지宗旨, 현재現在, 여시如是,
단위單位, 미신迷信, 상대相對, 상승上乘, 유연有緣, 화신化身, 호겁浩劫, 숙명宿命,
상응相應, 면벽面壁, 관정灌頂, 봉갈棒喝, 가사袈裟, 승리勝利, 존중尊重, 이익利益,
일구一句, 일생一生, 일향一向, 일겁一劫, 일언一言, 일미一味, 일념一念, 일문一門,
일류一流, 일면一面, 일음一音, 일가一家, 일시一時, 일기一期, 일로一路, 인천人天,
인생人生, 인신人身, 인사人師, 인간人間, 입정入定, 입문入門, 입실入室, 입류入流,
입멸入滅, 입도入道, 팔난八難, 역사力士, 팔고八苦, 시방十方, 삼천三千, 삼세三世,
삼생三生, 삼겁三劫, 삼재三災, 삼사三思, 삼매三昧, 삼독三毒, 삼계三界, 삼승三乘,
삼시三時, 삼종三從, 삼도三途, 삼학三學, 삼례三禮, 삼장三藏……

　원래 이것은 모두 불교의 명상名相이고 명사이지만, 일상생활에서 광범위하게 사용될 뿐만 아니라, 문학작품 속에서 자주 나타나며 지금은 대중적 용어가 되었습니다.
　이밖에 우리 생활 속 속담 역시 적어 봅니다.

바람이 없이는 파도가 일지 않는다. 無風不起浪

슬기로운 안목으로 인재를 알아본다. 慧眼識英雄

금강처럼 단단하여 부서지지 않는 몸이다. 金剛不壞身

자신이 저지른 일에는 반드시 대가를 치른다. 一报还一报

인간세상에서 성취하여야 부처를 이룬다. 人成即佛成.

여자는 성장하면서 용모와 자태가 여러 번 바뀐다. 女大十八变

짚신 값 헛되이 씀을 처음 알겠노라. 空費草鞋錢

길이 멀어야 말의 힘을 알 수 있다. 路遙知馬力

일단 시작한 일은 철저하게 하다. 一不做, 二不休

하나가 전체이고 전체가 하나이다. 一即多, 多即一

칼산에 오르고 불바다에 뛰어든다. 上刀山, 下火海.

핏줄은 못 속인다. 龍生龍, 鳳生鳳

기세만 요란하고 막상 성과는 별 볼일 없다. 雷聲大, 雨點小

복수를 하려면 원수를 찾고, 빚을 받으려면 빚쟁이를 찾아라. 冤有頭, 債有主

자비에는 적이 없다. 慈悲沒有敵人

캄캄해서 지척을 분간할 수 없다. 伸手不見五指

인간의 수명은 호흡 한 번에 있다. 人命在呼吸間

부처님 손바닥 안이다. 逃不出如來掌

사람은 고뇌를 알아야 한다. 人要知道苦惱

사건의 실마리가 전혀 없다. 八字沒有一撇

일을 시작했으면 끝까지 마무리한다. 送佛送到西天

남의 도움을 바라기보다 내가 직접 하는 게 낫다. 求人不如求己
확신이 없거나 무익한 일은 하지 않는 게 낫다. 一動不如一靜
한 가지 일을 여러 사람에게 맡기지 않는다. 一客不煩二主
성난 주먹도 웃는 얼굴은 못 때린다. 瞋拳不打笑面
말의 앞뒤가 맞지 않다. 前言不對後語
서로의 말이 맞지 않다. 牛頭不對馬面
가망성이 없는 일인 줄 알면서도 끝까지 최선을 다하다. 死馬當活馬醫
진흙에서 피어나도 물들지 않는다. 出汚泥而不染
멀리 있는 친척보다 가까운 이웃이 낫다. 遠親不如近鄰
불법이 있으면 방법도 있다. 有佛法就有辦法
할 일을 서로에게 떠넘기기만 한다. 三個和尙沒水喝
원한은 맺어서 좋을 것이 없다. 冤家宜解不宜結
양털도 결국은 양의 몸에서 나온다. 羊毛出在羊身上
방울을 건 사람이 떼어내야 한다. 解鈴還須繫鈴人
심병은 심약으로 치료해야 한다. 心病還須心藥醫
일이 없으면 찾아오지 않는다. 無事不登三寶殿
단숨에 목적을 이루려 한다. 一口吸盡西江水
원수는 외나무다리에서 만난다. 不是冤家不聚頭
스님 체면은 모른 척해도 부처님 체면은 세워준다. 不看僧面看佛面
신부가 당나귀를 타고 가고, 시어머니가 끌고 간다. 新婦騎驢阿家牽
중생은 제도하기 쉽고, 사람은 제도하기 어렵다. 衆生好度人難度

보물 산에 들어가 빈손으로 돌아오는 것과 같다. 如入寶山空手回

협소하고 초라한 공간에서 대단한 일을 해낸다. 螺螄殼裡做道場

겉모습만 중시하고 속내는 보지 못한다. 只重衣衫不重人

견고한 도량이라도 승려는 물처럼 흘러간다. 鐵打常住流水僧

사찰에서 하루 신세를 지다. 打擾常住掛一單

세상(세간)을 간파하고, 겁에 질리다. 看破世間嚇壞膽

마음은 장군처럼 우리를 호령할 수 있다. 心如將軍能行令

마음은 원숭이처럼 안주하기 힘들다. 心如猿猴難安住

마땅히 머무는 바 없이 그 마음을 내어라. 應無所住而生其心

수많은 단련과 검증을 거쳐야 비로소 성공할 수 있다. 千錘百鍊才能成功

넓고 커서 끝이 없는 자비로 고난에 빠진 사람을 구제하다. 大慈大悲, 救苦救難

영산의 모습 다시 드러나고, 기원정사 다시 빛나다. 靈山再現, 祇園重光

죽었다가 살아나다. 一佛出世, 二佛涅槃

쌀 한 톨에서도 대천세계가 들어 있다. 一粒米, 藏大千世界

부처는 금으로 단장하고, 사람은 옷으로 단장한다. 佛要金裝, 人要衣裝

콩 심은 데 콩 나고 팥 심은데 팥 난다. 種瓜得瓜, 種豆得豆

남에게 잘 대해주면 그것이 자신에게 돌아온다. 與人方便, 自己方便

보리심을 발하고 불도를 성취한다. 發菩提心, 成就佛道

군자 한마디는 달리는 말에도 채찍질을 가한다. 君子一言, 快馬加鞭

한 번 내뱉은 말은 사두마차로도 따라잡지 못한다. 一言即出, 駟馬難追

경험하지 않고서는 그 일에 대한 지식을 늘릴 수 없다. 不經一事, 不長一智

가까이하지도 멀리하지도 않고, 가까운 것 같기도 그렇지 않은 것 같기도 하다. 不即不離, 若即若離

선행과 악행은 각각 응분의 보답과 대가가 있다. 善有善報, 惡有惡報

스스로 겪어봐야 비로소 깊이 깨달을 수 있다. 如人飮水如人飮水, 冷暖自知

악을 버리면 선행하는 좋은 사람이 될 수 있다. 放下屠刀, 立地成佛

고해는 끝이 없으나, 깨달으면 극락이다. 苦海無邊, 回頭是岸

한 사람이 공양을 하고 있으면 열 사람이 불경을 외운다.(한 사람이 어떤 일을 하는 것으로 여러 명을 움직이게 한다.) 一人吃齋, 十人念佛

이미 도달한 탁월한 경지에 만족하지 않고 더욱더 노력하다. 百尺竿頭, 更進一步

수양이 한 자 높아지면, 유혹은 한 길 높아진다. 道高一尺, 魔高一丈

조건에 따라 각각 다른 방법으로 문제를 해결하다. 一把鑰匙, 開一把鎖

한쪽은 생각이 있지만, 다른 한쪽은 매정하다. 落花有意, 流水無情 (짝사랑 표현)

하루 일하지 않으면 하루 먹지 말라. 一日不作, 一日不食

부처님 한 분 세상에 나시니 천 분의 부처님이 호지한다. 一佛出世, 千佛護持

사람 몸 얻기 어렵고, 커다란 도리 듣기가 어렵다. 人生難得, 大道難聞

진작 알았다면 그렇지 않았을 텐데, 후회에도 소용없다. 早知今日, 悔不當初

괴이한 것을 보고도 놀라지 않으면 그 괴이한 것은 자연히 사라진다. 見怪不怪, 其怪自敗

중은 도망가더라도 절은 도망갈 수 없다. 跑了和尙, 跑不了廟

자비를 근본으로 삼고, 방편을 문으로 삼는다. 慈悲爲本, 方便爲門

자기 옆에 물건을 두고도 이리저리 찾는다. 騎牛覓牛, 騎驢覓驢

보살은 원인을 무서워하고, 중생은 결과를 무서워한다. 菩薩畏因, 衆生畏果

큰 인물은 말을 하기 쉽지만, 하급관리는 고의로 못 살게 군다. 閻王好見, 小鬼難纏

억울함을 당하는 사람을 보면 서슴없이 칼을 뽑아 도와준다. 路見不平, 拔刀相助

금강역사는 눈을 부릅뜨고, 보살의 얼굴은 매우 자애롭다. 金剛怒目, 菩薩低眉

빠져나갈 구멍이 없다. 上天無路, 入地無門

삶과 죽음이 거듭되며 다함이 없다. 生生死死, 死死生生

총총히 왔다 총총히 가는 것. 來也匆匆, 去也匆匆

죽으면 반드시 다시 태어나고, 태어나면 반드시 죽는다. 死了會生,

生了會死

색즉시공, 공즉시색. 色卽是空, 空卽是色

너무 많아 다함이 없고 헤아릴 수 없고 끝이 없다. 重重無盡, 無量無邊

지옥이 다 비기 전에는 성불하지 않겠다. 地獄不空, 誓不成佛

사람은 하루에도 천당지옥을 수십 번씩 왔다 갔다 한다. 天堂地獄, 來來去去

인연과보는 추호의 어긋남이 없다. 因緣果報, 絲豪不爽

산천의 모습은 다르지만, 일월은 같은 하늘 아래에 있다. 山川異域, 日月同天

대지의 중생은 저마다 불성을 가지고 있다. 大地衆生, 皆有佛性

죽을 고비를 수없이 넘기다. 千生萬死, 萬死千生

마음은 끝없이 넓은 세계를 감싸고, 무량한 세계는 마음에 있다. 心包太虛, 量周沙界

과거 현재 미래를 아우르고, 일체의 공간에 두루 미친다. 竪窮三際, 橫遍十方

부처님은 어디 계시나, 부처님은 마음에 계신다. 佛在哪裡, 佛在心裡

인과응보는 추호의 어긋남이 없다. 因果業報, 絲豪不爽

깨끗한 자 절로 깨끗함이 드러나고, 더러운 자 절로 더러움이 드러난다. 清者自清, 濁者自濁

마음이 넓고 너그러운 사람은 즐겁고 자유롭다. 大肚包容大肚包容, 歡喜自在

태어날 때 가져오지 못하고, 죽을 때 가져가지 못한다. 生不帶來,

死不帶去

버들가지로 한 방울 적시니, 감로법수로다. 楊枝一滴, 甘露法水

능력 있는 사람 위에 더 능력 있는 사람이 있다. 天外有天, 人外有人

모든 악 짓지 말고, 일체의 선을 받들어 행하라. 諸惡莫作, 衆善奉行

스스로 일하지 않고 남의 성과를 누린다. 飯來張口, 茶來伸手

삼천 가지 위의에 팔만 가지 소소한 율의. 三千威儀, 八萬細行

서면 선 자태가 있고, 앉으면 앉은 자태가 있다. 站有站相, 坐有坐相

자손이 하나 출가하면 구족이 하늘에 태어난다. 一子出家, 九族升天

아무 것도 없는 빈털터리이다. 上無片瓦, 下無立錐

그가 나를 저버려도, 나는 그를 저버리지 않는다. 人會負我, 我不負人

순환하는 생사는 영원히 쉼이 없다. 生死輪回, 永無休息

지게에 둘을 매고 가려고 아들을 죽이다니 어리석기 짝이 없다. 殺子成擔, 愚不可及

스스로 걱정거리를 만드니, 남 탓을 할 수 없다. 自尋煩惱, 怨不得人

자신이 자신에게 골칫거리를 안긴다. 飛蛾投火, 作繭自縛

참괴의 옷을 입으면 무상한 장엄을 얻는다. 慚愧之服, 無上莊嚴

불광이 두루 비추고, 법수가 오래 흐르게 하자. 佛光普照, 法水長流

육근이 청정하면 오체가 완전해진다. 六根清淨, 五體俱全

오안과 육통을 얻어 걸림이 없이 매우 자유롭다. 五眼六通, 好不自在

헛된 일에 매달려 애를 쓰지만, 얻는 결과는 없다. 水中撈月, 空有歡喜

오늘 하루가 지나갔으니, 수명 또한 따라서 줄어든다. 是日己過, 命亦隨減

마음이 복잡해 마음이 편치 않다. 七上八下, 心中難安
공중에 지은 누각이라 현실과 부합되지 않는다. 空中樓閣, 不切實際
극락세계의 팔공덕수, 구품연화. 八功德水, 九品蓮花
삼계는 오직 마음에 달렸고, 만법은 오직 인식하기에 달렸다. 三界唯心, 萬法唯識

   그리고 불교적 의미가 풍부한 어휘들입니다.

도저히 내막을 알 수가 없다. 丈二金剛, 摸不着頭腦
남을 구하기는커녕 자기 자신조차 구하기 어렵다. 泥菩薩過江, 自身難保
하루를 절에 살더라도, 그 하루 동안에는 종을 쳐야 한다. 做一日和尚, 撞一日鍾
자비의 눈으로 중생을 보면 복이 바닷물 같이 끝없이 모여든다. 慈眼視衆生, 福聚海無量
부처님은 작은 쌀 한 톨도 수미산처럼 크게 본다. 佛觀一粒米, 大如須彌山
부처님은 물 한 잔에서도 팔만 사천 개의 벌레를 본다. 佛觀一鉢水, 八萬四千蟲
고생을 해봐야 뛰어난 사람이 된다. 吃得苦中苦, 方爲人上人
가정마다 관세음보살이요, 집집마다 미타불이라네. 家家觀世音, 戶戶彌陀佛

평소에 준비하지 않고 일이 닥쳤을 때 바쁘게 대응한다. 平時不燒香, 臨時抱佛腳

한 개가 적다 싫어하지 않고, 만 개도 많다 싫어하지 않는다. 一個不嫌少, 萬個不嫌多

팔풍에도 흔들림 없다면서, 헛소리 한마디에 바로 강을 건너오다. 八風吹不動, 一屁打過江

사람이 집안에 앉아 있어도 화는 하늘로부터 떨어진다. 人在家中坐, 禍從天上落

먹고 마실 걱정 없이 한가롭고 편안한 생활을 누린다. 凍不死的蔥, 餓不死的僧

부처님 법 설하는 자리에 모였으니 우리 모두 인연이 있다. 旣來佛會下, 都是有緣人

약으로는 죽지 않을 병을 치료하고, 부처님은 인연 있는 사람을 제도한다. 藥醫不死病, 佛度有緣人

애욕의 강은 천 길 파도 같고, 괴로움의 바다는 만 겹 파도와 같다. 愛河千尺浪, 苦海萬重波

만 가지 악행의 근본은 음탕함이고, 백가지 선행의 으뜸은 효이다. 萬惡淫爲, 百善孝爲先

꽃은 져도 봄은 남아 있으나, 사람이 죽으면 누각은 이미 텅 빈다. 花落春猶在, 人死樓已空

감옥에 갇히는 고통을 안다면 즉시 보리심을 내어라. 若知牢獄苦, 便發菩提心

좋은 일은 쉽게 드러나지 않고, 나쁜 일은 천리까지 퍼진다. 好事不出門, 壞事傳千里

뱀에게 물린 적이 있는 사람은 두레박줄을 보고도 놀란다. 一朝被蛇咬, 十年怕井繩

인간은 호흡에 목숨 걸지만, 부처님은 향 하나 더 피우길 원한다. 人爭一口氣, 佛要一爐香

천 개의 강물을 움직일지언정 타인의 도심은 건드리지 않는다. 寧動江千水, 不動道人心

삼계를 벗어나고 오행 속에 들지 않는다. 超出三界外, 不在五行中

오는 사람 막지 않고, 가는 사람 말리지 않는다. 來的給他來, 去的讓他去

일체의 유위법은 꿈과 환상과 물거품과 그림자와 같다. 一切有爲法, 如夢幻泡影

위로 네 가지 무거운 은혜를 갚고, 아래로는 삼악도의 고통을 멸한다. 上報四重恩, 下濟三途苦

삼계는 불타는 저택과 같고, 사바세계는 괴로움의 바다와 같다. 三界似火宅, 裟婆如苦海

수미산에 겨자씨를 숨기고, 겨자씨 안에 수미산을 담는다. 須彌藏芥子, 芥子納須彌

불법은 세간에 있으니, 세간을 떠나서는 깨닫지 못한다. 佛法在世間, 不離世間覺

마음을 정하고 나면 타인의 뒷말을 두려워하지 않는다. 坐得船頭

穩, 不怕浪來顚

사는 게 귀찮고 힘든데, 공자는 오히려 번뇌를 찾아간다. 活得不耐煩, 孔子尋煩惱

마음을 식히면 불도 또한 서늘하다. 滅却心頭火, 提起佛前燈

한 사람의 생명을 구하는 일이 부처님을 위해 칠층석탑을 쌓는 것보다 낫다. 救人一命, 勝造七級浮屠

하나의 꽃에도 하나의 세계가 있고, 한 알의 모래알에도 부처가 있다. 一花一世界, 一葉一如來

하늘에서 떨어지는 재해는 피할 수 있어도, 자신이 지은 죄업은 피할 수 없다. 天作孼猶可爲, 自作孼不可活

문제가 있어도 함께 나누며 지속해서 발전해 나간다. 只要一人未度, 切莫自己逃了

산속의 도적 잡기 쉬워도 마음의 도적 잡기 어렵다. 擒山中之賊易, 捉心中之賊難

항상 인욕법에 기쁘게 머물고, 자비와 희사에 안주한다. 常樂忍辱柔和法, 安住慈悲喜捨中

만일 부처의 경지를 알고 싶다면, 그 마음을 허공처럼 맑게 하라. 若人欲識佛境界, 當淨其意如虛空

선악에는 마침내 보답이 따르니, 단지 빠름과 더딤이 있을 뿐이다. 善惡到頭終有報, 只爭來早與來遲

평소 양심에 꺼리는 일 하지 않으면 한밤 문 두드리는 소리에도 마음이 놀라지 않는다. 平常不做虧心事, 半夜敲門心不驚

측은지심이 없으면 사람이 아니고, 자비심이 없으면 부처가 아니다. 無惻隱之心非人, 無慈悲之心非佛

타인에게 선행을 베풀지 않고 염불만 외워서는 아무 쓸모없다. 若不與人行方便, 念盡彌陀總是空

사람은 누구나 참 나한이요, 사람은 저마다 살아있는 관음보살이다. 人人道是眞羅漢, 個個都是活觀音

불문의 찻물이 담백하다 말하지 말라, 승려의 정은 속세의 정보다 진하다. 莫嫌佛門茶水淡, 僧情不比俗情濃

부처를 멀리 영산에서 구하려 말라, 영산은 바로 너의 마음에 있다. 佛在靈山莫遠求, 靈山就在汝心頭

인연이 있다면 천리 밖에 있어도 만날 수 있고, 인연이 없다면 마주보고 있어도 만날 수 없다. 有緣千里來相會, 無緣對面不相逢

믿음은 도를 이루는 근원이자 공덕의 어머니이니, 일체의 선근을 자라게 한다. 信爲道元功德母, 長養一切諸善法

평소 자비심을 길러 고해의 중생을 사랑하고, 세간에 굳건히 서서 좋은 사람 되라. 放大肚皮吃素菜, 立定脚跟做好人

부처님의 두 손 되어 중생의 마음을 평등하게 쓰다듬겠노라. 願將佛手雙垂下, 摸得人心一樣平

자손들은 제각기 타고난 복이 있으니, 자손들의 노예가 되지 말라. 兒孫自有兒孫福, 莫爲兒孫做馬牛

참선하고자 산 좋고 물 좋은 곳 찾지 마라, 마음의 불을 없애면 절로 시원해진다. 安禪不須山水地, 滅却心頭火自凉

운명으로 정해진 일은 바꿀 수 없다. 閻王要你三更死, 不會留你到五更
바람처럼 가볍게 걷고, 소나무처럼 꼿꼿하게 서고, 종처럼 단정하게 앉고, 활처럼 부드럽게 눕다. 行如風, 立如松, 坐如鐘, 臥如弓
부처님은 지혜로써 세간을 한 알의 암마라과라 본다. 我觀世界, 如菴摩羅果
아쉬움을 관 속에 가져가지 마라. 不要把遺憾帶到棺材裡
대지의 중생은 모두 여래의 지혜와 덕상을 가졌다. 大地衆生, 皆有如來智慧德相
그대들 모두 장차 부처가 될 터이니, 나는 그대들을 감히 경시하지 못한다. 我不敢經視汝等我, 汝等皆當作佛
나라는 생각, 인간이라는 생각, 중생이라는 생각, 참 생명이라는 생각이 없어야 한다. 無我相, 無人相, 無衆生相, 無壽者相
꽃 한 송이, 나무 하나도 모두 이유가 있다. 모래 한 알, 돌 하나도 모두 세계가 있다. 一花一木, 都有來因; 一沙一石, 都是世界
죽 한 그릇, 밥 한 공기도 쉽지 않게 얻은 것임을 생각하고, 실 한 가닥도 어렵게 만들어진 것임을 항상 생각하라. 一粥一飯, 當思來處不易; 半絲半縷, 恒念物力維艱

불교와 관련된 속담, 상용어구, 그리고 불교의 언어문자가 일찍부터 중국의 민간사회에 뿌리내려 동화되었으며, 낡은 풍속과 습관을 교화시키는 역할까지 담당했음을 알 수 있습니다.

생활 속의 관습용어로 자리 잡은 불교와 관련된 한 글자도 얘기해

보려 합니다.

'업業'은 짓는 행위를 의미하며, 선업善業, 조업造業, 업보業報, 청정삼업清淨三業 등을 파생시켰습니다.

'각覺'은 이해하다의 의미이며, 자각自覺, 각타覺他, 각오覺悟, 정각正覺, 각성覺醒 등으로 쓰입니다.

'고苦'는 신심이 고뇌하는 상태이며, 불교에는 삼고三苦, 팔고八苦, 인간고해人間苦海 등이 있습니다.

'겁劫'은 고대 인도의 지극히 커다란 시한과 시간의 단위였습니다. 불교가 빌려다 쓰면서 후에 '호겁浩劫'이라는 말로 매우 커다란 재난을 묘사하고, '재겁난도在劫難逃'는 결정지어진 재앙은 면하기 어렵다는 의미로 사용했으며, 일단 다행히 화를 면한 것을 '도과일겁逃過一劫'이라 했고, 재난을 겪고 살아남은 것은 '겁후여생劫後餘生'이라 했습니다.

'연緣'은 부처님이 깨달은 신묘한 진리이며, '인연과보因緣果報'는 불교에서 주장하는 가장 핵심 주장이 되었습니다. 여기에서 '널리 선연을 맺는다(廣結善緣)', '전생의 인연(宿世因緣)'으로 인용하였고, 심지어 '인연이 있다(有緣)', '인연이 없다(無緣)', '인연을 따른다(隨緣)' 등은 모두 오늘날 민간에서 상용하는 용어들입니다. 특히 불교에서는 이 세상은 서로가 인연으로 연결되어 있으니 인연을 파괴하지 말아야 한다고 합니다. '연기성공緣起性空', 이 한마디에는 다양한 해석이 있을 수 있지만, 그것이 진리가 아니라고 부정할 수는 없습니다.

'공空'은 불교의 진리로, 본래 세간 만물 가운데 실재하여 불변하는 것이 없다는 것을 가리켰습니다. 일체 만물의 자성은 본래 '비움(空)'이기 때문에 비로소 '채움(有)'이 생겨날 수 있습니다. 그래서 '진공생묘유眞空生妙有'라고 말합니다. 이 '비움'과 관련된 명사는 소위 '꿈속에는 분명 육도가 있었는데, 깨닫고 난 뒤에는 대천세계가 텅 비어 아무 것도 없더라', '하늘도 공空하고, 땅도 공空하고, 너도 공空하고, 나도 공空하다.'라고 말하는 것과 같습니다. 그러나 일반인들은 '공'은 아무 것도 없는 경우를 '공'이라고 부른다고 착각하니, 참으로 불교에 대한 더없이 큰 오해입니다. 사실 비우지 않는데 어떻게 채울 수 있겠습니까? 이 '공'은 인간세상의 만사萬事·만물萬物을 세웠습니다.

그밖에 환幻, 혜慧, 참參, 박縛, 개蓋, 근根, 선禪, 전纏, 법法, 범梵, 과果, 진塵, 진瞋, 치痴, 처處, 도道, 체諦, 정定, 악惡, 은恩, 혹惑, 기機, 가假, 계戒, 계界, 마魔, 오悟, 찰刹…… 모두 불교 단어입니다. 만일 일상생활 속에서 대화하고, 저작하고, 사상관념을 표출하는 데 이러한 불교 단어의 의미가 없어지면, 더 깊은 표현을 할 수 있을까요?

또 예를 들어보겠습니다.

'청정淸淨'이 없는데 가정이 청결할 수 있겠습니까? '청정'이 없으면 마음이 어떻게 깨끗해지겠습니까?

'번뇌煩惱'를 일으키지 않고 생활 속에서 우리가 입는 피해와 괴로움들을 어떻게 알겠습니까?

'인과因果'가 없다면 세간의 진리의 원칙과 참모습을 어떻게 알겠습니까?

'참괴懺愧'가 없다면 부끄러움을 모르는데 어떻게 인류가 바로 서겠습니까?

'자비慈悲'가 없다면 이곳저곳에 적을 만들어 놓아야 한단 말입니까?

심지어 불교의 수많은 관념과 문자가 없었다면, 『수호전』, 『홍루몽』, 『서유기』, 『유림외사』 등과 같은 위대한 작품이 어떻게 나올 수 있었고, 어떻게 최고 걸작으로 탄생할 수 있었겠습니까?

사실 『법화경』과 『금강경』을 입으로 줄줄 낭독하고, 시를 읊거나 노래를 부르듯 글자를 읽는다고 해도 그 심오한 의미를 이해하기는 쉽지 않습니다. 그러므로 불교 어휘가 많고, 함축적 의미가 매우 깊다는 것은 앞에서 언급한 '연緣' 한 글자만 봐도 알 수 있습니다. 사람들은 입버릇처럼 '인연이 있으면 서로 만나게 된다.'라는 말을 하지만, 사실 여기에는 겉으로 드러난 뜻만 있는 것은 아닙니다. 불교를 널리 전파하는 데 곤란한 점을 말하자면 언어문자가 너무 많고 너무 광범위한 것도 원인의 하나일 것입니다.

예를 들어 '겁수劫數', '인과因果'는 모든 사람이 알고 있지만, 과연 그 의미까지 이해하고 있을까요? 또한 '열반涅槃', '정려靜慮', '반야般若', '진공眞空' 등에 대해 만일 해석을 거치지 않고, 더 나아가 수행이나 체험을 하지 않고서 그 안에 담겨 있는 내용과 의미를 어떻게 이해할 수 있겠습니까? 일반 사회의 대중이 모두 활용할 줄은 안다 해도, 그 수많은 명사의 근원적인 깊은 의미가 어디에 있는지는 모를 법화경 방편품(일부)/두루마리 형태/헤이안 시대(794~1185)/해서체/지본묵적/26.8㎝×532.7㎝/일본 도쿄 다이토구 도쿄국립박물관 보관

것입니다.

더 나아가 역대 문인의 작품들 속에는 불교적인 영향으로 인간불교의 진리를 묘사한 구절이 매우 많습니다.

- 『고시19수首』: "사람이 채 백년을 못 살거늘, 늘 천년의 근심을 품고 있네."

- 사령운: "봉우리 바라보며 영취산을 그리워하고, 마음은 정토를 염원하네. 만일 사등관四等觀에 오르게 되면, 삼계의 고통을 영원히 뽑아버리리라."(「구계산에 들러 스님에게 공양드리다(過瞿溪山飯僧)」)

- 왕유: "거닐다가 물이 끝나는 곳에 다다르면, 앉아서 구름 피어나는 걸 바라본다."(『종남별업終南別業』)

• 이백: "산중 스님과 말없이 이별을 고하고, 고개 숙여 구름에게도 인사를 한다."(『추포가 17수秋浦歌其十七』)

• 백거이: "애써 가며 부처님의 가르침 배워, 평생 갖가지 마음을 다 없앴다."(『한음閒吟』)

• 가도: "새는 연못가 나무에 머물고, 승려는 달빛 아래 문을 두드린다." 승려가 문을 '밀다'가 좋을까, '두드리다'가 좋을까? 여기에서 한유와의 '퇴고推敲'라는 문학적 미담이 나왔습니다. (『제이응유거題李凝幽居』)

• 장계: "달은 지고 까마귀 우는 하늘에 서리 가득한데, 강가에 물든 단풍과 고깃배의 등불을 바라보며 시름겨운 잠을 청하네. 고소성 밖 한산사에서는 한밤 종소리가 나그네의 배에까지 들려오는구나." 지금까지도 널리 전송傳頌되는 시구입니다.(『풍교야박楓橋夜泊』)

• 소동파의 이치를 깨우치는 세 단계:

"기울여 보면 고개이나 옆에서 보면 봉우리라네. 멀고 가까우며 높고 낮음에 따라 그 모습 달라지네. 여산廬山의 참 모습을 내 알지 못하는 것은 내가 이 산속에 있기 때문이라네."

"여산의 보슬비와 전당강錢塘江의 조류는 가보지 않으면 천만 가지 한이 되어 그대로 남지만, 보고 나서 다시 돌아오면 특별하달 것도 없다네. 그저 여산의 보슬비와 전당강의 조류일 뿐이라네."

"계곡 물소리 모두 부처님의 설법이고, 산 빛깔은 청정한 법신 아닌 것이 없다. 간밤에 들은 팔만 사천 가지 게송을, 후일 다른 이

제4장 불교가 중국에 전해진 이후의 발전

에게 어찌 전해줄 것인가."

이 모두 인생의 오묘한 진리를 내포하고 있습니다.

그밖에 "그 시절의 장군이나 전쟁하던 말은 지금 어디에 있는가? 잡초 무성한 땅에 근심만 가득하네", "길고 긴 밤 언제나 날이 밝을까? 깊은 곳에 꼭꼭 숨겨두어 봄인 줄 모르겠구나", "붉은 먼지와 흰 물결의 번거로운 속세에서 욕됨을 참고 온화한 것이 훌륭한 방편이다."…… 등은 모두 인생에 대한 독자의 무한한 철학사상을 불러옵니다.

루쉰(魯迅), 바진(巴金) 등과 같은 근대의 많은 문학가들 역시 자신의 작품 속에 불교사상이 많이 담겨 있다고 솔직하게 말했습니다. 심지어 2012년 노벨문학상을 수상한 모옌(莫言) 선생은 불광산을 참방하면서 자신의 소설 『생사피로生死疲勞』의 제목 출처가 바로 불교의 『팔대인각경八大人覺經』이라고 직접 말했습니다.

우리들은 위에서 서술한 어휘를 항상 사용하는데, 한번 곰곰이 생각해봅시다. 만일 이것들이 없다면, 말하면서 그토록 훌륭한 내용을 표현해낼 수 있겠습니까? 만일 이것들이 없었다면, 우리의 문학작품과 역사서 안에서 자신이 표현하고 싶은 생각에 부합되게 표출해낼 수 있었을까요? 그래서 지금 중국문화를 부흥시키자고 설명하는 이때, 불교의 언어문자가 인간사회와 각 계층의 인사들에게 주는 도움은 한량없다고 말할 수 있습니다. 여러분들이 사농공상 어디에 속해 있든, 어떠한 직업을 가지든 불문하고 인간불교는 당신이 대화하는 것을 돕고, 당신이 감정 표현을 하도록 도우며, 당신이 사상을 표출하게 돕겠습니다. 이러한 데도 불교가 당신에게 공로가 없다고 말할 수 있습니까? 인간에게 불교가 없어서야 되겠습니까? 오늘날 인간불교가 널리 유포되면서 단지 명사 하나만 봐도 양계초 선생의 말처럼 3만 4천 개의 어휘를 증가시켰습니다. 만일 이 많은 단어가 없다면 여러분이 편리하게 대화할 수 있을까요?

이것은 인간불교가 사회와 생활 속에 이미 확실히 스며들었다는 반증이고, 더 나아가 인간불교가 오랜 세월 동안 문화를 통한 불교 포교를 고수하고, 문자를 통한 불교 전파를 중시한 일대의 성과라고 말할 수 있습니다.

'세간의 좋은 말은 부처님께서 이미 다 하셨다.'라는 속담이 있습니다. 교류를 중시하는 이 시대에서 우리가 불교의 아름답고 훌륭한 어휘를 충분히 활용하여 타인과 소통할 수 있다면, "성 안내는 얼굴이 참다운 공양이고, 부드러운 말이 미묘한 향이로다."라는 말처럼 봄바람이 얼굴을 쓰다듬듯 매일 입으로 미묘한 향을 피운다면, 이것이 인간불교의 가장 아름다운 언어문자가 됩니다.

7. 중국불교 쇠퇴의 원인

불교는 동한 명제 때에 유입되어, 위진남북조 시대에는 여기저기서 붐이 일고, 수·당에 이르러 인간불교 사상이 꽃을 피우기까지 중국에서 2천여 년간 발전해 왔습니다. 근면하게 파종하고 경작하셨던 역대 조사들과 열심히 호법한 재가제자들 덕분에 현실적 인생을 더

배려하고 보살피는 불교의 가르침이 널리 퍼지게 되었고, 민간의 괴로움을 중시하는 부처님의 선행을 더욱 드높이게 되었습니다. 그러나 법률이 오래되면 폐단이 생기게 마련이듯, 장구한 역사 속에서 현명한 자와 어리석은 자의 차이가 생겨나게 되었고, 용인지 뱀인지 뒤섞인 현상들이 나타날 수밖에 없습니다. 중국불교 흥망성쇠의 원인들을 종합하여 지금 열거해 보겠습니다.

(1) 전통 종교의 배척과 제왕의 훼불

중국에 불교가 전파된 초기에는 현지의 종교, 그리고 문화와 격렬한 충돌이 발생했습니다. 유가의 비난에서 비롯되었든 도교의 배척에서 비롯되었든, 결국은 중국불교사에서 심각한 종교적 수난을 야기하게 되었고, 이는 고대에서 근대까지 한시도 끊이지 않았습니다. 역사상 유명한 '삼무일종三武一宗' 교난은 북위의 태무제太武帝, 북주의 무제武帝, 당나라의 무종武宗, 후주의 세종世宗에 의한 훼불행위를 가리킵니다. 사실 어디 이것뿐이겠습니까? 그 외에도 태평천국의 난, 묘산흥학(廟産興學: 사찰 재산을 몰수하여 교육 사업에 사용), 문화대혁명 등이 모두 불교의 재난입니다. 그러나 불교가 가진 순수하고 올바른 신앙에다가, 연기 진리라는 불법이 가진 대중성, 평등성, 영구성의 특징이 종교와 지역을 초월하기 때문에, 불교가 수많은 재난을 겪으면서도 현대 사회에서는 인간불교가 변함없이 인연 닿는 분들에게 받아들여지고 있습니다.

먼저 '삼무일종'의 수난부터 얘기해 보겠습니다. 북위 태무제는 도교를 신봉하는 재상 최호崔浩와 도사 구겸지寇謙之의 선동에 넘어가 도교 황제가 되었습니다. 그리고는 장안의 수행자들을 주살하라는 조서를 내립니다. 태자의 스승이셨던 현고玄高스님까지도 사사당합니다. 불상을 깨부수고 불태우며, 사찰도량을 불태우고 수탈하며 승려에게는 환속을 명령했습니다. 태무제의 궤멸에 가까운 타격은 북조 불교가 재건하는 데 치명상을 입혔습니다. 2년 뒤 왕조가 멸망하였고, 다행히 불교는 다시 부흥하였습니다.

두 번째 훼불사건은 백 년 뒤인 북주 무제에 의해서 발생하였습니다. 그는 도사 장빈張賓과 위원숭衛元崇의 말에 현혹되어 불교를 폐하라고 명령했습니다. 4만여 곳에 달하는 사찰을 왕공귀족의 저택으로 삼았고 강제로 환속당한 승려가 백만이 넘습니다. 당시 정애靜藹스님은 무제에게 훼불의 부당함을 힘써 간하였지만 받아들여지지 않자 순난하셨습니다. 그 다음해 북주 무제가 급작스럽게 병사하자 사람들은 저지른 죄에 대한 업보라고 여겼습니다.

260년 뒤, 당 무종 회창會昌 5년(845), 불교가 맞이한 세 번째 교난은 불교를 멸망으로까지 몰고 갔습니다. 도교를 독실하게 믿었던 무종은 도사 조귀진趙歸眞의 선동으로 불교를 극렬히 배척하였습니다. 4,600여 곳의 사찰을 폐쇄하고 사찰 재산은 전부 몰수하여 국가로 귀속시키며, 26만 명의 승려를 강제로 환속시키고 불상은 농기구로, 불상과 불구佛具와 법보는 동전으로 만들라는 조서를 내렸습니다. 인과응보는 절대 틀리는 법이 없으니, 바로 다음해 무종은 도사가 만든 금단을 복용하고 중독되어 죽음을 맞았습니다. 재위 기간이

겨우 6년이었으며 왕조도 곧 멸망했습니다.

네 번째 교난은 후주 세종에 의해 일어났습니다. 그는 즉위 후 곧 유교를 위주로 하는 통치정책을 관철시켰습니다. 조서를 내려 불교를 탄압하고, 사찰 3만여 곳을 폐하며, 민간에서 동으로 법기와 불상의 제조를 금하고, 모든 범종과 법기를 동전으로 주조하게 하였습니다.

이러한 교난은 도교의 중상모략에 황제가 넘어갔거나, 아니면 외세를 배척하는 황제의 사고방식 때문이거나, 황제의 영향력을 뛰어넘는 불교의 발전을 시기한 이유 때문이었으며, 이로 인해 불교 탄압의 조서가 내려졌습니다.

사실 불교가 막 중국에 전래되었을 때, 중국종교라 자처하던 도교는 불교와 앞서거니 뒤서거니 하며 세력 확장을 다투었습니다. 동한 명제 때 도사 저선신褚善信은 황제에게 도교는 신통력이 뛰어나 하늘에도 오르고 땅속으로도 들어갈 수 있으며, 도교의 장서는 세간의 참된 경전이라 불에 타지 않는다고 말했습니다. 그러자 축법란과 가섭마등 스님이 도사들과 겨루기로 했습니다. 도교경전은 결국 불에 타 잿더미가 되었고, 하늘로 올라간다거나, 불 속에 뛰어든다거나, 물 위를 걷는다거나, 모습을 감춘다는 등의 법술 시연도 하지 못했습니다. 그러나 부처님의 사리에서는 찬란한 빛이 사방으로 퍼져나갔습니다. 이때 가섭마등 스님이 게송을 하나 읊었습니다.

"여우는 사자의 종류가 아니고, 등불은 해와 달처럼 밝지 않네. 연못은 거대한 바닷물을 받아들이지 못하고, 언덕은 높고 험한 산처럼 초록이 무성할 수 없네. 부처님 법의 구름이 세계에 드리우니, 좋은 종자의 싹을 틔우게 하신다네. 신통력을 드러내어 보이시며, 곳곳에서 중생을 교화하시네."

이리하여 불교와 도교 간 분쟁의 일화를 천고에 남겼습니다.(『불조역대통재佛祖歷代通載』참조)

'삼무일종'의 법난과 비교해도 뒤지지 않는 경우가 태평천국의 불교 배척 사건입니다. 홍수전洪秀全은 천주天主를 빙자해 태평천국을 창시하고 스스로를 '천왕天王'이라 불렀습니다. 『천조서天條書』를 반포하여 민간신앙을 억압하고 불상과 신상, 공맹의 백가경전도 불살라버렸습니다. 태평군이 닿는 곳이면 사찰과 신상은 어김없이 불태워지고 파괴되었습니다. 본래 '불교의 화원'이라 불렸던 강남 일대와 운남과 귀주, 광동, 광서 등지의 사찰이 전부 심하게 파괴되었습니다.

다행히 증국번曾國藩, 좌종당左宗棠 등이 중국문화의 입장에 서서 10년 간 항거하고 난 뒤에야 태평천국을 소멸시키고, 불교는 교난에서 살아남아 다시 재건할 수 있었습니다.

청말 민국 초 시기는 불교에 대한 지식인과 관료의 이해가 부족하였고, 설상가상 사찰의 재산에 눈독을 들이고 있던 악덕 지방 토호가 학교를 세운다는 가짜 명목으로 사찰 재산을 가로채는 바람에 사찰은 재산상의 손해를 봤으며, 승려는 강제 환속을 당했습니다.

국민정부의 북벌을 전후해 기독교도였던 풍옥상馮玉祥 장군은 대대적으로 불교를 탄압하고 승려를 축출했으며, 강제 환속과 강제 종군을 명하고 사찰재산을 몰수하여 국유화시켰으며, 사찰을 학교나 구제소 혹은 오락장소로 만들어버렸으니 화북 지역 불교에 있어서

제4장 불교가 중국에 전해진 이후의 발전

막고굴 제98굴 우전국왕 공양상 于闐國王供養像/오대五代(907~960)
벽화/높이 2.82m/감숙성 둔황

또 한 차례의 재난이라 하겠습니다.

문화대혁명 당시의 불교 탄압은 역사상 가장 심각했습니다. 다행스럽게 후에 공산당의 일부 지도자들이 정세를 바로잡아 문화혁명을 폐지하고 새롭게 정돈해 나갔습니다. 게다가 덩샤오핑 등과 같은 지도자들의 개방정책은 중국의 문화, 종교에 꺼져가는 생명의 불씨를 다시 지펴 활활 타오르게 해주는 계기가 되었습니다.

(2) 불교의 거침없는 발전이 조정의 불안을 야기하다

불교가 처음 전래된 시기에는 제왕과 관료의 보호와 지원 속에서 경쟁적으로 불교사찰을 건립하였고, '사고寺庫'와 '승지후僧祇后'를 설립한 제왕도 있었고, '무진장'을 세운 군왕도 있었으며, 어느 왕조에서는 사찰에 드넓은 농토를 공양하여 불교의 경제가 이로써 현저하게 발전했습니다.

수·당 300여 년간은 중국불교사의 황금시기라고 말할 수 있습니다. 불교는 학술과 사상, 강설講說 면에서 모두 전성기를 구가했습니다. 게다가 예컨대 나무를 심어 숲을 조성하고, 황무지를 개간하여 밭을 만들고, 우물을 파서 물을 나눠주고, 교량 건설과 도로를 포장하고, 수리시설을 축조하고, 목욕탕과 공용화장실과 정자를 만들고, 방앗간을 만들고, 긴급 재난구조 활동을 하고, 불도호와 무료진료를 실시하는 등 각 종파의 승려는 자비로운 바람으로 중생을 이롭게 하는 많은 사업을 펼쳤습니다. 자력 생산과 중생의 복지에 중점을 둔 인간불교는 사회사업에 대한 공헌에도 힘을 아끼지 않았습니다. 불교의 공익사업은 국가의 경제상황을 타개하는 데 도움이 됐고 사회 민생의 문제를 해결했기에 백성의 생활과 불교 사이에는 이미 떼려야 뗄 수 없는 끈이 단단하게 이어졌습니다.

불교가 발전하면서 사업 역시 많아졌기 때문에 감동을 받은 신도들의 기부 역시 더욱 늘어났습니다. 사찰이 보유한 재산 역시 국유재산에 버금갈 정도가 되었고, 신도가 많아지자 민간에 널리 신도대중이 생겨났습니다. 결국 조정에서도 불안을 느꼈고, 일부 무능력한 황제는 국가발전을 일으킬 방법이 자신에게는 없으니 불교의 융성을 시기하였으며, 불교의 힘이 국가의 생존을 위협할까 두려워했습니다. 그러므로 불교를 경시하고 핍박하였습니다. 위에서 얘기한 삼무일종의 불교탄압과 같은 어리석은 행위의 원인이 여기에 있습니다.

(3) 산속으로 들어간 불교는 사회를 떠난 소극적 대처이다

사미 출신의 명나라 태조 주원장은 민간사회에 대한 종교의 영향력을 알고 있었기에 출가인은 산속으로 들어가 수도하고, 민중에게는 멋대로 사찰 출입을 하지 못하도록 엄격히 금지시켰으며, 출가자와 신도대중의 접촉을 금지하라 명령했습니다. 특히 원·청 두 나라의 황실에서는 라마교를 크게 숭상하여 불교와 도교 모두 탄압을 받았습니다. 청나라는 부녀자는 절대 사찰에서 향을 피우고 공양해서는 안 되며, 출가자가 탁발하러 나와서는 안 된다고 분명하게 법률로 정하고 있었습니다. 대부분의 출가자 역시 출가란 입산하여 청정하게 수련하고, 깨달음을 얻기 위해서라고 여겼기에 불교는 점차 인간

랍찰석타랍모사 불귀향설법도 拉察席他拉姆寺佛歸鄉說法圖(일부)/
(1782~1809)/벽화/태국 톤부리

에서 벗어나고 군중에서 멀어지게 되었습니다.

　또한 일부 승려는 출가자의 계율조항을 가지고 재가신도 대중에게 황금은 독사와 같고, 부부는 서로 원수지간이며, 자녀는 돈 들어가는 구멍이니 열심히 일해서 돈 벌 필요가 없다고 하였습니다. 이와 같은 편향된 설법은 불교에 대한 사회민중의 시각과 느낌에 영향을 주고, 불교를 믿을 엄두가 나지 않게 하였습니다.

'괴로움', '공함', '무상함'을 지나치게 소극적으로 선전하여 도리어 백성들이 불교를 접촉할 엄두가 안 나게 만들었습니다. 불법의 참뜻을 적극적으로 정확하게 선전하여 사람들이 알도록 하지 않아 사회대중이 백성의 생활에 맞지 않는 불교라고 오해하게 되었고, 결국 인간성이 없는 불교로 전락시켰습니다. 사실 부처님이 본래 품었던 뜻인 인간불교는 입세간에서 적극적으로 활동하는 것이니, 분명 이러한 중대한 오해는 받지 않아야 합니다. 안타깝게도 불교의 수도자들은 자신의 깨달음에만 급급할 뿐이고, 초아패종焦芽敗種 할지언정 보리심을 내고 보살도를 실천하려 하지 않았기 때문에 불교에 탄압과 재난이 끊임없이 발생했습니다.

특히 출가자의 소극적이고 현실도피적인 태도로 인해 세간의 자력생산 문제와 대중의 생활개선을 등한시하였으며, 또 인심을 정화하지 않고 사회의 건설적인 일에 참여하지도 않았으며, 깨달음을 얻어 출세간하는 해탈에만 급급하고, 걸핏하면 염불해서 극락세계에 가야 한다고 사람들을 설득하는 등 대중과 함께 현세에서 안락과 행복을 추구하는 생활을 이루려는 생각과 심하게 어긋나서 불교가 세간과 현격하게 멀어지게 만들었습니다.

불교는 세간에서의 현실적인 생활지도와 어떻게 하면 인간사회에서 천명을 좇아 편안하게 살아야 하는지 사람들에게 가르치는 것이 빠졌기 때문에 인간생활과 틈이 생겼으며, 사회 전체의 인심이 필요로 하는 것과 부합되지 않는 쪽으로 기울었습니다. 출가자는 근기를 관찰하여 가르침을 줄 수 없고, 식견을 가진 사회 인사들은 받아들이려 하지 않는데 인간불교가 어떻게 일반 백성의 가정에까지 전파될 수 있겠습니까? 또 사회 대중의 마음속까지 깊이 파고들 수 있겠습니까? 출가자는 유효적절하며 상대방의 근기에 맞춰 설법할 수 없기 때문에 보살도의 정신을 적극적으로 타인에게 권하지 못하고 불교를 소극적인 면에서 서술할 수밖에 없었습니다. 그래서 불교 역시 쇠퇴할 수밖에 없었습니다.

(4) 현묘한 이야기만 설명하고 인문에 대한 관심을 중시하지 않다

과거 일부 스님은 경전을 강의할 때 현묘한 이야기를 좋아해 지나치게 추상적으로 강의하였고, 철학과 철학이론 등에서 따다가 사람들이 잘 알아듣지 못하게 해 자신의 학문 수준이 높다는 걸 과시하였으며, 결국 인간의 생활과 다소 거리감이 들게 만들었습니다. 사실 불법은 생활을 이끌어주는 데 쓰여야 마땅합니다. "모든 공양 가운데 법공양이 으뜸이다."라는 불경의 말씀처럼, 훌륭한 불법이란 사람마다 받아들일 수 있어야 하고, 마음을 꽉 채울 수 있어야 하고, 생활을 개선시킬 수 있어야만 합니다. 만일 불교는 신봉하면서도 불법을 갖추지 못한다는 것은 매우 안타까운 일입니다. 조과 선사와 시인 백거이의 대화처럼, 불교의 교리는 인심을 정화하고, 나쁜 일을 하지 않는 소극적 의미 외에 더욱 적극적으로 세 가지 좋은 일을 실천(三好)하고, 네 가지를 주는 운동을 실천(四給)하며, 다섯 가지 화목한 원만한 인간을 건설(五和)하는 데 있습니다.

부처님이 당초 불교승단을 설립한 것은 복잡하게 많고 이해하기 어려운 현묘한 이치에서 인심을 해탈시키고자 한 것이며, 더 나아가 부처님은 익숙하지 않은 수준 높은 언어로 설법하는 걸 엄격히 금지했습니다. 인도에서 불교가 쇠퇴했던 것은 자아의 분열 및 인도교와 회교의 투쟁에서 두 교파의 희생양이 된 것 외에도, 또 다른 원인은 바로 지나치게 학술적인 전당으로 향해 나아간 것에 있습니다. 그래서 극소수가 학술적 상아탑에 심취해 인간의 문제에 대한 불법의 정화 기능을 발휘하지 못하는 결과를 초래했습니다. 특히 종파가 분열되고 각종 이설異說만을 말함으로써 불교는 법도가 없이 산만하게 되고, 단결된 힘도, 단체정신을 발휘하지도 못하게 되었으니, 불교가 쇠퇴하지 않을 수 있었겠습니까?

또 예를 들면 중국불교 천태종의 창시자인 지의대사는 『묘법연화경』을 강설하면서 소위 '구순담묘九旬談妙'라고 해서 '묘妙'라는 한 글자를 90일 동안 강연하여 천태종의 방대한 사상체계를 건립했으며, 전통불교계는 이를 크게 성스러운 일이라고 여겼습니다. 그러나 현대인은 '한 글자를 전석銓釋하는 데 90일이 걸린다면, 경전 한 부는 몇 생이나 몇 겁을 지나야 다 말할 수 있단 말인가?'라고 말합니다. 시대가 변하면서 관점 역시 달라집니다. 심오한 진리만을 설파한 결과는 불교가 군중과 갈수록 멀어지도록 만드는 것일 뿐입니다.

매사 속도와 효율을 요구하는 현대인들의 풍토로 보자면, 다른 학문은 연구할 필요도 없고 또 다른 일도 할 필요가 없습니다. 이러한 공허하고 막연한 서술 방식은 시효를 거둘 수 없고, 인간불교 생활과도 아무런 상관이 없습니다. 덧붙여 현실에 부합되지 않는 이야기는 현대인의 근성과 기량에도 부합할 수 없으니, 반드시 사회 대중을 위해 포기해야 합니다. 아무리 좋은 학술, 사상, 문화, 예술도 일단 군중의 생활을 벗어나면 반드시 막다른 골목에 다다르게 됩니다. 여기에다 다시 고난과 같은 각종 인연을 겪고서 불교는 결국 쇠락의 길을 걸을 수밖에 없었습니다.

(5) 경참밀교가 성행하고 도덕신앙은 타락하다

당·송 시기 일부 사찰은 농경지를 빌려주고 거기에서 나오는 세수에 의지해 생계를 유지했고, 또 일부 사찰은 신도의 깨끗한 재물보시를 받아서 경제적으로 지탱해 나갔습니다. 명·청 시기 이후 불교는 박해를 받아 재물보시 수입이 잠시 감소했기 때문에, 승려는 생활을 해나가기 위해 신도 가정을 뛰어다니면서 경참불사經懺佛事를 해주느라 바빴습니다. 이러다 보니, 사찰은 점점 경참도량으로 빠지거나 혹은 향불만이 가득한 사당이 되었습니다.

사실 경참이 나쁜 것은 아닙니다. 그것은 인간 생로병사에 대한 일종의 봉사입니다. 종교적 입장에서 보면 출가자는 산 자를 위해 대중을 이롭게 하는 설법도 물론 중요하지만, 돌아가신 분을 위해 독송과 천도재를 지내는 것 역시 필요합니다. 저승과 이승을 이롭게 하고, 산 자와 죽은 자를 모두 제도한다고 말하는 것처럼 이 역시 인간에 대한 불교의 공헌입니다.

그러나 경참은 상업적으로 사고파는 행위가 아닙니다. 일부 승려는 경참은 공양물을 쉽게 얻을 수 있지만, 경전을 설하거나 가르침을 펼치는 것은 어려운 편인데다 공양을 바치는 사람도 없다며 날로 이익에 매달렸기 때문에 믿음이 향상되지 않는 사람들을 양성하게 됐고 결국 타락을 면키 어려웠습니다.

"향 연기가 가득 덮기만 하면 어디서든 공양을 할 수 있다."라는 말이 있습니다. 경전을 읽기만 하면 생존은 아무 문제가 없다는 뜻입니다. 독경하고 염불하는 것은 홍법포교의 종교사宗敎師가 되는 것보다는 훨씬 쉽습니다. 그러나 불교에서 하나의 종교사가 되는 것이 그리 간단할까요? 심후한 불학적 소양을 지녀야 하는 것 외에, 사회에 봉사도 하지 않고 공헌을 하지도 않았다면 과연 대중이 당신을 필요로 하겠습니까?

밀교 또한 나쁜 것은 아닙니다. 장전불교에는 장전불교의 이론이 있고, 일본 동밀東密불교에는 역시 그만의 전승규범이 있습니다. 중국에 퍼져 있는 밀교처럼 법도와 규범이 없이 무질서하고, 공양을 요구하는 것은 물론 스스로를 추켜세우고, 불교와는 서로 어긋나는 신비주의를 표방하는 것이 아닙니다. 특히 원나라·명나라에서는 황실이 마음을 깨끗이 정화하기를 따르지 않고 욕망에만 충실하다 보니 궁정 밀교를 방탕하게 향락이나 즐기는 것으로 변질시켜버렸습니다. 윗사람이 하는 행동을 아랫사람은 그대로 따르게 되니 시효적절하고 근기에 맞게 전파하지 못하고, 사람들이 요구하는 것에 부합되지 못하니, 이런 상황에서 불교는 치명적인 타격을 입게 되었고, 점차 쇠퇴하게 되었습니다.

(6) 귀신과 신명 신앙을 제창, 인간불교에 화가 미치다

중국은 귀신과 신명, 신선을 숭상하는 민족입니다. 역대 문학작품 가운데 신화 속 인물을 가져다 현실을 반영하거나 현실사회를 풍자하고 비유한 작품이 적지 않습니다. 예를 들어 『수신기搜神記』, 『태평광기太平廣記』, 『요재지이聊齋志異』 등의 서적은 민간에서 널리 유행함과 동시에 암묵적으로 권선勸善의 기능을 발휘하여 중국인들에게 수천 년 동안 "네 머리 위에 신명神明이 지켜보고 있다."라는 믿음이 뿌리 깊게 자리하게 했습니다.

이것은 원래 사람들에게 경각심을 갖게 하여 감히 악행을 저지르지 못하게 하는 사회기풍을 잡는 데 약간의 구속 작용을 했습니다. 그러나 지나치게 강조하다 보니 귀신이 두렵기 때문에 사람들은 평안을 기원하거나 또는 원하는 것이 있으면 돼지와 양을 잡아 길에서 귀신에게 제사를 지내게 되었습니다. 더욱 심한 것은 신앙적으로 악행을 하면 지옥에 떨어질 것이라느니, 업보를 받는다는 등 지나치게 한쪽으로 치우쳐 선전하다 보니, 듣고 난 사람들은 마음에 공포감이 생겨 불교를 가까이하기 더욱 두려워했습니다.

"백성의 얘기는 묻지 않고 귀신 얘기만 묻더라."라는 말이 했습니다. 대부분 사람들은 생활 속에서 만족을 얻을 수 없거나 자신의 힘이 미치지 못해 현실 생활 속의 문제를 해결할 수 없기 때문에, 또 다른 기적의 힘을 빌려 괴로움과 위험을 없애주기를 희망합니다.

불교는 민간의 신지神祇를 인정은 하지만, 신지를 신앙으로 삼거나 귀의의 대상이라고 여기지는 않습니다. 불교는 인간을 근본으로 하는 종교이고, 교주인 석가모니 부처님은 인간이지 신이 아닙니다. 그가 선양하는 불법 또한 인간에 있으며 우리를 교화하는 오계십선, 계정혜 삼학, 팔정도 등의 진리는 모두 인생을 개선하는 준승(準繩: 표준 근거)이 됩니다.

인간불교는 안락한 생활을 중시하고, 깨끗한 재산을 소유하며, 정당한 육체적 쾌락을 향유하고, 자비를 품고서 일처리하고, 상호 존중하고 포용합니다. 그러나 안타깝게도 이러한 것들을 선양하는 경우는 무척 적습니다. 지식인은 물론 사회 대중까지도 불교가 매우 미신적이라 생각합니다. 민속신앙의 관상과 점괘, 사주 풀이하는 풍속을 모든 불교에 접목시켜 불교 역시 괴이하고 엄청난 힘을 가진 귀신들이라 생각합니다. 그래서 미신을 타파하고 사구(四舊: 낡은 사상, 문화, 풍속, 관습)를 청산하자는 사회운동이 일어났을 때 불교 역시 뜻밖에 연루되어 재앙을 당했습니다.

사실 불교는 미신이 아닐뿐더러 더욱이 미신을 청산하고자 합니다. 불교는 천문天文을 보지 않고, 시간을 따지지 않으며, 날마다 좋은 날이라 주장합니다. 불교는 풍수지리를 보지 않고 신심을 편안히 머물게 하니 내가 가는 곳이 모두 복된 땅입니다. 불교는 대중에게 미신에 휘둘리지 말고, 또 삿된 신앙에 미혹당하지 말며, 윤리도덕을 실천하여 올바른 믿음을 가진 인생을 세우라고 합니다. 그래서 승려가 강의하는 불법이 만일 인간과 동떨어진다면 불교는 반드시 쇠락을 향해 나갈 것이니, 모든 승가와 신도 이부대중은 이를 거울로 삼아야 합니다.

(7) 외도 사교의 창궐, 불교의 참모습을 흐리다

불교에는 "사자 몸에 기생하는 벌레가 결국은 사자의 고기를 먹는다."라는 말이 있습니다. 당시 마왕 파순은 온갖 수단을 동원해 불교를 파괴하려 하였지만 부처님은 대수롭게 여기지 않으셨습니다. 후에 파순은 또 "내가 당신 출가자의 옷을 입고, 불교의 계율에 위배되는 악행을 해보이겠다."라고 말했습니다. 부처님이 그 말을 듣고 눈물을 주르륵 흘렸습니다. 소위 만물은 필히 먼저 부패한 뒤에 벌레가 생겨난다는 말처럼, 내부적인 부패와 타락이 외부적인 폭력보다 더욱 많은 파괴력을 가집니다. 그러므로 현재 우리 출가자들은 가슴에 손을 얹고 우리는 모두 독실한 불자인가, 우리는 불교에 대해 바른 견해로 바르게 알아차릴 수 있는가를 자문해 보아야 합니다.

불교는 발전을 해오면서 항상 부불외도附佛外道의 치명적인 해악을 다 견뎌왔습니다. 예를 들면 인도에서 불교가 쇠퇴하여 멸망한 가장 중요한 원인은 인도교에 의한 변화였고, 불교 역시 인도의 주문과 신비적인 요소를 흡수하였다가 이로 인해 자신의 태도와 관점을 잃어버렸습니다. 명말청초 시기의 백련교와 초기의 일관도一貫道, 타이완에서 현재 끝없이 생겨나는 부불외도, 그리고 일본과 한국의 수많은 신흥종교 등이 모두 불교의 진실한 교리를 뒤섞어버리는 정당하지 못한 수단들입니다.

그들은 불교의 깃발 아래 도처를 다니며 삿된 말과 그릇된 도리를 전파하고, 신앙의 이름을 빌리기는 했어도 행동은 실질적으로 반란을 저지르는 것입니다. 거짓으로 종교의 이름을 빌린 것은 재물을

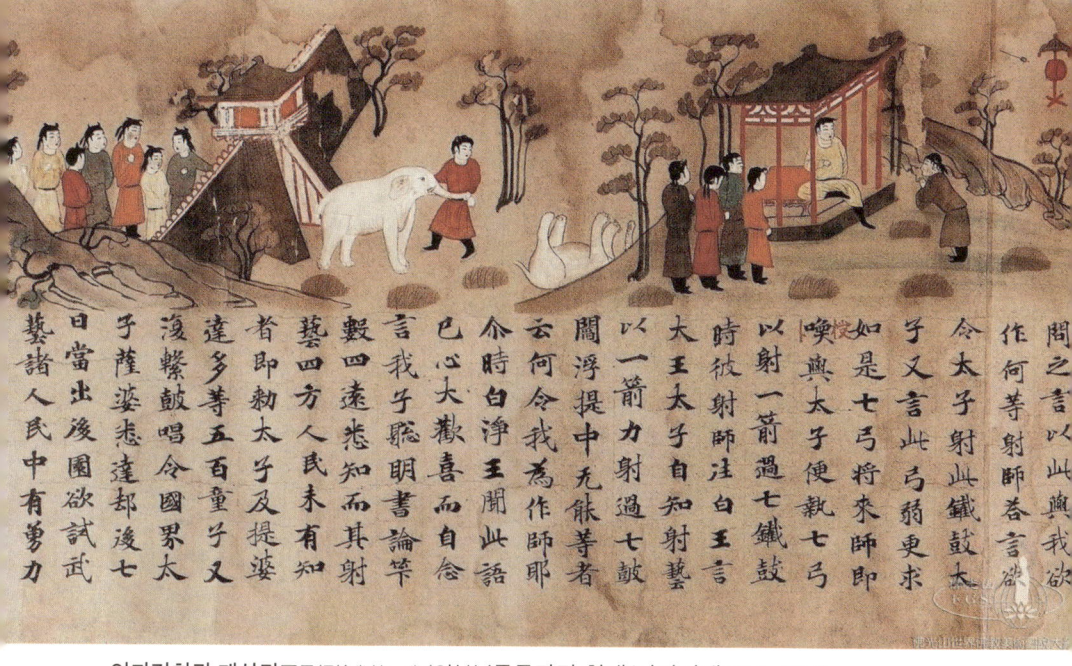

인과경회권 제삼권 因果經繪卷第三卷(일부)/두루마리 형태/나라시대(710~794)
지본설색/26.4㎝×1,036㎝/일본 교토 키타쿠 죠우본렌다이지 소장

수탈하고, 이익을 도모하고, 속여서 강간하고, 명성을 얻으려는 의도입니다. 그들 멋대로 '신앙의 자유'를 들먹이며 여기저기서 바른 알아차림과 바른 견해의 사상을 선전하고 있지만, 정부조차 단속할 근거 규범이 없습니다. 그들은 신통력을 뽐내며 인심을 현혹하고, 인과는 없다고 사람들의 이목을 가려 건강한 사회와는 빗나가게 하였기에 세상 사람들은 불교는 인심을 미혹시킨다고 오해를 했습니다. 거기에다 인심이 실리적이고, 신비주의를 좋아하고, 원하는 것은 하루빨리 손에 넣길 원하니, 부불외도가 오리 떼처럼 우르르 달려드는 것에 대해 올바른 믿음의 불교는 이런 사교와 부불외도의 발전을 막을 방법이 없습니다. 이런데 어떻게 불교가 쇠퇴하지 않겠습니까?

(8) 송명이학 대두, 불교 신앙 대체

동중서董仲舒가 한무제에게 "제자백가를 모두 배척하고, 유가만을 관학으로 인정하자."고 건의를 한 뒤로 유가는 중국 정치와 문화의 주류가 되었습니다. 불교가 중국에 들어온 뒤로 유가사상과의 모순 대립에서 절충과 조화까지 길고도 긴 흥망성쇠의 접촉이 펼쳐졌고, 노장사상까지 덧붙여져 내용적으로 풍부한 중화사상이 형성되었습니다.

전에 없던 당대의 불교 융성은 8대 종파를 만들어냈습니다. 각 종단은 송나라까지 이어졌고, 선종은 특히 사대부들이 선호하여 유교에 선을 접목시키지 않은 문인이 없을 정도였습니다. 예를 들어 스스로를 유학자라 자처했던 부필富弼, 범중엄, 왕안석, 소식, 소철 등의 정치가와 문학가는 불법에 녹아들어 있는 출세간·입세간의 사상을 받아들였고, 출가자와 왕래하는 것 역시 적지 않았으며, 유학자는 이를 계기로 인심을 붙들어 맬 수 없는 유가를 개탄했습니다.

그래서 주돈이와 정호程顥, 정이程頤 형제 주도로 신유학이 발전하여 형성된 것이 바로 훗날의 송명이학宋明理學입니다. 그러나 그들은 선종의 사상을 흡수하였으면서도 도리어 선학과 불교를 다시 비판하고 나섰습니다. 예를 들어 일대 거유巨儒인 구양수는 유교의 입장에 서서 불법을 비방하는 『본론本論』이란 책을 써서 당시 사회적 기풍을 이루었습니다.

송나라 때 이학자들은 왜 불교에 들어섰다가 또다시 불교를 배척하였던 걸까요? 유교는 불교가 외래종교이고 유교야말로 중국문화의 전통 주류라고 생각합니다. 맹자를 시작으로 한유를 거쳐 역대 사대부들까지 정통 유교를 지켜야 한다는 강렬한 사명감이 있었습니다. 그들은 밖에서 들어온 불교에 대해 이하夷夏의 논쟁을 펼치며 유교가 일체의 것에서 우수하다는 배타적 국수주의를 가지고 있었습니다. 문벌이라는 견해가 뿌리 깊게 박혀서 불교를 마치 이단적인 학문처럼 바라보고, 이런 편향된 주관을 가지고 유교의 입장에서 불교의 교리까지 해석하였습니다. 심지어 선종의 지극히 일부분의 사상만을 가지고 불교를 평가하고 이해하려다 보니 우물 안 개구리의 안목이 나올 수밖에 없고, 불교의 전체 모습을 이해할 수 없었습니다.

예를 들어 성리학을 집대성한 주희는 석씨의 문하에 드나들면서 불교경전을 섭렵하였고, 심지어 『거사전등록居士傳燈錄』에까지 수록되었습니다. 그는 불교의 제도, 선문의 청규를 흡수하여 그것을 유교 서원書院의 문규門規로 바꾸었습니다. 그러므로 성리학의 발전은 좋게 말한다면 성리학 역시 불교의 지류라는 것이고, 듣기 거북하게 말하자면 사실 성리학은 불교를 반대한다는 것입니다.

주된 요인을 따져보면 불교에는 인재를 등용하지 않았기 때문에 불교의 쇠락을 초래했고, 자연히 성리학을 연구하는 그 수많은 학자들과 견줄 수 없었으며, 그들은 성리학의 수많은 저서 중에서도 우주인생에 대한 깊이 있는 탐구를 만족시켜 줄 수 있다고 여기면서 불교경서를 믿어야 할 필요성을 느끼지 못했습니다.

남선사대전南禪寺大殿/산서성 오대五台

(9) 서양 문화의 영향, 불교는 불가항력

청나라 말기 서양은 함선과 대포를 앞세워 중국의 문호를 억지로 개방시켰습니다. 무력으로 중국과의 상업교역을 트이게 했고, 서양의 기독교 전도사 역시 무리지어 중국에 밀려들어왔습니다. 이 틈을 타 홍수전洪秀全은 24세에 자신이 하늘의 계시를 받았고, 자신을 '하느님의 아들'이자 '천왕대도군왕전天王大道君王全'이라 칭하며 농민 봉기를 선동하였는데, 여러 인연이 모아지자 '태평천국太平天國'을 세웠습니다. 이는 역사상 종교의 힘을 빌려 일으킨 대규모의 농민봉기 사건입니다.

함풍 원년(1851년), 홍수전은 아편전쟁 실패 후 제국주의를 증오하는 백성의 정서와 기독교를 숭배하는 일반인의 심리를 이용해 종교전쟁을 만들어냈습니다. 그들은 기독교를 바탕으로 삼아 상제회上帝會를 창시하고, 예수(기독)교 이외의 모든 신앙을 금지하였습니다. 그들의 군대가 닿는 곳은 불교사찰이건 도교사원이건, 혹은 조상을 모시는 사당과 공자묘 등까지도 전부 태워 없애고 불상과 경전 역시 파괴하였습니다. 우상을 숭배할 수 없고 조상에게조차도 절을 할 수 없었으며, 부모의 장례를 정성껏 치르고 조상을 정성껏 모신다는 전통윤리 풍속까지도 파괴하여 중국문화에 심각한 타격을 입힌 것은 물론이고, 불교가 입은 타격은 훨씬 더 비참했습니다.

1853년 태평천국이 남경을 점령한 뒤 기독교 이외의 모든 종교를 몰아낼 때, 청나라 조정에서조차도 항거할 여력이 전무한 상태였으니, 자비와 평화를 제창하고 무력을 지니지 못한 불교야 더 말할 나위가 없었습니다. 덧붙여 불교에는 인재가 부족하고 또한 자신이 내뱉은 말은 반드시 지키는 인사가 나서서 불교를 수호하지도 않으니, 그렇지 않아도 쇠퇴한 불교는 더욱 쇠약해졌습니다.

(10) 다양하고 심오한 경장, 오히려 뒷걸음치는 독자

일반적으로 불교가 사람들에게 주는 인상은 할머니가 죽어 서방세계에 가게 해달라고 경전을 읊조리는 통속적인 종교가 아니면, 3장 12부의 방대한 경전, 복잡하고 다양한 이름들, 심오한 이치 등으로, 어느 것부터 시작해야 할지 모르는 것입니다. 사실 불교는 중국에 전해진 지 2천여 년 간 우리의 일상생활과 밀접하게 연관되어 중국문화를 풍부하게 했습니다.

만일 불교가 없었다면 중국문화에 과연 어떤 것들이 있었을까요? 우리의 의식주행, 서예, 회화, 음악, 춤, 예술, 건축 등이 모두 불교와 깊고도 두터운 인연이 있습니다. 심지어 서로간의 대화에도 불교 어휘의 영향을 받습니다. 예를 들면 "무슨 고민(煩惱)이 있습니까?", "인과응보(因果)를 믿으십니까?", "선과 악(善惡)을 아십니까?", "인연을 맺을 줄(結緣) 아십니까?"라는 말에서부터 '공덕이 참 많으십니다(功德無量)', '움직이거나 고요하거나 한결같군요(動靜一如)', '인연 따라(隨緣)', '자비롭군요(慈悲)' 등처럼 불교가 없었다면 우리가 말을 전달하는 데도 매우 곤란했을 것입니다. 그러므로 중국문화는 곧 불교문화입니다.

불교가 동쪽에 전래된 이후, 역대 고승대덕은 중국에 불법을 뿌리 내리기 위해 적극적으로 경전을 번역했습니다. 송·원·명·청 시대에 이르면 각종 장경판본이 끊임없이 수집, 인쇄, 출판되어 성인의 말씀과 경전의 가르침을 보존할 수 있었지만, 각 판본 장경의 내용이 방대하고, 단계별로 나누거나 구두점이 없어 읽기 어렵다고 느껴졌습니다. 거기에 더해 경전의 뜻이 매우 심오하고 경전의 종류 또한 방대해 불교에 깊이 들어가고자 하는 마음이 있는 사람은 경전을 바라보며 탄식하게 합니다. 기독교는 '성경' 한 권만 읽어보면 되고, 이슬람교는 '코란'만 이해하면 될 뿐인데 말입니다. 소위 "빚이 많아도 걱정하지 않고, 이가 많아도 가려워하지 않는다."고 했으니, 책이 너무 많으니 오히려 안 보게 됩니다.

과거 불교는 제왕의 호지를 받았기 때문에 사찰이 융성하여 경제

제4장 불교가 중국에 전해진 이후의 발전

적 근심이 없었습니다. 그러나 출가자가 만일 대외적으로 설교하지 않고, 불교를 포교하지 않는다면, 또는 불교의 내용을 인간이 무엇을 원하는지 그 방향에 맞춰 전파하지 않는다면 점점 인간과 등을 지게 될 것입니다. 더구나 원·명·청 이래로 불교는 제왕의 보호와 대대적인 홍보가 없었으니 불교는 외부의 보호막을 잃어버린 셈이었고, 일단 불교를 향한 삿된 세력의 공격과 핍박을 받으면 불교는 더 이상 발전할 방법이 없으니 재기 불능할 정도로 쇠락하는 것은 당연했습니다.

이상의 내용을 종합하면, 불교가 중국에서 찬란한 성세기를 가졌던 원인은 바로 오계십선의 도덕을 제창하고 인과응보와 권선징악

범상도 제일단 이정황제 예불梵像圖第一段利貞皇帝禮佛/두루마리 형태/
대리大理 이정利貞 연간(1172~1175)/장승온張勝溫/
지본설색/30.4㎝×72.2㎝/대만 타이베이 고궁박물관 소장

을 선도하였기 때문입니다. 그러니 불교의 계율청규가 사회의 질서를 유지하고 보호하였다 말할 수 있습니다. 오계와 유교의 오상을 예로 들면 서로 통하는 점이 있다고 말할 수 있습니다. 소위 살생하지 않음은 인仁이고, 도둑질하지 않음은 의義이며, 사음하지 않음은 예禮이고, 거짓말하지 않음은 신信이고, 술을 마시지 않음은 지智입니다. 사실 오계 외에도 불교에는 또한 사섭四攝, 육도六度, 팔정도, 사홍서원이 있습니다. 어찌 일반 종교학설이 불교와 비교될 수 있겠습니까?

인간불교는 수많은 사회 봉사사업과 국가와 국민에 이로움을 주는 사업에 참여하였습니다. 특히 수많은 고승대덕의 깊은 학문과 높은 도덕적 수양은 역대 제왕의 존중을 받았고, 제왕들에게 불교를 호지하겠다는 마음을 일으키게 했으며, 인간불교 또한 인심에 부합되고 사회의 필요에 들어맞아 불교의 발전은 하늘의 해와 달처럼 찬란히 빛났습니다.

안타깝게도 그 이후의 불교에서는 이러한 미덕을 이어서 널리 선양하지 못했고, 심지어 구직에 실패하고 실연당한 수많은 사람들이 계속해서 불교승단에 들어와 부처님에 기대 그럭저럭 생활해 나갔고, 불교에 의지해 '흘교(吃敎: 절밥을 얻어먹다)'하는 출가자가 되었습니다. 용과 뱀이 한데 섞여 구분이 되지 않는 상황에서 불교는 점차 인간성이 결여되고 결국 쇠퇴해 나갔습니다.

이외에도 불교는 지나치게 종파와 지역관념을 강조하다 보니 각 종파간의 상호 배척을 야기하였습니다. 복잡한 사상 가운데서 자기

제4장 불교가 중국에 전해진 이후의 발전

의 것이 최고라 여기고, 다른 사람의 것은 다 옳지 않다며 상대방을 비평하였습니다. 이것은 사실 모두 불교를 해치는 행동입니다. 불교를 연구하는 극히 일부 학자들이 연구하고 논문을 쓰는 자신들이 불교의 지배자라도 되는 양 불교는 이게 안 좋고, 저게 옳지 않다는 식으로 말합니다. 이러한 관념을 가지고 있는데 불교가 어떻게 쇠퇴하지 않을 수 있겠습니까?

여기에 이르러, 저는 중국에서 2천여 년 동안 융성하였다가 쇠퇴하기를 반복하는 불교에 감탄하지 않을 수 없었습니다. 이 긴긴 역사 속에서 일어났다 쓰러지기를 반복한 불교의 이야기는 한마디로 만감이 교차하고, 탄성이 절로 나오게 합니다. 다행스럽게도 지금 중국에서는 불교를 보편적으로 받아들이고, 중국불교협회와 국가종교국이 있어 불교의 발전을 이끌며 인간불교를 선양하고 있습니다. 장차 중국불교의 발전에도 희망이 있을 것으로 보입니다.

불립상佛立像/약 5세기 초엽/사암/높이 220㎝/인도 마투라 박물관 소장

331

제5장

현대 인간불교의 발전

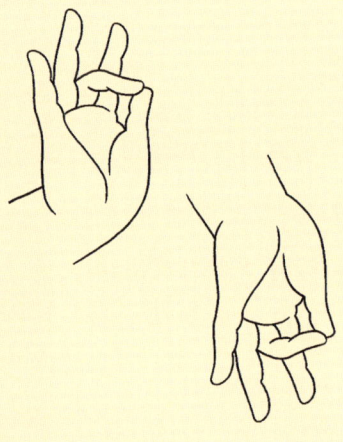

불제자는 항상 부처님 앞에서 "가없는 중생을 다 건지오리다. 끝없는 번뇌를 다 끊으오리다. 한없는 법문을 다 배우오리다. 위없는 최상의 불도를 다 이루오리다."를 발원하거나, 또는 보시・지계・인욕・정진・선정・반야의 육바라밀과 사섭 법문을 앞장서서 제창합니다. 그러나 "중국불교는 대승의 사상을 가졌지만, 소승의 행위를 한다."는 정지正知 태허대사의 말처럼, 인간에서의 불교 건설은 줄곧 구체적인 행동을 보여준 것이 없었습니다.

　본 장에서는 백 년 동안 불교가 사찰 재산을 몰수당해 학당을 짓거나 전쟁 등의 갖가지 요인들을 겪으면서 쇠퇴할 수밖에 없었지만, 이를 거울로 삼아 현대의 인간불교 실천자는 인생불교와 인간불교를 힘껏 제창하고 출세간과 입세간, 전통과 현대를 아우르며 문화, 교육, 포교, 자선 등 각종 방법을 통해 적극적으로 "승가대중에서 신도대중까지, 사찰에서 사회까지, 자신의 배움에서 타인의 이익까지, 정적인 태도에서 동적인 태도까지, 학생에서 선생님까지, 본토에서 세계까지"를 촉진하여 각 사업 분야까지 인간불교를 보급하였고, 지금은 인간불교가 세계 각지에서 이미 조금씩 꽃을 피우고 열매를 맺고 있다는 내용을 밝힙니다.

인도에서 발원한 불교는 중국에 이르러 더욱 널리 퍼졌습니다. 특히 최근 수십 년 동안 인간불교를 적극 추진한 덕분에 이미 대만에서부터 세계 오대주까지 널리 퍼져나갔습니다. 마치 부처님께서 당시 오인도를 교화하신 것과 마찬가지로, 인간불교는 이미 각지에서 계속 뿌리를 내리고 싹을 틔우고 있습니다.

당시를 회고해보면 적지 않은 인도 승려, 서역 승려가 각기 육상 실크로드와 해상실크로드를 통해 중국에 불교를 전해주었고, 적지 않은 경전을 가지고 왔습니다. 그러나 초기에 전해진 번역경전은 모두 서역에서 간접적으로 전해진 것이기 때문에 주사행朱士行, 법현法顯, 현장玄奘, 의정義淨, 담무갈 등 중국의 수많은 출가자가 구법을 위해 서쪽 인도를 향해 떠날 결심을 하게 만들었고, 그렇게 수집한 경전을 가지고 돌아왔습니다. 부처님의 인간불교 사상은 이렇게 해서 중국으로까지 발전하게 되었습니다.

중국에서의 불교 발전과정에 관해 저는 2001년 『보문학보』 창간 당시 '중국불교의 단계적 발전추이'를 발표한 적이 있었는데, 2천년 동안 중국불교의 발전을 6단계로 나눴습니다.

1. 동전역경東傳譯經 시기(진·한·위·진)
2. 팔종성립八宗成立 시기(수·당)
3. 선정쟁주禪淨爭主 시기(오대 십육국·송)

4. 궁정밀교宮廷密敎 시기(원·명 황실)
5. 경참향화經懺香火 시기(청·민국)
6. 인간불교人間佛敎 시기(20세기 이후)

독자의 이해를 돕고자 여기에 적으니 참고하시기 바라며, 더 이상 부연설명은 덧붙이지 않겠습니다.

본 장에서는 모두가 현대 인간불교의 발전을 이해할 수 있도록 인간불교의 촉진에 관해서만 첫째로 문화출판, 둘째로 교육 및 학교설립, 셋째로 포교 활동, 넷째로 자선사업, 다섯째로 국제포교 등 5개 방면으로 서술하겠습니다.

1. 문화출판

부처님 시대에 불법의 전파는 모두 입과 귀에 의존해 전해졌고, 후에 경전 결집, 예술, 조각, 회화 등 다양한 방식으로 전해졌습니다. 그 중 문화에 의한 포교의 힘이 가장 컸고 수익자 수가 가장 많았습니다. 중국불교 전파의 상황에 관해 앞에서 이미 간략하게 서술했으므로, 이제부터는 청나라 말기와 민국 초 양인산楊仁山 거사의 불교문화 부흥부터 얘기하려 합니다.

'중국불교 부흥의 아버지'라는 아름다운 명성을 가진 양문회(楊文會, 호 仁山) 거사는 저택을 팔아 남경에 금릉각경처金陵刻經處를 설립해 불경을 인쇄 유포시켰습니다. 그밖에 천진 각경처, 북경 각경처, 양주 천녕사의 곤릉崑陵 각경처 등을 각지에 연이어 설립했습니다. 이외에 복주福州 고산鼓山 용천사湧泉寺, 항주 마노사瑪瑙寺 등에도 경전을 새겨서 유포시켰습니다.

이 중에 금릉각경처가 가장 뛰어났습니다. 중국불교협회 전 회장이신 조박초趙樸初 선생은 제게 문화대혁명 당시 주은래 총리가 금릉각경처는 절대 상해를 입히지 말고 보호하라는 명령을 내렸다고 말한 적이 있습니다. 그래서 지금까지 여전히 경전 인쇄를 하며 이어져오고 있습니다. 이 많은 각경처는 불교경전의 보존과 교정, 인쇄유통 발전에 커다란 공헌을 했습니다.

사실 근대불교문화 출판이라면 일찍이 광서光緒 연간(1875~1908)에 남경 서하사의 종앙宗仰 상인이 다시 일으켜 세웠으며, 상해 합동화원哈同花園에서도 『빈가대장경頻伽大藏經』을 간행한 적이 있습니다. 그러나 안타깝게도 전

용천사천불도탑湧泉寺千佛陶塔/복건성 복주福州

란으로 소실되어 지금은 남아있지 않습니다. 계속해서 경전을 새긴 뒤에는 선을 권하는 권선서勸善書를 인쇄 배포하였습니다. 예를 들면 인광대사의 『문초청화록文鈔菁華錄』, 홍일대사와 풍자개豊子愷가 공동 편집한 『호생화집護生畵集』, 상해 원영圓瑛스님의 『원영법휘圓瑛法彙』(즉 원영법사전집), 그리고 광동의 잠학려岑學呂가 편집한 『허운화상연보虛雲和尙年譜』 등이 모두 인간불교를 전파하는 데 매우 공헌이 컸습니다.

동양에 서양문화가 점차 들어오면서 각종 문화의 교류가 고무되었고, 불교 역시 각종 간행물을 발행하기 시작했습니다. 중국에서 최초의 불학간행물은 1912년 적보현狄葆賢, 복일승濮一乘이 발행한 『불학총보佛學叢譜』이고, 이어서 태허대사가 창간한 『불교월보佛敎月報』, 잡지 『해조음』, 주간지 『각군覺群』이 있고, 구양경무가 설립한 지나내학원支那內學院의 원보 『내학內學』, 인산仁山스님의 『법해파란法海波瀾』, 『세계불교거사임임간世界佛敎居士林林刊』이 있습니다. 서북지역에서는 강기요康寄遙 거사가 『불화수간佛化隨刊』, 월간지 『대웅大雄』, 『기도특간祈禱特刊』, 『태허홍법전간太虛弘法專刊』 등을 출판해 전국에 어느 정도 영향을 미쳤습니다. 그밖에 상해의 『불교일보佛敎日報』, 북경의 『각세보覺世報』, 한구(漢口: 호북성 무한)의 『불화보佛化報』 등이 계속해서 출판 유통되었습니다.

이밖에도 동남아 일대에서 발행 유통된 간행물은 기진寄塵과 통일通一스님이 광동 조주潮州 개원사開元寺에서 창간한 월간지 『인해등人海燈』, 자항스님이 남양南洋에서 설립한 잡지 『인간불교人間佛敎』,

고려대장경 경판高麗大藏經經板/고려 고종 38년(1251)/목판/
경남 합천 해인사 성보박물관 소장

축마竺摩스님이 마카오에서 설립한 잡지『무진등無盡燈』, 홍콩 불교 연합회 각광覺光스님이 설립한 잡지『홍콩불교』, 그리고 묘법사妙法寺의『내명內明』잡지 등 수백 종의 불교 간행물이 인간불교의 보급과 선양에 모두 커다란 작용을 했습니다.

　당시에 불학 연구의 기운이 매우 왕성했는데, 가장 유명한 것이 남경 지나내학원의 구양경무와 북경 삼시학회三時學會의 한청정韓淸淨으로 '남구북한南歐北韓'이라 불렸습니다. 적지 않은 불교 관련 사전과 서적도 연이어 출판되었습니다. 정복보丁福保의『불학대사전』은 중국불교 역사 이래 첫 번째 대사전입니다. 양계초의『불학연구십팔편』은 학술방법으로 불교를 연구한 선례가 되었습니다. 장유교蔣維喬의 『중국불교사』는 무창武昌불학원의 교재로 선정되기도 했습니다. 왕계동王季同의 『불법과 과학의 비교연구』, 여징呂澂의 『불교연구법』, 탕용동湯用彤의 『한위 양진 남북조 불교사漢魏兩晉南北朝佛敎史』, 왕지표尤智表의 『불교과학관』, 『한 과학자의 불경연구 보고』 모두 대표적인 불교사상 작품입니다. 승가와 신도의 노력으로 인간불교의 사상과 학설이 전국 각지에서 새로운 기상을 뿜어내고 있었습니다.

후에 문화대혁명이 발생하고 나서 불교와 중국문화는 심한 박해를 받았습니다. 홍콩의 엄관호嚴寬祜 거사가 제게 했던 말이 기억납니다. 문함서가文咸西街 42호 3층에 설립한 '홍콩불경인쇄배송처'가 바로 문화혁명기간에 불에 탄 잿더미 속에서 불경을 구해내 홍콩으로 옮겨와 적지 않은 진귀한 판본들을 다시 인쇄 출판한 곳이라고 합니다. 후에 인쇄 배송처는 '홍콩불경유통처'로 이름을 바꾸고 국내외에서 불교경서와 법기를 유통시켰으며, 교계의 부탁이나 대리업무 모두 그는 무상으로 받아서 했다고 합니다. 엄 거사께서는 불교의 절체절명의 순간에 몸소 뛰어들어 불교를 보호한 존경받아 마땅한 불교의 대호법입니다. 양인산 거사와 어깨를 나란히 한다고 말할 수 있습니다.

다행스럽게 국공내전 기간 동안 적지 않은 고승대덕과 지식인들이 부처님의 혜명을 잇기 위해 연이어 대만, 홍콩, 말레이시아, 싱가포르 등지로 넘어왔고, 계속해서 인간불교를 발전시켜 불교문화를

 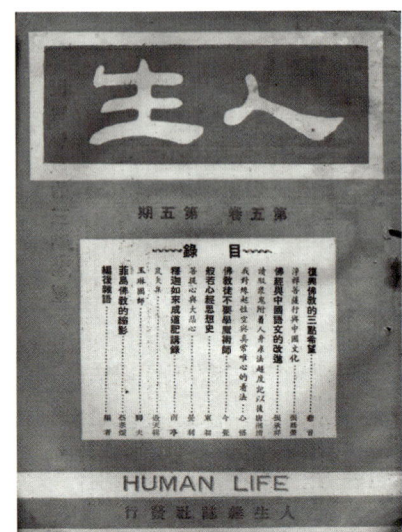

『보리수菩提樹』와 『인생人生』 잡지

보존하고 전승시켰습니다. 1948년 가장 먼저 남양南洋에서 타이완으로 건너온 자항스님, 다음해 연이어 중국에서 타이완으로 온 대성大醒, 남정南亭, 동초東初, 백성白聖스님 등이 있었고, 이어서 홍콩에서 계속해 대만으로 오신 태창太滄, 증련證蓮, 인순印順, 연배演培, 도안道安, 인준仁俊, 속명續明, 대본大本스님 등이 있었습니다.

판매 반 무상 반, 불서를 각계에 홍보

타이완의 불교 간행물에 대해 얘기하자면, 최초의 정기간행물은 『대만불교臺灣佛敎』와 원래는 태허대사가 창간했던 월간지 『해조음』, 그리고 주간지 『각군』입니다. 『해조음』은 1948년 대성스님이 상해에서 대만으로 옮겨와 발행한 것인데, 후에 이자관李子寬 거사가 이어

나갔습니다. 주간지 『각군』은 대동大同스님이 대만에 가져와 다시 발간했고, 초기에는 저도 편집에 참여한 적이 있습니다. 그 후 주비朱斐거사가 주편을 잡았는데, 이념 요소 때문에 주비거사는 『각군』의 발간 중지를 결정하고 새로이 『각생覺生』 잡지를 설립했습니다. 그 뒤에 또 다시 임금동(林錦東: 종심宗心스님)에게 넘겨져 발행했습니다. 동초스님이 창간한 잡지 『인생人生』은 저 역시 부탁을 받고 6년간 주편을 맡기도 했습니다.

또 이병남李炳南, 주비朱斐거사가 1952년 발행한 잡지 『보리수菩提樹』와 백성스님의 『중국불교中國佛教』, 연항蓮航스님의 『불교청년佛教靑年』 등이 있습니다. 장소제張少齊, 장약허張若虛 부자가 설립한 순간旬刊지 『각세覺世』는 제1기를 제가 총 편집했고, 후에 그들이 아예 제게 맡으라 하여 총 40년간을 발행해 왔습니다. 매 기마다 정확하게 출간했고 단 한 차례도 연기된 적이 없었습니다. 지금까지도 『각세』는 '인간복보' 일간지의 한 면에서 매일 독자들과 만나고 있습니다.

이외에도 광자廣慈스님의 월간지 『금일불교今日佛教』, 주선덕周宣德과 정진황鄭振煌 거사의 『혜거慧炬』, 도안스님의 『사자후獅子吼』 등의 잡지가 연이어 출판되었고, 타이완에서 인간불교 문화명맥의 발전을 다함께 추진해 나갔습니다.

민국신문 발행인 주경주朱鏡宙와 주춘희周春熙 거사는 '대만불경유통처'를 설립하였습니다. 그들의 목적은 돈을 버는 것이 아니라 불교문화를 발전시키고픈 생각뿐이어서, 반은 팔고 반은 나눠주면서 경전과 불서를 각계에 홍보하였습니다. 이외에도 문화인이라 할 만한 거사와 대덕들이 있습니다. 허염돈許炎墩, 동정지董正之, 주방도周邦道, 이항성李恒鉞, 진혜검陳慧劍, 유국향劉國香, 주장원朱蔣元과 주기창朱其昌 부자, 이세걸李世傑, 낙숭휘樂崇輝, 이첨춘李添春, 증보신曾普信 등이 타이완의 초기 출판계를 위해 몸과 마음을 다 바쳐 다함께 인간불교 문화의 새 세상을 열었습니다. 그들은 함께 불교잡지 편집, 저서 창작, 그리고 출판사 설립 등의 불교문화를 위해 소리를 내었는데, 그것은 불교에게 한 가닥 생존의 공간을 준 것입니다. 현재 타이완의 불교 잡지는 제가 일일이 서술할 방법이 없을 정도로 더욱 다양해졌습니다.

전국 순회 선전하고 백 부의 장경을 홍보

황규등黃奎等이 설립한 지룽基隆의 자유서점, 허염돈이 설립한 타이중의 서성瑞成서점, 소소전蘇紹典이 설립한 타이난의 남일南一서점, 그리고 이경운李慶雲이 설립한 까오슝의 경방慶芳서점이 모두 불교 문자 유통의 총본부입니다. 불교와 깊고도 두터운 인연이 있는 장소제張少齊 노거사는 일찍이 타이완으로 건너와 건강서점을 설립하여 불교서적 출판, 대장경을 인쇄해 유통한 적이 있습니다. 신죽에 있는 '대만불교강습회'에서 가르친 적이 있던 저의 학생, 성인聖印스님은 타이중에 '불교문물공응사佛敎文物供應社'를 설립하고, 동초스님은 베이터우(北投)에 '중화불교문물관'을 설립하는 등 모두 불교문화를 빛내는 데 적지 않은 힘을 보탰습니다.

제5장 현대 인간불교의 발전

　손장청양孫張淸揚의 부인과 장소제 부자, 그리고 제가 함께 설립한 신문풍인쇄공사新文豐印刷公司를 조건 없이 유수교(劉修橋: 고본쇠高本釗) 거사에게 맡겨 경영토록 했습니다. 신문풍은 불교의 대장경과 서적 등을 수십 년간 출판했고, 인간불교의 전파에도 커다란 역할을 했습니다.

　타이베이에서 정계의 원로이신 굴영광屈映光, 조항척趙恒惕, 정준생丁俊生, 채념생蔡念生, 그리고 종백의鍾伯毅 등의 인사들은 스스로 불교도라고 자부하고 발심하여 '수정중화대장경회修訂中華大藏經會'를 조직하고 『적사장磧砂藏』을 발행하였습니다. 다만 인력과 경제적 자원조달의 곤란을 겪으면서 몇 권만 발행하고는 더 이상 계속하지 못했습니다.

　대장경 수정 사업을 계속해 나가기도 쉽지 않았습니다. 그들은 타이베이에서 자주 대장경회의를 열었고 저도 몇 차례 참가할 인연이 있어 여러 장자들과 여러 차례 만남을 가졌습니다. 제가 타이중에 계신 국민대회 대표 채념생 거사를 방문하였을 때입니다. 그는 잡다한 물건들로 가득한 그의 일본식 집에서 웃통을 벗고 조끼 하나만을 걸치고, 무더운 여름날 등줄기에 땀을 비 오듯 흘리면서도 대장경을 교정하고 있었습니다. 이처럼 불교문화를 촉진하기 위한 많은 거사와 대덕의 발심과 노력에 저는 감탄하지 않을 수 없었습니다.

　대장경 이야기가 나와서 말인데, 동초스님은 손장청양 거사의 지지를 받아 외교부장 엽공초葉公超 선생이 일본에서 운반해온 『대정신수대장경大正新脩大藏經』을 영인(影印: 원본을 사진으로 복사해 인쇄)

하기 시작했습니다. 또한 대장경 영인, 전국순회 홍보단을 설립해 남정南亭스님이 단장을 맡고 제가 인솔하였으며, 자운스님과 광자스님, 그리고 당시 의란의 젊은이 자혜慈惠, 자용慈容, 자련慈蓮, 자범慈範, 임송년林松年 등이 함께 참여했습니다. 우리는 80일간 전국을 돌며 수백 부의 대장경을 홍보했습니다. 자혜스님은 '대장경 영인 홍보, 홍법일기'를 쓰기까지 해서 당시 성대한 홍법의 모습을 기록하기도 했습니다.

알기 쉬운 서적이 불교문화를 널리 유행시키다

저는 입학해 학교교육을 받은 적도 없고 따로 글을 배워본 적도 없었지만, "글이란 말을 하는 것과 같아, 말하는 대로 글을 쓰기만 하면 된다."고 말한 호적 선생의 영향을 받아, 저 역시 글을 쓰는 게 말하는 것과 같다 생각하니 어려울 것이 없었습니다. "그 뜻에 의지하되 수식은 중요하지 않으며, 그 법을 취하되 엄격하지 않게 하라."는 부처님 말씀처럼 경전을 전하는 자는 사람들이 알기 쉽게 해주고 그 뜻을 잃지 않으면 이것이 최선입니다.(『법구경』) 그러므로 저 역시 다가가기 편할 정도로 친근하고 대중적이고 알기 쉬운 문장을 앞장서 제창하고 호적 선생처럼 불교 내에서의 백화문 운동을 촉진하고 있습니다.

1950년대 저는 타이베이 삼중포三重埔와 까오슝 중산일로中山一路에 연이어 '불교문화복무처'를 설립해 인간불교에 대해 혁신적인 발전을 이루었고, 타이완에서 처음 『중영대조불학총서中英對照佛學叢

書』경전부와 교리부, 『소동파전』, 『불교 동화집』, 『불교 전집』, 『불교 소설집』 등과 같은 불교 도서를 출판해냈습니다. 특히 단계별로 다시 나누고 구두점을 찍은 '매월 경전 하나씩'은 한 권에 1위엔에 유통되었는데, 모두 원가 이하로 선연을 맺는 것과 마찬가지로 인연 있는 독자에게 드리는 법공양이었습니다.

이러한 대중적이고도 백화문으로 된 이해하기 쉬운 불법서적은 대중의 환영을 받았습니다. 이 수많은 불교문화출판 사업은 과거의 '가정마다 아미타불이요, 집집마다 관세음보살이라네.'라고 한 것처럼, 집집마다 한 권씩은 가지고 있을 정도로 널리 유행되었습니다.

제가 막 타이완에 도착했을 때, 신주에 인선서印善書의 발기인이신 혜서慧瑞스님이 계셨는데, 제가 번역한 『관세음보살보문품 강화講話』를 그분이 힘써 밀어주시기도 했습니다. 제가 쓴 『석가모니불전』은 불교의 첫 양장본으로서 타이완, 중국, 한국, 말레이시아, 싱가포르, 일본, 베트남 등의 국가에서 보시를 받아 유통된 것만도 이미 백판百版 인쇄를 훌쩍 넘어섰습니다.

당시 의란에서 배출된 젊은이들, 심평心平, 자장慈莊, 자혜, 자용스님이 바로 불교문화복무처에서 각계 인사를 위해 근무했었습니다. 국제적으로 예를 들면 브라질의 송복정宋復庭, 태국 마닐라의 료진상廖振祥, 그리고 앞에서 서술한 미국의 심가정沈家楨과 홍콩 엄관호嚴寬祜 장자 등이 모두 우리들과 왕래하고 있습니다.

불광산 개산 초기, 저는 '문화를 통한 불법 선양'을 인간불교를 추진하는 4대 종지의 하나로 삼아, 잡지 『각세』와 『보문』에 이어 2000

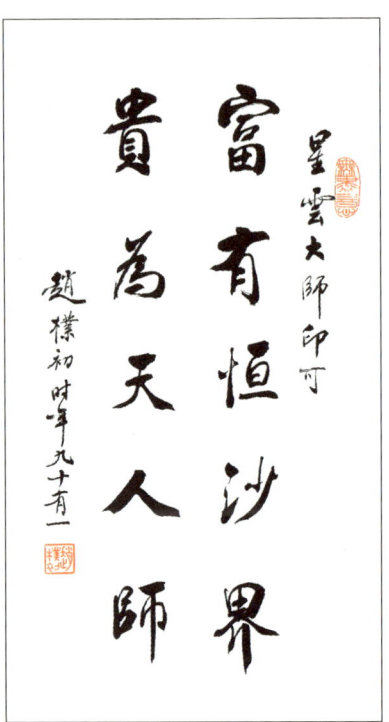

조박초 선생이 성운대사에게 증정한 묵적/족자 형태/1996년/조박초趙樸初 (1907~2000)/행서체/지본묵적/93㎝ ×49㎝/대만 까오슝 불광산 소장

년에 '인간복보'를 창간하였습니다. 이 한 부의 신문이 인간불교의 진·선·미 사상을 매일 사회와 가정에 배달하고 있으며, 타이완 4대 신문 중의 하나라고까지 비유되고 있습니다.

타이완의 문화출판이 왕성한 발전을 한 반면, 중국은 10년간의 문화혁명이 끝난 뒤에야 일부 불교 간행물이 출판되기 시작했습니다. 예를 들면 저와 깊은 우정을 나눈 중국불교협회 회장 조박초 거사가 설립한 잡지『법음法音』은 부처님의 인간불교를 촉진하는 데 뜻을 두고 있습니다.

그러나 지금 중국불교문화의 발전 역시 이전과는 다른 양상을 보이고 있습니다. 듣자니 수많은 학술기구, 사찰단체들이 매년 학술회의를 적어도 백 회에서 이백여 회 개최하고 수많은 학보와 잡지, 서적이 발행, 출판된다고 합니다.

제가 50년 동안 편집 출간할 생각을 가지고 있었던『여행자에게 드리는 365일-중국문화 불교보전』(『삶의 여행자를 위한 365일』이란 제목으로 한글 번역됨-편자 주)이 수많은 인연의 구족 하에 북경인민

제5장 현대 인간불교의 발전

출판사에 넘겨 출판하였습니다. 제가 구술한 16권의 『백년불연』역시 상해 삼련서점三聯書店에서 출판하였습니다. 이 전집이 출판된 뒤, 저는 시진핑 서기와 만날 기회가 있었습니다. 그 자리에서 시진핑 서기는 "스님의 책을 저는 다 봤습니다."라고 말하기도 했습니다. 이어서 작년에 구술한 『빈승에게 할 말이 있습니다(貧僧有話要說)』역시 중신출판中信出版에 맡겨 출판했습니다.

시대에 맞는 적합한 방식으로 전파하다

이러한 출판사는 모두 공산당에서 리드하는 중요한 기관부처입니다. 문화대혁명 기간에는 불교를 훼손하기도 했지만, 현재는 새로운 지도자와 관료 모두 불교가 발전할 수 있는 새로운 공간을 만들어주고 있습니다. 장차 중국 불교문화의 앞날을 위해 더욱 보호하고 힘써야 한다는 그들의 탁월한 식견에 감사드립니다. 그것이 또한 불교와 중국문화 발전에 대한 우리의 신심을 더욱 공고하게 하였고, 현재 양안兩岸은 모두 인간불교 추진에 암묵적인 동의가 이루어졌다고 말할 수 있습니다. 특히 최근 새로이 중국불교협회 회장에 취임하신 학성學誠스님은 젊고 유망하시어 현대과학기술인 인터넷을 활용해 홍법하고 십여 가지 언어로 불교문화를 전파하고 있으니, 저는 앞으로 인간불교를 널리 고양하는 데 있어 한량없는 위력을 발휘할 것이라고 생각합니다.

언어문자를 통해 불법을 포교할 때는 상대가 알기 쉽고 받아들이기 쉽게 해야 생활에서 실현될 수 있고 인간에게 유익할 수 있음을

서하고사 산문棲霞古寺山門/강소성 남경

명심해야 합니다. 바로 다음의 이야기와 같습니다.

"두 비구가 있는데, 한 사람은 오차라烏嗟羅이고, 다른 한 사람은 삼마타三摩跢였다. 부처님 계신 곳에 나아가 여쭈었다. '모든 비구는 저마다의 성격이 있고, 온갖 국토의 사람이 출가하였기에 바르지 못한 음音을 가지고 부처님 경전의 뜻을 망치니, 원하옵건대 세존께서는 명백한 이론으로 그 뜻을 바르게 들려주십시오.' 그러자 부처님께서 말씀하셨다. '나의 가르침은 겉만 화려한 말은 중시하지 않는다. 비록 질박하더라도 그 뜻을 잃지 않고 사람들이 이해하도록 하는 것이 중요하다.'"(『비니모경毘尼母經』 권8)

그래서 인간불교의 문화출판은 시대적 요구에 순응해왔습니다. 역경과 각경刻經을 거쳐 현재의 잡지, 학보, 종이신문, 전자신문 등의 출판물에 이르기까지 시대가 요구하는 적합한 방식으로 전파해왔습니다. 책의 디자인 면에서는 정교하고, 고급스런 인쇄가, 내용면에서는 막힘없는 글의 흐름과 백화문으로 되어 알기 쉽고, 읽기 쉬우며, 문학예술성과 생활적 요소까지 갖추도록 요구되었습니다. 인간불교는 우리를 이끌어주고 우리를 증장시켜 주며, 수행의 길에서나 인간 도리와 처세에서 도움을 줍니다. 이 모두 부처님이 본래 품었던 인간불교가 '계리계기(契理契機: 이치와 근기에 부합)'하게 펼쳐 보이는 것이라 말할 수 있습니다.

2. 교육 및 건학

청말 민국 초 시기에 호적, 진독수陳獨秀, 루쉰, 채원배 등은 '5.4 운동'을 일으켜 공가점(孔家店: 공자의 학설)을 타도하고 '과학으로 종교를 대체하고', '심미교육으로 종교를 대체하자'는 구호를 내세웠습니다. 그래서 중국문화, 공자, 불교 모두 재난을 겪었습니다. 당시 불교에는 다양한 인재가 충분하지 못했습니다. 장태염章太炎, 양계초, 웅십력熊十力, 여징呂澂, 장유교蔣維喬 등의 일부 중요학자들만이 있었을 뿐, 정치와 군사 쪽에서 보호해줄 만한 권력을 가진 인사가 없었기에, 난세의 비바람을 맞게 되니 자연히 저항할 방법이 없게 되었습니다.

이 비바람 속에서 흔들리던 불교는 다행스럽게도 소주蘇州의 인광印光대사께서 '삼람三濫'을 없애자는 주장을 펼쳤는데, 계법을 함부로 수계해서는 안 되고, 제자를 함부로 거두어서는 안 되고, 다른 사찰에 함부로 머물러서는 안 된다는 것으로, 불교 승려의 윤리를 다시 정돈했습니다. 태허대사 역시 불교의 '교산教産, 교제教制, 교리教理'의 3대 혁명을 제기했고, 승가제도의 혁신을 주장하는「정리승가제도론整理僧伽制度論」을 발표했으며, 특히 '인생불교'를 제창하여 불교개혁 운동에 힘썼습니다. 이러한 상황 속에서 불교도는 불교계의 대덕들이 부처님이 본래 품었던 인간불교로 돌아가자고 힘써 추진하는 것을 보고 불현듯 각성하게 되었습니다. 이런 연유로 불교에서 학교를 설립하고 인재를 배양하는 사업들이 계속 이어져 나가게 됩니다.

20세기 최초의 불학원은 1906년 제 고향인 강소 양주揚州 천녕사天寧寺의 문희文希스님이 설립한 승학당僧學堂입니다. 그 뒤 양문회(인산) 거사가 우연하게 노점 책방에서『능엄경』한 권을 본 뒤, 그 자신도 모르게 "『능엄경』을 읽은 뒤로, 인간의 가치 없는 책은 읽지 않는다."고 말했습니다. 불교에 대한 이와 같은 신심이 있었기에 집을 팔아 금릉각경처를 설립하고 기원정사祇洹精舍와 불학연구회를 설립하였으며, 동시에 각종 문화와 교육홍법을 추진하고, 태허대사, 구양경무, 인산스님, 매광희梅光羲 등과 같은 걸출한 인재를 배출했습니다.

이어서 상해 합동화원의 월하月霞스님이 설립한 화엄華嚴대학, 천태天台의 체한諦閑스님이 설립한 관종학사觀宗學社, 지나내학원, 무창불학원武昌佛學院, 민남閩南불학원, 백림교리원柏林教理院, 천태학원, 중경 한장漢藏교리원, 영동嶺東불학원, 금릉불학원, 초산불학원, 서하산율학원, 비로毗盧불학원, 옥불사玉佛寺 상해불학원, 법장法藏불학원, 상해 정안사靜安寺에 있는 불학원, 화남華南불학원 등 수십 곳의 불학원이 전국 각지에서 잇달아 설립되었습니다. 일시에 유식종, 천태종, 화엄종, 정토종 등의 종파와 각지의 총림과 선당 등이 또다시 융성해지기 시작했습니다.

그 중 무창불학원, 민남불학원, 지나내학원의 건학建學 성과가 가장 좋았습니다. 여기를 졸업한 우수한 인재는 회각會覺, 법방法舫, 법존法尊, 지봉芝峰, 대성大醒, 자항慈航, 위방葦舫, 그리고 묵여黙如, 인순印順, 거찬巨贊스님 등이 있습니다. 이들은 모두 강의도 잘하고 글도 잘 쓰는 법문의 귀재입니다. 당시 불학원 스승의 자질 역시 모두 한 시대를 대표하는 양계초, 양수명梁漱溟, 당대원唐大圓, 장화성張化聲, 탕용동湯用彤, 웅십력熊十力, 장유교蔣維喬, 황참화黃懺華 등과 같은 민국 시기의 인물들로서 불교진흥에 커다란 역할을 했습니다.

그때 태허대사는 불교의 세계화를 촉진하기 위해 무창에서 세계불학원世界佛學苑을 창립해 산스크리트어, 중국어, 빨리어, 티베트어 네 가지 어계의 불학연구를 하였으며, 서로 다른 계통의 수많은 불교 인재를 배출하여 일본, 인도, 석란(스리랑카) 등지로 파견하여 유학을 시켰습니다. 법방, 법존, 지봉, 대성, 대용大勇스님 등이 이때 양성해 낸 불문의 용상龍象입니다. 불학교육이 널리 퍼져나가면서 인간불교를 진흥시키고 부처님이 본래 가졌던 뜻으로 돌아가고자 모두가 한마음으로 힘을 모았습니다.

민국 이후 불교의 건학 바람

당시의 불교는 1927년 군벌이 할거割據하고 예수교를 독실하게 신봉하는 풍옥상馮玉祥이 하남河南에서 사찰을 폐쇄하고 승려를 축출하며, 심지어 성 전체에서 훼불운동을 일으키고 있었습니다. 다행히 태허대사께서 장개석 선생과 교분이 두터웠고, 장개석 선생 역시 태허대사께 국민당 정부에서 『반야심경』을 강설해 달라는 요청을 하기도 했습니다.

불교가 사찰재산을 몰수당해 신식학교 건립에 쓰이는 박해를 당할 때, 장개석 선생은 불교를 보호하라고 공고했습니다.

"첫째, 진정한 불교의 수행 승도僧徒는 유지토록 한다. 둘째, 교육기관을 설립할 수 있는 지식 있는 승도는 유지토록 한다. 셋째, 사찰은 청정하고 장엄해야 하므로 승려도 속인도 아닌 자가 주지를 맡지는 못하며, 또한 사회에 유익한 사업을 펼쳐야만 유지될 수 있다."

동진東晉 때 도안道安대사의 "군주에 의지하지 않으면 부처님의 법을 세우기 어렵다."는 말씀처럼, 다행스럽게 당시 일부 당국黨國 원로이신 대수도戴秀陶, 장계張繼, 추노鄒魯, 거정居正, 우우임于右任, 굴영광屈映光 등의 불교신도들이 시대적 동란 속에서 불교를 보호하는 데 약간의 역할을 하였습니다.

유감스러운 것은 영웅도 미인에게 약하다는 말처럼, 송미령 여사가 후에 장개석 선생과 결혼하면서 기독교로 개신하라는 조건을 붙인 것입니다. 결국 장개석 선생의 불교와의 인연 역시 변화를 맞았습니다. 혼란한 시국 속에서 불교는 이렇게 겨우 목숨을 부지하며

정혜사定慧寺/강소성 진강鎭江

혜명을 이어나갔습니다. 그렇지만 예수교에서 '종교의 자유'를 제창해준 것에 감사드립니다. 서양에서 전해진 이러한 사상은 불교에게도 조그마한 생존 공간을 만들어주었으니, 종교의 자유는 세계 공통의 이념이라고 말할 수 있습니다.

항일전쟁 승리의 호각소리가 막 울려 퍼지고, 일본이 무조건 투항하던 그 해가 기억납니다. 그때 저는 초산의 불학원에서 공부하고 있었습니다. 강소와 남경, 상해 일대의 우리 불교도는 정말 뛸 듯이 기뻐했습니다. 불교의 거사는 열심히 호법하였고, 불교에 귀의하는 사람도 점차 많아지며 인간불교의 한 줄기 왕성한 기상이 생겨났습니다.

정혜사定慧寺 주지이신 설번雪煩화상은 서둘러 초산 불교학원을 새로이 정돈하였고, 선생님들은 교재와 월간지『중류中流』의 출판에 무척 분주했습니다. 이 잡지는 불교 전파에 매우 커다란 역할을 했습니다. 우리 학생들은 매월 한 번씩은 포장과 배송 일을 도왔습니다. 일이 끝난 뒤에는 선생님께서 항상 우리에게 한 권씩 선물로 나눠주셨고, 우리들은 그날의 울력에 대한 대가라 생각되어 너무 좋아 어쩔 줄 몰랐습니다.

그 당시 불교는 중국에서 초등학교와 중학교 설립이 급속하게 확산되는 상황이었습니다. 제 스승이신 지개 상인志開上人은 종앙宗仰 상인을 기념하기 위해 서하산에 종앙중학교를 세웠고, 남경 와불사臥佛寺에는 대웅大雄중학교를 세웠습니다. 각민覺民스님은 우화대雨花台의 보덕사普德寺에 보덕중학교를 세웠고, 진강鎭江에 또 초암사超巖寺소학교, 복선당福善堂소학교도 있었습니다. 그러니 초산에 세워진 의무교육인 소학교만 세 곳이었습니다.

저는 운이 좋았습니다. 초산을 떠난 뒤 스승님을 따라 의흥宜興의 조정祖庭인 대각사大覺寺에서 조사들께 예를 올리고, 국가에서 정식으로 설립한 백탑白塔소학교에서 단기간 교장을 역임한 적도 있었습니다. 저는 사범학교에서 교육과정을 이수한 적은 없지만, 중학교에서 일하면서 누적된 교육건학의 경험이 저의 일생에서 매우 의미와 가치가 있다고 여겨집니다. 그때 중국 전체에서 불교가 설립한 무상 의무교육의 소학교와 중학교는 적어도 백 곳이 넘었습니다. 제 생각에는 불교가 계속해서 대학까지 설립한다고 해도 가능했을 텐데, 전란으로 인해 계속하지 못해 참 아쉽습니다.

제가 곳곳을 행각할 때였습니다. 종종 길가에서 십여 세의 소학교 학생들이 제게 공손히 몸을 숙이면서 '스님'이라고 인사하던 것이

제5장 현대 인간불교의 발전

아직도 기억납니다. 저는 아이들에게 왜 나를 보면서 공손하게 '스님'이라 인사하는지 물어봤습니다. 아이들은 천진난만하게 "우리 선생님은 학당을 열어서 저희에게 공부를 가르쳐 주시는데 돈은 한 푼도 받지 않아요. 우리 선생님 참 좋은 분이시죠? 우리 선생님은 스님이세요. 그래서 저는 세상의 모든 스님이 우리 선생님처럼 좋은 분이라고 생각해요."라고 대답했습니다.

이 일화를 통해 민국 이후 융성한 불교의 건학 상황을 알 수 있습니다.

가엾게도 어렵사리 평화를 맞이했지만, 국민은 또다시 국공내전과 문화대혁명을 마주하게 됐습니다. 설상가상으로 태허대사께서 1947년 원적하시어 불교는 순간 지도자를 잃어버린 형세가 되었고, 중국에서의 인간불교 운동 역시 공백기에 들어섰습니다. 이 시기 전후로 일부 고승대덕께서 연이어 홍콩과 대만으로 건너왔고, 저 역시 1949년 승려구호대를 이끌고 대만으로 건너왔습니다. 그때 제 나이 23세였습니다.

타이완의 불학원 교육 얘기를 해보겠습니다. 먼저 1948년 중력中壢의 원광사圓光寺 묘과妙果화상께서 자항慈航스님을 남양南洋에서 모셔다가 대만불학원을 설립했습니다. 그 다음 대만성 불교회가 신죽新竹의 청초호青草湖 영은사靈隱寺에서 대성스님을 모셔다가 대만불교강습회를 설립했습니다. 저와 연배演培스님도 교무주임을 맡은 적이 있습니다.

그 후로도 계속 이어졌습니다. 백성白聖스님도 타이베이에서 중국불교 삼장학원을 열었고, 성인聖印스님이 타이중에서 자명慈明불학원을 열었으며, 묘란妙然스님은 묘율苗栗에서 법운法雲불학원을 열었고, 인순印順스님은 복엄福嚴불학원을, 남정南亭스님은 타이베이에서 화엄 전종專宗학원을 설립하는 등 수십 곳의 불학원이 생겨났습니다. 당시 『태허대사전서太虛大師全書』는 불교계의 젊은 학생들이 읽어야 하는 중요한 자료였습니다.

안타깝게도 수많은 불학원 중 일부는 모집 학생의 부족으로, 일부는 스승의 자질이나 재정적인 문제, 또는 졸업 후 진로를 찾을 수 없어 잠시 폐쇄했다가 결국에는 유지하지 못하게 되었습니다.

의란에 뿌리내리고 젊은 불자를 인도하다

저 자신은 '합교(呷敎: 합교는 불교에 몸담고 있으면서 부처님 사업을 하지 않고 밥만 축낸다는 민남어 표현. 민남어로는 자까오라 한다.-역자 주)'한 화상이 되지 말자 다짐했기 때문에 저술과 강연과 연설 외의 시간에는, 1953년 의란에 뿌리를 내린 때부터 젊은 불학도를 맞이하는 일에 투자를 많이 했습니다. 계속해서 홍법대弘法隊, 합창단, 청년단, 아동반, 주일학교 등을 설립했으며, 심평心平스님, 자장慈莊스님, 자혜慈惠스님, 자용慈容스님, 자가慈嘉스님, 소벽하蕭碧霞, 임청지林淸志, 진수평陳修平, 장조張肇, 임문웅林文雄과 같은 분들이 모두 당시 의란의 불교청년들입니다.

그와 동시에 광화光華 문리文理 보습반도 열었습니다. 그것은 불교에서 처음으로 정부에 정식으로 입안 요청한 교육학교이며, 전 교육

제5장 현대 인간불교의 발전

부 훈육위원회 상임위원이신 정석암鄭石岩 교수가 당시 보습반이 배출한 걸출한 젊은이들 중 한 사람입니다. 자애유치원 역시 불교에서 설립한 첫 번째 유치원이고, 자혜스님과 자용스님 모두 원장을 지낸 바 있습니다. 현재 불광산 상무 부주지이신 혜전惠傳스님 역시 당시 공부하던 어린이였습니다. 교육을 제창하지 않았다면 어떻게 오늘날 인간불교의 홍법인재를 얻을 수 있었겠습니까?

젊은 불자를 맞아들이는 것은 인간불교 발전에 가장 중요한 일 중 하나라 할 수 있습니다. 이러한 각성이 있었기에 앞에서 얘기한 것처럼 모두가 다함께 불교교육기관을 설립했습니다. 그 중 불광산 총림학원은 50여 년 동안 쉼 없이 달려왔으며, 졸업자 수가 5천여 명

성운대사가 설립한 자애慈愛유치원/대만 의란宜蘭

이나 되니, 불교역사의 또 하나의 기록이지 싶습니다. 지금 가의嘉義의 도관道觀스님, 타이중의 보휘普暉·혜철慧哲·진방眞芳스님, 두분頭份의 진오眞悟스님, 신죽新竹의 성형性瀅·오증悟證스님, 화련의 달형達瑩스님 등이 모두 당시 배출된 불교청년들입니다.

부흥으로 가는 길, 불교와 인연 있는 인재를 육성하다

불학원 설립 외에도 불광산은 대학생들의 여름불학캠프를 개최하였고, 지금 이 수많은 젊은이들이 모두 세계 각지에서 불교와 사회, 국가를 위해 많은 공헌을 하고 있습니다. 세계적으로 '간이식 수술의 아버지'라 일컬어지는 까오슝 장경長庚병원 명예원장 진조륭陳肇隆 박사, 현 타이베이 영민榮民종합병원 원장이신 임방욱林芳郁 박사 등이 그 예입니다. 미국에서 의사로 활동하시는 분은 심인의沈仁義, 정조양鄭朝洋, 이금홍李錦興 박사 등이 있고, 일본에서 의술을 펼치시는 후쿠하라 신겐(福原信玄), 일본 동경 불광협회 회장 임녕봉林寧峰 박사가 있습니다.

중화총회 북구협회 회장을 지낸 조취혜趙翠慧, 국민당 운림雲林 지역 당 부주임 위원(부장관급)을 지낸 적이 있는 설정직薛正直, 30여 년간 대만대학 교수로 재직하시다 퇴직 후 대만대학 화공과 명예교수가 된 여유명呂維明 교수, 일주문 미륵불을 기부하신 주조기朱朝基 선생, 그리고 불광산 대웅보전의 삼보불을 창작하고 후에 까오슝 시의원을 지낸 진명길陳明吉 선생, 심지어 홍서弘誓불학원의 소혜昭慧스님, 서래대학 이사회의 의장 의공依空스님 등이 모두 당시 여름캠프의 학생들이었습니다. 불교를 이끌고 나갈 이러한 인재들이 전 세계에 퍼져 있는데, 인간불교를 부흥할 인재가 없다고 걱정할 필요가 있겠습니까?

불학원에서의 교육 이외에도 불교의 사회교육의 시초는 일본 점령기까지 거슬러 올라가는데, 타이난의 광화光華중학교와 타이베이의 진북泰北중학교가 그것입니다. 그 후 미륵내원彌勒內院에서 설립한 자항慈航중학교가 있고, 오일悟一스님, 남정스님, 그리고 제가 함께 설립한 지광智光중학교 등이 있습니다. 우리 불교에는 꾸려나갈 만한 인재가 없어서 결국 이 학교들도 모두 사회에 환원했고, 시간이 오래 지나면서 원래 불교에서 세운 학교라는 사실을 아는 사람조차 드물게 되었습니다.

인간불교를 촉진하려면 반드시 대중을 위해서는 적극적으로 봉사하고, 교육을 중시해야 합니다. 그래서 1977년 불광산은 까오슝에 보문중학교를 세웠고, 그 뒤 다시 남투南投에 균두均頭중학교와 소학교를, 타이동에 균일均一중학교와 소학교를 세웠습니다. 대학교육의 중요성을 느끼고 1990년 불광산은 미국에 서래대학을 설립했으며, 이는 중국불교가 서방국가에 설립한 첫 고등교육의 학부였습니다. 연이어 다시 가의嘉義에 남화대학, 의란에 불광대학, 호주에 남천대학, 필리핀에 광명대학 등 5곳의 대학을 설립했습니다.

오늘날 불교계가 세운 사회교육 기관은 또한 효운曉雲스님이 창설한 화범華梵대학, 중국불교회가 세운 현장玄奘대학, 법고산法鼓山 성엄聖嚴스님의 법고문리法鼓文理학원, 화련에는 자제慈濟대학 등이 있습니다. 저는 그밖에도 홍콩, 싱가포르 등지에도 불교계에서 초등학교와 중학교를 세웠고, 심지어 더 이른 시기에는 홍콩에도 주해珠海학원, 내명內明대학 등이 있었다는 걸 알고 있습니다. 이 모두가 인간불교가 부처님의 본래 품은 뜻으로 회귀하는 구체적인 행동입니다.

그러나 홍콩, 싱가포르, 타이완에서 학교를 세우는 이 힘만으로는 부족합니다. 만일 중국이 불교의 대학 설립을 개방하여 준다면 국가와 사회 모두에게 더 유익하고 도움이 될 것입니다. 인구자원이 풍부한 중국에 불교가 주관하는 학교를 설립할 수 있다면 우리가 국가와 사회를 도와 인재를 교육하고 국가를 수호하고 불교를 사랑하는 종교 인사를 육성할 수 있으며, 장차 전 세계에 커다란 도움을 줄 수 있을 것입니다.

과거 감진대사의 일본 홍법을 기념하기 위해 전 중국불교협회 회장 조박초 선생과 중국 국가종교국이 협력하여 양주 대명사에 감진대학을 세우자는 데 뜻을 모았고, 불광산에서는 감진도서관 건립에 기부하기도 했습니다. 후에 조박초 선생이 세상을 떠나면서 대학사업은 더 이상 진행되지 않아 큰 아쉬움으로 남았습니다.

인간세상에 나오셔서 불교를 널리 고양하는 것이 부처님의 염원입니다.『잡아함경』에는 다음과 같이 설합니다.
"이때 세존께서 모든 비구에게 말씀하셨습니다. '나는 이미 인간과 천상의 속박에서 해탈하였고, 너희들 역시 인간과 천상의 속박에서 벗어났느니라. 그러니 너희는 마땅히 인간세상을 다니면서 많이 제도하고 많이 이롭게 하며 인간과 천상을 안락하게 하여라.

감진화상전기회권 제일권제일단 출가鑑真和尚傳記繪卷第一卷第一段出家/
가마쿠라 에이닌 6년(1298)/렌교오蓮行/지본설색/세로 37.3cm/
일본 나라 도쇼다이지 소장

함께 다니지 말고 한 사람씩 가도록 하여라. 나 역시 지금 우루빈라로 가서 거기 머물면서 인간을 교화하고 수행하겠다.'"

 부처님은 제자들에게 인간에서의 교화와 포교를 적극 격려하였을 뿐만 아니라 스스로 솔선하여 실천하고 모범을 보이셨습니다. 처음부터 끝까지 자신의 한 몸을 인간에서 이치를 전하시고 가르침을 주셨으며 중생을 생사의 번뇌에서 해탈토록 하셨습니다.

 그러므로 중국불교가 장차 부흥의 길로 들어서려면 반드시 적극적으로 인간세상에 뛰어들어, 부처님의 본래 품은 뜻으로 돌아가 열심히 사회에 복을 짓고, 불교와 인연 있는 인재를 양성하며, 초·중·고·대학을 각각 설립하는 것이야말로 불교부흥의 중요한 길일 것입니다.

3. 포교 활동

1912년 민국이 성립되고, 기선寄禪대사와 태허대사를 수반으로 하는 신불교는 비록 부처님이 본래 품었던 뜻인 인간불교를 진작시키려는 마음은 있었지만, 내우외환으로 어려움이 한둘이 아니었습니다. 내적으로의 우환은 절강 총림의 보수파와 일부 권세 있는 재가 거사의 세력 독점이었습니다. 외적으로의 우환은 군벌이 할거하고, 사찰에 병사를 주둔시키고, 지방 악질토호의 다툼과 사찰 재산을 몰수해 학교 설립에 쓰는 등의 재난입니다.

조직적인 불교개혁을 진행하고 외부적 재난요인에 저항하기 위해 1912년 태허대사와 기원정사祇洹精舍에서 동문수학한 친구 인산仁山스님이 남경에서 '불교협진회佛敎協進會'를 조직하기로 제의하고, 금산사金山寺에서 대회를 준비했습니다. 인산스님이 언론에 발표한 뒤 지나치게 격렬한 양상을 띠면서 결국 신·구 승려간의 유혈충돌이 발생하는 '금산 소동'을 야기했습니다. 불교회 준비조직은 실패로 돌아갔습니다.

같은 해 절강 천동사天童寺의 경안敬安스님(팔지두타八指頭陀 기선寄禪화상)이 절강의 많은 사찰 장로와 북경의 법원사法源寺 도계道階스님에게 연락하여 상해 정안사靜安寺에서 '중화불교총회'를 조직하기로 제의했습니다. 1912년 상해 유운사留雲寺에서 설립행사를 거행하였는데, 17개 성省 승려를 대표해 제집齊集스님, 원영圓瑛스님, 체한諦閑스님, 태허대사 등 백여 명이 회의에 참석했습니다. 그리고 경안

제5장 현대 인간불교의 발전

스님을 총회 회장으로 공동 추대하였습니다. 이는 중국 근대 역사에서 전국적인 성격의 첫 불교단체입니다. 후에 명칭을 중국불교회로 바꾸었으며, 현재 중국의 중국불교협회의 전신이자 전국 불교의 최고 조직입니다. 불학사佛學社, 연구사研究社, 의학사醫學社와 같은 각종 불교조직의 단체가 연이어 설립됐고, 문화출판, 교육건학, 자선구제 등 각종 사업이 불교를 인간세상으로 되가져왔습니다.

중국불교회가 성립된 변천과정을 얘기하다 보니 태허대사와 원영스님의 금란지교金蘭之交 인연이 떠오릅니다. 그러나 중국불교회가 성립되고 개혁에 진력하자는 신승新僧의 대표 태허대사와 강소·절강 총림을 대표하는 보수파 구승舊僧의 대표 원영스님은 이념이 서로 다른 두 집단을 이끄는데다, 대성스님이 『구업집口業集』에서도 언급한 것처럼 양쪽의 제자와 학생이 서로를 비난하였기 때문에 두 사람이 일찍부터 가졌던 '마음으로 마음을 전하고, 다정하기가 친 혈육과 같다.'는 수족과 같은 정은 결국 어쩔 수 없이 제 갈 길을 가게 만들었습니다.

그때 태허대사는 장개석 선생과 교분이 깊었는데 불교가 교난을 당할 때면, 예를 들어 중앙대학의 태상추邰爽秋 교수가 두 번이나 언급한 '묘산흥학廟産興學'은 불교의 존재 자체를 위협하는 사건이었습니다. 그러면 보수파에서는 태허대사를 초대해서 함께 대책을 의논하였고, 이때만큼은 불교계 역시 똘똘 뭉쳤습니다. 단합이 잘 되는 것처럼 보였습니다. 그러나 일단 재난이 사라지면 태허대사를 끼워주지 않고 내몰았습니다. 보수파는 세력과 재력을 공고히 하기 위해 여전히 태허대사가 제시한 '교리, 교제, 교산'의 개혁에 반대했고, 인간불교의 추진을 방해하여 태허대사가 포함된 신불교 일파의 승려와 신도가 불만을 터뜨렸을 뿐만 아니라, 국민정부 역시 받아들이기 힘들었습니다.

    그래서 1945년 항일전쟁 승리 후, 장개석 선생은 태허대사께서 '중국불교회'를 재조직하라는 명령서를 발표하였고, '중국불교정리위원회'가 설립되었습니다. 위원으로는 태허대사, 장가章嘉, 허운虛雲, 원영圓瑛, 창원昌圓, 전랑全朗, 이자관李子寬 등이 있었고, 태허대사, 장가, 이자관을 상무위원으로 지정했습니다. 정리위원회 설립 이후 다음해(1946년) 초산불학원에서 '중국불교회 종무인원 훈련반'을 설립하려고 준비했는데, 우리들의 불학 지도법사이신 지봉芝峰스님께서 책무를 맡으셨기에 저 자신 운이 좋게도 그 가운데 참여하게 되었습니다.

불교를 위해 이 한 몸 다 바치리

태허대사는 절강지역 사투리를 쓰는데다 강연 때는 목소리가 너무 작아 훈련받는 기간 동안 저도 태허대사의 말씀을 못 알아들을 때가 많았습니다. 그러나 "우리가 불교를 위해 뭔가 해야 돼, 우리가 불교를 위해 뭔가 해야 돼!"라는 한마디는 끊임없이 제 귓가에서 맴돌았습니다.

    한 번은 길을 걸어가고 있는데, 뜻밖에 태허대사께서 앞에서 걸어오고 있는 걸 보았습니다. 저는 공손히 합장하고 한쪽으로 비켜 서

있었습니다. 태허대사께서는 갑자기 걸음을 멈추고 저를 보시면서 "그래 좋아, 좋아, 좋아."라고 말씀하셨습니다. 비록 짧은 순간이었지만 '좋아'라는 한마디와 '불교를 위해서'라는 말씀은 제가 일생 인간불교를 추진하는 데 커다란 역량을 발휘하는 원동력이 되었습니다.

안타깝게도 태허대사는 오랜 수고가 겹쳐 병이 되었고, 1947년 입적하셨으니 향년 58세(일설에서는 59세라고도 함)이십니다. 같은 해 중국불교회는 수도 남경에서 제1차 전국회원대표대회를 개최했는데, 각 성과 몽고, 티베트 지역에서까지 모두 대표를 파견하여 이사, 감사 선거에 참여했으며, 장가스님을 이사장으로 선출하여 중국불교회를 이끌게 했습니다. 그러나 국공내전 사건으로 중국불교회는 정부를 따라 대만으로 옮겨 계속 운영되었고, 또 다른 새 국면을 맞이했습니다.

당시 동초스님도 중국불교회의 간판을 대만으로 가지고 왔습니다. 손장청양의 부인이 당시 금액으로 천만 위엔을, 이자관 거사께서 5백만 위엔을 내어 두 사람이 합자해 타이베이의 선도사를 사들여 『해조음』과 '중국불교회 대만주재 사무소'로 삼았습니다.

제2차 이사장과 이사, 감사의 선거에서는 장가대사를 이사장으로 선출하고, 상무이사는 9명을 뽑았는데 명단은 다음과 같습니다. 장가대사, 백성스님, 오명悟明스님, 손심원孫心源, 성운星雲, 장청양張淸揚, 조항척趙恒惕, 오중행吳仲行, 나상익서羅桑益西 등입니다. 당시 남정스님, 자항스님, 동초스님 등 많은 장로들께서 모두 낙선하셨고, 또 저 자신이 너무 나이가 어리지 않나 생각되었으며, 또 책임자와 이념이 다른 관계로 저는 그 직을 고사固辭하기로 결정했습니다. 그래서 사직서를 썼지만, 많은 사람들이 이런 저를 보고 호의를 무시한다느니 시국을 읽지 못한다느니 등 비난을 했습니다.

후에 중국불교회는 또 선거를 치러 원영스님과 뜻을 같이했던 백성스님이 표수에서 이자관 거사를 앞질러 이사장의 소임을 받게 되었습니다. 그 후 백성스님은 40년간 중국불교회를 지탱해왔습니다. 그의 일처리 스타일은 불교회가 한 사람의 불교회, 십보사十普寺의 불교회가 되게끔 했고, 보편적으로 전체 불교도를 끌어안을 수 없었으며, 결국 중국불교회의 기능을 드러내 보이지도 않고, 인간불교를 단결시키고 진작시키지도 못했으니 참으로 안타깝습니다.

그래서 대만의 불교 대표들은 역시 인간불교 신앙에 대한 자신의 열정에 기대어 불법을 널리 고양시켰습니다. 예를 들면 이병남李炳南의 거사파居士派, 백성스님의 전계파傳戒派, 인순스님의 학자파學者派, 남정스님의 강경파講經派, 자항스님의 청년승파靑年僧派는 타이완에서 청년학불 운동, TV와 라디오를 통한 포교, 전계傳戒 및 염불회 등의 포교 활동을 촉진시켰고, 인간불교는 이렇게 점차 부처님이 본래 품었던 뜻으로 회귀하였습니다.

(1) 청년학불 운동

첫 번째는 각 대학에서 불학모임을 만든 주선덕周宣德 선생입니다. 그는 대만불교에 가장 큰 영향을 끼쳤으며 제가 불교청년 운동에 참여를 요청한 사람이기도 합니다. 저는 불교에 젊은이가 필요하고 젊은이에게는 불교가 필요하다는 걸 알았기에, 1953년과 1954년에 청년학불 운동을 제의할 생각을 가졌습니다. 우연한 기회에 왕상의王尙義, 오이吳怡, 장상덕張尙德 등의 대만 여러 대학의 젊은 학생들이 불교집회에 참여하기를 원한다는 걸 알고 저는 20여 명의 젊은이들과 선도사에서 만나기로 약속했습니다.

선도사에서 만난 우리는 다음으로 타이베이현 중화향(中和鄉: 지금의 신북시新北市 중화구中和區)에 있는 원통사에 가기로 결정하고, 소풍·사찰 탐방·각종 프로그램 등을 논의한 뒤 인원수는 80명으로 한정했습니다. 회의가 다 끝난 뒤 오일悟一스님이 제게 다가와 경고 어투로 말했습니다.

"스님, 다음부터는 이 많은 젊은이들 데리고 선도사에 오지 마세요. 이 많은 젊은이들에게 들어가는 비용이 만만치 않습니다. 우리로서는 감당하기 힘들어요."

그 말을 듣는 순간 저는 조급해졌습니다.

'어떡하나? 나는 타이베이에 머물 곳도 하나 없는데. 그렇다고 늘 젊은이들과 길에서 만나 이야기를 나눌 수는 없지 않는가?'

이때 저는 참가하고자 걸어오고 있는 주선덕 선생을 보고 말했습니다.

"주 거사님, 일요일에 중화의 원통사에서 젊은이들과의 만남에 피치 못할 일로 저는 참석하지 못할 것 같습니다. 저 대신 좀 이끌어 주시겠습니까?"

제 말을 듣고 그는 걱정 마시라며 그 자리에서 승낙을 했습니다.

후에 주선덕 거사 역시 이 일로 대학청년의 활동을 맡아 처리하기 시작했습니다.

이외에 대만 초기의 대학 청년학불 기금회가 젊은이들의 부처님 공부 열기를 태동시키는 데는 남정스님의 공로도 있습니다. 남정스님은 첨려오詹勵吾 선생을 설득해, 중경남로의 4층짜리 건물 한 채를 팔아 수입금 전액을 대학청년장학금으로 기부토록 했습니다. 그것이 훗날의 혜거慧炬 잡지사의 전신인 '혜거학사慧炬學社'입니다.

캐나다의 첨려오 거사의 자금지원을 받은 주선덕 거사는 '혜거학

원통사 대웅보전圓通寺大雄寶殿/대만 신북新北

사'를 설립해 젊은이들의 문예창작을 북돋우고 불교서적을 무상 배포하였습니다. 이항월李恒鉞 거사의 『현대교육을 받은 이에게 불교를 소개한다』 등은 수십만 권도 넘게 인쇄해 젊은이들이 읽도록 나누어 주고, 장학금을 제공하며, 느낌을 글로 적도록 고무시켜 젊은이들의 불교를 배우고자 마음을 태동시켰습니다. 1957년부터 그는 대만대학의 신희晨曦학사, 사범대학교의 중도中道학사, 정치대학교의 동방문화사東方文化社, 중흥中興대학교의 지해智海학사 등과 같은 각 대학에서 불학모임을 설립했고, 적지 않은 불교인재가 배출되었습니다. 불교모임이 대학에서 이토록 순조롭게 추진될 수 있었던 것에 대해 대학의 교직에 계신 주방도周邦道, 이병남, 주선덕, 첨려오 등과 같은 노거사님들의 협조에 감사하지 않을 수 없습니다.

캠프활동을 통해 젊은이의 학불을 태동시키다

그 당시는 여전히 계엄 시기였습니다. 청년들이 활동을 개최할 수 있는 것은 오직 구국단뿐이었습니다. 저는 운이 좋게도 장경국 선생이 가장 신임하는 구국단 집행장 송시선宋時選 선생을 알게 되었습니다. 제가 그에게 선학여름캠프를 개최하겠다고 말하자 그는 흔쾌히 승낙했고, 저는 1969년 불광산에서 '대학청년 불학여름캠프'를 개최했습니다.

순조로운 여름캠프 개최를 위해 당시 까오슝 구국단에서 근무하시던 장배경張培耕 선생께 부탁하여 구국단의 깃발을 몇 개 빌려다 불광산 산문에다가 꽂았습니다. 그제서야 정부 당국의 간섭을 피할 수 있었고, 행사도 순조롭게 이어나갈 수 있었습니다. 당시 구국단은 장경국 선생이 이끌던 단체로 '장경국' 세 글자만 있으면 든든한 뒷배가 생기는데, 못할 일이 뭐가 있겠습니까? 그래서 구국단의 깃발 몇 개를 산문에 꽂음으로써 '강태공께서 여기 계시는데 누가 감히!'라는 것처럼 아무 거리낄 것이 없었습니다. 후에 불교청년인 의공依空스님, 소혜昭慧스님, 설정직薛正直, 고청미古淸美, 우혜정尤惠貞 등이 모두 제1기 학생단원들입니다.

제2기 개최를 준비하면서, 본래는 100명의 대학청년만 모아서 2주간의 불학교육을 시킬 계획이었지만, 뜻밖에도 신청한 젊은이가 40여 대학에서 총 600여 명이 몰려 두 차례로 나눠 개최할 수밖에 없었고, 서둘러 필요한 물품을 더 준비해야 했습니다. 그러나 당시 개산을 앞두고 있는 상황에서 경제적으로 넉넉하지 않은 형편이라, 침구를 살 수가 없었습니다. 장배경 거사가 군대에서 모포 천여 장을 빌릴 수 있도록 도와주었습니다. 여름캠프 과정에서 외부로 참관을 나가는 경우 차량이 없어 곤란했는데, 그가 군영에서 30대의 군용트럭을 빌려오는 덕분에 수많은 학생들을 태우고 다녔고 많은 비용을 절감토록 해주었습니다. 캠프 마무리 때에는 이미 108명의 젊은이가 삼보에 귀의했고 바른 믿음을 가진 불교도가 되었습니다.

초기 대만에 청년 학불을 태동시킨 계보에는 주선덕 거사의 혜거학사 외에도 불광산의 대학 불학여름캠프와 타이중의 연사 이병남 노거사가 설립한 명륜사明倫社, 그리고 고행으로 이름난 연인사蓮因寺 참운懺雲스님의 재계회齋戒會가 있다고 말할 수 있습니다. 당시 비록 경제적으로 넉넉하지는 않았지만 불법을 홍양하는 데 누구보다 열정적이었고 열심이었으며, 한마음 한뜻으로 이 젊은 친구들에게 인간불교를 가져다주려고 노력했습니다.

(2) 라디오와 TV를 통한 전파

1950년대 정보, 지식의 흡수는 대부분 라디오를 통해서였습니다. 화엄연사華嚴蓮社의 남정스님, 조무림趙茂林 거사는 라디오 방송을 통한 포교에 아낌없이 힘을 쏟아 부었으며 수십 년 동안 멈춘 적이 없었습니다.

당시 방송포교를 추진하기 위해 저 역시 매일 『석가모니불전』을 썼는데, 항상 밤늦게 날이 밝을 때까지 이어지곤 했습니다. 중광中廣, 민본民本, 민생民生, 운림정성雲林正聲 라디오 등 네 방송국에서 각기 나눠서 방송했고, 후에 자혜스님과 자용스님 등이 또한 라디오에서 프로그램 진행을 하기도 했습니다. 전파의 힘은 대만에서 점차 부처님의 본래 품은 뜻인 인간불교로 돌아가자는 목소리를 내기 시작했습니다.

저는 운림정성 라디오 방송국의 이옥李玉 씨가 『석가모니불전』(불교의 소리) 프로그램을 방송할 때 있었던 감동적인 이야기가 기억합니다. 제게 제자가 하나 있습니다. 비구니입니다. 나이도 많습니다. 이미 출가한 지 수십 년은 됐습니다. 제가 홍법하는 모습을 보고 반드시 저를 스승으로 모시고 출가해야겠다고 했습니다. 후에 그 스님이 암에 걸렸습니다. 죽음을 앞둔 상황에서 어떻게 해야 좋을지를 제게 물었습니다. 저는 출가자로서 열심히 노력하고 불교를 위해 발심하면 되니, 생사는 상관하지 마시라고 말해 주었습니다. 그 스님은 정말 불교를 위해, 프로그램 방송을 위해 자선금을 모집하겠다는 발심을 했습니다. 매번 5위엔에서 천 위엔까지 모아지면 운림정사 방송국에 전달해 방송비용으로 사용토록 했습니다. 암에 걸렸던 이 비구니 스님이 아니었다면 이옥 씨의 방송 프로그램이 이토록 오랫동안 지속될 수 없었을지도 모릅니다. 후에 이 비구니 스님은 기적적으로 약을 먹지 않고도 완쾌되었습니다.

"교실이 영화관 같다면"이라는 말이 있습니다. 저는 이 말이 참 옳다고 생각합니다. 왜냐하면 아이들은 교실에서 잘 가르치지 못하는 선생님을 만나면 수업이 따분하고 지루해지고 앉아 있는 곳이 감옥처럼 힘들고 괴롭기 때문입니다. 이때 만약 볼 영화가 있다면 발전 속도가 더 빠를 수도 있습니다.

그래서 라디오 방송을 통한 홍법에 이어 불광산은 또 다시 영화, TV를 통한 포교를 추진했습니다. 먼저 『석가모니불전』을 전국 극장에서 공연했습니다. 연출자의 성이 '양梁'씨였는데, 시작하자마자 야쇼다라와 싯다르타의 약간 끈적끈적한 장면을 넣었습니다. 그러고도 제게 자문을 해달라고 찾아왔습니다. 저는 이 연극의 이러한 연출에 동의하지 않았지만, 그는 저더러 연극에 대해 알지도 못하고 너무 뒤떨어져 있다고 투덜거렸습니다. 그래서 저는 뒤로 물러나 상관하지 않았습니다. 공연 뒤 영화 자막에 원작자로 제 이름이 쓰여 있어서 불교계는 즉각적인 반응을 보였고, 삼중三重에 있던 불교문

제5장 현대 인간불교의 발전

화복무처에서까지 우리를 찾아와 귀찮게 하기도 했습니다.

1962년, 대만의 첫 TV방송국인 '대만방송공사(台灣電視公司)'가 설립되었습니다. 그때 TV에서는 매일 기독교 혹은 천주교 광계사(光啓社: 천주교 학술문화 연구기구)에서 제작한 프로그램을 대부분 방송했습니다. 가엾게도 불교는 기다림의 괴로운 나날들을 보내고 있었습니다. 1979년이 되자, 회교 신봉자였던 한 TV프로그램 제작자 백후원白厚元 선생이 한 회당 12만이라는 조건을 제시하면서, 중화TV에서 매주 30분가량의 불교프로그램을 제작 방송할 의향이 없는지 물어왔습니다. 저에게는 그야말로 엄청난 금액이었습니다.

그러나 불교를 널리 전파하기 위해 저는 이를 악물고, 어렵사리 24분짜리 첫 TV프로그램인 '감로甘露'를 제작했습니다. 그리고 신바람이 나서 '중앙일보'에 다음과 같은 광고를 냈습니다.

"1979년 9월 4일부터 매주 화요일 저녁 7시 30분간 중화TV에서 불교 프로그램 '감로'를 방영합니다!"

신문에 광고가 나간 뒤, 장개석 선생의 부인 송미령 여사가 바로 방영금지 명령을 내렸습니다. 저는 학백촌郝柏村 선생과 장위국蔣緯國 선생을 찾아가 도움을 청했지만, 그들 역시 상황을 바꿀 수는 없었습니다. 저는 분한 마음에 당시 중화TV 최고책임자인 양효황梁孝煌 선생에게 이의를 제기했습니다. 그들의 반대 사유는 제가 프로그램 안에서 3분 정도 말을 한다는 것이었습니다. 저는 "나는 불교를 선전하는 것이 아닙니다. 우란분회를 바르게 믿도록 선도하여 사회기풍을 개선코자 하는 것입니다."라고 했더니, 그는 "스님은 TV

에 나올 수 없습니다."라고 대답했습니다. 저는 더 이해할 수 없어서 "당신들이 방영하는 TV연속극에도 중이 나오지 않습니까?" 하자, 그는 어이없게도 "그들은 가짜 승려니까 괜찮고요."라고 말했습니다. 결국 제가 말하는 3분을 삭제하는 수밖에 더 이상은 어찌 해볼 도리가 없었습니다.

또 한 번은 '중앙일보'의 기자가 저에게 한 얘기입니다. 돌아가신 자항스님의 육신이 그대로였다는 기사를, 만일 송미령 여사가 대만에 있었다면 싣지 못했을 텐데 그녀가 미국에 갔기 때문에 기자가 대담하게 일면에 보도했다고 말했습니다. 송미령 여사가 기독교도인 관계로 당시 대만방송공사(TTV), 중국방송공사(CTV), 중화방송공사(CTS) 모두 불교의 TV출연을 두려워했습니다. 그러나 교의를 선전하기 위해 저도 어떠한 난관을 만나도 두려워하지 않는다는 기개로 끊임없이 실천해 나갔습니다.

이렇게 한 철 3개월을 각 방송국마다 다니며 불교프로그램 방송을 하는 것은 결코 쉬운 일이 아닙니다. 그 당시에는 어느 방송국의 어떤 스타도, 또는 어떤 프로그램도 타 방송국에서 공연이나 방송을 할 수 없었습니다. 그래서 저처럼 3개 방송국을 두루 다닌 것은 매우 특별한 케이스입니다.

마지막으로 유명 제작자인 주지민周志敏 씨의 협조로 드디어 불교의 두 번째 포교 프로그램인 '신심문信心門'을 만들어 1980년 중국방송공사에서 방영했습니다. 매번 시청자의 수가 200만 명에 육박하는 등 사회 대중의 인기를 널리 받았습니다. 이런 결과는 1975년 장

제5장 현대 인간불교의 발전

개석 선생이 서거하고 송미령 여사가 출국하였기 때문에, TV를 통한 우리 불교의 포교 생명이 이어질 수 있었습니다.

그 후 불광산의 TV포교는 대만방송공사에서 '성운스님의 선 이야기(星雲禪話)', '하루에 게송 하나(每日一偈)', '성운설유星雲說喻'를 방송했고, 중국방송공사에서는 '성운설星雲說'을 방송했으며, 중화방송공사에서는 '성운법어星雲法語' 등의 프로그램을 방송했습니다. 이때 한 편 녹화 때마다 방송국에서는 저에게 6천 위엔을 주었습니다. 30년의 시간을 돌고 돌아, 과거 내가 방송국에서 프로그램을 제작할 때는 한 편마다 12만 위엔을 지불해야 했는데, 지금은 오히려 방송국에서 한 편마다 저에게 6천 위엔을 준다니, 많은 분들이 불교를 인정하고 받아들인다는 걸 알 수 있습니다.

이외에도 제가 쓴 장편소설 『옥림국사玉琳國師』가 첫 시험대에서 선풍을 일으키며 생각지 않게 독자의 인기를 많이 모았습니다. 후에 여러 차례 대본으로 각색하고 라디오 드라마로 녹음해 라디오에서 방송했고, 영화로 만들어 극장에서 상영도 했습니다. 그 중에도 20년 전 구봉勾峰 선생이 각색해 TV연속극으로 제작한 「재세정연再世情緣」이 가장 선풍적인 인기를 끌었고, 해외에서도 앞 다투어 방영하기도 했습니다.

과거를 떠올리니 타이완의 TV방송국은 매일 오후 1시간씩 경극 프로그램을 방영하였습니다. 그러나 저는 두 글자를 부르는데도 길게 늘이고, 말 한마디도 길게 불러야 하는 경극 속의 전통 곡조는 실질적으로 관중의 흥미를 불러일으키지 못한다고 생각했습니다. 사실 우리도 창강唱腔이니 곡음曲韻이니 다 잘 모르지만, 경극도 개선해야만 듣는 사람들이 더 늘어날 것이라고 느끼고는 있었습니다.

　말하다 보니 불교 역시 희극의 운명과 같다는 생각이 듭니다. 만일 보수적인 것만 고집하고 대중적이고 통속적으로 변화를 꾀하지 않는다면 듣는 사람도 없고, 말하는 사람도 없으며, 불교를 배우려는 사람도 없고 불교를 믿으려는 사람도 없을 것입니다.

(3) 계법을 전하다

과거 일본 통치하의 대만불교에는 출가계율이 없었습니다. 소위 말하는 "계가 머무는 곳에 승가가 머무르고, 승가가 머무는 곳엔 부처님이 가르침이 머문다."라고 했듯이 승가가 머무르면 계를 전해야 합니다. 진정한 전계를 발의했던 것은 1952년 타이난 관자령關仔嶺의 대선사大仙寺에서 삼단대계를 전수하기로 하고, 백성스님께서는 이 기회를 빌려 중국불교회가 주도하여 전계하는 것으로 정부와 교섭하기로 한 것이었습니다.

　이 전계에서 개참開參스님이 득계아사리를, 지광智光스님이 전계사傳戒師를, 태창太滄스님이 갈마사羯磨師를, 도원道源스님이 교수사敎授師를, 증련證蓮스님과 남정스님, 혜봉慧峰스님, 주운스님 등이 존증사尊證師의 소임을 맡았습니다. 백성스님은 개당開堂을 맡고 계덕戒德스님은 배당陪堂을 맡았습니다. 남정스님은 임박해서 사정상 오실 수 없었기에 제가 대신했습니다. 그래서 대만불교 제1차 전계삼단대계의 단상 열 분 스님 가운데 저도 올라 기념사진 한 장을 남겼

제5장 현대 인간불교의 발전

통도사 대웅보전通度寺大雄寶殿/경남 양산

습니다.

당시 중국불교회 규정에는 한 사찰에서 한 해에 한 계만 전하되 돌아가며 봉행하게 되어 있었습니다. 그래서 사두산獅頭山의 원광사元光寺, 타이베이의 십보사十普寺, 기륭基隆 월미산月眉山의 영천사靈泉寺, 타이베이 관음산의 능운사凌雲寺, 타이중의 보각사寶覺寺 등이 모두 연이어 봉행했습니다.

초기 대만 전계의 주권은 중국불교회에 있었습니다. 필히 중국불교회의 동의가 있어야만 봉행할 수 있었고, 계첩(수계 받은 증명서) 역시 반드시 중국불교회에서 발행했습니다. 저는 1967년 전계를 신청했지만, 그들 가운데는 두세 차례 전계한 곳도 있으면서 제게는 1977년까지 내내 기다리게 하고서야 겨우 차례가 되었습니다.

377

그때 불광산은 아직 까오슝현 지방정부에 사찰 등록이 되어 있지 않아, 원래는 의란의 뇌음사나 기륭의 극락사와 같은 사찰등기가 된 불광산 계파의 사찰 이름으로 전계하려 했습니다. 후에 진백분陳洎汾 선생이 사찰등기를 할 수 있도록 도와주어 저는 불광산사의 명의로 거행했습니다.

인사의 형평을 고려해 저는 정심淨心스님께 개당開堂을 맡아 달라고 요청했습니다. 당시 계첩 한 장에 대만화폐로 500원이었습니다. 돈을 다 지불했는데도 중국불교회의 정량淨良스님은 계첩을 주지 않았습니다. 심지어 재가자에게 전계하는데도 계첩 한 장과 똑같은 500원을 내야 했습니다. 저는 아예 그를 상관하지 않기로 했습니다. 전계는 좋은 일입니다. 사회질서를 재정돈하고, 도덕적 향상에 도움이 됩니다. 그러니 내가 내 맘대로 계를 전하겠다는데 그도 저를 어찌할 수 없었습니다.

1977년 불광산은 첫 삼단대계를 전수했고, 3개월의 수계기간 동안 의궤는 모두 중국총림의 전계규칙에 따라 봉행하였습니다. 수경아사리授經阿闍黎를 청하여 모시고, 승좌하여 인사말씀을 듣고, 수계한 스승에 대해 인사를 올리고, 정식으로 계첩을 주고, 계자戒子를 위한 수업 등 마치 단기 불학원과 같았습니다. 저와 진화眞華스님, 자운煮雲스님이 삼사를 맡았고, 그밖에 월기月基, 오일悟一, 융도隆道, 개증開證, 축마竺摩, 보정普淨, 경암鏡盦, 천은天恩스님 등 국내외의 많은 사찰 장로를 모셔와 존증아사리와 수경아사리를 맡겼습니다. 수계법회는 장엄하기 이를 데 없었고 일처리가 세밀하여 수계법회의 모범이라 칭송받았습니다.

삼단대계의 의궤를 중국으로 보내다

불광산은 이번 수계법회에서 특별히 과거 전계에서는 이부승수계二部僧受戒 제도가 없이 곧바로 사미계단·비구계단에서 보살계단이었다는 것에 초점을 맞췄습니다. 그래서 저는 수계법회를 책임진 자혜스님에게 부처님이 정한 것에 근거하여 이부승수계(비구 계단 하나, 비구니 계단 하나)의 의범儀範을 제정하도록 특별히 당부하였습니다. 비구는 비구에게서 수계 받고 비구니는 비구니에게서 수계 받게 되니, 이로부터 삼단대계의 의궤가 비로소 완성된 셈입니다. 후에 중국불교회 이사장인 정심스님이 전계를 주재하면서 불광산에서 이 의궤를 가져갔으니, 지금 다시 중국으로 되돌려준 것과 마찬가지입니다.

과거 중국 삼단대계 중에 남중 비구만이 인례(引禮: 의식 진행 스님)를 맡을 수 있었고, 여중 비구니는 다만 '인찬사引贊師'라 불릴 수 있었는데, 협조나 찬조의 의미였습니다. 그러나 불광산에서의 수계 기간에는 전부 다 '인례引禮'라 불렀습니다. 왜냐하면 불법에서 중요한 것은 발심이기 때문입니다. 남자냐 여자냐, 재가자냐 출가자냐 하는 겉모습이 아닙니다. 평등사상을 실천하기만 하면 부처님 마음과 서로 계합할 수 있습니다.

후에 불광산은 미국 서래사에서도 한 차례의 삼단대계를 거행한 적이 있습니다. 서래사는 1978년부터 10년간 기획 건립하여 1988

년 11월 26일에 낙성되었습니다. 북미에서 가장 큰 불사라는 명성을 얻었으며 자장스님이 첫 주지를 맡았습니다. 낙성과 동시에 만불삼단대계를 봉행하였는데, 총 16개국 300여 명의 승중이 대계에 참가했습니다.

1991년 불광산은 다시 '만불삼단나한기계회萬佛三壇羅漢期戒會'를 3개월간 개최했습니다. 한국, 미국, 태국, 네팔, 말레이시아, 인도네시아, 홍콩, 싱가포르, 베트남 등 11개 국가에서 500여 명의 계자가 운집해 한전불교사에서 수계 기간이 가장 길고, 교학이 가장 수승하다는 기록을 세웠습니다. 이때 전계는 모두 불문의 전통규칙을 준수했고 행각과 탁발을 포함하여 원시불교의 포교 생활을 몸소 체험했습니다.

과거 남전불교에는 보살계가 없어 보리심을 일으켜 군중 속에서 홍법할 수 없음을 저는 참 애석하게 여겼습니다. 그래서 1997년 불광산에서 거행된 제4회 '국제불교연습회國際佛敎研習會'에서 세계 각지에서 참가한 남전, 북전, 장전불교의 승신 대표가 함께 연명으로 서명하고, 불광산사가 불교발원지인 인도에 가서 비구니계법을 전수하기로 했습니다.

그래서 1998년 2월 불광산은 남전, 장전, 북전 불교계와 공동으로 이 세계전계대회를 원만히 성사시켰습니다. 인도네시아, 태국, 네팔, 아프리카, 한국, 일본, 유럽, 미주 등 국가에서 총 150여 명의 계자가 참가했고, 또한 1,500여 명의 재가신도 대중이 삼귀오계에 참가했습니다. 이때의 수승한 수계법회로 인해 11세기 이후 인도와 남전 불교국가에서 중단된 비구니 교단이 다시 빛을 보게 되었으며, 불교역사에 새로운 한 페이지를 장식했습니다.

재가대중의 계율에 관하여, 과거에는 오계와 보살계를 전수했고 계기도 7일이었습니다. 지금은 시대적 요구에 부응함과 동시에 수계는 한순간이고 중요한 것은 항상 계를 받아 지니는 것이라 생각되어, 1박 2일로 개정해 모두가 수계하기 편리하도록 했습니다. 그밖에 체육관이나 혹은 문화센터 등의 회의장을 불당으로 꾸며 삼사를 모시고 수증授證하는 것 역시 편리를 주고자 함입니다.

청규의 제정은 계율정신을 벗어나지 않는다

그리고 출세간을 떠난 생활을 부러워하지만, 이미 가정을 이루어 출가 수행할 수 없는 재가거사에 대해 부처님이 제정한 하루 밤낮의 팔관재계 외에, 1988년 불광산은 처음 단기출가 수도회를 거행하였습니다. 총 8천 명이 신청하여 천여 명이 합격되어 세 차례로 나눠 거행되었습니다. 이는 불교 역사상 전례가 없는 일이었습니다.

단기출가 기간에는 출가자가 받는 사미십계 혹은 사미니십계를 반드시 받고, 출세간의 출가자 생활을 해야 합니다. 또한 가무를 듣거나 봐도 안 되고, 높고 넓은 침대에 눕거나 앉아도 안 되며, 머리장식을 꽂거나 향수를 몸에 뿌려도 안 됩니다. 세속인들과 완전 다른 이러한 출가자의 생활을 통해 일종의 '공'의 정신을 무한하게 누릴 수 있는 체험토록 합니다.

계율 역시 마찬가지입니다. 지역마다 시간, 공간, 문화의 차이가

젠린지 아미타불입상
禪林寺阿彌陀佛立像 /
가마쿠라 시대(1185~1333) /
목재 / 높이 77.6cm /
일본 교토 사쿄

있기에 부처님께서는 『마하승지율』에서 아난에게 열반 전 계율이란 반드시 시대의 변화에 맞춰 나가야지 경직되어서는 안 된다는 것을 당부하였습니다. "또 다시 부처님이 아난에게 말씀하시기를 '내가 열반에 들 때가 되면 마땅히 나에게 말하여라. 내가 마땅히 모든 비구를 위해 자잘한 계를 버리게 하겠다.'라고 했는데, 그대가 아뢰지 않았으니, 월비니越比尼의 죄를 범한 것이다."

그래서 당시 부처님은 계율을 정함에 허가할지 저지할지는 현지 조건의 인연에 의거해 조정했습니다. 재가자이든 출가자이든 상관없이 살인, 도둑질, 사음, 거짓말을 하지 않는다는 4대 근본계율을 잘 지닐 수만 있다면 사섭의와 사무량심 모두 지킬 수 있고, 특히 사홍서원은 여실하게 학습하고 실천할 수 있습니다. 이렇게 되면 아마도 대단한 불교도가 될 수 있을 것입니다.

부처님의 사상은 매우 진보적입니다. 계율과 승단 규칙을 제정하는 데 있어 『미사색부화혜오분율彌沙塞部和醯五分律』에는 "비록 내가 제정한 것이나 너희들이 청정하지 않다고 여겨지면 모두 응용하지 말고, 비록 내가 제정하지 않았어도 너희들이 반드시 행해야 한다고 여겨지면 모두 행하지 않으면 안 된다."고 기재되어 있습니다. 중국의 조사 대덕들께서는 매우 총명하셔서 청규로 계율을 대신했습니다. 천녕사, 금산사와 같은 각 종파의 총림은 청규가 각기 다르지만, 계율의 정신을 벗어나지 않습니다. 불광산 역시 『불광산청규佛光山淸規』 소책자를 만들어 대중이 다함께 준수하는 규칙과 제도를 삼았습니다. '삼천 가지 위의에 팔만 가지 소소한 율의'라는 말은 평소 사람노릇과 처세에는 분수에 맞게 처신하고, 계정혜를 성실히 닦고, 탐진치를 없애고, 존중과 예의를 베풀고, 자비로 타인을 대하고, 우리의 번뇌습기를 항복시키고, 항상 '유정한 생물에 이로움을 주라'는 것을 상기해야 함을 이릅니다. 소위 '인간에서 성취하여야 부처를 이룬다'라는 말이 곧 부처님이 인간에서 계율을 제정하신 본래의 뜻입니다.

(4) 염불회

초기 대만에는 염불법문이 가장 성행했다고 할 수 있습니다. 예를 들면 이병남 거사가 세운 타이중 연사(台中蓮社), 자운스님이 까오슝에 세운 봉산鳳山 불교연사, 그리고 제가 의란 뇌음사에 염불회를 성립하였습니다. 포리埔里의 묘련妙蓮스님이 계신 영암산靈巖山은 특히나 염불 위주의 홍법도량입니다. 이 가운데 이병남 거사의 타이중 연사는 선도적인 역할을 한 중요한 곳입니다.

이병남 거사는 호가 설노雪蘆이고 일찍이 인광대사를 은사로 삼아 귀의했는데, 일생을 정토를 널리 고양하는 데 진력했습니다. 1950년 동정지董正之, 서조생徐灶生, 주염황朱炎煌, 장송백張松柏 등과 타이중 불교연사를 설립하였습니다. 동시에 몇 개의 염불반을 만들어 사람이 많든 적든 매주 정기적으로 염불을 거행했습니다. 광복 후의 대만에 처음 염불 풍토가 성행했던 것은 대부분이 정토를 제창했던 이병남 거사와 절대적 관련이 있습니다.

그는 세간의 학문과 불학에 정통했습니다. 기본적으로는 유교와

제5장 현대 인간불교의 발전

불교를 동시에 알린 것이지만, 실제로는 유교를 본체로 해서 불교를 응용한 것입니다. 그는 또한 보리병원, 자광도서관, 악대, 하모니카 팀, 문예반 등을 창설했고, 새것과 옛것을 한 용광로에 넣고 녹였으며, 젊은이를 인도하였지만 승단을 피했고, 선생님이라 부르면서 제자를 받았습니다. 불교승단과는 차이가 있지만 불교를 위해 또 다른 세상을 열었습니다.

그 당시 타이중 불교연사 얘기가 나왔으니, 정말 고대 혜원慧遠대사의 동림사東林寺처럼 그들은 염불 수행하는데, 도업을 성취한 자들을 많이 태동시켰습니다. 『염불감응왕생기』에는 염불로 감응이 일어난 실례가 적지 않게 기재되어 있습니다. 예를 들어 이청원李淸源, 임청강林淸江 등의 거사가 정토에 왕생했다는 명백한 증거가 있고, 심지어 이 책을 지은 임간치林看治 거사 자신도 서방극락세계에 왕생하기 원하였는데, 화장 뒤에 수백 개의 사리를 얻었다고 합니다.(『염불감응왕생기』에서 봄) 그 외에 근대에 들어서 타이베이 염불단의 이제화李濟華 단장은 일생 염불법문에 수행 전념하였는데 또한 때를 미리 알았다고 합니다. 불교연사의 거사들이 수행에 있어 성과를 이룰 수 있었던 것은 이병남 거사가 당시 염불법문을 추진한 덕분이니 "옛날에 혜원이 있었다면, 지금은 설도가 있구나."라고 말할 만합니다.

정토에 대한 이병남 거사의 신심은 흔들림이 전혀 없었습니다. 인순스님이 『정토신론淨土新論』을 지었는데 서방정토에 대한 약간의 비평이 들어 있었습니다. 이 거사의 제자가 타이중에서 『정토신론』

을 불에 태워 커다란 파문을 일으키기도 했습니다. 그러나 인순스님은 사람됨이 매우 유순해서, 자신이 대만에 도착한 지 얼마 되지도 않았는데 방대한 거사의 집단과 대립하길 원치 않았습니다. 그래서 필리핀에서 홍법할 당시 현지 신도들에게 모금한 보시금을 이병남 거사가 짓고 있던 '태허기념관'에 보시하면서 이 사건은 사그라졌습니다.

이병남 거사에 대해서, 그를 믿는 사람들은 그가 일심으로 정토를 널리 고양하였으니 매우 훌륭하다 평가합니다. 그러나 그를 비평하는 사람은 그가 지나치게 집착한다고 말합니다. 불법에는 정토종 하나만 있는 것은 아니며, 정토 외에도 많은 법문이 있으니, 그가 정토 하나만을 존중해서도 안 되고 다른 종파를 배척해서도 안 된다고 비평합니다. 오늘날 대만의 거사 집단에서 신앙으로써 중심을 삼는 곳은 또한 이병남 거사의 한 지류가 있을 뿐입니다. 아쉽게도 생전에 후계자를 중시하지 않고 또 자신의 사찰도 없어 항상 타이중의 영산사를 빌려 불칠법회(打佛七: 7일간의 염불 정진수행)를 거행했습니다. 그래서 그가 떠나고 나자, 불교연사는 지도자를 잃게 되었습니다.

아름다운 불국토를 동경하여 만든 정토동굴

정토 염불법문에 관해 저 역시 경험한 적이 있습니다. 제가 1953년 처음으로 의란의 뇌음사에서 홍법하면서 '의란염불회'를 설립했고, 다음해부터 불칠佛七을 시작했습니다. 불칠의 과정은 총림의 규칙을 따랐습니다. 새벽 5시에 기향起香을 하고, 정오에 공양, 저녁에는 낙

제5장 현대 인간불교의 발전

석(樂石: 저녁공양), 그리고 저녁 일곱 시에서 아홉 시 반까지 대판향 大板香을 합니다. 이때 모두가 가장 진지하고 가장 열심히 정진하는 시간입니다.

  이외에 저 역시 매주 토요일 '선정공수禪淨共修'를 제창했습니다. 당시 대만에서 정식 선방을 찾기는 매우 어려웠고, 진정한 염불당을 하나 갖기도 쉽지 않았습니다. 그래서 부득이 사찰의 법당을 빌려

불광산사 정토동굴 나한군상 佛光山寺淨土洞窟羅漢群像/1981년/
시멘트채색/대만 까오슝

선정을 함께 닦을 수밖에 없었습니다. 4분의 1시간을 경독, 4분의 1시간은 염불, 또 4분의 1시간은 소불燒佛, 4분의 1시간은 정좌수행을 했습니다. 향 한 자루 타는 데 대략 2시간이 걸렸습니다.

염불이 일반 불교도에 있어서 가장 잘 맞는 법문이기 때문에 저는 연이어 나동羅東 염불회, 두성頭城 염불회, 타이베이 염불회, 호미虎尾 염불회, 용암龍岩 염불회 등을 설립했습니다. 선정공수禪淨共修는 당시의 불교계의 주류가 되었고, 대만불교의 눈부신 한 시대를 열었다고 말할 수 있습니다.

이 시기 저는 특별히 모두가 서방극락세계의 수승한 아름다움을 알도록 불광산에 정토동굴을 하나 만들었습니다.(1981년 개방 참관 허용) 제게 "왜 18층 지옥을 만들지 않으시고요. 그럼 사람들이 두려워 앞으로는 악행을 저지르지 않을 것 아닙니까?"라고 묻는 사람도 있었습니다. 그러나 저는 오히려 사람들에게 불국정토의 수승한 아름다움을 느끼게 하면 사람들이 더욱 마음에 동경이 생기게 하니, 이것이 더욱 적극적이지 않을까 생각합니다. 저는 부처님의 인간불교는 현세에서의 광명, 희망, 환희가 충만한 것이지, 신앙이 공포감을 심어주는 것은 아니라고 생각합니다.

불광산은 개산 이후 지금까지 전 세계에 이미 200여 개의 도량을 가지고 있습니다. 저는 도량마다 매주 토요일 같은 시간에 전 세계 불광인이 함께 염불하는 시간을 갖도록 정했습니다. 우리에게 3백여 개의 크고 작은 법당이 있는데, 한 불당에서 평균 500명이 염불공수법회를 갖는다면 결국 15만 명이 동시에 염불하는 것입니다. 이렇게 하루 종일 염불소리가 끊이지 않는다면 극락정토가 바로 우리 눈앞에 있는 것 아니겠습니까?

따져보면 제 일생 70여 년의 출가 생애에서 적어도 4분의 1의 시간을 선정공수에 바쳤습니다. 불칠을 치르는 데에만 거의 4만여 시간을 쏟았습니다. 제가 염불을 추진하는 주된 요인은 다함께 염불을 통해 스스로를 완전하게, 스스로를 청정하게, 스스로를 반성하게, 스스로를 발전시키게 하고, 더 나아가 그것이 가정, 사회, 국가에 두루 퍼지게 하자는 바람 때문입니다. 저는 모두가 흐트러짐 없는 한 마음으로 염불하는 것을 꼭 바라는 것은 아닙니다. 그저 신도들이 쉽고 편하게 받아들이길 바랍니다.

(5) 불교단체

일찍이 수많은 불교단체가 있었고 대부분은 정부에 등록되지 않은 불교단체였지만, 불교를 위해 모두가 각자의 자리에서 노력하고 분투했습니다. 그러나 정부에 등록된 단체들은 종교단체를 독점하고 도리어 일을 하지 않았습니다.

1986년 장경국 선생이 계엄 해제를 선포한 이후, 각종 집회, 단체 결성, 언론 출판, 여행 등 역시 뒤를 이어 개방되었습니다. 그래서 불교의 각종 포교사단이 잇달아 발족했습니다. 현재 대만에는 중국불교회中國佛敎會, 국제불광회중화총회國際佛光會中華總會, 중화불교거사회中華佛敎居士會, 중화불사협회中華佛事協會, 불교청년회佛敎靑年會, 중화불교비구니협진회中華佛敎比丘尼協進會, 중화국제공불재승공덕회中華國際供佛齋僧功德會, 자제공덕회慈濟功德會 등과 같은 불교단체가 있습니다. 이 많은 단체 가운데 가장 활발한 활동을 하고 있는 것이 국제불광회일 것입니다.

1991년 설립된 국제불광회는 제일 먼저 타이베이에서 '중화불광협회'가 설립되었고, 다음해인 1992년에 미국 로스앤젤레스 뮤직센터에서 '국제불광회세계총회' 설립대회를 가졌는데, 전 세계 45개국의 불광회 대표 4천여 명이 참가했습니다. 모두의 추대를 거쳐 제가 창립회의 총회장을 맡고, 오백웅吳伯雄, 미즈타니 고쇼(水谷幸正), 엄관호嚴寬祜, 유상경游象卿, 아나노달阿那魯達 스님이 부회장에 선출되었습니다. 저는 '환희와 융화'를 주제로 삼았고, '승가의 불교에서 신도화합의 불교로', '숲속 불교에서 사회 속 불교로', '자기중심적 불교에서 대중적인 불교로', '정靜적인 불교에서 동動적인 불교로', '제자의 불교에서 교사의 불교로', '본토의 불교에서 국제적인 불교로'를 역설하며 인간불교가 부처님의 본래 품은 뜻으로 되돌아가도록 힘쓰자고 했습니다. 국제불광회의 설립은 재가자 대중이 포교의 행렬에 참여케 했고, 부처님의 인간불교 평등정신을 실천했을 뿐만 아니라, 인간불교의 영향력을 더욱 넓혔습니다.

지금 현재 국제불광회는 전 세계 5대주 70여 국가 등지에 170여 개의 국제협회와 2천여 개의 분회를 설립하여 수백만 명의 회원을 보유하고 있으며, "인간불교를 제창하고, 불광정토를 건설하고, 세상인심을 정화하고, 세계평화를 실현하자."를 불광회의 발전 목표로 하고 있습니다. 한 가지 소개할 만한 것은 2003년 7월 국제연합경

제사회이사회는 '국제불광회'에 비정부조직(NGO) 자문단체가 되는 정식 증서를 수여했습니다. 이것은 NGO의 일원이 된 첫 불교단체이며, 이러한 영광은 승가와 신도가 함께 협심 노력하여 이룩한 성과입니다.

계속해서 국제불광회 설립 이후, 1994년에 '국제불광회세계청년총회'를 발족하였으며 혜전스님이 총단장을 맡았습니다. 단 몇 년이라는 짧은 기간 안에 세계 각지의 불광청년단과 타이완대학, 청화대학, 성공대학 등 수십 곳의 대학에 설립된 향해香海 단체는 '오계청년심생활운동五戒青年心生活運動'을 일으켰습니다. 길거리로 나가서 오계청년의 '마음' 생활운동을 선도했고, 매년 만 명이 넘는 젊은 학생들이 살생, 도둑질, 삿된 음행, 거짓말, 술과 마약을 하지 않겠다는 오계 운동에 참여하고 있습니다.

이외에도 해마다 '공익여행公益旅行'을 개최하는데, 인도, 중국, 말레이시아, 필리핀, 브라질 등지로 가서 위교衛教, 교학敎學, 의료 등의 봉사를 하고 있습니다. 또한 이미 백 분 이상 배출한 묘혜妙慧·선재善財 강사講師는 자주 학교 강연을 통해 '삼호 운동'을 선도하고 있습니다. 2015년에 열린 '안녕! 말레이시아' 불교청년음악회에는 8천 명의 젊은 친구들이 함께 '불교는 우리에게 의지한다.'라는 곡을 합창했는데, 불교를 전파하는 데 이러한 활력소가 생겨 위안이 되고 앞날에 희망이 가득했습니다. 현재 200여 개의 전 세계 불광청년회 분회는 적극적으로 학교와 단체로 들어가 인심을 정화하는 인간불교의 역량을 발휘하고 있습니다.

제가 펼치려는 이상에서는 승가와 신도가 부처님의 가르침을 배우고 실천하는 것뿐만이 아니라, 어린이부터 노인까지, 남자부터 여자까지 서로 돕고 상대를 성취하게 해주는 것이었습니다. 그래서 저는 불광회 설립을 구상하면서 당연히 아동교육까지도 포함시켰습니다. 2000년 '국제불광회 불광스카우트'가 불광산에서 정식으로 창설되었고, 이어서 세계 각지에서 연이어 분회가 설립되었으며, 불교계에서 처음 창설한 세계적인 불교스카우트 단체가 되었습니다. 10여 년 동안 불광스카우트는 비버(Beaver)스카우트, 컵(Cub)스카우트, 스카우트, 벤처스카우트, 로버(Rover)스카우트를 가지게 되었습니다. 이 청소년들은 독거노인을 위한 봉사에서부터, 심지어 88수해 뒤에 재건과 정리를 돕기도 했습니다. 그들의 모습에서 마땅히 지녀야 하는 스카우트의 지·인·용 정신을 충분히 발휘하는 걸 볼 수 있었습니다.

서로 다른 신앙이 모여 함께 인심을 정화한다

불교도는 경독이나 염불만을 중시하고, 독서하지 않고 사고하지 않는 것을 저는 항상 마음에 두고 있었습니다. "문사수聞思修로부터 삼마지三摩地에 들어가라."고 했습니다. 독서를 권장하기 위해 2002년 정월 정식으로 '인간불교 독서회'를 설립했습니다. 10여 년간 각배覺培스님께서 이끌어오면서 2,000여 개의 독서회가 연이어 설립되었고, 각종 형태의 독서회, 열독閱讀 연구토론회, 전 국민 열독박람회 등을 함께 추진했습니다. 독서회가 설립됨으로서 한층 더 높은 불교

아잔타석굴 제26굴 불전도지항마성도 阿旃陀石窟第26窟佛傳圖之降魔成道/
약 5세기 후반에서 6세기 전반/石/인도 마하라슈트라 주 아우랑가바드

도의 학습 열정과 발전을 이끌어냈습니다.

작년(2015년) 2월과 5월에 앞뒤로 '중화전통종교총회'와 '인간불교연합총회'를 설립했습니다. 이 두 단체의 설립목적은 모두 인간불교의 '존중과 포용', '평등과 평화'라는 이념을 실현하고, 중화전통종교총회를 통해 서로 다른 종교단체가 상호 왕래하면서 서로를 알게 되고, 서로 같은 가운데 다름이 존재하고 서로 다른 가운데서 같음을 구하며, 믿는 종교는 다르지만 모두가 사회의 인심을 정화하기 위해 함께 노력할 것을 희망합니다.

그래서 2011년 불타기념관 낙성 이후부터 매년 12월 25일에 정기적으로 '세계종교연의회世界宗教聯議會'를 개최하여, 모든 천지신명을 불타기념관에 초대해 놓고 모든 신명과 성현이 다함께 성탄절을 보내고 있습니다. 매번 국내외 2천여 개의 종교단체에서 5만여 명이 참가합니다. 지역 구분 없이, 남녀노소 신도를 가리지 않고 모든 신명이 부처님 기념관으로 질서정연하게 줄지어 들어서는 모습을 보고 있자니 경전에 기록된 부처님 당시 영산회상에 천룡팔부가 한 곳에 모이는 모습이 절로 떠올라, 부처님 세상을 다시 만난 것처럼, 부처님 시대로 돌아간 느낌이 들었습니다.

그밖에 인간불교연합총회의 설립은 자용, 혜전, 의융依融, 만익滿益, 각배, 묘락妙樂스님의 노력으로 현재 200여 개에 달하는 사찰과 교단이 있으며, 400여 분이 넘는 사회 명사가 가입했습니다. 예를 들면 대웅정사大雄精舍, 자법선사慈法禪寺, 불광산, 향광니香光尼, 비구니협진회, 영취산靈鷲山, 복지福智 등이 있고, 개인회원으로는 오백웅,

엽금봉葉金鳳, 왕력행王力行, 정석암鄭石岩, 간풍문簡豊文, 장아중張亞中, 황금당黃錦堂, 정수중丁守中, 반유강潘維剛, 오지양吳志揚, 후서천侯西泉, 홍옥흠洪玉欽 등이 있습니다.

인간불교의 역량을 더욱 넓히기 위해 작년에 '중화불광전도협회中華佛光傳道協會'를 발족하여 각종 문화출판 서적을 널리 보급하는 데 도움을 주고 있습니다. 작년만 하더라도 수백만 권의 『여행자에게 드리는 365일-중국문화 불교의 보전』, 『빈승이 할 말이 있습니다』, 『빈승이 한 말의 울림』 등을 전 세계 만 곳이 넘는 호텔, 민박, 항공업계 그리고 각 학교, 도서관, 병원, 교도소 등에 증정했습니다. 심지어 역사적으로 전례가 없이 북경인민대회당에서 신작도서 발표회를 거행했습니다. 저는 불교문화의 귀중한 책 한 권이 부처님 인간불교를 세계 각국에서 빛을 발하고 저마다 사람의 마음을 환히 비추게 해줄 것이라고 생각합니다.

그 당시 부처님이 금강좌에서 깨달음을 얻으시고 하신 말씀은 "기이하고도 기이하도다. 대지의 중생은 모두 여래의 지혜와 덕상을 가졌건만, 망상과 집착으로 인해 증득할 수 없구나."였습니다. 사람은 저마다 불성을 가지고 있고 다 성불할 수 있으며, 인간불교는 자연히 승신 이부대중이 공유하는 것입니다. 출가 대중이 법을 널리 알리는 것 역시 호법이고, 재가 대중이 호법하는 것 역시 법을 널리 알리는 것입니다. 인간불교의 전파는 전체 불교도가 다함께 적극적으로 발 벗고 나서야 하는 책임인데, 굳이 너와 나를 가를 게 뭐가 있겠습니까?

4. 자선사업

인간에 복을 짓기 위해 불교는 스스로를 제도하고 타인도 제도하는 보살도의 육도만행을 선도하는데, 그 첫 번째 자선활동이 바로 보시입니다. 일반인들은 보시는 그저 재물을 나눠주는 것이라고 생각합니다. 그러나 사실 타인을 경제적으로 구제하는 선한 일은 초학 단계입니다. 조금 더 깊게 들어가 불법의 진리를 보시하고 무외를 보시하는 것이 있음을 알아야 합니다. 그러나 일반 사람이 다 경험할 수 없으니 그저 재물 보시를 통한 구제만을 알 뿐입니다. 그래서 불문에서는 자선사업을 펼치기가 쉽습니다. 문화와 교육사업도 모두 보시이기는 하지만 비교적 펼치기가 어려운 편입니다.

불교의 자선사업은 일찍이 인도에서 부처님 시대에 이미 시작되었습니다. 앞에서 언급한 것처럼 최초는 사위성에서 불제자가 목욕탕을 만들고 병자를 문병하고 의약품을 제공한 것이었습니다. 급고독장자, 빔비사라 왕, 비사리 부인은 정사와 강당을 보시했습니다. 또 후세의 아육왕은 무차대회, 약창고, 복덕사福德舍를 세워 여행자와 가난하고 병든 자에게 약품과 식품 등을 제공했습니다. 이러한 것 모두 불교의 사회공익을 위한 자선사업의 선례입니다.

중국에서는 불교의 고승대덕들이 부처님의 가르침에 따라 자신을 수행 겸 자선, 사회에 봉사를 했습니다. 무료학당 설립, 나무를 심고 가꾸기, 우물을 파 물을 보시, 교량과 도로 보수, 죽과 관 보시, 긴급재난 구조, 장생고, 무진장원, 비전양병방悲田養病坊 등의 활동을 했습니다. 중생을 이롭게 할 수 있는 가르침은 모두 보살도의 실천이자, 인간불교를 사회 대중 속으로 스며들게 했습니다.

과거의 역대 대덕이 자선을 행한 사례는 일일이 헤아릴 수 없습니다. 그러나 현대 인간불교의 자선사업은 신해혁명을 전후해서 불교를 혁신하자는 사상이 펼쳐지면서 세상을 구제하고 중생을 이롭게 한다는 자선활동을 통해 인간을 보살피는 데까지 발전했습니다. 각종 수재나 가뭄이 발생할 때마다 각지의 사찰 역시 심한 타격을 입었지만, 승신은 사찰의 복구에 진력하고 남은 여력으로 양로원이나 고아원 등 자선기구를 세웠습니다. 전쟁이 끊이지 않던 시기에 불교는 이재민 구제, 부상병 구호, 긴급 재난구조 외에도, 불교병원 설립, 승가구호대 결성, 전장에 투입되어 부상병 구호, 사망자 매장 협조, 어려움을 겪은 이들을 위한 계건啓建법회를 여는 등등 사회에 대한 인간불교의 사랑과 관심은 없는 분야가 없을 정도로 광범위했다 말할 수 있습니다.

민국 초 이후 한구漢口의 불교정신회佛敎正信會, 상해의 정업사淨業社, 성도·중경·하남의 불학사佛學社, 그리고 상해·북경·천진·장사의 불학거사림佛學居士林 등 수많은 거사의 불교조직이 있었습니다. 국가의 천재지변과 전란이 끊이지 않던 때에 웅희령熊希齡, 적보현狄葆賢, 왕일정王一亭, 이진백李塵白, 고학년高鶴年, 강미농江味農, 오벽화吳璧華, 강기요康寄遙, 주경란朱慶瀾, 그리고 좀 더 뒤에 시종쉰(習仲勛: 현 시진핑 중국총서기의 부친), 조박초趙樸初 장자 등이 연이어 용감하게 나선 사람들입니다. 고난에서 구해주신 이 수많은 인간보살은 모두 어려움에 직면해 함께 힘을 합쳐 이겨냈으며, 돈이 있으면 돈으로, 힘이 있으면 힘으로 도와주었습니다. 심지어 국가가 전란 시에는 수많은 사찰이 병사와 난민을 수용하여 머물게 했으니 이것이 커다란 보시를 행한 것 아니겠습니까?

제가 서하율학원에서 공부할 때 서하산이 했던 위대한 일 하나가 기억납니다. 아마 1937년 중일전쟁이 시작될 때에, 사찰에 20만 명의 난민을 수용한 적이 있습니다. 당시 대대장이었던 항일영웅 요요상蓼耀湘도 난민 가운데 몸을 숨기고 있었습니다. 서하산의 승려들이 그를 변장시켜서 무사히 후방으로 보냈고, 그는 계속해서 국가수호를 할 수 있었습니다. 후에 그는 새로 편제된 제6군 사령관이 되었습니다. 이래도 불교가 국가사회에 공헌이 없다고 말할 수 있습니까? 그 한차례의 난민수용에 은사이신 지개상인께서 가장 많은 힘을 보태셨다고 들었습니다. 후에 스승께서 서하산에서 감원에 수기되시고 이어서 주지를 맡으실 수 있었던 것은 이 일과 매우 깊은 관련이 있었을 것입니다.

지극한 마음의 향 하나로 네 가지 주는 보시를 실천한다

전에 저는 보시를 네 개의 학년에 비유한 적이 있습니다. 금전을 보시하는 것은 1학년이요, 힘을 보시하는 것은 2학년이며, 말을 보시하는 것은 3학년이고, 마음을 보시하는 것은 4학년이라고 말입니다. 금전 보시는 때로 지나치게 많은 돈을 주어도 그가 사용할 줄 모를 수 있고, 힘 보시와 자원봉사는 때로 할 일이 그렇게 많지 않을 수

제5장 현대 인간불교의 발전

도 있기 때문입니다. 그러나 좋은 말은 많다고 걱정할 것 없고, 특히 '지극한 마음의 향 하나'를 가짐으로써 좋은 마음으로 타인을 축복하고, 교의와 불법을 사람들에게 전하고, 언제 어디서나 "타인에게 신심을, 환희를, 희망을, 편리함을 주자"는 운동을 실천하고, 보이는 대로 좋은 일하고 얼굴 가득 미소를 짓습니다. 타인에게 선을 베푸는 이러한 행위 모두 보시입니다.

한층 더 깊은 의미는 비록 돈이나 힘은 없지만 다른 사람의 보시에 대해 마음으로부터 기뻐하고 상대를 칭찬하며 비꼬지 않고 비교하지 않으며, 주는 자 받는 자 모두 공덕이 동등하니 이것이 더욱 상등의 보시입니다.

보도인 공양보살상平等院供養菩薩像/헤이안 텐기 원년(1053)/목재/높이 72.1cm/일본 교토 우지 이것을 실천할 수 있을 때 인간불교의 실천자가 됩니다.

보시에서 가장 중요한 것은 무상보시에 부합되는 '삼륜체공三輪體空'을 실천할 수 있느냐는 것입니다. 불교의 보시는 좋은 평판을 구하려 욕심내지 않고, 보상을 받으려 욕심내지 않는 것입니다. 특히 거짓 보시라는 이름으로 금전과 재물을 모아 다른 사업에 투자해서는 안 됩니다. 다른 사람이 자선구제 용도로 보시한 재물을 다른 용도로 사용하는 것 역시 인과에 위배되며, 비록 이름은 보시지만 불법에 부합되지 않습니다.

과거 대성스님이 제게 이런 말을 하신 적이 있습니다. 누군가 스님에게 공양하면서 만일 그 사람이 "이 돈으로 과일 사서 올리십시오."라고 말하면 스님은 봉투 위에 '과일 살 것'이라고 쓰고 절대 다른 용도로 사용하지 않았습니다. 또 누군가 "스님, 이걸로 차 드세요." 하면 스님은 또 '이것은 찻잎 살 것'이라고 쓰고서는 인과를 어지럽혀서는 안 된다고 했습니다. 그러므로 다른 사람이 당신에게 재난구호의 자선자금을 가져다 빌딩 사서 사업을 시작하고, 다른 사업에 투자한다면 이것은 인과를 혼란스럽게 하는 것이니 옳지 않습니다. 우리가 사찰을 건립하고자 맺은 인연은 깨끗한 재물로 사찰 건립에 써야 합니다. 불상을 모시고자 맺은 인연은 불상을 모시는 데 써야 합니다. 사찰 건립의 돈을 가져다 집을 사거나 백화점을 열면 안 됩니다. 불상을 위해 기증한 돈을 가져다 학교를 세워서도 안 됩니다. 소위 '다리는 다리로, 길은 길로'라고 했듯이, 자선사업을 추진함에 있어서 올바르고 도덕적이어야 인과법칙에 부합됩니다.

인간불교가 선도하는 선행은 과거 부처님의 본생, 본사의 보살행을 오늘날 인간세상에서 무외보시와 무상보시의 실천을 다시 보여주는 것입니다. 우리가 현재 추진하는 인간불교는 자항스님의 말씀처럼 불교의 생명선은 문화사업, 교육사업, 자선사업의 세 가지 사업에 맡겨져 있습니다. 사실 이 세 가지 사업 외에도 진정한 불법사업은 불교 안에 사섭법, 육도만행, 37도품이 있습니다.

인간불교의 자선은 위급한 처지의 사람을 구하는 것이지, 가난을 구제하는 것이 아닙니다. 인간불교의 자선은 법을 널리 펼치는 것입니다. 물질과 금전을 제공하는 것이 아니라, 사람의 마음을 구제하는 것이야말로 가장 큰 자선입니다. 그러므로 참된 자선은 그 정신과 내용이 매우 깊습니다. 금전과 물건의 자선보시는 쓰임이 다하고 써서 파괴되는 날이 있지만, 불법으로 타인에게 보시하면 이번 생이 다할 때까지 쓰임에 다함이 없고, 심지어 다음 생까지도 받아 쓸 수 있습니다.

소위 자선구제는 또한 '생명체를 죽이지 말라(戒殺)', '생명체를 보호하라(護生)'를 선양하는 것까지 포함합니다. 민국 시기 구미 각국을 여행하면서 계살·호생의 관념을 선양한 여벽성呂碧城 거사처럼, 홍일대사와 풍자개豊子愷 선생이 합작 출판한 『호생화집護生畫集』처럼, 이 두 가지는 인심이 흉흉하고 불안한 시기에 마음을 안정시키고 교화하는 기능이 있습니다. 대만에 도착한 초기에 이 화집이 간행되어 광범위하게 전파되었습니다. 후에 불타기념관 건설을 기획하면서, 저는 비바람을 피할 수 있는 긴 회랑에 이미 『호생화집』

텅 빈 하늘에 새들이 나는 대로 놔둔다
(天空任鳥飛)/풍일음豐一吟

안의 154개 작품을 조각하여 호생의 관념을 널리 퍼뜨리기로 했습니다. 인간불교의 사회복지는 천하의 창생을 구제하는 것을 사명으로 여깁니다. 과거 환경보호와 생태보존의 관념이 없었을 당시에도 불교는 이미 왕권과 민권의 시대부터 '생권生權'을 주장했습니다.

생권을 얘기하니, 방생은 '호생'이라 바꾸면 가장 좋습니다. 방생은 주로 자비심을 키우는 것으로 평소 동물을 보호하고 숲과 수질토양의 보호를 중시하는 것입니다. 자신이 70세 또는 80세 생신이 다가오니 물고기나 새를 많이 사다가 방생해야지 하는 잘못된 관념을 가져서는 안 됩니다. 그것은 방생이 아니고 공덕을 쌓는 것도 아닙니다. 오히려 방사放死이고 생태계 파괴이니 업을 짓게 되는 것입니다.

돈을 주고 동물을 사서 방생하자면 그 많은 동물을 다 살 수는 없습니다. 세간의 생명과 중생이 너무 많아, 마음에 자비를 가져야만 일체의 중생을 구제할 수 있습니다. 장차 타이완의 방생사업이 불법의 "일체의 악을 짓지 말고, 모든 선을 받들어 행하라."를 참답게 실천할 수 있기를 희망합니다. 이것이 곧 가장 좋은 호생입니다. 사실 10만원이나 20만원으로 거북이 사서 방생하느니, 차라리 10만원이나 20만원으로 다른 사람에게 살생하지 말고 호생하라고 가르치는 것이 낫고, 그래야 영원토록 후환을 근절할 수 있습니다.

교도소 교화는 자비심을 자각토록 배양한다

중생 구제의 자선사업 중에서 교도소 교화 역시 자선의 중요한 고리입니다. 대만에서의 초기 교도소 포교는 타이베이 남정스님, 조무림 趙茂林 거사와 우리가 공동으로 '교도소 홍법단'을 발기했고, 저와 광자廣慈스님, 마성혜馬性慧, 이자관, 유중일劉中一, 진혜복陳慧復 등의 거사가 돌아가며 교도소에 가서 선강宣講했습니다. 타이베이 토성土城교도소, 신죽新竹교도소, 타이중교도소, 운림雲林교도소, 병동屛東교도소, 까오슝교도소, 화련花蓮교도소, 난서蘭嶼교도소, 녹도綠島교도소 등 대만의 교도소에는 모두 우리가 다녀간 족적이 남겨져 있습니다. 심지어 홍콩의 스탠리赤柱교도소와 미국 등지에도 간 적이 있고, 법무부에서 정식으로 초빙한 첫 교회사敎誨師가 되었습니다.

저는 토성교도소에서 사형수들과 생사生死 그리고 인생 회개人生悔改에 대해 대화를 나눈 적이 있었습니다. 한번은 화련교도소에서 2천여 명의 중범죄자들이 있었는데 모두 젊고 건장했습니다. 제가 그들에게 "여러분 2천여 명이 나를 따라 함께 출가하여 화상이 된다면 불교와 사회는 당신들의 자비라는 도움을 얻게 되니 이 얼마나 큰 공헌입니까?"라고 말한 기억이 납니다.

저는 까오슝의 여자교도소에서 수감자 수백 명의 귀의의식을 집전한 적이 있습니다. 대부분의 여성 친구들은 모두 어음법 위반으로 감옥에 들어오게 된 것입니다. 이것은 남편이 아내의 명의로 수표를 발행하였다가 연좌를 당한 것입니다. 심지어 남편이 사사로이 마약을 거래하다 발각되자 모든 죄를 여자에게 뒤집어씌운 경우도 있었습니다. 결국 이 여성들은 남편 대신 벌을 받고 있으니, 세간에 대한 여성의 공헌과 희생은 정말 남성을 초월한다 하겠습니다.

법무부 장관 재임 시절, 마잉주 선생은 불광산의 스님을 타이난의 명덕明德구치소에 상주하는 전도사가 되어달라고 요청하기도 했습니다. 스님과 수감자가 24시간 함께 생활하는 것은 전례를 찾아보기 힘든 특별한 케이스였습니다. 저 역시 전 법무부 장관인 요정호寥正豪 선생에게 '중도의 집(中途之家)'을 세워줄 것을 건의한 적이 있습니다. '중도의 집'이란 수형자가 형기를 마치고 출소하기 전 약 3~4개월 동안 그들이 사회에 나가 적응할 수 있게 완충 역할을 하고, 거기에서 그들에게 심리적으로 도움과 지도를 하는 것입니다.

왜냐하면 교도소 안에서 교도관은 모두 이것은 하면 안 되고 저것은 금지되어 있다고 하지만, 중도의 집은 일정한 범위 내에서 자유를 줄 수 있습니다. 예를 들면 손님이 방문하면 만나도 되고, 먹고 싶은 음식을 먹어도 괜찮고, 더 나아가 담배를 피워도 상관없습니다. 심지어 그들을 데리고 들로 산으로 놀러 다니며, 그들이 인간세상에 사랑이 있다는 것을 느끼게 해줄 수 있습니다. 지난 일에 대한 깊은 원망을 마음에 담고 있지 말아야 그들이 사회에 나가서 비교적 잘 적응할 수 있습니다.

사실 법률이 긍정적인 측면에서 사람들에게 공간을 만들어 주어야만 교화의 효과를 얻을 수 있습니다. 후에 불광산은 교도소에서 팔관재계, 삼보귀의, 심지어 단기출가 의식까지 인심을 정화하는 홍법활동을 전개하여 수감자의 자비심과 자각의 지혜를 배양시켰습니다. 부정적 측면에서 그들의 가치를 부정하고 중압감을 받아 그들이 다시 범죄를 저지른다면 꼬리에 꼬리를 물고 끊임없는 악순환이 반복될 것입니다.

몇 년 동안 불광산은 설날 평안등회平安燈會에서 쓸 다양한 화등花燈을 만드는데, 그 중 일부는 교도소 수감자들의 솜씨도 있습니다. 그들이 화등을 제작하는 과정에서 심경이 변화될 뿐만 아니라, 자신감과 영예감을 되찾아옵니다. 2012년 장화교도소의 '고무타격악단鼓舞打擊樂團'이 불타기념관에서 공연한 적이 있는데, 모두의 반응은 긍정적이었고 격려를 아끼지 않았습니다.

요 몇 년 동안 공업 발전으로 인해 지구 온난화가 가속화되었고, 각종 천재지변과 인재 역시 계속해서 발생하고 있습니다. 1951년의 화련 대지진, 그 다음의 9.21지진, 나리 태풍, 사스 전염병 발생, 동남아 쓰나미, 문천汶川 대지진, 8.8 모라곳 수재 등과 같은 각종 재난에 수많은 사회단체가 재난구조에 뛰어들었고 불광산도 당연히 그 대열 가운데에서 함께 했습니다.

2014년 7월 대만 펑후澎湖 항공기 사고와 까오슝 가스폭발 사건이 발생하자, 불교, 천주교, 회교, 도교, 기독교, 일관도 등은 까오슝의 돔 구장에서 '까오슝 7.31 가스폭발 및 펑후 7.23 항공기 사고 전국 종교계 추모기도대회'를 개최했습니다. 수만 명이 다함께 이재민을 위해 기도했고, 마잉주 총통과 정부 5개 부처의 장관까지 참가해 재난민이 하루빨리 고통에서 벗어나 정상생활로 돌아가기를 기원했습니다.

타인에게 존엄성을 주어 편안하게 받아들이도록 한다

재난구조 과정에서 어려움을 당한 사람을 존중해주는 문화가 필요합니다. 구제하면서 상대방에게 억지로 불교를 믿어라 강요해서는 안 되고, 그 틈을 타서 우리 이재민 구조단체의 생각과 실천을 한사코 주입시키려 해서도 안 됩니다. 모라콧 8.8수재 때 불광산은 수많은 기독교 이재민에게 숙식을 제공했고, 그들의 마음을 편안히 해주기 위해 목사님을 모셔다가 기도를 올리게 해주었습니다. 한 신부님은 이재민을 살펴보시고 떠나면서 불상으로 다가가 감사를 올리기도 했습니다. "우리가 하느님의 뜻을 이루도록 해주시어 감사합니다. 부처님!"

사실 구제는 타인을 구하는 것이 아니라 우리의 가정과 우리 자신의 안전을 구제하는 것입니다. 사천성 문천 대지진 발생 후, 당시 재난지역에서 저는 모두에게 "나는 보답하기 위해 돌아왔습니다."라고 말했습니다. 베푸는 자와 베풂을 받는 자가 모두 차별 없이 동등하고 공덕도 같습니다. 타인의 선한 생각을 받아들이는 것 역시 공덕이 있습니다. 재난구제 때는 특히 타인에게 존엄성을 주어야 하고, 자선을 행할 때는 상대가 마음 편하게 받아들일 수 있도록 해줘야 합니다.

이외에도 우교도友敎徒가 교당을 건립한다면 우리도 기꺼이 도움을 좀 줄 수 있습니다. 타이완에서 수십 년간 전도하신 천주교 수녀님께서 나이가 많아 자신의 나라로 돌아가려 한다기에, 우리는 또한 기쁜 마음으로 여비 마련 모금에 동참했습니다. 선국새單國璽 추기경이 진복산眞福山 사회복지센터를 건립한다고 해서 우리도 기쁜 마음으로 지원해 주었습니다. 인간불교의 자선보시는 종교와 지역을 가리지 않으며, 목적도 의도도 없습니다.

불법으로 탐·진·치 삼독을 정화한다

인간불교의 자선은 인간에서 부처님의 자애를 뿌려 불법에 대한 여러분의 신심을 배양하는 것입니다. 그래서 불광산은 운수의원을 설립하여 의료진을 외진 시골마을에 보내고, 불광정사(양로원)를 세워 노인들이 신앙을 갖고 의지할 수 있도록 했으며, 대자육유원(고아원)을 만들었는데, 지난 40여 년 동안 자립하여 결혼한 아동이 무려 800명이 넘습니다. '자비애심인慈悲愛心人' 운동과 '마음을 되찾자(把心找回來)'는 운동을 추진했고, 공익신탁기금회를 설립해 진선미 뉴스미디어 공헌상, 삼호 운동 실천학교 등을 장려하고 있습니다. 현재 불광산에는 50대의 운수 이동도서 차량이 매일 이동도서관으로 벽지의 시골마을에 다니면서 지식을 얻기 쉽지 않은 아이들에게 책 향기와 함께할 수 있도록 하고 있습니다. 이것이 곧 자선구제의 의미를 더욱 확대, 더욱 향상시킨 것입니다.

　진정한 보시는 커다란 선지식의 지도 없이 단지 인간에서의 선행만으로는 불교에서 지향하는 자선이 될 수 없습니다. 부처님이 인심을 교화하려는 본뜻은 근본적인 고난을 해결하고 불법으로 마음속 탐·진·치 삼독을 정화하는 것입니다. 이렇게 해야만 진정으로 세간에서 끊임없이 발생하는 천재지변과 인재를 두절시킬 수 있습니다.

　인도에서 중국에 불교가 전래되고 천년 동안 커다란 보시를 실천하지 않았다면 불교가 어떻게 퍼져나갈 수 있었겠습니까? 그러나 인간불교의 재보시, 법보시, 무외보시는 세간을 초월하였기에 더욱 소중합니다. 특히 오늘날의 사회는 국민들이 공포에서 완전히 벗어나도록 정부의 역량이 미치지 못합니다. 경찰의 수가 비록 많고 거주하는 집들 역시 방범설비를 갖추고는 있지만, 생명의 안전에 대해 여전히 의구심을 가지고 있습니다. 그래서 사람의 마음에서 공포와 두려움을 없애고 저마다 도덕심을 향상하며, 정정당당한 사람이 되도록 하는 불법의 보시는 매우 귀중합니다.

　이상 이러한 보살도의 행위는 모두 부처님이 인도에서 계실 때나 지금이나 고금이 서로 다르지 않고, 중국이거나 인도이거나 같으며, 인도적인 자선에서 보답을 바라지 않는 보살의 마음을 일으키게 되고, 부처님의 마음과 인간에서 필요한 것과 부합되고, 부처님의 정신과 본뜻으로 돌아가는 것입니다. 이것이 자선의 근본적인 도리입니다.

5. 국제포교

인간불교는 이 지구상에서만 세계화·국제화하는 것이 아니라, 사실상 불교는 무량법계와 삼천대천세계 안에서 모두 교류하고 왕래하는 것입니다.『아미타경』에서 "그 국토의 수많은 중생은 언제나 새벽에 여러 가지 미묘한 꽃을 바구니에 담아 다른 십만 억 불국토의 부처님께 공양하느니라."고 말한 것에 비추어보면, 현대의 불교가 세계에서 국제적으로 교류하는 것은 그저 작은 일에 지나지 않습니다.

민국 시기에 국제불교회의, 방문단 조직, 종교 교류 등 각종 국제 활동이 시작되었습니다. 1924년 태허대사께서는 강서 여산에서 '세계불교연합회'를 개최했고, 다음해 중국불교회를 이끌고 일본에서 열리는 '동아시아 불교대회'에 참가했습니다. 이것은 근대 역사에서 중국과 일본불교도가 가진 첫 정식회의였습니다.

1928년 태허대사는 구미로 건너가 불학을 선강했고, 파리에 세계불학원을 건설하여 중국 승려가 구미에 진출하여 불교를 전파하는 선례를 열었고, 채원배(중국 근대 교육가) 선생의 소개로 저명한 철학자 버트런드 러셀(Bertrand Russell, 1872~1970)과 불학을 교류했습니다. 불교의 국제화를 추진하기 위해 태허대사는 계속해서 학생과 제자를 일본, 티베트, 인도, 스리랑카 등지에 파견하여 학습토록 했습니다.

중일전쟁(1937) 발발 이후인 1939년, 태허대사는 불교 '국제방문단'을 조직해 미얀마, 인도, 스리랑카, 그리고 싱가포르, 말레이시아 각지로 건너가 항일구국을 선전했습니다. 인도에 도착했을 때 연도에 나온 대중의 환영을 받고 "간디·태허·네루를 외치며 만백성은 저마다 만세를 연호하네. 바라나시에서 쿠시나가르까지, 여정이 외롭지 않고 환희로 가득 차네."라는 시를 한 수 썼습니다. 인도 방문 당시의 성대함을 짐작할 수 있습니다.

1943년에는 '중국종교친목회'가 설립되어 전국의 각 종교단체와 신도가 일치단결하여 일본에 항거하였습니다. 제 기억으로는 불교의 대표는 태허대사시고, 회교(이슬람교)의 대표는 백숭희白崇禧 장군이며, 천주교의 대표는 위빈于斌 주교였습니다. 국난이 닥치자 종교 간에는 자연히 더욱 단결하며 왕래가 잦아졌습니다.

후에 국공내전이라는 인연 때문에 중국의 승려는 각기 홍콩, 대만, 싱가포르, 말레이시아 등지로 건너가 인간불교를 선양하였지만, 간접적으로 인간불교 국제화를 촉진하는 인연이 되었습니다. 전쟁은 무슨 말을 해도 안 좋은 거지만, 사상과 문화의 전파를 촉진하는 인연이 되었으니 그래도 불행 중 다행입니다.

대만에서 제일 먼저 인간불교의 국제포교와 교류를 추진했던 것은 1963년 중국불교회가 조직한 '중화민국불교방문단'이 연이어 태국, 인도, 말레이시아, 싱가포르, 필리핀, 일본, 홍콩 등의 국가를 방문한 것입니다. 제가 이 단체의 대변인을 맡았기에, 전체 과정을 『해천유종海天遊踪』에 상세히 기록했으므로 여기에서는 일일이 서술하지 않겠습니다. 또 1976년 미국 건국 200주년 경축행사에 불광산에서도

제5장 현대 인간불교의 발전

'중화민국 불교 미국방문단' 200명을 조직해 참가했습니다. 이것이 중국불교회를 대표해 경축하러 간 대만의 첫 불교단체였습니다.

 일본불교는 학술과 종파가 매우 번창하고, 대만과 비교적 쉽게 접근할 수 있다는 지리적 인연으로 모두들 왕래가 잦았습니다. 1974년 '중일불교촉진회'를 설립, 일본 선종의 최고 어른인 조동종 관장 니와 렌포우(丹羽廉芳) 장로와 제가 각기 일본과 중국의 대표를 맡았습니다. 수십 년 동안 일본과 교류하면서, 그리워지는 수많은 장자들이 있습니다. 예를 들면 임제종의 관장 후루카와 대항(古川大航) 장로,

아육왕 석주阿育王石柱/인도 비하르 주

츠카모토 젠고(塚本善隆), 미즈노 고오겐(水野弘元), 나카무라 하지메(中村元), 히라카와 아키라(平川彰), 카마타 시게오(鎌田茂雄), 마키타 타이료(牧田諦亮), 안도 토시오(安藤俊雄), 마에다 가쿠(前田惠學), 미즈타니 코쇼(水谷幸正) 등의 대학교수와 학자들이 모두 불광산에 여러 차례 머물기도 했고, 타이완에 와서 서로 교류도 하고 논문을 발표하기도 했으며, 총림학원에서 교학하기도 했습니다. 일찍이 일본 유학을 한 자장, 자혜, 자용, 자이스님 등 역시 이러한 대학자들과 가까이한 적이 있었습니다.

일본불교 얘기가 나왔으니, 확실히 한전불교와는 다른 점이 있습니다. 그들은 부처 신앙에서 조사祖師 신앙으로, 과거 제자에게 전하던 데서 부자 세습으로, 과거 계율을 고수하던 데에서 현재는 비구를 안 하고 화상和尙을 하려고 합니다. 비구가 출가계율을 고수하자면 어렵지만, 화상은 친교사新教師라고도 하는데, 그들은 가정을 가질 수도 있다고 생각합니다.

한국불교를 언급하자면, 1974년에 제가 한국 서울에 '중한불교촉진회'를 설립한 이래, 대한불교 조계종의 천년고찰이자 삼보사찰인 통도사(불보), 해인사(법보), 송광사(승보), 그리고 동국대학교, 금강대학교 등에서 지금까지 해마다 십여 개의 한국 단체가 불광산을 찾아 순례하며 교류를 이어오고 있습니다. 한국은 불교역사가 유구한 국가 중의 하나입니다. 애석하게도 이러한 명찰이 대부분 인적이 드물고 교통이 불편한 숲속에 세워졌는데 반해, 사거리 입구에 교회를 세운 기독교는 지금 한국에서 전도가 잘되는 편입니다. 사실 불교를 인간사회에 전파하려면 대중이 평소 왕래하기 편리한지, 이러한 지리적 공간도 반드시 고려해야 합니다.

구법의 열정은 세계에서 또 다른 인연을 만든다

1978년이 되자, 자장스님과 의항스님이 미국 LA로 건너가 서래사西來寺를 건설하였는데, 처음에는 먼저 한 칸의 작은 포교사당으로 시작했습니다. 하루는 캘리포니아 주 대학의 천사天㸐스님이 남전 비구 80분과 함께 방문을 하셨는데, 발 디딜 틈이 없을 정도로 사람들이 꽉 찼고, 저와 모두는 공양할 음식을 만드느라 분주했습니다. 낯선 곳에서 홍법의 길을 같이 가며 서로 왕래하며 돕는 친구들이 있다니, 비록 정신없이 바쁘긴 했어도 환희가 샘솟았습니다. 후에 또 하버드대학의 미국인 리오 프루덴(Leo M. Pruden) 박사 등이 불광산에서 1년간 불학을 연구하기도 했습니다.

 미국 서래사를 시작으로 인간불교는 서방세계에서 더 나아가 5대주까지 확장했습니다. 이렇게 포교할 수 있었던 데는 세계 각지에 계신 화인華人 및 현지 정부의 도움이 있었기에 가능했으며, 그 인연에 감사드립니다. 브라질에서는 장승개張騰凱 부부가 저택을 사찰로 기증한 인연으로 남아메리카에 여래사如來寺가 생겼습니다. 네덜란드에서는 화교회장 로프먼 선생이 정부에 토지기증을 청원하여 하화사荷華寺를 창건하게 되었습니다. 스위스에서는 하진위何振威 선생이 불교신자 4천 명을 위한 법을 청하여 불광회가 설립되었습니다. 호주에서는 강철회사 회장과 울런공 시장이 직접 초청을 하여 남천사南天寺가 건설되었습니다. 그리고 말레이시아 축마쓰摩스님, 김명金明스님, 광여廣餘스님 등 여러 장로대덕과 페낭 주의 주장州長인 허자근許子根, 구보광邱寶光 선생 등의 협조로 동선사東禪寺는 해마다 설날이면 방문자가 백만 명이 넘습니다. 이와 같은 수많은 장자와 거사 대덕들의 불법을 구하고자 하는 열정이 있었기에 인간불교가 전 세계에 전파되는 인연이 생긴 것입니다.

사실 국제 포교홍법은 언어에 능통한 인재를 배양하는 데 중점을 둬야 합니다. 지난 여러 해 동안 일본어와 민남어에 능통한 자혜스님, 영어에 능통한 묘광妙光스님이 인간불교 연구원에서 계속해서 국제학술교류를 하고 있습니다. 일본에서는 만윤滿潤, 자이스님이 계속해서 군마群馬현에서 법수사法水寺를 건설하고 있고, 만련滿蓮스님과 영부永富스님은 매년 홍캄 홍콩체육관과 빅토리아 파크에서 수만 명이 참가하는 홍법대회를 거행합니다. 브라질에서는 각성覺誠, 묘원妙遠, 각헌覺軒스님이 브라질의 빈곤가정 아이들이 교육을 받을 수 있게 돕고 있습니다. 필리핀에서는 영광永光, 묘정妙淨스님이 '싯다르타 음악극' 예술단을 이끌고 미국, 말레이시아, 싱가포르, 홍콩, 중국 본토 등지를 순회하며 공연하고 있습니다. 그리고 유럽에서는 만겸滿謙스님이, 스페인에서는 여해如海, 각심覺心스님이, 프랑스에서는 각용覺容, 묘달妙達스님이, 칠레에서는 묘관妙觀스님이, 미국에서는 혜동慧東, 여양如揚, 각천覺泉스님 등이 현지 종교인사 또는 유엔과 교류를 하고 있습니다. 독일 베를린의 묘익妙益스님이 있는 도량은 지금까지도 아침저녁 예불, 행당(行堂: 대중공양 때 밥을 퍼주는 소임), 전좌(典座: 스님들의 침식을 맡아보는 소임), 향등(香燈: 향과 등을 올리는 소임) 등을 모두 현지 독일인이 맡고 있습니다. 또한 호주 브리스본의 중천사中天寺에는 호주 국적의 자원봉사자 수십 명이 행당, 전좌, 지객(知客: 내방객 안내 및 접대하는 소임), 청소, 청결관리 등 수많은 사찰업무를 분담하고 있고, 심지어 영문으로 아침저녁 예불을 드리고 있다고도 합니다. 수십 년 동안 인간불교는 이미 현지화를 실현하는 데 한걸음 더 다가갔습니다.

현지에 적응하여 각자의 특색을 가지고 발전하다

현지화(토착화)란 무엇일까요? 현지화는 봉헌하는 것이고, 우호를 다지는 것이며, 여러분이 각지에서 서로 다른 문화사상, 지리환경, 풍속정서에 맞춰 각자의 특색에 맞게 발전시켜 나가는 것입니다. 현지화는 '가져가는 것'이 아니라 '주는 것'입니다. 불교를 통해 현지인들에게 더욱 충만한 정신생활을 가져다주는 것이 곧 부처님의 본래 품은 뜻으로 돌아가기를 견지하는 인간불교의 정신이며, 이렇게 해야 사람들이 받아들일 수 있습니다.

세계각지에서 인간불교를 전파하면서 서로 다른 정치법령과 문화에 적응하는 것 외에도, 기독교, 천주교, 회교 등과의 신앙적 상호교류도 중요합니다. 그래서 저는 해외에서 전교하면서 현지에는 천주교와 기독교 신앙이 많이 있으니, 여러분은 두 가지 신앙을 가질 수 있겠다고 북돋아 줍니다. 우리가 대학에서 공부할 때 문학이 좋아 전공으로 선택하고, 철학을 부전공으로 선택하는 이치와 같습니다.

이러한 존중하고 포용하는 태도를 견지하였기에 제가 세계 각지를 행각하며 인도의 네루 총리, 태국 푸미폰 국왕, 필리핀 마카파갈 대통령, 미국 고어 부통령, 회교의 말레이시아 마하티르 총리, 싱가포르의 리콴유 총리와 아들 리센룽, 호주 토니 애벗 총리, 인도차이나 반도 각국의 정부지도자, 심지어 천주교의 요한 바오로 2세 교황, 베네딕토 16세 교황, 대만의 선국새 추기경 등과 어느 정도 왕래하면서 우정을 쌓았습니다.

그밖에 얘기할 만한 것은, 이전에 태허대사와 스리랑카 국적의 말랄라쎄케라(Malalasekera, 1899~1973) 박사 등에 의해 제창된 '세계불교도우의회世界佛教徒友誼會(약칭 세불회)'가 1950년 드디어 스리랑카의 수도 콜롬보에서 발족하였습니다. 1988년에는 제가 그들을 도와 아시아를 넘어 미국 서래사에서 제16차 대회를 맡아 개최하였고, 분단 수십 년의 양안 불교가 서방에서 회의에 동반 참여하여 양안 불교가 왕래할 수 있는 물꼬를 터주었습니다. 그래서 어떤 이는 2015년 시진핑 주석과 마잉주 총통의 싱가포르 회견과 견줄 만하다고 말하기도 합니다. 후에 세불회는 호주 남천사와 대만 불광산에서 연이어 대회를 개최하기도 했습니다.

1988년에 맺은 인연으로 조박초 중국불교협회 회장이 우리를 초청하였기에 1989년 '국제불교촉진회'의 명의로 미국에서 500명으로 '홍법탐친단弘法探親團'을 조직해 중국으로 건너가 각 성에 흩어져 있는 불교도량을 방문하였습니다. 잇따라 국가주석인 양상쿤楊尙昆 선생의 초대를 받아 한 시간여가량 대화를 나눴고, 전국정협(중국인

세계평화탑世界和平塔/인도 비하르 주

민정치협상회의) 주석인 리셴녠李先念 선생 또한 우리 일행과 북경인민대회당에서 만나 환대해 주었고 우리를 위해 연회를 베풀어 주셨습니다. 이것은 출가자가 중화인민공화국의 최고 중요한 전당에서 회견하고 대화를 나눈 첫 사례이며, 공산당이 개혁개방을 선포한 지 얼마 되지 않은 시점에서 최고의 대우였습니다.

 2002년 불지사리佛指舍利를 대만으로 모셔오는 것 역시 성대한 행사였습니다. 당시 중앙총서기 장쩌민(江澤民) 선생은 '성운첨두星雲簽頭, 연합영청聯合迎請, 공동공봉共同供奉, 절대안전絶代安全'이라는 16글자를 통해 제게 권한을 부여해 주었습니다. 지역과 계파 구분

없이 공동으로 서안西安 법문사法門寺의 불지사리를 초청하여 대만에 모셨습니다. 당시 대만행정원 대륙위원회의 주임위원(장관급)이었던, 2016년 총통에 당선된 차이잉원(蔡英文) 여사는 항용港龍항공 전세기 두 대를 빌려 타이베이를 출발해 홍콩을 경유하여 직접 서안까지 갈 수 있도록 도와주어 양안간의 직항기록을 만들어냈습니다. 당시 홍콩의 봉황위성방송이 전 과정을 중계 방송했습니다. '양안이 서로 통하기도 전에 불교가 먼저 통한다.'라고 말할 수 있었습니다.

중국예술연구원 전청田青 교수와 당시 국가종교국 엽소문葉小文 국장의 노력 하에 불광산 범패찬송단이 2003년 북경 중산당中山堂, 상해대극원(上海大劇院: 오페라 전용극장)에서 공연을 가졌습니다. 엽소문 국장의 요청으로 제가 상해극원에서 강연을 했는데, 당시 현장에 계시던 노화상들께서 "수십 년 동안 출가자가 공공장소에서 강연하는 것은 본 적이 없다."며 눈물을 흘리셨습니다. 오랫동안 불교가 받은 푸대접을 생각하면 이런 공공장소에서 출가자가 불법을 강연할 수 있다는 자체가 커다란 위안이 됩니다.

후에 엽소문 국장과 전청 교수가 추진하셔서 2004년 '중화불교음악전연단中華佛敎音樂展演團'이 설립되었고, 중국불교협회 부회장 성휘聖輝스님이 단장을, 심정화상과 중국불교협회 비서장인 학성學誠스님이 부단장을 맡았으며, 자혜, 자용, 영부스님 등의 협력 하에 4대 교파와 남전, 한전, 장전의 3대 어족계의 1백여 명의 승려로 구성되어 홍콩, 마카오 및 대만의 국가음악당, 미국 아카데미 시상식이 열리는 코닥극장, 캐나다 영국여왕 공연장 등 세계 일류극장에서 순회공연을 했습니다. 이러한 협력이 지속될 수 있다면 장차 양안 사이에 우호, 평화, 단결이 불가능하지 않을 것입니다.

중국은 문화대혁명 이후 대만에 대해 '불담판·불접촉·불타협'의 이른바 삼불三不정책을 취했고, 그래서 각종 종교회의의 개최 역시 내부적으로 거행했습니다. 처음 '제1차 세계불교포럼'을 기획할 당시, 종교국에서는 저를 회의 장소인 해남도까지 데려다 주고자 특별히 전세기를 파견해 주었습니다. 후에 '제1차 세계불교포럼'을 홍콩의 각광覺光스님, 중국불교협회의 일성一誠스님이 요청하고, 티베트의 판첸 대표 등 8인이 공동 발기하여, 제1차는 항주에서 거행하고, 제2차는 무석에서 개막하여 타이베이에서 폐막하기로 결정해 양안 불교교류의 성대한 행사를 다시 한 번 썼습니다.

2013년 2월 봄, 저는 국민당 명예주석이신 롄잔(連戰) 선생이 이끄는 '대만 각계인사 대표단'과 함께 중국으로 건너가 시진핑 총서기와 후진타오(胡錦濤) 국가주석을 방문했습니다. 북경인민대회당에서 중화인민공화국 시진핑 총서기를 만났을 때, 그는 제게 "스님이 쓰신 책은 저도 다 읽어봤습니다."라고 말했고, 그래서 저는 "저의 친필 '등고망원登高望遠'을 드리겠습니다."라고 했습니다.

사실 2006년 시진핑 선생이 아직 절강에서 서기를 맡고 있을 때, 저는 절강에서 열린 '제1회 세계불교논단'에 참가하였다가 그와 한 번 만난 인연이 있습니다. 그는 절강 설보사雪寶寺에 '미륵대불'을 새로 건축하였는데, 저도 요청을 받고 '인간미륵'이라 제목을 지었습니다. 이 네 글자는 지금까지도 미륵대불 자리 아래에 새겨져 있다 합니다. 후에 저는 또 북경에서 그를 방문했습니다. 2015년 해남도 보아오(博鰲)포럼에서 그는 우리 일행을 접견하고 함께 기념촬영을 했습니다. 저도 시진핑 총서기의 부친이신 시종쉰 선생을 매우 독실한 불교신자로 기억합니다. 그가 광동에서 성위원회 서기로 있을 때는 육조 혜능대사의 육신불괴상(육신불)을 보호한 공로가 매우 크고, 불교에 대한 그들의 보호와 지지에 감사하는 마음이 실로 큽니다.

그때 시진핑 총서기를 방문한 후 저는 유정성俞正聲 전국정협全國政協 주석과 가진 만남에서 그에게 세불회와 불광회 모두 중국에서 회의를 개최하고, 좀 더 왕래하고 이해하면 사회화합을 촉진하는 데 도움이 될 수 있을 것이라 건의했습니다. 그의 도움을 받아 후에 하나씩 모두 실현되었습니다. 2014년 10월 세불회는 순조롭게 서안에서 개최를 했고, 다음해 10월 불광회 역시 처음으로 불광조정인 의흥 대각사에서 이사회의를 거행했습니다. 정협주석 유정성, 국가종교국 국장 왕작안王作安, 의흥시위원회 서기 왕중소王中蘇, 시장 등의 인사들께서 크게 호지해 주셔서 대회가 원만히 성공적으로 끝났습니다.

인간불교가 걸어온 국제교류의 길을 회고해보면 정말 일일이 열거할 수 없을 정도입니다. 세계 현밀학술회의, 국제불광회의, 세계불교청년학술회의, 천주교·불교 국제대담회의 등 남전과 북전·종교·학술 활동 덕분에 상가세나(Sanghasena) 스님, 아난타 스님, 달마난타 스님 등과도 인연을 맺게 되었습니다. 그 기간 동안 불광산은 태국 법신사와 형제사찰로 자매결연을 맺었습니다. 특히 최근 20년 동안 해마다 개최하는 국제불교승가연습회國際佛教僧伽研習會는 모두 국제 불교교류 가운데 성대한 행사입니다.

이외에 하와이대학의 처브 교수, 코넬대학의 맥레이 교수, 예일대학의 아인스타인 교수, 캘리포니아 주 버클리대학의 랭커스터 교수, 중국의 방립천方立天, 루우열樓宇烈, 양증문楊曾文, 뢰영해賴永海 교수 등이 모두 인간불교 덕분에 오늘까지도 인연을 이어오고 있는 분들입니다.

자유로운 왕래가 곧 인간불교의 실현이다

세계불교 운동에 관하여 우리는 중국과 대만의 모든 사찰 장로가 불교의 국제화를 추진하는 데 다함께 동참하기를 바랍니다. 우리가 지금까지 이룩해낸 것은 미국에서는 서래대학을 설립하고, 호주에서는 남천대학을, 필리핀은 광명대학, 예술대학 외에도 부처님 말씀을 영어 악극 형식으로 만들어 홍법하고 있습니다. 남아프리카 남화사의 천룡대天龍隊는 인라인을 신고 용춤을 추어 남아프리카공화국 주마 대통령의 인정을 받았습니다. 브라질의 '여래의 자손'팀은 각국에서 축구 교류를 통해 인간불교를 선양하고 있고, 비엔나 청년애락단青年愛樂團은 직접 작사·작곡하여 음성으로 불사佛事를 하고 있습니다. 혜현慧顯스님은 인도에서 불교부흥을 위해 백 명의 사미를 지도하고 있는데, 장차 그들이 인도의 인간불교에 공헌할 수 있기를 바랍니다. 특히 최근 몇 년은 해마다 여름방학이면 전 세계 400여 개 대학, 천여 명의 국제학생이 불광산 불학에 참여하고자 찾아옵니다.

과거에는 출국 한 번 하기도 쉽지 않았고, 불교의 국제화를 추진하는 것은 더더욱 어려웠습니다. 그러나 지금은 전 세계 5대주에서 승가와 신도가 함께 인간불교 추진운동을 벌이고 있습니다. 특히 2011년에 불타기념관 낙성 이후부터 매년 세계 각지 수많은 사람이 먼 길 마다하지 않고 참배하고 관광을 하러 오고 있습니다. 오늘날의 인간불교는 날마다 국제교류를 하고 있다고 할 수 있습니다. 여러분이 종교를 구분치 않고, 국적을 구분치 않고, 네 것 내 것을 가르지 않고, 너와 내가 분주히 왕래하고, 동체공생하고, 상호 존중한다면 이것이 인간불국정토의 실현이 아니겠습니까?

이상의 공덕을 법계중생의 행복과 안락을 위해 회향하며, 또한 조그마한 성과를 부처님께 보여드리고 부처님께서 인간불교를 제창하신 본뜻으로 우리를 돌아가게 하시려는 부처님의 마음에 대한 약간의 표시입니다.

극락세계도極樂世界圖/족자 형태/청대淸代(1644~1911)/정관붕丁觀鵬/지본설색紙本設色/295.8㎝×148.8㎝/대만 타이베이 고궁박물관

제6장

총결

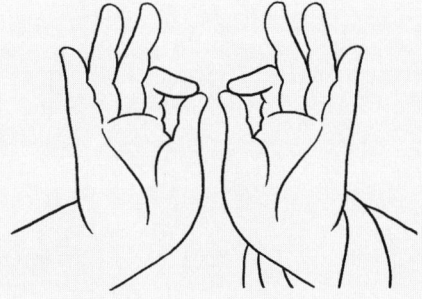

중국에 대한 불교의 가장 큰 공헌은 "가정마다 아미타불이요, 집집마다 관세음보살이라네."라는 것과 인연과보의 관념을 심어준 것입니다. 그러나 중국불교는 안타깝게도 절반의 불교입니다. 근본교의 면에서는 소극적인 해석만 있을 뿐, 적극적인 행위가 결여돼 있습니다. 출가자는 중시하지만 재가자는 중시하지 않습니다. 출세간은 중시하지만 입세간은 중시하지 않습니다. 사찰은 중시하면서 가정은 중시하지 않습니다. 산속은 중시하면서 사회는 중시하지 않습니다. 비구는 중시하면서 비구니는 중시하지 않습니다. 그래서는 불법을 전반적이자 보편적으로 널리 전개할 수가 없습니다. 그러나 인간불교는 이 일체를 융합하여 완전히 원만하게 했습니다.

　인간불교가 지나치게 인간적이고 세속화되는 것은 아닐까 하고 걱정하는 사람도 있습니다만, 사실 인간불교는 출세간의 정신으로 입세간의 사업을 하는 것이고, 전통과 현대를 융합하는 것입니다. 여기서 전통이란 백 년 또는 5백 년 전의 불교가 아니고 부처님이 본래 품으셨던 전통을 가리킵니다. 소위 현대화라는 것은 현대인이 불법을 받아들이게 하는 방식이고, "뜻에 의지하고 말에 의지하지 않는다."는 선교방편입니다. 또한 불교의 교의를 누구나 이해하고 받아들이게 하는 방식이고, '삼호사급三好四給' 운동, '오계십선', '육도사섭'의 인간정토를 촉진하는 것입니다.

저는 불교신앙을 가지면서부터 세계에는 불교를 널리 교화하는 국가와 지역이 많다는 걸 차차 알게 되었습니다. 태국 사람은 태국의 불교를 믿고, 미얀마 사람은 미얀마의 불교를 믿으며, 캄보디아 사람은 캄보디아의 불교를 믿고, 베트남 사람은 베트남의 불교를 믿습니다. 몽고, 청해, 티베트 등지에서는 장전불교를 믿습니다. 한국 사람은 한국의 불교를 믿고, 일본 사람은 일본의 불교를 믿습니다. 중국인은 중국의 불교를 믿습니다.

중국인들의 신앙 가운데서 저의 첫 신앙은 관세음보살의 불교였고, 후에는 아미타불의 불교였으며, 그 다음에는 지장왕, 보현왕을 신앙하는 불교였습니다. 석가모니불이 사바세계 불교의 교주라는 걸 알고 난 이후에 원래 나의 신앙이 이토록 복잡하다는 것을 차츰 깨닫게 되었습니다.

백억 화신 부처님 명호를 통일하다

신앙을 조금 이해하게 된 뒤로 저는 어떤 부처님이든, 무슨 보살이든 이 수많은 믿음의 대상을 다 부처님 하나로 되돌렸고, 저의 신앙은 불교의 교주이신 석가모니 부처님입니다.

부처님은 천백억 화신이시니, 아마 이 수많은 불보살의 명호가 모두 그의 화신일 수도 있습니다. 이렇게 말하면 제 신앙이 그른 것은 아닙니다. 저는 이 수많은 부처와 보살을 신앙하였고, 그들을 위대하시고 지극히 존귀하신 석가모니불로 되돌아가게 하는 것 역시 틀리지 않았습니다. 그래서 제가 이 이치를 이해했을 때 관세음보살상 앞에서 석가모니불께 예불했습니다. 아미타불상 앞에서 저는 똑같이 석가모니불께 예불했습니다. 그리고 석가모니불 앞에서도 저는 아미타불과 약사여래에게 예불할 수 있습니다.

저는 이게 올바르다는 것을 알게 되었습니다. 불교에서는 "부처와 부처의 가르침이 동등하고, 빛과 빛은 서로 걸림이 없다."고 말합니다. 부처 한 분이 부처 일체이고 일체의 부처가 곧 한 부처이니, 수많은 불보살이 모두 제가 신앙하는 지극히 존귀한 석가모니불입니다.

부처님에 대한 신앙에 기초하여 스물다섯 살에 저는 『석가모니불전』이란 책을 썼습니다. 그때는 석가모니불을 '부처'라 부르기도 하고, '여래'라 부르기도 하고, '세존'이라 부르는 사람도 있었고, '석존'이라 부르는 사람도 있었습니다. 심지어 여래에게는 또 열 가지 존호가 있으니, 부처님 한 분만 해도 이처럼 많은 명호가 있습니다. 그래서 저는 부처님에게 굳이 이 수많은 명칭이 필요 없이 '부처' 하나로 명호를 통일해야 한다고 생각했습니다.

『석가모니불전』에서 '부처'로 통일한 뒤로 이후의 제 저서에는 모두 '부처'라는 명호로 저작 활동을 했습니다. 그래서 저는 열 가지 명호도 좋고 많은 칭호도 좋지만, 결국 '부처'라 존칭으로 통일하였습니다.

인간불교는 곧 부처님의 불교입니다. 불교에는 원시불교, 부파불교, 북전불교, 남전불교 등 서로 다릅니다. 또 중국에는 화엄의 불교, 천태의 불교, 유식의 불교, 정토의 불교 등 종파가 있습니다. 신앙의 종류를 말하자면 엄청 많지만 사실 다 믿을 수는 없습니다. 우리는 선문의 제자이지만 선문 안에도 일화오엽一花五葉, 오종칠파五宗七派가 있는데, 나는 도대체 어느 종파의 불교란 말입니까?

일치단결하여야 불교가 융성할 수 있다

이때 저는 또 세간의 사람은 그들의 신앙에 관하여 정토 신앙에 집착하는 사람, 유식 신앙에 집착하는 사람, 선종 신앙만 고집하는 사람, 삼론종 신앙만 고집하는 사람이 있으며, 그래서 사람이 저마다의 신앙을 갖고 있다는 것을 차츰 느꼈습니다. 저 사람은 나의 신앙이 나쁘다 말하고, 나는 저 사람의 신앙이 틀렸다 말하며, 모든 사람이 자신의 신앙이 최고라고 생각합니다. 사실 이 모두가 불교인데 우리 신도들이 스스로 불법을 비방하고 헐뜯고 있습니다.

   제가 한 강연에서 들려줬던 공안처럼 말입니다. 한 스님이 두 다리에 관절염을 앓고 있었는데, 그에게는 두 제자가 있었습니다. 큰 제자는 오른쪽 다리를 주무르고 작은 제자는 왼쪽 다리를 주물러 주었습니다. 큰 제자가 오른쪽 다리를 주무를 때, 스님은 작은 제자가 왼쪽 다리를 얼마나 시원하게 주무르는지 칭찬을 아끼지 않았습니다. 그 말을 들은 큰 제자의 기분은 과히 좋지 않았습니다. 작은 제자가 왼쪽 다리를 안마할 때, 스님은 또 큰 제자가 오른쪽 다리를 얼마나 잘 주무르는지 말해주었습니다. 그 말을 들은 작은 제자도 기분이 나빠졌습니다. 그래서 상대를 시기한 나머지 그들은 상대가 주무르는 다리를 잘라버려 더 이상 안마를 해드릴 수 없게 해버렸습니다. 이게 인간의 열등한 근성이고 남이 잘되는 꼴을 못 보는 것입니다.

이 두 사람은 마음속의 분노와 원망을 없애기 위해서였다지만, 가엾은 스님은 두 다리를 잃었습니다. 이것이 불교의 보편적인 현상 아닙니까? 불교도가 서로 비방하고, 자신의 신앙만이 옳고 상대는 틀리다 하는 것은 불교에 손해를 끼치고, 불교

사위성 신변도舍衛城神變圖/7~8세기/사암/ 높이129㎝/태국 대성청사大城淸寺 출토/ 태국 방콕국립박물관 소장

가 걸어가기 어렵게 만드는 것 아닙니까? "당신이 나를 무너뜨리면 나도 당신을 공격할 거요", "당신은 내가 틀리다고 하는데, 내가 보기엔 당신이 나빠." 이렇게 사분오열한다면 불교가 융성할 수 있겠습니까? 일치단결해야만 역량이 생깁니다.

불교에서, 어떤 사람은 불교신앙을 가진 뒤로 오만하고 이기적으로 변하고, 어떤 전교사는 겸손할 줄 모르고 신도의 머리 꼭대기에 올라서려고 합니다. 심지어 현재의 학자는 논문을 쓸 때 시비를 조

장합니다. 이것은 옳지 않고 저것은 나쁘다는 식으로 비평하고, 신앙적 불교를 이리저리 비교하면서 타인을 폄하하고, 결국에는 불교를 폄하하고 모든 사람이 다 옳지 않다고 하니, 이렇게 순결한 신앙을 해친다면 어디에서 또 이처럼 완벽한 불교를 찾으시겠습니까? 사실 이 모두가 불교를 비방하는 것입니다. 개신교나 천주교의 성경을 가지고 어느 학생이나 전문가가 나서서 성경에 대해 비교하고 비평한 것을 본 적이 있습니까?

신도 사이에서도 참선하는 사람은 염불하는 사람이 지식이 없다고 여겨 염불하는 사람을 우습게 보고, 염불하는 사람은 선종은 항상 잡된 생각을 하고 있다고 말하면서 참선하는 사람을 좋아하지 않습니다. 누군가는 '자력'에 의지해야 한다 말하고, 누군가는 '타력'에 의지해야 한다 말하며 상대를 서로 경시하니 이 모두 불교를 해치는 것입니다. 사실 그 사람은 자신이 이미 삼보를 비방한 죄인이 된 것을 모르고, 더구나 자신이 잘못을 했는지도 알지 못합니다. 왜 여럿을 모아 하나로 돌아가게 하거나 하나에서 여럿이 생겨나게 하는 것처럼 수많은 신앙을 단순화시키지 않는 겁니까? 당신은 당신의 것을 믿고, 나는 나의 것을 믿으면 모두 서로 헐뜯을 필요가 없고, 이러쿵저러쿵 말하지 않아도 되니 이래야 신자의 풍모를 갖추는 것입니다. 우리의 눈은 보는 것을, 귀는 듣는 것을, 입은 말하는 것을 담당하는 등 각자 그 쓰임이 있는데, 굳이 그가 당신만 못하다고 말할 필요가 있을까요? 만일 눈·귀·코가 각자의 자리에서 협력하지 않으면 완전한 사람이 될 수 있겠습니까?

제6장 총결

혁신에 뜻을 두고 사회봉사에 들어가다

우리 불교에는 석가모니불 한 분이 천 백억의 화신을 가지고 있고, 당신은 이분을 신앙으로 삼고, 나는 저분을 신앙으로 삼으면 되고, 서로 포용하면 되지 시기할 필요가 없습니다. 이 도리를 이해했을 때 저는 제가 신앙하는 지극히 존귀한 석가모니 부처님을 더욱 인정하게 되었습니다.

저는 서하산과 초산 총림에서 10년을 지냈지만, 참배하러 오는 재가신도를 본 경우는 극히 드뭅니다. 그 대가람에 수십 명 혹은 수백 명의 승려만 머물면서 매일 아침저녁으로 예불하고 공양하였는데, 저는 불교가 이래서 되겠는가 하는 생각이 들었습니다.

그 후 저는 의흥의 조정인 대각사로 돌아왔고, 다행히 그곳에서 2년 가까이 머물렀지만, 예불하러 찾아오는 신도를 본 적이 없었습니다. 저의 사형과 저 두 사람, 그리고 몇몇 농민과 일꾼이 전부였습니다. 이런 불교라면 너무 외롭지 않나 하는 생각이 들었습니다. 불교는 "가정마다 아미타불이요, 집집마다 관세음보살이라네."라고 공공연히 내세우지 않습니까? 중국인은 모두 불교를 믿는데 왜 석가모니불은 없을까요?

제가 불교 신앙을 이해하게 되었을 때, 일체를 모두 부처님을 중심으로 삼아야 한다고 느꼈습니다. 그런데 왜 석가모니 부처님은 사찰에만 계시는 걸까요? 왜 숲속에만 머물고 계시나요? 왜 사회로 나오시지 않으시고, 왜 가정마다 찾아가시지 않는 걸까요? 위대하신 부처님을 교주로 믿고 받드는 것이 올바른 신앙임을 모든 불교도가

불타귀향설법도佛陀歸⊠說法圖/대략 1750~1780년경/지본설색/
폭 66.5㎝/영국 옥스퍼드 대학 보들리안 도서관 소장

알게 해야 합니다.

 이런 생각이 들자 저는 숲속에서 사회로 나아가는 불교를, 출가자에서 재가자로 나아가는 불교를, 사찰에서 가정으로 나아가는 불교를, 현묘한 이야기를 하는 불교에서 사회에 나가 봉사하는 불교를, 출가자의 독경·참선·염불의 불교에서 불교신자가 다함께 수련하고 친목·토론할 수 있는 불교로 나아가야겠다고 마음에 뜻을 세웠습니다. 구체적으로 어떻게 몸과 마음을 편하게 안정시킬 것인가? 어떻게 불국정토로 나아가게 할 것인가? 어떻게 자아의 탐욕과 성냄과

무명을 없애버릴 것인가? 어떻게 번뇌를 끊어 없애버릴 것인가? 어떻게 하면 타인과 화합하면서 포용할 것인가? 등을 말입니다.

잡지 출간에 스승의 지지를 얻다

제가 초산불학원에서 공부할 때에, 태허대사께서 만든 '중국불교회 종무인원 훈련반'에 참가한 적이 있었기 때문에, '신불교'를 세우는 데 불교는 반드시 내적인 근심과 외적인 재난을 중시해야 하며, 한마디로 요약하면 불교에는 혁신이 필요하다는 약간의 이념을 가지게 되었습니다. 당시 제 자신도 신불교 혁신운동에 종사하려고 했지만, 사람이 지위가 낮으면 의견도 주목받지 못한다고 했던가요. 포부를 갖고 행동한 것이라 얘기할 수는 없지만, 『노도怒濤』라는 잡지 한 권을 매월 한 차례씩 출간했습니다. 이 소식을 들으신 스승 지개상인께서 종이 살 돈을 기부해주셨는데, 이 일이 제가 사사로이 행동한 것이 아니라 스승의 지지를 얻었다고 생각되어 커다란 격려가 되었습니다.

후에 저는 남경 화장사華藏寺로 갈 기회가 있었는데, 그곳에서 감원(총무주임)부터 주지를 맡는 동안 기간은 비록 짧았지만 교육 사업을 벌이겠다, 문화 사업을 벌이겠다, 자선 사업을 벌이겠다, 신도회를 조직하겠다, 불교 인구를 늘리겠다는 등 마음에는 이미 신불교의 청사진을 품게 되었습니다. 당시 화장사는 사찰 소유의 직물공장, 소학교, 더운물을 공급하는 열수당熱水堂이 하나씩 있었는데, 이것은 일반인들의 생활과 매우 밀접한 관계가 있는 것들이었습니다. 그래서 저도 신불교의 미래는 반드시 사회에 봉사하고 사회와 연결되어야만 불교가 생존할 수 있을 거라 생각했습니다.

제가 이러한 생각과 열정을 갖고 있더라도, 저는 전통과 보수 세력의 위협에 직면했습니다. 왜냐하면 화장사 안에는 본래 20여 명의 승려가 머물고 있었는데 그들 모두 경참을 업으로 삼고 있었습니다. 비록 화장사가 사찰을 유지하는 데 들어가는 비용을 경참에 의존한다고는 하지만, 출가자의 한 사람으로 경전을 읽을 줄만 알고 경전을 설하여 포교할 줄 모르고, 또 경참불사를 직업처럼 여기고 사회에 봉사할 줄 모른다면, 불교의 자비로써 널리 교화한다는 종지에 부합되지 않습니다.

그러나 신불교를 위한 개혁을 추진하려면 실질적인 어려움도 있었습니다. 왜냐하면 제1차 국민대회가 총통선거로 인해 아수라장이 된 이후, 이어서 곧 국공회담이 실패로 돌아갔기 때문에, 당시 남경의 정국은 극도로 혼란하였습니다. 특히 국민당의 북평(北平: 북경의 옛 이름) 수비 장군인 전작의傅作義는 북경을 하나의 특별구역으로 삼아 북경의 문물이 군사충돌로 인한 피해를 입지 않고 보호할 수 있기를 희망하고 공산당에 투항했습니다. 이러한 국면을 보며 저는 국민당의 앞날이 밝지 못할 것을 알았습니다.

후에 우연한 기회에 저는 승려구호대를 따라 대만으로 건너왔습니다. 다행스럽게도 먼저 중리에 있는 원광사에 머물 수 있어서 그곳에서 2년 가까이 고행을 했고, 다시 신죽의 청초호에 있는 '대만불교강습회'에서 1년 반 동안 교무주임을 지냈으며, 그 뒤에야 의란으로 옮겨왔습니다. 저는 제 자신이 아직 젊으니 그저 마음만 있다면 반드시 불교를 위해 큰 사업 하나는 할 수 있을 것이라 알고 있었습니다.

맨 처음 의란에 있던 뇌음사는 용화파龍華派의 작은 사당에 불과했고, 70세의 한 비구니 스님과 노부인, 그리고 군인가족 세 가구가 살고 있었습니다. 그들이 제게 경전 강의를 청했기 때문에 대웅보전의 불상 옆쪽 작은 공간 하나를 정리해 제가 머물 수 있도록 해주었습니다. 당시 환경은 제가 머물 수 있는 여건이 전혀 아니었습니다. 하지만 10년 동안 총림교육을 통해 제게는 인내하는 성격이 자연스럽게 배었습니다.

이때 저는 불교를 청년화시켜야 하고 아이들에게 신앙을 키워줘야 하고, 취약한 단체를 중시해야 하고, 부녀자들이 불교를 믿고 의지하는 것에 중점을 두어야 한다고 생각했습니다. 그러나 이 수많은 사람을 어떤 인연으로 부처님의 앞까지 불러올 수 있을까요?

물론 좌절도 약간 겪었습니다. 그러나 저는 드디어 의란에서도 발붙이고 의지할 수 있다고 느꼈습니다. 왜냐고요? 제 불교 강연을 들으러 온 많은 청년 가운데는 의란중학교, 의란농업학교, 란양여자중학교 학생들도 있었고, 통신병학교의 장교도 있었으며, 선생님도 와서 저와 친구가 되고 신도가 되어 우리와 함께 노래를 부르고, 합창단과 홍법대를 만들고, 심지어 문리文理 보습반 등도 만들었습니다.

부처님을 신앙의 중심으로 삼고, 저는 출가자와 신도는 마땅히 융합해야 한다고 생각해서 신도들이 절에 와서 참배하고 저와 함께 경전을 낭독하고 수행하도록 했습니다. 또한 염불회, 참선회, 부녀회, 청년회, 학생회, 아동반을 만드는 등 각종 활동을 펼쳤습니다. 이것을 방편으로 하여 사회 각계의 다양한 인사들을 모두 영접하여 그들이 위대한 부처님의 전좌 앞에 오도록, 그들을 위해 신심을 안주시켜 주신 부처님을 받아들이도록, 그들을 위해 시교이희를 행하신 부처님을 받아들이게 하였고, 저도 편하게 "참선과 염불을 함께 닦는 실천, 일체 부처님의 가르침을 깨달음"을 외쳤습니다.

시대의 흐름에 발맞추어 인간 중심을 중시하다

한때 의란의 불교가 떠들썩해지기 시작했습니다. 저는 뇌음사가 접대실 하나 없고 복도에까지 서서 강연을 들어야 할 정도로 작다고 생각했지만, 다들 싫어하지 않고 이 정도면 충분히 재능을 펼칠만한 곳이라고 여겼습니다. 이 가운데는 원래 의란의 일관도 신도들도 많았습니다. 제가 의란에서 불법을 널리 펼치기 시작한 뒤로 그들은 저와 함께 하였으니, 의란의 불교가 발전할 수 있었던 데 대해 일관도의 이 신도들에게 감사의 말씀을 드려야 합니다. 그들이 저의 주요간부 역할을 해주었기에 제가 의란에서 정착하고 수십 년 간 보수불교의 위협과 핍박을 받지 않았습니다.

저 역시 처음에는 불교 안에 다시 또 '인간불교' 등 이 수많은 다양한 이름으로 나눠야 하는지 이해하지 못했습니다. 물론 저는 태허대사께서 '인생불교', '인간불교'를 제창한 것과 자항스님처럼 젊은 스님들이 『인간불교』 잡지를 출간한 적이 있다는 정도는 알고 있었습니다. 그러나 너무 많은 것에 관여할 수 없고, 저는 그렇게 복잡한 것 필요 없이 대중에게 널리 알릴 수 있는 불교면 좋겠다고 생각했습니다.

그러나 불교는 확실히 역사적인 문화와 다양한 배경을 가지고 있으며, 끊임없이 시대의 흐름에 발맞추어 발전해 왔다는 것을 나중에서야 알아차렸습니다. 그래서 수많은 불교 가운데 불교는 인간을 중심으로 인간의 행복, 인간의 평안, 인간의 초월, 인간의 완성을 중시해야 한다는 것을 깨달았습니다. 그래서 저는 인성을 불성으로 삼고 불성을 인성으로 삼는 것에 중점을 뒀습니다. 이른바 "부처는 인간에서 이룬다", "인간은 미래의 모든 부처다."라고 하듯이 인간과 부

부인예불도 婦人禮佛圖/1세기중엽/석회암/높이40.6cm/인도 안드라프라데시 주 아마라바티 유적 출토/인도 타밀나두 주 첸나이박물관 소장

처는 서로 같으면서도, 그렇다고 다른 것도 아닌 '인간불교'입니다.

그래서 제 생각으로는 '인간불교'가 2천여 년 동안의 복잡한 불교, 복잡한 신앙, 복잡한 여러 가지 명칭을 통섭統攝할 수 있으리라 여겼습니다. 모든 지리적으로 다양한 불교를, 시간적으로 분별되어진 불교를, 각자 자신의 마음속에 집착하고 있는 불교를 자신에게 돌리고, 타인에게 돌리고, 부처님께 돌려주었으며, 이렇게 하다 보니 어느 사이 저는 '인간불교'의 길을 걷고 있었고 다른 사람에게는 제가 전파하는 것이 '인간불교'라고 여기게 되었습니다. 인간불교는 정말 앞으로 대중의 요구에 부합되는 것이고, 저는 오직 '인간불교'의 이 방향이 미래 세계에 불을 환히 밝혀줄 불교의 한 줄기 광명이라고 생각합니다.

가르침을 인간에 전하여 인격을 정화하고 승화시킨다

인간불교는 불·법·승 삼보를 근본으로 하고, 무상·고·공·무아·삼법인·사성제·팔정도·삼학증상三學增上·사섭육도四攝六度 등도 모두 우리가 의지하는 근본불법입니다. 제가 '인간' 두 글자를 강조하는 이유는 모든 불교도가 인간에서 부처님의 가르침을 널리 전하는 것을 중요시 여기길 바라서입니다. 인간이 불교를 필요로 해야 부처님이 시교이희하신 본뜻을 실천할 수 있습니다. 인간과 생활을 떠나면 불교는 변두리로 밀려나고 결국 버려지게 될 것입니다. 인간불교는 오욕육진 가운데에서 부처님의 가르침으로써 모두의 생활과 인격을 정화하고 승화시키는 것입니다.

당시 마음에 오로지 인간불교를 확대 발전시킬 생각뿐이었던 저에게 의란현의 의란불교회 지회에서 이사장직을 맡아 달라고 몇 차례 찾아왔었습니다. 하지만 저는 중국에서 중국불교회조차도 참가할 방법이 없었는데 의란불교회 이사장을 맡는 게 무슨 의미가 있을까라는 생각이 들었습니다. 그래서 저는 의란에서 수십 년을 머물면서 어떤 명의도 어떤 명칭도 필요 없었고, 그저 불교의 한 승려이자 출가자의 한 사람일 뿐이었습니다. 모두들 저를 '의란의 스님' 혹은 '북문구北門口의 스님'이라 불렀으며, 사회의 일반대중은 '성운'이란 제 이름조차도 몰랐습니다.

물론 제가 문자를 통한 포교와 교화의 인연을 포기한 것은 아니었습니다. 저는 매주, 매월 타이베이에 가서 열흘에 한 번 발간되는 『각세』와 잡지 『인생』 등을 편집하고, 동시에 『각생』, 『보리수』 등의 잡지에 원고를 기고했습니다.

드디어 50년대 의란의 당시 젊은이가 타이베이 삼중포三重埔에 '불교문화복무처佛敎文化服務處'를 설립하여 현대적인 불교의 백화문으로 된 총서叢書를 편집 발행하고 현대적으로 새롭게 쉼표와 마침표를 찍은 경전을 발행하였는데, 이름이 '매월인경每月印經'이었습니다. 또한 약간의 불교 법물法物 등을 유통시켰습니다.

의란의 젊은이가 많아지고, 그들이 제게 "스님, 우리의 신앙인 불교를 위해 우리가 할 일이 뭐 없을까요?"라고 물었을 때, 제 머리 속에서는 우레와 같은 천둥소리가 울렸습니다. 저는 그때 "그렇지. 불교신도가 불교를 위해 무엇을 할 수 있느냐는 굉장히 중요한 문제이다."라고 생각했습니다. 그래서 그들이 유치원에서 가르치기도 하고 불교문화복무처를 만들기도 했고, 전 세계의 신도에게 봉사하도록 고무시켰습니다. 이 복무처는 심평, 자장, 자혜, 자용 등의 젊은 스님들이 맡았는데, 당시 그들은 아직 출가하기 전이었습니다.

그러나 저의 이러한 포교 행동은 중국불교회의 의심과 시기심을 샀습니다. 저의 명성이 그들을 압도한다고 여겨서 온갖 방법으로 저를 방해하고 곤란에 빠뜨리고 여러 차례 저를 배척했습니다. 예를 들면 우리 젊은이들이 일본에 유학을 가려 하면 공문을 정부에 전달해 허가를 받아야 했는데, 그들은 전해주려 하지 않았습니다. 또 우리 참배단이 인도에 가서 참배하고 각국과 왕래하려 했지만, 전혀 허가하지 않았습니다. 오히려 정부의 공직자들이 다른 방법으로 젊은이들의 해외로 유학을 갈 수 있도록 도와주었습니다. 그러나 유학하던 많은 젊은이가 집안의 상을 당해 대만에 들어왔다가 다시 출국하지 못하게 되었습니다.

물론 제가 중국불교회에 들어가면 이러한 수많은 곤란한 문제와 걸림돌들이 사라진다는 것은 알고 있습니다. 그 당시 홍법하는 청년이 많지 않았고 혈기왕성한 젊은 승려인 제가 일부 장로의 발탁과 지지까지 얻은 데다, 심지어 저를 중국불교회의 상무이사로 선출하기까지 했습니다.

그러나 첫째로 다만 비서장이 되어 불교의 앞날을 위한 계획과 추진을 하고 싶을 뿐이고, 둘째로 제 신분과 불교회가 서로 어울리지 않게 느껴졌습니다. 저는 아무 것도 없는 빈털터리인데 상무이사의 직함은 사실 불교회를 욕되게 하는 것이며, 게다가 불교회의 갖가지 상황에 대해 제가 참여하고 개선할 방법도 없었습니다. 이래서 저는 「'중불회' 상무이사를 고사하는 이유」에 대한 글을 한 편 썼습니다.

주로 당시 제가 아직 젊고 그 자리를 맡기에는 부족한 점이 많다는 것이었습니다. 특히 잡지『인생』에 불교의 개혁에 관하여 수많은 의견을 제시하는 글을 일부 발표했는데, 오히려 불교계의 장로와 인사들에게 노여움을 샀습니다. 거기에 더해 중국에서 월간지『노도』를 발행할 때 불교에 대한 건의하는 내용들이었지만, 보수적인 불교 인사들은 마치 우리를 엄청난 재앙이라도 되는 양 보았고, 우리의 이름만 들어도 국민당의 첫 4대 원흉(손문, 양학령楊鶴齡, 진소백陳少白, 우열尤烈)이나, 공산당의 모택동과 같은 사람처럼 여기고 우리와 왕래하기를 꺼렸습니다. 동시에 저는 또 강

동자예불도童子禮佛圖/명대(1368~1644)/
견본설색/149.56㎝×67.5㎝/
북경 동성구 고궁박물원 소장

소 사람으로 강소지역의 많은 도반이 불교회에 비집고라도 들어가려고 하는데 불교회의 빗장은 좀처럼 열기 힘들어서, 저는 무언가를 할 수 있다는 희망을 갖기도 쉽지 않다고 생각했습니다.

비방을 두려워하지 않고 불교를 위한 믿음은 물러남이 없다

1963년에 이르러 중국불교회는 동남아, 심지어 미주지역까지 방문할 단체를 조직하려고 했습니다. 그때 국민당 중앙당 위원회의 일부 개화된 인사들 중에는 제가 『인생』과 『각세』에 게재한 글을 읽은 적이 있는 독자가 있었고, 그가 저를 이 방문단에 참가할 수 있도록 이름을 거명했습니다. 그러나 불교회의 일부 지도급 인사들은 동의하지 않았습니다. 나중에 저를 참가시키기 위해 당 위원회에서는 특별히 커다란 탁자 두 개에 채식요리를 가득 차려놓고 많은 장로들을 초대해 식사대접을 했습니다. 한편으로는 인간적으로 에워싸고 그 가운데서 협상해 나가려는 거였고, 또 다른 한편으로는 당 조직의 힘을 과시하려는 뜻도 있었습니다. 결국 장로들은 저를 좋아하지 않는 상황에서 방문단에 제 이름을 넣었고, 제게 비서를 시키면서 발언인을 맡게 했습니다.

그때 우리 일행은 홍콩, 필리핀, 일본, 말레이시아, 싱가포르, 태국 등 국가를 방문했습니다. 특히 인도에서 참배하고 부처님의 조국에서 직접 가르침을 받는 것은 저의 가장 큰 소망이었습니다. 제 개인적으로도 불교에 대한 수많은 견해와 인식을 증장시키는 기회가 되었습니다.

아쉽게도 인도 방문 기간에 우리는 네루 총리와 만날 기회가 있었는데, 제가 말을 너무 많이 해서 그 내용이 타이베이에 전해지자 '중앙일보'는 저의 의견을 일면에 보도했고, 지도자 인사의 의견은 실리지 않았습니다. 단장은 이것이 그의 체면에 손상을 준 것이라 생각했고, 이래서 저는 또 불교회의 지도자 인사에게 미운털이 박혔습니다. 이후 불교에서는 더욱 힘든 나날이 이어졌습니다. 예를 들면 제 출국을 금지하고 의란에서 신불교의 발전을 동의하지 않고, 장개석 총통과의 만남까지도 제가 참가하지 못하도록 그들은 방해했습니다.

불교회와의 공과시비功過是非에 관해 저는 너무 많은 언급을 원치 않습니다. 그것은 그저 세간법이고, 진정한 불교의 홍법포교와는 전혀 관계가 없기 때문입니다. 계속해서 저에 대한 불교의 각종 비평, 좋지 않은 명칭이 끊임없이 이어졌습니다. "성운은 불교의 파괴자이다", "성운은 불교의 마왕이다", "성운의 합창대는 불교를 멸망하기 위해 노래 부른다." 등등. 그러나 불교를 위해 이러한 비평과 비방은 저를 쓰러뜨리지 못했고, 인간불교에 대한 저의 믿음과 추진은 단 한 번도 물러난 적이 없었습니다.

타이베이는 특히 중국에서 대만으로 건너온 고승대덕이 운집해 있는 곳입니다. 의란에 머물고 있는 저에게 그들은 전화를 걸어 어서와 밥 먹자, 손님 접대하라며 불러들였고, 그들이 제게 회의가 있으니 와라고 명령하면 저는 또 서둘러 달려와 참여했습니다. 끊임없이 타이베이와 의란을 왕복하면서 제가 하려고 하는 홍법 일에는 도

저희 시간을 낼 수가 없었습니다. 그래서 1960년부터 저는 남쪽 까오슝으로 내려갔습니다. 1950년대부터 10년 동안 의란과 까오슝은 적지 않은 법연을 맺었기 때문에 까오슝에서 받은 열렬한 환대에 몸 둘 바를 모를 지경이었습니다. 또한 지나치게 이목을 끌어서 저는 까오슝에 머물길 원치 않았고, 열렬한 인정만큼이나 기후도 참기 힘들 정도로 더웠습니다.

충격을 억제하고 용기와 역량을 발산하다

후에 더 이상은 고사할 수가 없었고, 북부지역의 불교를 대처하기가 힘들다고 느껴진 데다, 당시 남부에는 외성外省 출신의 출가자가 없었습니다. 저는 홀로 대만 남부에 도착해 연이어 까오슝 불교당, 수산사, 불광산을 세웠고, 이렇게 해서 저를 대만 남부의 외성 출신 화상으로 만들었습니다. 저 자신 역시 타이베이 불교계의 시시비비가 많은 곳을 떠나 남부에서 홍법과 교육에 전념할 수 있게 되어 매우 기뻤고, 본성의 일부 장로대덕께서 저와 함께 우호를 맺어주셔서 편안함을 느낄 수 있었습니다.

당시 타이베이의 중국불교회는 제가 남부로 가 홍법한다니 마치 눈엣가시가 사라진 것처럼 기뻐했고, 게다가 저를 다시는 타이베이로 돌아오지 못하게 하자고 말했다 합니다. 저는 이 말을 전해 듣고서는 '그랬어?'라고 생각했습니다. 몇 년 뒤 저는 타이베이에 보문사普門寺, 영화학사永和學舍, 삼중三重에 문화광장文化廣場, 송산松山에 타이베이 도량, 삼협에 금광명사 등을 건립했습니다. 동풍이 되돌아

제6장 총결

오지 않는다는 걸 믿지 않듯이, 저는 제 자신이 타이베이에서 불법을 선양할 수 없음도 믿지 않았습니다.

지금까지 대만과 세계 각지에 분·별원을 건립해 홍법하는 것 역시 아마 자극이 됐던 이런 과정이 있었기에 발전해올 수 있지 않았나 생각합니다. '새옹지마塞翁之馬가 복이 아닐 것이라 어찌 장담하나!'라는 말처럼, 사람이 믿음만 가지면 멸시와 억압을 받아도 두렵지 않습니다. 때로는 도리어 역량을 더욱 발산시키고, 용기를 배가시켜서 장차 더 많은 사업을 창조해낼 수 있게도 합니다.

후에 제가 불광산에 총림학원을 창건하자 타이베이의 불교회는 회의를 열어 불광산 총림학원을 어떻게 무너뜨릴지 지도자께서 발

불광산 금광명사 산문佛光山金光明寺山門/대만 신죽新北

의하기도 했다 합니다. 당시 불교회 비서장이셨던 산서성 출신 풍영정馮永楨 거사께 감사드립니다. 그는 "천주교의 신학대학, 기독교의 성경서원도 무너뜨리지 않으면서, 우리는 왜 같은 불교에서 세운 교육기관을 없애야 합니까?"라고 발표했습니다. 그의 강직한 발언과 도덕적 용기가 재난을 없애고 어려움을 면하게 도와주었으며, 저는 이렇게 해서 또 하나의 겁난을 면했습니다.

비록 이러했어도 중국불교회에 관해 저는 여전히 보호하는 마음을 견지하면서 많은 도움을 주었습니다. 예를 들면 세계불교도우의 회의 참가자격을, 원래는 이미 배제되었는데 제가 회의에 출석할 권리를 쟁취해 왔습니다. 중국불교회와 국민당에서는 저의 공로를 알아줘야 하고 이치대로라면 제가 어리더라도 이사장에 당선될 자격이 있어야 했습니다. 그러나 백성스님은 중국불교회에서 이사장에 선출된 뒤 내리 40여 년을 그 자리에 있었습니다. 그래서 이런 명언이 있습니다. "불교계의 장로는 불교의 청년에게 넘겨주라는 방망이는 안 넘겨주고 도리어 몽둥이로 머리를 때린다."라고 말입니다.

저는 중국불교회의 힘을 빌려 불교를 혁신하는 것은 실현하기 힘든 몽상이며, 오로지 자신의 힘으로 이룩해야 한다고 생각했습니다. 그래서 저는 불광산을 열었고 교육부터 펼쳐나가기 시작했습니다. 이 시기 정부는 중국불교청년회를 설립하겠다는 우리의 건의를 받아들였지만, 불교회가 알고 난 뒤에는 대규모의 군중이 몰려다니며 온갖 극악무도한 수단을 다 동원해 반대를 부르짖었고, 결국 불교청년회의 설립은 허가되지 않았습니다.

돌연한 퇴위 선언으로 세계 전교를 위해 걸어가다

부득이한 상황에서 몽장위원회蒙藏委員會 위원장인 동수번董樹藩 선생이 나서서 제가 '중화한장문화협회中華漢藏文化協會'를 따로 설립하는 동시에 이사장을 맡아줄 것을 당부하였습니다. 그러나 한장문화는 기본적으로 여전히 제한을 받고 있었기에 결과는 없이 이렇게 계속 미뤄지기만 했습니다.

중국불교회를 백성스님 한 사람이 40년이나 주도권을 잡고 인재 배양은 중시하지 않고 오히려 불교의 발전을 가로막는 것을 보면서, 이것도 제게는 공부가 되었습니다. 불광산에서 18년간 주지를 맡아 보았고 임기도 58세까지 원만하게 채웠으니, 교단의 제도화를 위하여 저는 돌연 퇴위를 선포했고 불광산은 아무런 미련을 두지 않고 제자들에게 관리를 맡겨 발전시키게 했습니다. 저 자신은 홀로 훨훨 해외로 나가 세계를 행각하며 불교전파 활동에 전념했습니다.

이렇게 해오면서 미국 LA에 서래사, 뉴욕에 뉴욕도량, 네덜란드에 허화사를, 호주에 남천사와 중천사를, 브라질에 여래사를, 아프리카에 남화사를, 프랑스에 법화선사를 세우는 등의 인연이 있어 제가 5대주에 법을 널리 퍼뜨릴 수 있게 했습니다. 거기에다 1992년 미국 LA에서 '국제불광회세계총회'를 발족하였으며, 지금까지 수백만 명에 달하는 회원을 보유하고 있고 각 지역 협·분회 또한 수천 개에 달합니다.

불법에서 말하는 '역증상연逆增上緣'처럼 현대의 스님은 모두가 서로 존중하고 서로 격려하며 서로 이끌어주기를 바랍니다. 좋지 않은 인연을 만나더라도 화내지 말고 그저 우리 자신이 분발한다면 불교에는 여전히 우리의 앞날이 있을 것이고 우리의 원력을 실천하는 세상이 있을 것입니다. 이러한 과정에서 저는 인간불교의 선양이 장차 반드시 꽃을 피우고 열매를 맺을 것이라는 믿음과 희망이 갖게 됐습니다.

그러므로 저는 믿습니다. 남에게 잘해줘야 좋은 인연이 있을 것입니다. 다른 사람을 쓰러뜨리려 하면 그가 스스로 넘어지지 않는 한 누가 누구를 넘어뜨릴 수 있단 말입니까? 지금 이 지난 이야기를, 이 글을 쓰는 중간에 간략하게 토로하는 것은 행하기 어려워도 행하고, 참기 어려워도 참아냈던 부처님의 수행을 우리도 힘써 배우고 있다고 위대한 부처님께 보고하는 것입니다.

불광산 서래사 佛光山西來寺 / 미국 LA 아시엔다하이츠

삼호사급 운동은 불법보시의 성취이다

인간불교 얘기를 하려니 2000년 설날쯤의 일이 기억납니다. 당시 위스콘신대학의 명예교수인 고희균 선생이 불광산에 머물면서 하루는 저와 아침식사를 하는 중에 "무엇을 인간불교라 부릅니까?"라며 갑작스런 질문을 했습니다.

전 이 문제에 대해 생각해 본 적이 없었지만, 그의 질문에 어떻게든 적당한 대답을 해줘야 할 것 같아 "인간불교란 바로 부처님의 말씀처럼, 중생이 원하는, 맑고 깨끗하며, 선량하고 아름다운 가르침입니다."라고 대답했습니다.

그 말을 듣자마자 그는 만면에 기쁨을 감추지 못하며 말했습니다. "아! 그렇군요. 이제 인간불교가 뭔지 제대로 이해하겠습니다."

교수이긴 하지만 불교신자도 아닌 그가 간단한 몇 마디 말만 듣고 인간불교를 이해했습니다. 이를 통해 '인간불교'를 이해하려면 아마도 오성悟性과 반야지혜가 필요하고, 소위 '명심견성'의 정도가 있어야만 인간불교와 상응할 수 있겠구나 라고 생각했습니다.

제 자신을 되돌아보니 어느새 불문에서 수십 년의 세월이 지났습니다. 소위 '홍법이생'은 확실히 좋다고 생각합니다. 저의 모든 행위는 모두 인간불교의 사업입니다. 저는 사찰을 지어 승려를 안주시키고, 총림학원을 설립하고, 참선과 염불을 함께 수양하기를 제창하고, 생활 속 수행을 중시하고, 외로움과 어려움에서 구원하려 하고, 신도 가정의 행복과 안락을 중시하기 때문에, 그래서 저는 "타인에게 신심을, 타인에게 기쁨을, 타인에게 희망을, 타인에게 편리함을 주자."

포대화상도布袋和尚圖/軸/명 홍치弘治 16년(1503)/
견본설색/169.8㎝×97.8㎝/
미국 매사추세츠 주 보스턴미술관 소장

는 사급 운동을 선도했습니다. 더 나아가 그 후에는 삼호, 오화, 칠계, 팔도… 등을 인간불교를 따라 널리 퍼뜨렸습니다.

누군가 나이가 들면 젊은 자녀들과 세대 차이가 나 대화가 단절된다고 말하자, 저는 발심하여 양로원을 세웠습니다. 누군가 고아를 거둬 키워줄 곳이 없고 심지어 한 부모 가정의 아이도 가엾다고 하자, 저는 고아원을 설립했습니다. 누군가 배움의 기회를 잃어버린 아이들이 많다고 하자 저는 유치원을, 더 나아가 초등학교와 중학교도 설립했습니다. 누군가 사회에 가르침을 더욱 많이 전파할 수 있다고 하자 저는 텔레비전 방송국과 라디오 방송국, 신문 등을 만들었습니다. 인간에서 필요한 것이라면 저는 힘껏 온 힘을 다해 불법의 보시를 성취시켜줘야 한다고 생각합니다.

점차 신도도 많아졌고 약간의 역량이 생기자, 저는 타종교에서도 많은 대학을 설립하고, 심지어 이웃나라 일본도 수십 개의 대학을 세웠는데 왜 중국의 불교도는 대학을 설립하지 않을까라는 생각을 했습니다. 사실 '총림'이 고대에는 대학이라는 뜻이었고 시방에서 찾아오는 학자들에게 참학을 제공하던 장소였다는 걸 저도 압니다. 그러나 주지된 자가 커다란 마음과 커다란 원을 발할 줄 몰라 점차 문호를 축소해 학교나 불도를 배우는 도량이 아니라, 결국은 출가자가 의식주를 해결하는 또 다른 가정으로 전락했습니다. 현재 우리는 이름을 바꿔야 합니다. 늘 그렇듯 총림을 세울 필요는 없습니다. 아예 시대의 흐름에 따라 대학을 세워봅시다!

그래서 저는 '백만인흥학百萬人興學' 운동을 발기하여 국내외에 5개의 대학을 설립할 것을 제안했습니다. 그러나 제 자신이 학력이 없는데다 중학교에서 교원노릇 할 자격도 안 되는 제가 대학을 설립할 자격이 될까 싶었습니다. 다행히도 세간의 법률은 융통성을 발휘할 부분이 있어, 저는 교사는 될 수 없어도 이사장이나 설립자가 될 수는 있었습니다. 그래서 저의 명의로 된 대학, 중학교, 초등학교 등이 많아졌고, 대학교만 해도 교수가 천여 명이나 됩니다.

건학 공헌, 사회는 공평하고 긍정적이다

사회에서 저를 꺼리지 않은 덕분에 제가 이처럼 많은 대학을 설립한 걸 보고 세계의 수십 곳의 유명 대학에서 강연을 부탁했고, 많은 박사학위와 명예교수의 칭호를 주셨습니다. 대만에서는 기독교에서 세운 동해대학에서 6년간 불학을 가르쳤고, 화강에 있는 문화대학에서도 인도문화연구소의 소장을 여러 해 했었습니다. 저는 사회가 그래도 공평하다고 생각합니다. 당신이 실질적으로 하려는 사업이 있으면, 소위 '실지명귀(實至名歸: 실질적인 공적을 세우면 명예도 당연히 따라온다)'라고 하듯이 사회는 여전히 우리에게 공정하고 공평한 기회를 줄 것입니다.

이때에 이르러 저는 또 고민했습니다. 불교는 앞으로도 긴 역사 속에서 발전해 나가면서 세계 각 국가에 발을 디디고 서서 불교를 선양하고, 그 나라의 국민들, 각 종족, 각 계층의 사농공상, 남녀노소 등 모두 불교의 신앙을 갖도록 하고, 당시 부처님이 성도하였을 때 96종류의 외도를 제도할 수 있었는데, 현재 불교는 왜 세간의 일체 중생을 제도할 수 없는가를 말입니다.

저는 또한 생각했습니다. 부처님을 참배하는 사람은 적은 반면, 보살을 신봉하고 천지신명에게 구원하는 사람은 비교적 많습니다. 왜일까요? 왜냐하면 부처님은 무엇을 내려주는 게 없지만 천지신명은 재물도 내려줄 수 있고, 평안도 내려줄 수 있고, 복과 장수를 내려줄 수 있고, 보살 역시 고난에서 구해주기 때문에 아마도 천지신명과 보살이 자신과 비교적 관계가 있다 생각하기 때문입니다. 위대하신 부처님께서 온 세상에 평등과 영원한 연기진리를 전파하셨는데도 받아들이지를 못하다니요! 이러한 믿음은 개탄스럽지 않습니까?

그때를 생각해보면 본래 모두 불교도였던 마조, 불교도였던 여동빈, 불교도였던 관운장, 불교도인 무슨 왕야(王爺: 봉건 시대에 왕 작위를 받은 사람)…… 어째서 그들은 전부 불교를 떠나 각자 자신의 문파를 세우고, 심지어 그들의 신도가 불교신자보다 더 많기까지 한 겁니까?

『증일아함경』에는 "또한 세 가지 일이 있으니, 드러나면 미묘하나 덮으면 미묘하지 않다. 어느 세 가지를 이르는가? 해와 달은 드러나면 미묘하고 덮으면 미묘하지 않다. 여래의 가르침과 말씀은 드러나면 미묘하나 덮으면 미묘하지 않다."라고 했습니다. 불법은 해와 달처럼 일체 중생을 성숙시키고 밝게 비추고 따뜻하게 합니다. 부처님은 법을 전하며 가르침을 제자에게 전하였고, 제자는 불문을 더욱 드넓게 펼쳐나가려 했습니다. 그래서 불교는 부처님 한 사람에 의지해서만 부처님의 빛이 고루 비추게 하는 것은 아닙니다. 부처님의 빛이 고루 비추게 하는 것은 우리들 모든 제자가 부처님을 도와 성취시켜야 합니다. 자신의 신앙을 위해 또한 부처님을 위해 광명을 인간에 비추고 또한 자신을 비춰 일단 자신의 마음속 부처님의 등불에 광명이 크게 비추면 번뇌무명煩惱無明・우비고뇌憂悲苦惱가 멀리 떠나게 될 것입니다.

그래서 저는 "영광은 부처님께 돌리고, 성취는 대중에게 돌리고, 이익은 사회에 돌리고, 공덕은 신도에게 돌린다."라고 외칩니다. 인간불교 신앙은 우리에게 무엇을 해주실까 하며 부처님께 기대는 것이 아니라, 우리 자신에 의지해 부처님께 무엇을 해드릴까, 더 나아가 일체중생을 위해 무엇을 해야 하는가 입니다. 이래야 불교에 앞날이 있습니다.

불법은 일체의 법을 버리지 않기 때문에, 소위 '부서진 배에 더 많은 것을 싣는다.'라는 말이 불현듯 떠올랐습니다. 불법은 일체의 법을 버리지 않는다기에 저는 이것도 하고 저것도 하면서 사부대중의 합심 노력 하에 인간불교를 전파시켜 왔습니다. 듣기 좋게 말하자면 세계는 크고, 오대주는 넓고, 이 세상에는 인간불교가 가득 차 있습니다.

구체적 홍법포교, 불법을 오대주에 널리 전파하다

천백억 화신인 부처님과 32응신인 관세음보살과 마찬가지로, 불교가 인간으로 돌아가도록 현재 인간불교는 다양한 방편의 가르침을 가지고 사회에 봉사하고 공헌하고 있으며, 모두와 인연을 맺어 불법의 자비와 지혜를 곳곳에 가져다주고 있습니다. 수십 년에 걸친 모두의 노력이 쌓여 인간불교는 이미 불교를 위해 많은 창의적인 구상과 구체적인 홍법을 썼습니다.

교육 방면: 각 초등학교, 중학교, 대학교, 불학원, 불교 연구소, 중화학교, 신도 강습, 도시 불학원, 공익 신탁교육기금 등

매체 방면: 잡지, 신문, TV, 라디오, 사이버학교 등

미학예술 방면: 전시관, 미술관, 『세계불교미술도설圖說대사전』 출판, 박물관, 불타기념관 등

요식 방면: 채식전문점, 적수방 등 건립, 간단식 제창

자선 방면: 운수의원, 육유원, 양로원, 여의요如意療, 안녕병방安寧病房, 우애복무대友愛服務隊, 구조지원대, 운수지혜차량雲水護智車 등

교화 방면: 각종 여름캠프, 청년단, 아동반, 스카우트, 신도향회,

석굴암 석가모니불좌상 石窟庵釋迦牟尼佛坐像/통일신라 시기(668~935)/
石/높이 3.26cm/경북 경주

행각, 사회운동, 불교식 혼례, 법좌회, 인도 성지순례, 참배단, 운수이동서고, 강단講壇 설립, 백만인공동흥학 운동, 교도소, 삼군 및 낙도 포교 등

   체육 방면: 농구팀, 야구팀, 체조팀, 축구팀 & 응원팀 등 창단, 체육 방면의 불교인구 증가에 기여

   회의 방면: 인간불교 연구토론회, 국제승가회의, 세계불교포럼과 같은 각종 국제회의 및 양안의 각종 불교와 문화포럼 등

학술출판 방면: 출판사, 각종 국제학술회의,『법장문고』, 격월간 『보문학보』,『인간불교』학보, 문예 등 수백 가지 학보, 정기간행 잡지 등을 설립

수행 방면: 휴일수도회, 인간불교 독서회 및 양안의 각종 불교와 문화의 포럼, '세계불교도우의회'가 아시아를 벗어나 미주지역과 호주 등지의 불광산에서 거행하는 데 도움을 줌. 전 세계를 대상으로 단기출가 수도회, 삼단대계 등을 개최

음악무도 방면: 가영대, 합창단, 범패음악회

제도 방면: 종교단체 설립, 승신 평등 주장, 인사 서열과 등급, 단(홍법) 강사, 선재善財·묘혜妙慧 강사 등의 제도 제정, 남녀승중 평등 실현, 석가탄신일 국가제정공휴일 추진 등.

후에 이러한 불교 사업은 모두 수많은 청년이 각자 맡아 하고 있으며, 불교도 역시 불교를 위해 봉사하고 발휘할 수 있게 하였습니다. 심지어 이 수많은 청년들은 또 불교범패찬송단을 조직하여 세계 각지에서 범패공연을 하며 각국 인사들의 환영을 받았으니, 인간불교 발전의 가장 좋은 계기라 말할 수 있습니다.

바른 사람 노릇하면 불국토는 인간에 있다

이외에도 중국과 중국문화 교류를 통해 중국의 수많은 지도자들의 도움을 받았습니다. 부처님 불지사리를 타이완으로 모셔와 500만 명이 참여했고, 양안은 함께 '중화불교음악전시공연단'을 조직해 세계 각지에서 공연하는 등 매우 좋은 반응을 얻었습니다. 나중에 또

종교국의 협조를 받아 저는 중국에서 대각사를 중건하였으며 지금도 운호雲湖서원, 양주揚州서원, 인간서원 등을 건립하여 인간불교가 활기차게 발전하고 있습니다. 우리는 불교도로서 그저 부처님이나 불교에 의지할 생각을 말고, 자신에게 기대어 부처님을 위해 또 불교를 위해 무엇을 할 수 있을까를 생각해야 합니다.

소위 '인간불교'는 바로 불교입니다. 새로이 혁신하여 창조하자는 것이 아닙니다. 왜냐하면 부처님은 인간의 부처님이고 중생을 제도하기 위해 법을 설하셨는데, 인간불교라 부르지 않으면 축생의 불교라 불러야 할까요, 지옥의 불교라 불러야 할까요, 아니면 아귀의 불교라 불러야 할까요? 당연히 아닙니다.

인간불교는 우리에게 인간을 불국정토로 건설하라 합니다. '인간에서 성취하여야 부처를 성취한다.'라고 한 태허대사의 말씀처럼, 불교신도 모두에게 불법이 마음의 평안을 줄 수 있기를, 불법이 탐진번뇌를 없애줄 수 있기를, 안신입명하고 가정이 화목하고 서로 우애 깊은 인생의 즐거움을 향유할 수 있기를 바랍니다.

특히 지금의 불교신도 역시 인간불교의 한마디, 부처님의 가르침 하나가 자신의 일생을 참되게 바꾸었으며, 가정을 바꾸었으며, 관념을 바꾸었으며, 처세와 처신에서 자신을 바꾸었다는 걸 천천히 깨닫고 있습니다. 신도들은 또한 인간불교로부터 이익을 얻었고, 인간불교의 수행을 실천했습니다. 그리고 그들은 불국토가 바로 인간세상에 있고 정토가 바로 인간세상에 있으니, 그 인간세상과 부처님의 세계에서 올바르게 행동하면 자신과 부처가 서로 통한다고 여깁니다.

두 개의 신앙이 아니라 부처님의 본뜻으로 돌아감이다

이것은 인간불교의 공경되고 엄숙한 공양이니, 부처님께서 세상에 계실 때 인간을 위해 행하신 희생과 공헌 정신이 현재와 상응하여, 인간불교의 역사가 항상 흐르고 전등이 끊이지 않으며, 법당이 높이 솟고 법륜이 항상 돌아가기를 희망합니다. 또한 하나의 건전한 불교 조직과 지도자가 있어 모두를 이끌어 불교가 끊임없이 전승되게 해야만 인간불교의 발전이 있습니다. 뜻있는 불교도반들이 함께 '불광佛光이 두루 비치고, 오대주五大洲에 법수法水가 흐르게 하자.'의 행렬에 참여하기를 바랍니다. 소위 '불교의 선양은 본디 승가에 달려 있다.'라고 했으니, 불교를 부흥시키는 것이 제 본분인데 힘들 것이 하나 없습니다.

　이상 아래와 같이 종합해 보았습니다.
- 인간불교는 부처님이 본래 품은 뜻이다.
- 인간불교는 진정한 불교이다.
- 인간불교야말로 인간이 받아들이게 하기 위한 것이다.
- 인간불교야말로 온 세상의 불교가 될 수 있다.
- 인간불교는 미래 세계의 광명이다.
- 인간불교는 인생의 나침반이다.
- 인간불교는 생활 속의 자양분이다.
- 인간불교는 몸과 마음을 편안하게 할 수 있다.
- 인간불교는 정치경제의 부족함을 메울 수 있다.
- 인간불교는 마음의 공허함을 채워줄 수 있다.

- 인간불교는 사회의 도덕적 기풍을 불러일으킬 수 있다.
- 인간불교는 사회의 인심을 안정시킬 수 있다.
- 인간불교는 마음을 즐겁게 하고, 상호존중과 가정화목, 사회화합과 세계평화를 촉진한다.

　이 많은 말들은 단순히 우리의 개인적인 의견이 아닙니다. 모두 인간세상에 오셔서 시교이희하신 부처님의 본회本懷입니다. 그래서 우리는 일체의 모두를 부처님께 드러내 보여야 하고 부처님의 본래 품었던 뜻으로 돌아가야 합니다. 또한 오늘의 승신 이부대중은 부처님께 참된 마음을 정성스럽게 공양하길 바라고, 불교신앙을 가지지 않은 사람도 불교가 국가 사회 인심을 지도하고, 중국문화에 공헌하며, 중화민족에 힘을 보태고 도움을 주는 인연임을 알기 바랍니다.
　당신이 불교를 믿느냐 안 믿느냐는 중요하지 않습니다. 부처님도 당신더러 꼭 믿어야 한다고는 안 합니다. 그러나 당신 자신은 믿어야 합니다. 그래야 자비롭고, 타인을 위하고, 모든 악 짓지 않고 일체선을 봉행할 수 있습니다. 당신 스스로가 부처님이라고 믿는 건데, 어찌 부처님과의 인연이 조금도 없겠습니까?
　그래서 오늘 많고 많은 불교도 여러분이 만일 지존이신 부처님을 신앙으로 삼는다면, 신앙의 높이와 깊이에서 정도의 차이는 있을지라도, 신앙은 통일되고, 신앙은 둘이 아니며, 신앙은 우리의 유일한 생명으로, 우리를 부처님이 본래 품었던 뜻으로 돌아가게 하여 법희가 충만한 신앙 속에서 헤엄치게 만드니, 이 얼마나 한가하며 여유롭고 자유스럽습니까?

불교는 나를 의지한다는 일생의 신념을 견지하다

이러한 이념을 갖고 저는 인간불교를 위해 일하고 신불교 운동에 진력했으며 발걸음을 멈춘 적이 없습니다. 공功일까, 과過일까 저는 신경 쓰지 않습니다. 『인간복보』에 발표한 「나는 '합교哻敎'의 화상이 아니다」에서 서술했듯이, 저는 제가 불교에 의지하지 않고 '불교가 나를 의지한다.'를 실천하려 애써왔습니다. 이것이 제 평생의 신념입니다.

한평생 인연을 맺으면서 포교해온 지난날을 쭉 돌아보면, 선현 태허대사의 명운이 생각납니다. 그분도 불교회와 불화하여 자신의 포부를 펼칠 방법이 없었는데, 마치 저도 그분의 길을 걸은 것 같습니다. 이것도 그저 불교의 법운을 개탄할 수밖에 없고, 시절과 운명을 탓하는 것 외에 다른 방법은 없습니다.

최근 채송림 교수가 대만의 선거는 유권자가 국가를 위해 일할 능력 있는 사람을 뽑지 않고, 모두 자기가 좋아하는 사람만 선출한다며 한탄을 한 적이 있습니다. 이러면 중화민족에게 무슨 방법이 있겠습니까? 사실 불교회 역시 마찬가지입니다. 계파 관계가 우선이고, 불교를 위해 일하고 공헌한 사람을 뽑지 않을 것이며, 그밖에 그 사람이 불교와 사회를 위해 일할 능력은 더욱 고려해보지 않을 것입니다. 이러한 불교가 어떻게 발전할 수 있겠습니까? 사람이 도를 널리 펼칠 수 있지, 도가 사람을 펼치는 것은 아니라고 했습니다. 불

태허대사太虛大師　　　허운화상虛雲和尚　　　원영스님圓瑛法師

교가 부흥하지 못했던 이유도 아마 이것이 가장 중요한 원인일 것입니다.

청말 민초 시기, 불교가 쇠퇴한 때에도 본래 수많은 부흥의 계기가 있었습니다. 태허대사가 외친 '인생불교'라는 구호는 한때 각지에서 반향을 불러 일으켰습니다. 그러나 그를 질투하던 사람이 그에게 압력을 행사하고 찍어 누르고, 그가 뜻을 펼칠 수 없게 만들었습니다. 다행스럽게도 그와 비슷한 시대에 살았던 수많은 대덕들께서 각자의 장기를 살려 각지의 불교무대에서 불법을 선양했습니다. 예를 들면 참선에는 허운 노화상・래과來果 선사, 염불에는 인광대사・상해에서 채원배교육회에 참가한 종앙宗仰상인, 화엄 연구에는 월하스님, 천태 연구에는 체한諦閑스님, 불법 강설에는 원영스님 등이 있습니다.

그러나 태허대사의 일생 역시 매우 안타깝다 말할 수 있습니다. 그때 구승의 억압을 받아서 항주 정자사에서 짧은 기간 주지를 지낸 것 외에는 상주하는 곳이 없었습니다. 그러나 그는 불교학원 설립을 시작으로 민남불학원, 무창불학원 등에서 인재를 배출했습니다. 기뻐할 만한 것은 그의 문도에서 일부 출중한 제자가 한때의 선거에서 연이어 불교회에서 두각을 나타낸 것입니다.

예를 들어 교회 행정에 밝은 대성스님, 법항스님, 애국적인 낙관樂觀스님, 위항葦航스님, 의리문자에 능한 지봉芝峰스님, 인순印順스님, 진공塵空스님, 묵여黙如스님, 외국어에 능통한 법존法尊스님, 법혜法慧스님, 료참了參스님 등이 있습니다. 그리고 당시 중국의 각 사찰에 흩어져 머물면서 소임을 담당하던 일부 젊은 승가도 있었습니다. 절강 무림불학원의 회각會覺장로, 사천 화엄사의 유현惟賢장로, 산동 청도 감산사의 명철明哲장로, 소주 초산의 설번雪煩화상, 동초東初장로, 명산茗山장로 등과 문화대혁명 후 중국불교회 회장의 소임을 맡은 정과正果스님, 그리고 축마스님, 거찬巨贊스님 등이 모두 태허대사의 전승제자입니다.

덧붙여 그 당시의 거사계에는 양인산, 구양점歐陽漸, 당대원唐大圓, 정복보丁福保, 진해량陳海量, 양계초, 장태염, 재계도, 굴영광, 조항척趙恒惕 등의 대덕이 왕성하게 일어났는데, 모두 불교의 부흥을 위해 힘을 보탰으니, 그들 모두 불교의 대보살이자 대호법입니다.

본분을 다하여 홍법과 중생제도 하는 데 두려움이 없다

불교에 새로운 선양의 계기가 보일 때면 안타깝게도 군벌의 할거, 항일전쟁, 국공내전 등이 일어나 이어지지 못했습니다. 불교부흥의 법운은 난세에는 발휘할 능력이 없기 때문에 또다시 인연과 시기를 놓치고 말았습니다.

후에 수많은 대덕이 모두 대만으로 건너왔기 때문에 불교의 명맥은 대만에서 이어졌습니다. 그러나 그들은 대부분 어지러운 세상에서 불교 사업을 발전시킬 열정이 없었고, 심지어 보수적이기까지 했습니다. 불광산을 건립할 때 누군가는 제게 불필요한 일이라고 충고하면서, 지금의 국제정세를 보면 대만이 유엔에서 제명될 것이고 대만의 불교도 전망이 없을 테니 괜히 힘 낭비 말라고 했습니다. 그러나 저는 본래 '하루를 절에 살더라도, 그 하루 동안에는 종을 쳐야 한다.'라는 생각을 갖고 있었기에 전혀 걱정하지 않고 대중에게 홍법포교했습니다.

태허대사의 신불교 개혁운동에 관하여 지금 그가 실패한 원인을 검토해보면 첫째는 60세가 되기 전에 입적하셨다는 것이고, 둘째는 불교의 구승의 보수 세력이 너무 컸다는 것이며, 셋째는 그 자신의 근거지가 없었다는 것입니다. 그러나 그의 학생과 제자 모두 우수한 인재여서 그의 뜻을 이어가고 있습니다.

그래서 저는 태허대사를 무척 존경합니다. 그렇다고 제가 한 모든 것이 어느 스님의 학풍을 계승한 것도 아닙니다. 태허대사의 제자 가운데는 저를 그분의 학풍 계통에 포함시키지 않는 사람도 있고, 저도 태허대사의 계승자라고 할 수는 없습니다. 저는 그저 불제자의 한 사람이라는 마음으로 부처님께 책임을 다할 뿐입니다. 그러나 저와 태허대사의 포부와 자비심은 부합되는 바가 있다고 생각합니다.

저도 각종 세력으로부터 압력과 배척을 당했습니다. 특히 사회여론은 끊임없이 비평하며 자세히 알지도 못하면서 불교를 유린하고 불교를 업신여깁니다. 그러나 제가 태허대사보다 운이 좋았던 인연은 바로 적지 않은 신도와 제자의 지지가 있었다는 것이고, 그들이 세계 각지로 나아가 각지에 홍법을 펼칠 장소를 마련했다는 것입니다.

불교를 전승하고 오대주에 법을 전하려고 노력하다

지금까지 불광산은 개산을 전후해 이미 60여 년간 포교를 해왔고, 저도 퇴위한 지 30여 년이 지났으며, 저를 따라 포교 일선에서 뛰는 제자들이 천여 명입니다. 그 중에는 2백여 명이 석박사인데, 1~2백 명은 30세 전후의 한창 피어나는 인재들입니다. 그들 모두 인간불교를 선양하는 사람들입니다.

일시에 불광산에도 오대주에서 법을 전하며 각자 자신의 맡은 자리에서 불광산의 중요한 직무를 담당하고 인재들이 생긴 것입니다. 저는 그들이 계속 불법을 전파하기 위해 노력할 것이고, 불교를 인간불교의 시대로 가져올 것이라고 생각합니다. 불교가 전승되기만 한다면 미래 세계불교에 인간불교 발전의 희망이 없을 것이라 걱정하지 않아도 됩니다.

대만에서 60여 년간 홍법포교하면서 대만불교 초기부터 묘과화상, 빈종斌宗스님, 증광證光스님, 지성智性스님, 지논智論스님, 수화修和스님, 성인聖印스님, 보묘菩妙스님, 개증開證스님, 융도隆道스님 등을 알았습니다. 그들 모두 불교의 전파를 위해 공헌을 많이 하셨습니다.

그러나 현재 대만의 불교계는 당연히 불광산 하나만이 아니며, 인간불교연합총회 외에도 백가쟁명이라 할 수 있습니다. 화엄연사華嚴蓮社, 화범대학華梵大學, 법고산法鼓山, 천불산千佛山, 영취산세계종교박물관靈鷲山世界宗教博物館, 영암산靈巖山, 중태산中台山, 광덕사光德寺의 태국 쭐랄롱꼰 분교, 향광사香光寺, 복지福智 봉산사鳳山寺, 자제공덕회慈濟功德會, 해명사海明寺, 자법선사慈法禪寺, 자명사慈明寺 등 인간불교에 대한 역사는 장래 여러분의 발심서원과 앞으로 어떻게 다시 기획하고 창조해 나갈지에 달려 있습니다.

우리는 대만 초기의 명산고찰, 영천사靈泉寺, 관음산觀音山, 사두산獅頭山, 법운사法雲寺, 원광사圓光寺, 대선사大仙寺, 대강산大崗山, 개원사開元寺, 남보타南普陀, 동산사東山寺, 복엄정사福嚴精舍 등에서 불교대학을 설립하여 계속 인재를 배출해 나가 다시 광대한 불교를 만들기를 희망합니다. 이외에 수많은 청년 비구와 비구니가 있지만 저도 그들의 이름을 하나하나 기억할 수는 없습니다. 다만 모두가 각자 열심히 노력해 장래에 인간불교를 위해 발심하고 선양하기를 바랍니다.

승신의 협력이 인간불교를 선양한다

더하여 현재의 학자, 교수, 거사, 대덕들 중에는 독실한 불교신자도 있고, 오백웅 선생처럼 불교의 친구도 있습니다. 그들도 과거의 불교도인 대계도戴季陶, 이병남李炳南, 이자관李子寬, 주선덕周宣德, 남회근

南懷瑾, 양백의楊白衣 등처럼 불교를 인정하고 불교를 호지하고 불교를 빛내었습니다. 우리 승신僧信 이부대중이 함께 협력하여 인간불교의 전등이 꺼지지 않게 해야 합니다.

중국의 문화대혁명 후 조박초 장자는 '인간불교'의 구호를 부르짖었는데 이건 마땅한 것입니다. 동의하지 않는 사람이 있다면 그는 불교를 이해하지 못하는 사람입니다. 왜냐하면 인간불교는 절대 또 다른 것이 아니라 원래 불교이기 때문입니다. 만일 그렇지 않다고 생각하는 분이라면 대체 무슨 불교인지를 말해 보십시오. 어떤 점에서 인간불교가 아닌지 제시해 보십시오. 불교는 한 법도 버리지 않는데, 왜 인간이라는 것을 포기해야 합니까?

수많은 사람이 인간불교는 지나치게 인간화되었기 때문에 결국에는 세속적으로 되지 않을까 걱정합니다. 사실 인간불교의 정신은 출세간의 정신으로 입세간의 사업을 하는 것이고, 전통과 현대를 융합하는 것입니다. 여기서 전통이란 100년 또는 500년 전의 불교가 아니

제6장 총결

고 부처님이 본래 품으셨던 전통으로의 회귀입니다. 그래서 저는 인간불교는 부처님이 본래 품었던 뜻으로 돌아가는 것이라 말합니다.

다행스럽게도 지금 중국불교에서도 인간불교를 선양할 인재가 비일비재합니다. 현재의 중국불교협회 회장 학성스님 등이 그 예입니다. 중국은 넓고 인재가 많지만 수십 년 동안 대만에만 머물러 있던 저로서는 전부 다 알 수도 없고, 나이 들고 볼품없는 제가 누가 젊고 능력 있는 대덕인지를 이해할 수 있겠습니까? 그저 여러분의 양해를 바랍니다.

그러나 우리 모두는 정신적으로 서로 의지해야 합니다. "제대로 부처님의 법을 일으키고자 하면 오직 승려와 승려가 서로를 찬탄해야 한다."라고 했습니다. 저는 많은 스님들께서 보리심을 발하여 인간불교의 홍법포교 사업에 종사하길 바랍니다. 특히 아량과 포용심을 가져야 중국불교가 대성할 수 있습니다. 왜냐하면 도량이 크면 사업도 그만큼 커지기 때문입니다. 여러분은 자주 왕래하고 단결하

불광산 불타기념관佛光山佛陀紀念館/대만 까오슝

며, 선지식을 가까이하고, 후학을 이끌어주고, 젊은 인재를 배출하여 다함께 인간불교를 위해 빛과 열을 발산해야 합니다. 「불광청년의 노랫소리」의 가사처럼 "불교를 위한 청년의 열정, 불교부흥의 거대한 파도를 일으키니, 성공의 그날이 눈앞에 있다." 이것으로써 부처님의 은혜에 보답한다면, 인간불교 광명의 횃불로 법륜을 돌리지 못하고 부처님이 나날이 빛나지 않을까 두려워하지 않습니다.

【부록】

불타 일생의 중요 사건 기록

탄생 (563 B.C.E.)	• 본명은 고타마 싯다르타이고, 북인도 지역인 카필라국(현재 네팔 국경 내)에서 출생했다. 석가족으로 크샤트리아 계급에 속한다. 부친은 카필라국 국왕인 정반왕淨飯王, 모친은 왕비 마야부인이다. • 싯다르타는 4월 8일, 룸비니의 무우수無憂樹 아래에서 태어났다. 룸비니 유적지는 현재 네팔정부에 의해 고대유적지로 보호되고 있으며, 불교 4대 성지 가운데 하나이다. • 싯다르타가 태어난 지 7일 후, 어머니 마야부인이 병으로 세상을 떠나고 이모 마하파자파티에 의하여 양육되었다. • 아사타 선인이 태자의 관상을 보고 예언했다. 태자가 온 세상을 다스리는 전륜성왕이 되지 않으면, 출가하여 불도를 이루어 삼계의 중생을 널리 구제할 것이다고.
8세	• 바라문 발타라니跋陀羅尼를 스승으로 하여 사베다(四吠陀: 철학), 오명(五明: 과학) 등의 학문을 배웠다. 정반왕은 석가족 대신의 자제 500명을 태자와 함께 학당에서 학문토록 했으며, 이는 국가를 통치할 태자를 보좌케 하기 위해서였다.
12세~18세	• 싯다르타는 군사, 무술, 학문을 배우기 시작했고, 기예는 석가족 또래 젊은이보다 뛰어났다. 사병(四兵: 고

대 인도의 네 가지 병력)을 능히 지휘할 줄 알며, 병기와 격투기에 정통했다. 일곱 개의 북을 관통할 수 있고, '천인궁千人弓'으로 전고戰鼓를 쐈는데 화살이 땅속으로 들어가 우물이 생겨났다 한다. 이를 '전정箭井'이라 불렸고 명성이 사해로 퍼졌다.

12세~18세	• 싯다르타는 행복한 생활을 보낼 나이에도, 또래의 아이들과는 확연히 다른 특징을 보였다. 사색과 묵상을 좋아하고, 주위에서 일어나는 사소한 일에서도 항상 깨달음을 얻었다. 즉 세간의 약육강식에서 불평등을 느끼고, '괴로움의 근원은 무엇이며, 어떻게 하면 괴로움에서 벗어날 수 있는가?'를 항상 고민했다.
19세~24세	• 싯다르타는 이웃나라 천비성天臂城 선각왕의 장녀 야쇼다라 공주와 결혼했고, 6년 뒤에 아들 하나를 낳았는데, 이름은 라훌라이다. 결혼생활은 행복했다.
25세~30세	• 어느 날, 싯다르타는 백성의 사는 모습을 보고자 성 밖으로 나갔다가 생로병사生老病死로 괴로움을 겪는 것을 보고 충격을 받았다. 마지막으로 사문沙門의 위의를 갖춘 모습을 보고 출가할 뜻이 생겼다. 이것이 이른바 사문유관四門遊觀이다. • 태자가 사문유관 뒤 출가할 뜻이 생겼다는 걸 안 정반왕은 아사타 선인의 예언이 현실이 될까 두려웠다. 그래서 태자를 위해 봄·여름·겨울을 보낼 아름다운 궁전 세 곳을 지어주고, 무희들과 함께 보내며 향락에 젖어들기를 바랬다. 태자는 비록 몸은 화려하고 편안한 생활을

하였지만, 삶의 갖가지 곤혹스러움은 마음에서 한시도 잊은 적이 없었다.

• 어느 날, 깊은 밤 무희들이 깊이 잠든 밤에 마부 차익이 깨워 자신의 말 건척犍陟을 타고 궁을 빠져나와 머리를 자르고 출가해 수도하기 시작했다.

• 태자는 갠지스강을 건너 집에서 5백여 킬로 떨어진 왕사성 숲속에서 수행하였다. 정반왕이 교진여 등 다섯 대신을 보내 태자와 함께 수도하게 했다.

• 수행하는 동안 싯다르타는 왕사성에서 걸식했는데, 빔비사라 왕이 그의 위의에 감동하여 수행을 포기하고 함께 나라를 다스릴 것을 제안했다. 그러나 싯다르타는 오로지 이치를 깨우칠 일념뿐이었고, 빔비사라 왕은 불도를 이룬 뒤 돌아와 자신을 제도해 줄 것을 청했다.

25세~30세

• 왕사성에 있으면서 싯다르타는 제일 먼저 전 인도에서 가장 명망 높은 수론파數論派의 알라라 카라마와 우다카 라마푸타라는 2명의 선인仙人을 차례로 찾아, 무소유처정無所有處定·비상비비상처정非想非非想處定이라는 선정禪定에 이르렀다. 그러나 그들의 방법으로는 번뇌에서 해탈할 수도 없고, 더 고명한 스승을 찾을 수도 없었다.

• 싯다르타는 다섯 명의 고행 수행자와 함께 우루빈라 마을의 고행의 산림으로 들어가, 그곳에서 바라문과 외도와 함께 극단적이고 금욕적인 고행을 시작하였다. 그 고행은 6년간 이어졌다.

31세~35세

- 싯다르타는 6년간 고행하면서 하루 깨 한 알과 보리 한 톨만 먹고 신체가 해골처럼 되어 산 자의 모습이 아니었다. 점차 금욕고행이 해탈을 이룰 수 없음을 알고 고행을 중단하기로 결정하지만, 이로 인해 다섯 수행자는 태자가 타락했다고 오해를 한다. 싯다르타는 홀로 가야산 부근 니련선하 강에서 목욕하다가 양치기 소녀가 준 우유죽을 받아먹고 체력을 회복한다.

- 싯다르타는 홀로 붓다가야에 도착해 보리수菩提樹 아래 길상초를 깔고 가부좌를 하고 앉아 "내가 여기서 생사해탈과 정각열반의 희망을 이루지 못하면 절대 일어나지 않겠다."는 금강과도 같은 굳은 결심을 한다. 49일 뒤인 12월 8일 새벽, 갑자기 마음이 밝아지며 큰 깨달음을 얻어 무상정등정각을 증득했다. 이로써 '석가모니불'이 되었는데, 이는 '석가족의 성자'라는 의미이고, 세간에서는 '부처'(Buddha: 깨달은 자)라고 한다.

- 율장에 의하면 부처님은 성도 후 보리수 주위의 일곱 곳을 옮겨 다니며 연기의 깊은 이치를 계속 사유하였고, 『화엄경』을 21일간 강연하면서 자신의 증득한 경계를 설명했다. 『화엄경』은 보살의 단계와 부처가 내증內證하는 법을 설명하기 때문에 어리석고 근기가 작은 자는 벙어리와 귀머거리처럼 큰 가르침과 부합될 수 없었다.

- 부처님은 파라나국의 녹야원鹿野苑을 찾아가 먼저 교진여 등 다섯 비구에게 세 차례에 걸쳐 사성제의 미묘한 뜻을 설하였으니, 이것을 '삼전십이행상三轉十二行相'이라 한다. 깨달음을 얻은 다섯 비구는 불교 승가의 기원

이며, 역사는 이를 '초전법륜初轉法輪'이라고 한다. 이로써 불·법·승 삼보가 구족되었다.

• 그 후 바라나시국 부호의 아들 야사와 그의 친구 호족 55명을 제도하여 출가시켰다. 부처님을 포함 당시 불교승단에는 총 61명의 아라한이 생겼다.

31세~35세

• 야사의 부모님은 부처님의 설법을 들은 뒤 기쁜 마음으로 부처님께 귀의했고, 그는 불교승단의 첫 번째 우바새·우바이가 되었다. 이로써 승신 이부대중이 구족된 교단조직이 성립되었다.

• 그 후 12년 동안 부처님은 인도 각지를 다니며 『아함경』을 강연하였는데, 주요 내용은 사성제, 팔정도, 십이인연, 삼십칠도품, 무아 등이다.

• 니련선하 강가에 다다라 불을 섬기던 외도 3가섭, 즉 우루빈라가섭, 가야가섭, 나제가섭 삼형제와 그들을 따르는 1천 명을 제도한다. 이로부터 승단조직의 기초가 더욱 공고해졌다.

36세~41세

• 부처님은 십여 년 전 마갈타국 빔비사라 왕과의 약속을 지키고자 그 나라에 가서 법의 요지를 설하신다. 왕은 왕사성에 '죽림정사竹林精舍'를 건축하였으며, 이것은 불교의 첫 도량이다. 정사 안에는 대원大院 16개, 대원마다 방 60개, 누각 500개, 72칸의 강당이 있어 부처님과 승단대중이 안거토록 공양했다.

• 사리불과 목건련이 함께 부처님께 귀의해 출가했으며, 부처님을 도와 홍법하니 부처님의 교단은 더욱 성대해졌다. 그 후 바라문 중 가장 걸출한 인물인 대가섭

36세~41세	역시 부처님을 따라 출가하였고, 국왕과 학자 등이 연이어 귀의해 와 부처님의 교화는 널리 알려지게 되었다. 부처님의 천이백오십 제자는 항상 따라다니며 교화하였고, 그들은 부처님 승단의 수행 청중이기도 했다. • 북쪽 지역 코살라 왕국의 사위성에 사는 수달 장자와 기타 태자가 각기 원림園林과 수목樹木을 보시하였다. 사리불의 기획과 감독 하에 '기원정사祇園精舍'가 완공되고, 부처님이 승중을 이끌고 와 안거했다. 이 나라의 파사닉 왕 역시 부처님에게 귀의하여 불교의 충실한 대호법이 되었다. • 이후 부처님은 항상 북인도와 남인도의 죽림정사와 기원정사 사이를 다니면서 마갈타, 교살라, 바차 삼국을 중심으로 삼아 인도 각지를 행각하며 수많은 제자를 교화했다. • 수제나 비구가 계를 범한 사건을 계기로 부처님은 계율을 제정하고 보름에 한 번 포살布薩을 실시하도록 규정했다.
42세	• 그 후 8년 동안 부처님은 군중의 근기에 맞춰 『유마힐경』, 『사익경思益經』, 『해심밀경解深密經』, 『금광명경金光明經』, 『대집경大集經』 등을 설하시고, 편원偏圓과 권실權實을 적절히 조화하여 가르치시니, 이 시기가 방등시方等時이다.
43세~49세	• 부처님 교단은 점차 교화를 확대했고, 정반왕은 대신 우타이를 보내 카필라국을 위한 법을 설하도록 부처

님을 사위성으로 청했다. 부루나, 아난, 데바닷다, 난타, 아나율, 발제 등 석가족의 귀족청년들이 부처님의 인덕에 감화되어 연이어 승단에 들어갔다.

• 왕족 이발사 우바리는 가장 낮은 계급인 수다라에 속했지만, 부처님이 그 역시 출가하도록 허락했다. 이로부터 부처님의 교단은 계급을 없애고 사성평등을 주장한다. 이제까지의 바라문교 중심의 사회질서를 뒤흔드는 전대미문의 일대 사건이었다.

43세~49세

• 부처님의 아들 라홀라 또한 출가하고, 부처님은 사미 십계를 제정하니, 승단에서 사미의 시초이다.

• 부처님의 부친 정반왕이 향년 93세로 돌아가시고, 부처님이 직접 아버지의 관을 짊어졌다. 그 후 아나율의 형 마하나마가 국왕의 자리를 이어받아 카필라국을 통치했다.

• 이모 마하파자파티 부인이 또한 500명의 궁녀를 이끌고 비사리毘舍離로 찾아와 부처님을 따라 출가하니, 이는 비구니 교단 설립의 시초이다.

50세~71세

• 이 시기부터 부처님은 대승이라는, 집착하는 마음을 없애고 반야지혜를 통해 중도실상中道實相의 이치를 깨우치게 하고자 반야를 22년간 설하였다. 반야의 커다란 법을 강연하신 것은 부처님이 『법화경』을 강설하기 위한 것이다.

• 귀자모鬼子母를 교화시키다.

• 아난다를 시자로 들이다.

• 살인마 앙굴마를 교화시키다.

70세~78세	• 아사세 태자는 데바닷다의 꾐에 빠져 윤리를 어기고, 아버지 빔비사라 왕을 구금하고 자신이 왕위에 올랐다. • 부처님이 빔비사라 왕과 위제희 부인에게 『관무량수경』을 설하였으며, 빔비사라 왕은 감옥에서 죽음을 맞았다. • 데바닷다는 교단을 배반하고 승단을 분열시키려 했지만 부처님이 제지했다. • 아사세 왕이 참회하고 부처님께 귀의했다. • 코살라국의 유리 왕자가 왕위를 찬탈하고 파사닉 왕을 축출했다. 카필라국을 침략하려는 유리왕을 부처님이 세 차례나 막았지만, 결국 석가족은 멸망하고 기타 태자도 살해됐다. • 아사세 왕은 코살라국과 카필라국을 마갈타국 영토로 합병하였다. • 그 후 7년 부처님은 중생의 근기가 성숙해짐을 보고 『법화경』을 설하셨다. '개권현실開權顯實'을 드러내 보이시며 여래가 세상에 나온 본회(本懷: 근본목적)를 설했다.
79세	• 부처님은 갠지스강을 건너 월지국과 비사리국으로 가 홍법한다. • 아사세 왕이 월지국을 침범하려 대신 우사를 보내 부처님의 가르침을 청한다. 부처님은 '칠불퇴법七不退法'을 설하여 순조롭게 출병을 제지했다. • 이모 대애도 비구니가 입적한 뒤, 사리불과 목건련 존자가 연이어 입멸했다.

부록

- 부처님이 자신의 죽음을 예견하고 제자들에게 3개월 후에 입멸할 것을 알렸다. 그리고 마지막 행각을 펼치셨다.
- 이때 부처님은 『열반경』을 설하면서 불성의 이치를 자세히 밝히셨다. 앞의 사시四時라는 도야의 과정을 거쳐 근기가 점차 성숙되었으므로 법화의 가르침을 설하셨고, 회권귀실會權歸實하여 상중하근上中下根이 모두 불도를 이루게 하고자 함이다.
- 수발타라는 부처님의 마지막 제자가 부처님의 설법을 들은 뒤 아라한과를 증득하였으나 부처님보다 먼저 열반했다.

80세

- 부처님은 입멸 전 제자들에게 "슬퍼하지 마라. 천지만물은 생겨나면 항상함이 없으니, 만일 내가 영원토록 세간에 머물러도 너희들이 나의 가르침대로 행하지 않는다면 내가 천만 년을 산다 해도 무슨 소용이 있겠느냐? 너희들이 나의 가르침대로 행한다면 나는 영원히 너희들의 마음속에 살아있는 것과 같다. 나의 법신혜명은 모든 세상과 너희들과 미래의 중생 모두와 함께 있을 것이다."
- 아난이 부처님께 네 가지를 물었다. "일체 경전의 첫머리에는 무슨 말을 써야 합니까? 부처님 입멸 후 누구를 스승으로 모십니까? 누구에게 의지해 머뭅니까? 악성비구는 어떻게 항복시킵니까?" 부처님은 대중에게 말씀하셨다. "경전의 첫머리에는 '여시아문如是我聞'이라 적고, 대중은 마땅히 계를 스승으로 삼고, 사념처를 의지

	해 머물며, 악성비구를 대할 때는 침묵으로 대처하라."
	• 부처님의 마지막 유교는 "너희가 신앙을 공고히 하려면 법을 귀의처로 삼아 법에 의지해 수행하되, 다른 것에 의지하지 말라. 불도를 수학하는 데 게으르지 않으면 번뇌에서 해탈하고 마음이 머물러 어지럽지 않는다. 이것이 나의 진정한 제자이다."
80세	• 부처님은 쿠시나가라의 사라수沙羅樹 사이에서 선정에 드시어 팔승처와 팔해탈을 하나하나 이루신 편안한 모습으로 입멸하셨다. 부처님 열반 후 대가섭이 마지막으로 부처님의 발에 정례하고, 부처님을 다비한 뒤 사리는 여덟 나라에 나뉘어 탑에 모셔졌다. 탑을 세움은 세인들이 부처님을 보듯 탑을 바라보며 부처님이 인간에게 교화하신 공덕에 감사한 마음을 갖도록 함이다.
관련유적지	• 출생 성지 - 룸비니동산 유적지 • 고행과 성도 성지 - 부다가야 유적지 • 초전법륜 성지 - 녹야원 유적지 • 교단 성립 후 제일 정사 - 죽림정사 유적지 • 비구니 승단 성립 성지 - 비사리 유적지 • 부처님 중요 설법 성지 - 영취산 유적지 • 부처님 안거와 설법 25년의 성지 - 사위성 기수급고독원(기원정사) 유적지 • 열반 성지 - 쿠시나가라 유적지

【주해】 부처님 일생의 사적과 관련된 이 표는 성운대사의『석가모니불전』등의 서적을 참고한 것이며, 연령대별로 기록하였으니 참고하시기 바랍니다.

【저자】

성운대사

성운대사星雲大師는 1927년 강소성江蘇省 강도江都에서 태어났으며, 12살에 남경 서하산棲霞山의 대각사大覺寺에서 지개志開 큰스님을 스승으로 모시고 출가하였다. 이후 금산金山, 초산焦山, 서하율학원棲霞律學院 등 선정율학의 대가람에서 불법을 수학하였다.

1949년 봄 타이완으로 건너와 월간지 『인생人生』의 편집을 맡았으며, 1953년 의란宜蘭에서 염불회를 조직해 불교 포교의 기초를 마련했다.

1967년 인간불교人間佛敎를 종풍宗風으로 불광산을 창건하고, 불교문화·교육·자선사업 등에 온 힘을 기울여 왔다. 연이어 세계 각지의 삼백여 곳에 사찰을 세웠으며 미술관, 도서관, 출판사, 서점, 운수병원, 불교대학을 설립했다. 또한 타이완의 불광대학과 남화대학, 미국의 서래대학, 호주의 남천대학 및 광명대학 등을 세웠다. 1970년 이후에는 '대자육유원大慈育幼院'이라는 고아원과 '인애지가仁愛之家'라는 양로원을 지어 외롭고 힘든 무의탁 아동과 노인들을 보살펴 왔으며, 긴급 구조 활동 등 사회복지에 힘쓰고 있다. 1977년 '불광대장경편수위원회佛光大藏經編修委員會'를 발족하여 『불광대장경佛光大藏經』과 『불광대사전佛光大辭典』을 편찬했다. 그밖에도 『중국불교경전보장백화판中國佛敎經典寶藏白話版』을 출판했고, 『불광교과서佛光敎科書』, 『불광총서佛光叢書』, 『불광기원문佛光祈願文』, 『인간불교총서人間佛敎叢書』, 『백년불연百年佛緣』 등을 편저하였다. 계속해서 칠레 세인트 토머스대학, 호주 그리피스(Griffith)대학, 미국 휘티어(Whittier)대학, 그리고 홍콩대학 등 세계 각 대학에서 명예박사 학위를 수여했으며, 남경南京, 북경北京, 인민人民, 상해 동제上海同濟, 호남湖南 그리고 중산中山대학 등에서 명예교수직을 받기도 했다.

성운대사는 인간불교를 널리 알리고자 노력하였다. 스스로를 '세계인'이라 자처하며 환희와 융화, 동체와 공생, 존중과 포용, 평등과 평화 등의 이념을 두루 펼쳤다. 1991년 창설된 국제불광회의 총회장에 추대되었으며, 지금껏 "불광이 두루 비치고, 오대주에 법수가 흐르게 하자(佛光普照三千界 法水長流五大洲)"는 이상을 실천해 오고 있다.

【역자】 조은자
대학에서 중어중문학을 전공하고 현재 전문번역가로 활동하고 있다. 성운대사의 『합장하는 인생』, 『천강에 비친 달』, 『성운대사의 관세음보살 이야기』, 『인간불교, 부처님의 참된 가르침』, 『계·정·혜, 인간불교의 근본 가르침』, 『삶의 여행자를 위한 365일』, 『성운대사의 세상 사는 지혜』를 우리말로 옮겼다.

[서문]

인간불교는 부처님이 품은 본래 뜻

다음의 대화를 통해 인간불교를 좀 더 쉽게 알아봅시다.

◉당신은 종교가 뭡니까?
나는 인간불교를 믿습니다.

◉불교면 불교지, 굳이 인간불교라고 말하는 이유는 뭡니까?
불교의 교주이신 석가모니 부처님은 신이 아닌 '인간'이기 때문입니다. 불교는 다른 종교와 다르게 인간에 의해 태어난 불교이므로 당연히 인간불교라 부릅니다.

◉그렇다면 인간불교를 믿으면 좋은 점은 뭡니까?
신심을 정화할 수 있고, 도덕적 인격을 향상시킬 수 있으며, 자비심을 가지게 됩니다. 또한 자아를 인식할 수 있고, 스스로를 의지할 수 있으며, 타인을 포용하고 또 타인을 위해 봉사할 수 있습니다. 인연으로 생겨나고 인연이 다하면 사라지는 연기설의 진리를 이해할 수 있습니다. 지혜를 쌓아 자신을 더 향상시키고 세속을 초월해 진여자성을 증득하는 경계에 다다를 수 있습니다. 모든 것을 벗어던진 자유로운 생활 등등을 할 수 있습니다.

◉인간불교라 부르지 않고 그저 불교라고 하면 이런 수많은 효과들이 없는 건가요?
물론 그렇지는 않습니다. 전통불교가 중국에 전해진 뒤 대승팔종大乘八宗으로 나뉘었습니다. 어느 종파를 믿든 본질은 마찬가지입니다.

◉그럼 왜 특별히 인간불교를 믿는다 말합니까?
2천여 년 동안 전통불교가 부처님을 흉내 낸 외도 또는 거짓으로 부처님의 뜻을 전하는 자들에 의해 신선이니 귀신이니 하는 이름을 걸치고, 시간과 풍수지리, 점괘를 보는 등 미신적인 언론플레이를 해 불교를 미신불교로, 신과 귀신이 주인인 불교로 만들었기 때문입니다.

"법도 오래되면 폐해가 생긴다."고 했습니다. 오늘날 많은 사람들이 불교를 오해하는 이유는 불교가 전파된 지 오래되어, 부처님이 품은 본래의 뜻을 너무 많이 버리고 왜곡해서 마구 섞어버린 결과입니다. 일부 인사들에 의해 왜곡된 불교는 부처님이 본래 가지셨던 인간적 성격을 잃어버렸습니다. 가엾은 부처님은 이렇게 모두에게 유린되었습니다. 사실, 인간불교가 아니면 부처님 흉내 내는 수많은 외도들을 어떻게 항복시킬 수 있겠습니까?

그러므로 지금 우리는 "불법은 세간에 있으니, 세간을 떠나서는 깨닫지 못하네."라고 하신 육조대사처럼, "오로지 부처를 우러러 인격을 완성하라. 인간에서 성취하여야 부처를 이루나니, 이 명제가 현

인간불교,
부처님이 본래 품은 뜻

성운대사 지음, 조은자 옮김

운주사

인간불교, 부처님이 본래 품은 뜻

초판 1쇄 인쇄 2017년 8월 23일 | **초판 1쇄 발행** 2017년 8월 30일
지은이 성운대사 | **옮긴이** 조은자 | **펴낸이** 김시열
펴낸곳 도서출판 운주사

(02832) 서울시 성북구 동소문로 67-1 성심빌딩 3층
전화 (02) 926-8361 | 팩스 0505-115-8361
ISBN 978-89-5746-497-7 03220   값 22,000원
http://cafe.daum.net/unjubooks 〈다음카페: 도서출판 운주사〉